瞿沐學 主編

建川博物館藏侵華日軍日記

第二册

國家圖書館出版社

第二册目録

新羅實藏日記

30

發	12月20日午前 時 分
着	月 日午 時 分
受信者	妻 殿
發信地	於 ○○○部隊
發信者	一宮之

十二月二十日 雨だ 面白くもふったものだ
昨日も朝から晩迄 夜も雨ずーっとふり通した
前の畑に飼ってゐる水牛が水がたまって寒くてガタガタになってゐた
牛は一日雨にぬれてふるえてゐることだらう 雨と泥を
かぶって泥になってゐる。この水牛は甘い予想だが くう地は
長かろう 朝夕二回行ったけれど くるもくらいもその
ないにはこまる 悲しいのは池へ水をのみにいくが
今日も大やに終了へいった名の細道が水でつぶれてゐる
チャンポトを歩いてたいそうまかったがいけないのだ
帰って来たらあたり一日の泥水るのを見てゐた 早くくらしなって
いく 雨も止まない 兵隊には 毛布をかぶってね
た。するにはゆくれず目を覚まして 寝ぐるしかせんした時
のこと 寸和皆の元気な顔を見るうれしさを考へて一人
ふくふくとしてゐた。皆が丈夫でお前たちが元気で暮らして
呉へにはきてくれる。ちゃんと考へて居るけれどもゆるされぬ 忘れ
中でも中でも考へては少し位ねえなーとんことをすって居た。

497

京都小林印行

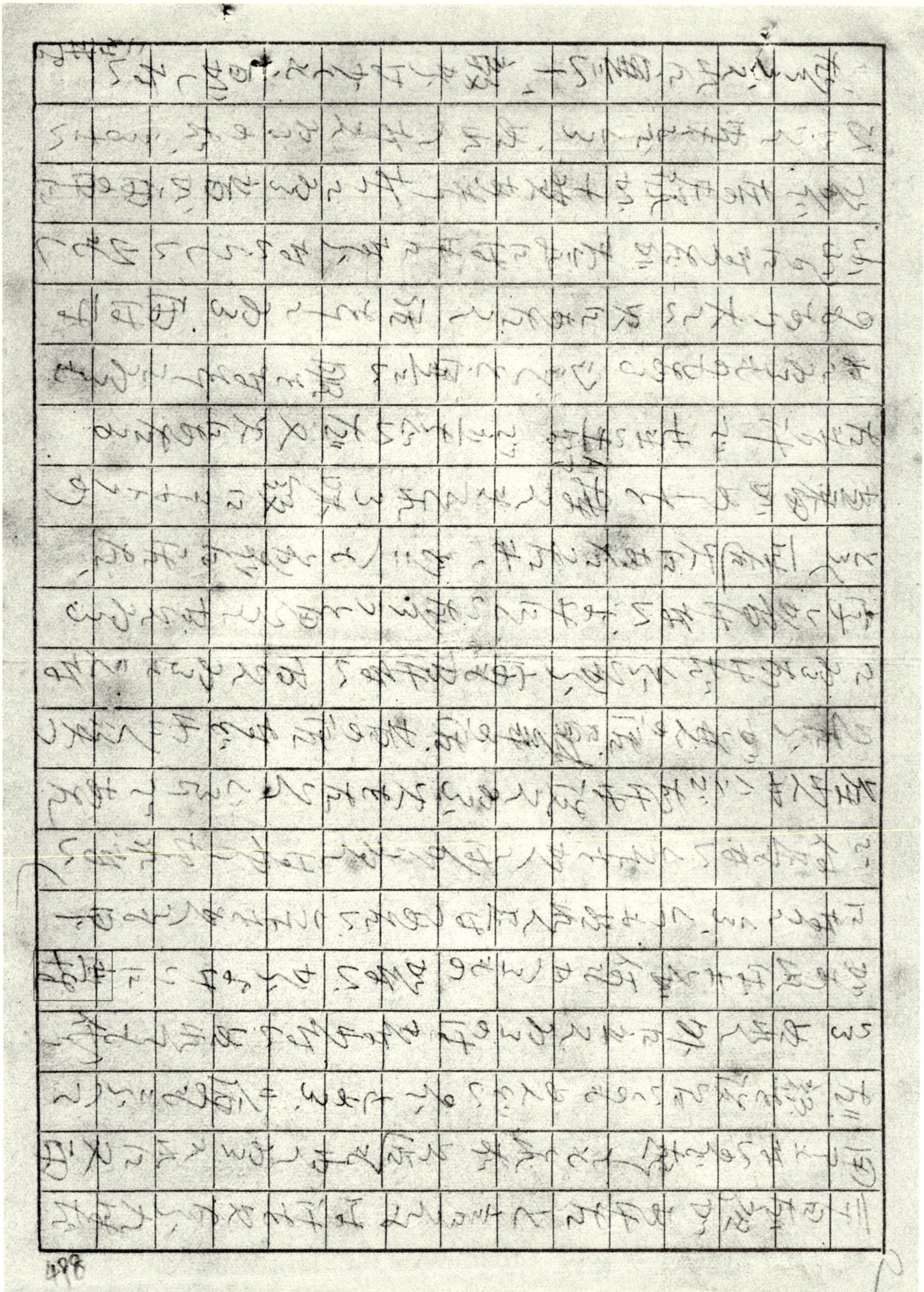

499

發	12月21日午前十時半分	發信地	於
着	月 日午 時 分	發信者	
受信者	殿		

雨はまだ止まずいんいんと寒らし　うっとしいくらいで全く
やりきれない　火にあたったりねころんだりしてゐる四に夕食
だ　コヤクの汁に白飯で都合すませる　土らに十二人でたべる
のんきで云ではないと場所がないのだ、又火にあたって寝足
雨はなかなか止みそうにもなく　早く毛布をかぶってねた
中々眠れもしないので　ろんごをすって四十人側の友人た
ちと戦後の中国山の戦闘の話を賑やかに云って
ゐるが　雨が止んで　バシャバシャと今夜は音が風になるので
アニ太郎と一人が外へ見たが　アニのはなたものだ
風の音を今度又聞く　頭の上へヒヤヒヤとおちる気持
悪い外をやるのひまんをかかへてゐると　かまんの上へすすする
相当アニがかへてゐるらしい　寒さが火にもしみてきたから
これが出ると洗えると思ったが　アニは大雪になるのだ
うかと言ってゐたがこれは一晩ではかなかなかないだろうと言う
みそのかわり　日々はあたたかいが　雪はかないようだ
凡ヶ嶽の上へヒヤと通るし、アニがおちるーヤな

京都小林印行

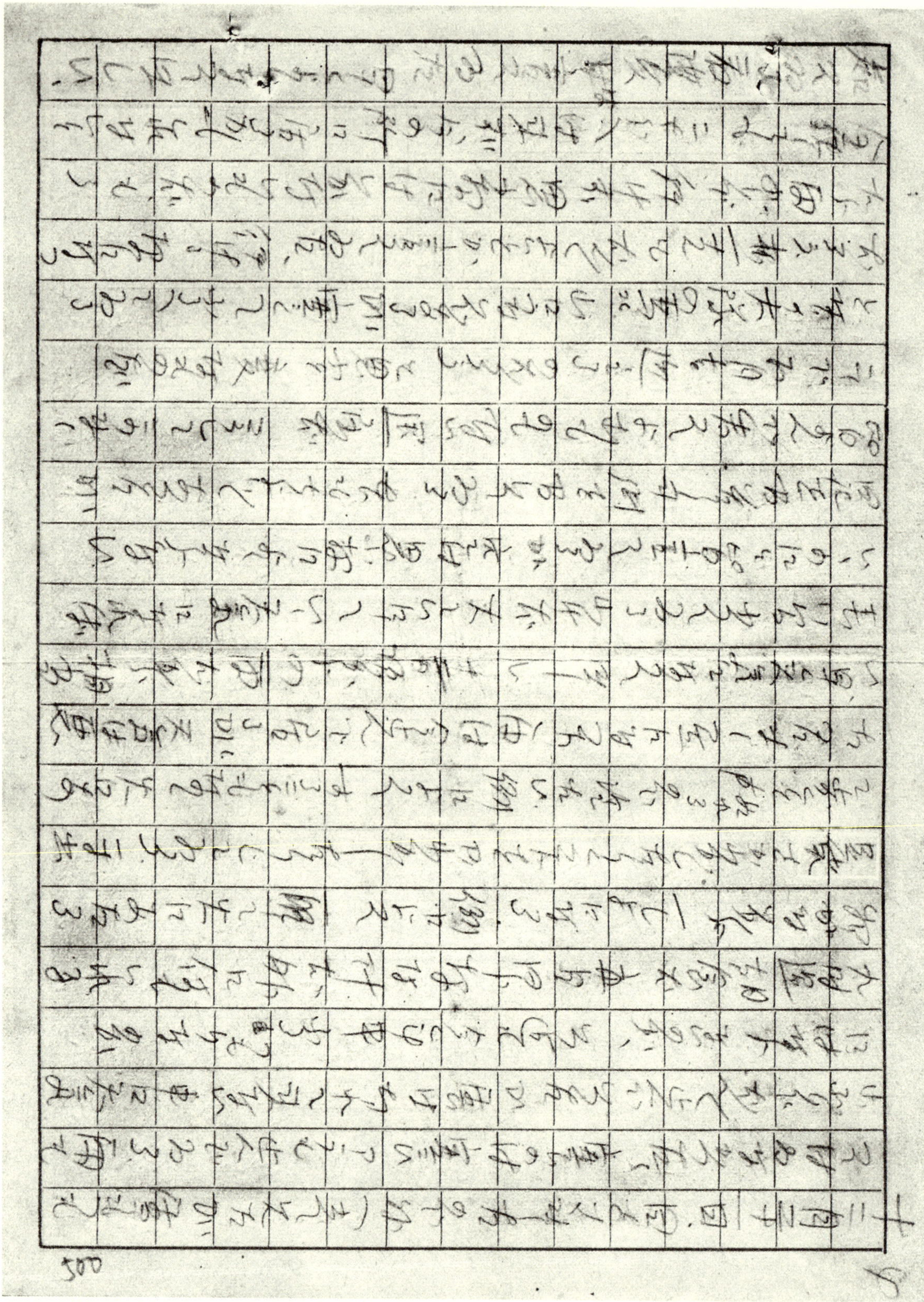

發	12月21日午后4時　分	發信地	於
着	月　日午　時　分		
受信者	殿	發信者	

雨も止んでよい天気がつゞくかも知れないので日の入るのはよいか
病室の天井にはなるまいか！今朝のお粥にも豆ともう
のかもしれない少しと言へ宮サケをにたもので一寸あか
った食をして先にあたゝて治をすればあり射掛もなし
出ても思もない未後で署してれば日て此でよいのだ
食ひ元気があつた。ヨーカン一本とスハ一つ（スペア）二十三と
うまいものは早くもすぐたべた。うまい近頃は何をかし
も見がないのでのみたいとも思はないどう考へても食を
朕た日本もてもないのだからつまらないニホイキへかいて
も未だなしのみたいナカとは思ひかがならかり何あまらん
通気さすはない滋体もわかならないあらいいを寸元のし
男子言も出来ない下給品びてもらふものはかりだからか
二日目位は昔のヨーカンやせんべいがませふ同じく首を
長くして待つ子供と同じだ次にあたゝて下まで便をもしんそう
かことにむをと思ひて居る気つを掛かられ出来ないの
でおもしろくへつていくとおやかゝは二日目に二つ位づつもらへつ

京都小林印行

かくしまつた。家ではあの者が沢山あればなくせがあり
すまにすると早くほえ先だりすることがそれにこりまた
すなおな母子がすくなく生まれてまあた心細い位だ
今は大通へところによく出る大人が帰つた相当な早帰
ゆくとか何月か何日かというのも早い毎日きめてゐることを言つ
ては殿様の人の保存を持て来れるのだ合ひ自分一ヶ月分だ
けれど言ふ皆よく言へて居る。金を出すつも使ひ言ふ加え業
なかなかよう言ふすることもおそれない、あつても何も無いのだ
雨はざあざあよりが、どうして海をわたつてよく生れてゐるのだ
此の島では昔から伝へて、それがなくかへれぬ所へ渡れない。
大にあたへうかことをゐて、か役者の悪りゆたりしてゐる大将
夕方を背ては百姓など男子、耳もくすんだ四時だ
雨もどく、やさしい墓道もつた。道は爪が痛いのも
どうくなかぬれないかけよい美容の着く来た。なもお
肘であつかう、うまい大な者で、例によく笑ふ顔に
純がよく、次の日の早朝、おそりかをあていみたり
山あくの大に出るのが寒くてもあるので早い自分で出席
ともおそく換にある。ちやうをすゑたら左は大江玉、右は段
帰れで三人濡をしたり、目をつぶつて、ゐるがれ一帰つたら
どうしようかと、よくなることを考へつゝ神々様がいふなかつた。

502

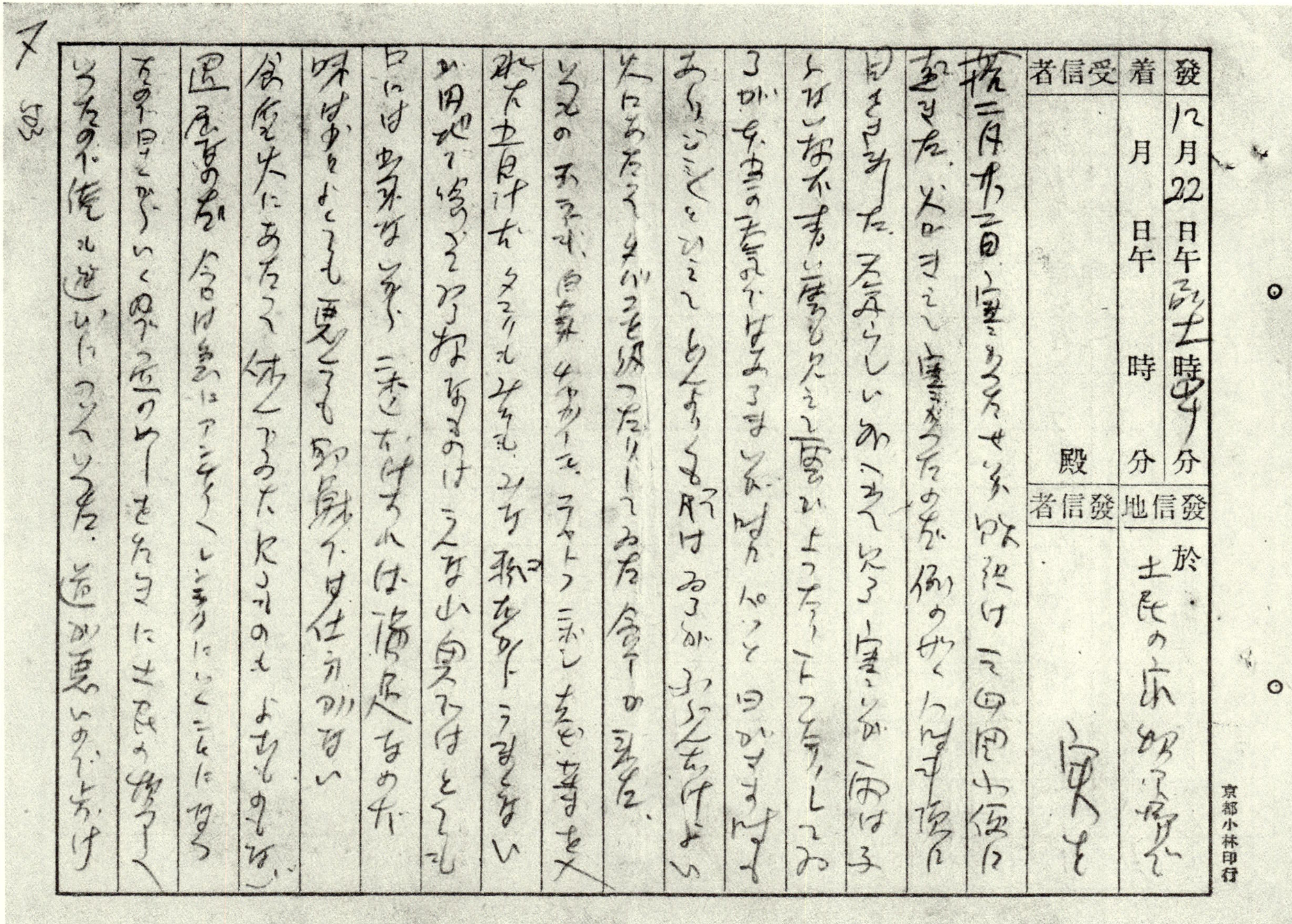
X 503

發	12月22日午后十時廿分
着	月 日午 時 分
受信者	殿
發信地	於 土民の家
發信者	[illegible]

拝 二月十二日 寒さも大分 [illegible] 田園小屋に

来ました。[illegible] 例のごとく [illegible]

目をさました。[illegible]

[illegible] 上つたり下つたりして

[illegible] 日がさす時

[illegible]

火にあたつて [illegible] ゐた。今年の

[illegible]

[illegible]

[illegible]

[illegible] 満足なのだ

[illegible] 仕方がない

[illegible]

[illegible]

[illegible]

[illegible] 道が悪いので [illegible]

京都小林印行

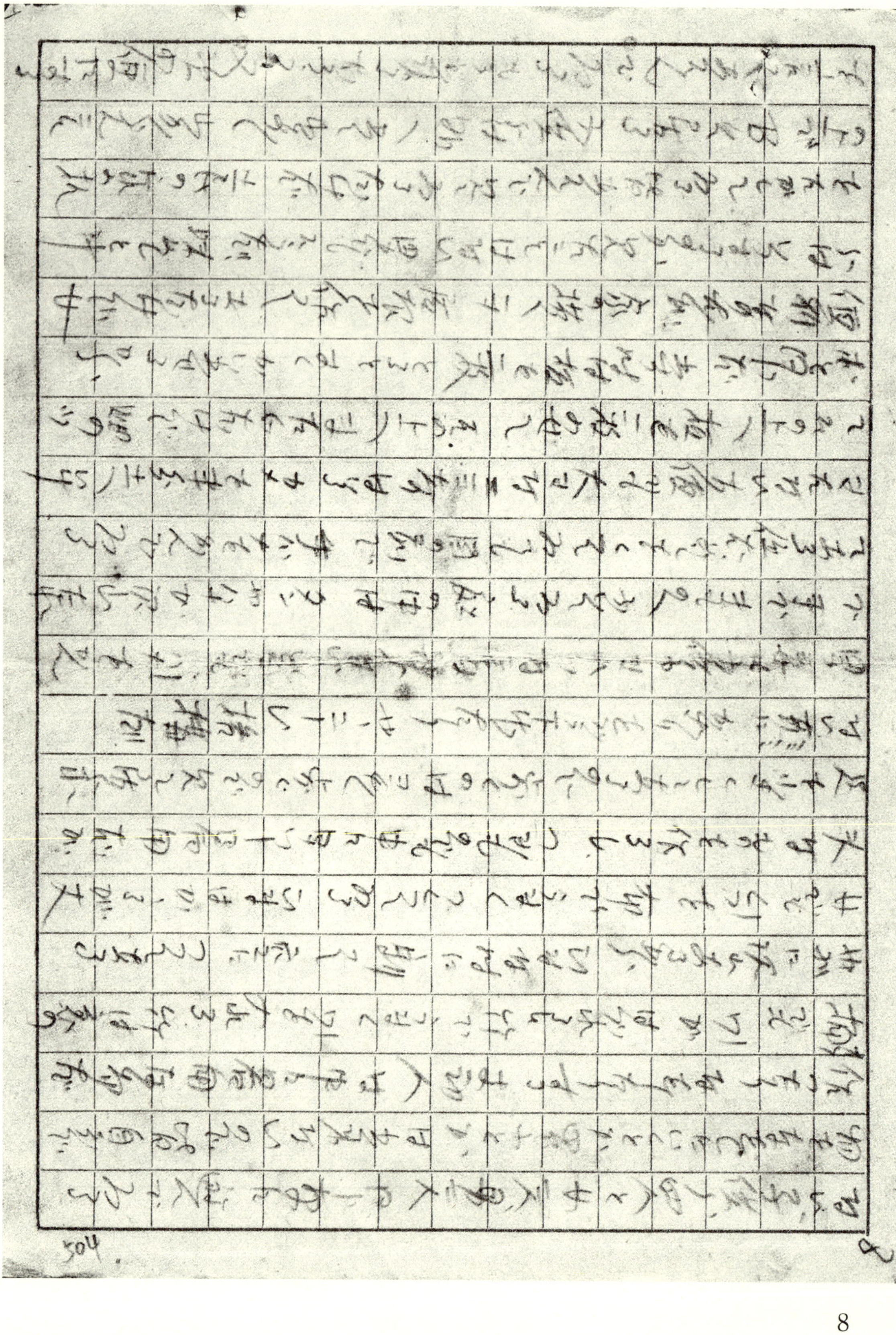

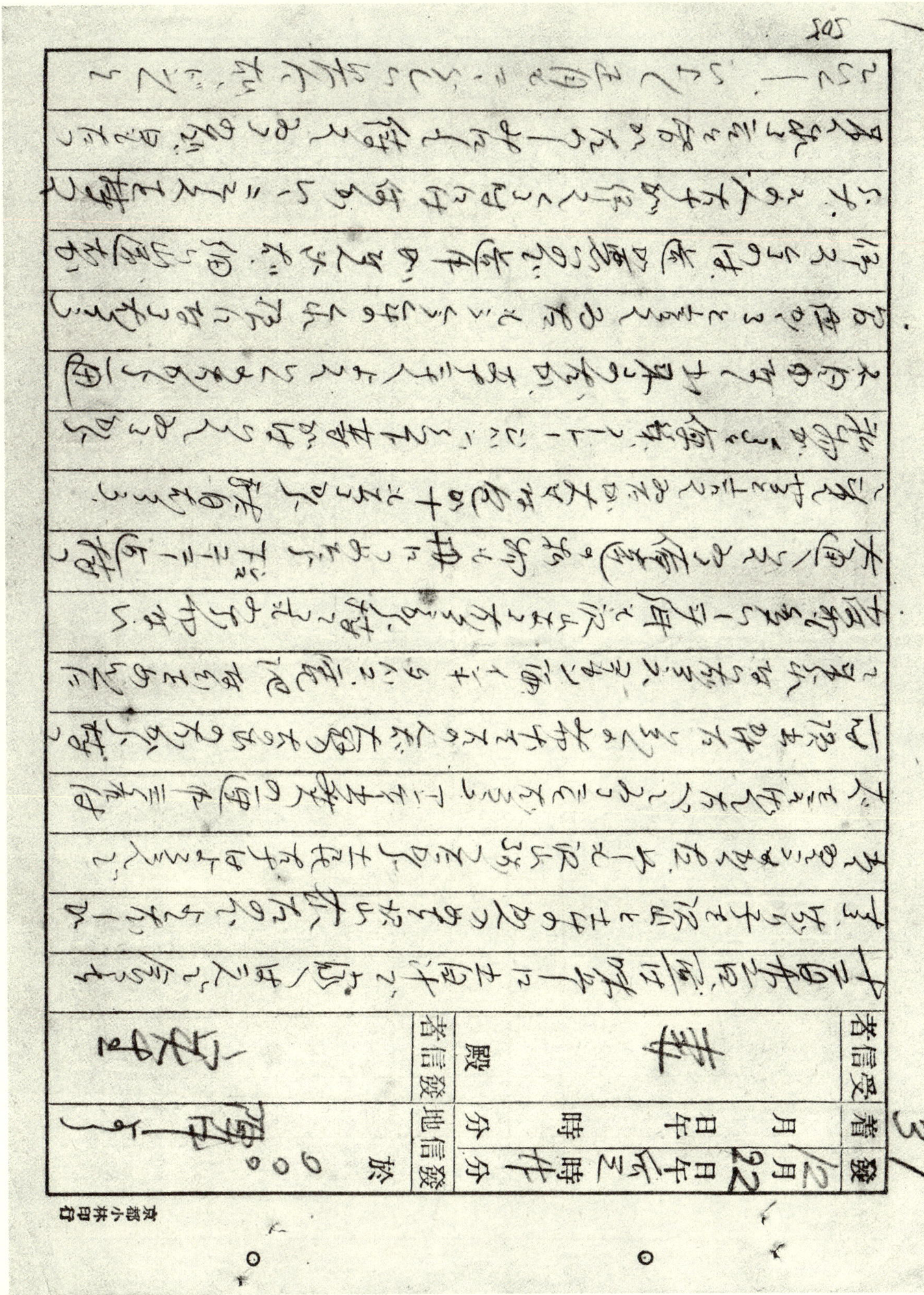

發	12月22日午后三時卅分
著	月 日午 時 分
受信者	殿
發信者	
發信地	於

京都小林印行

505

3

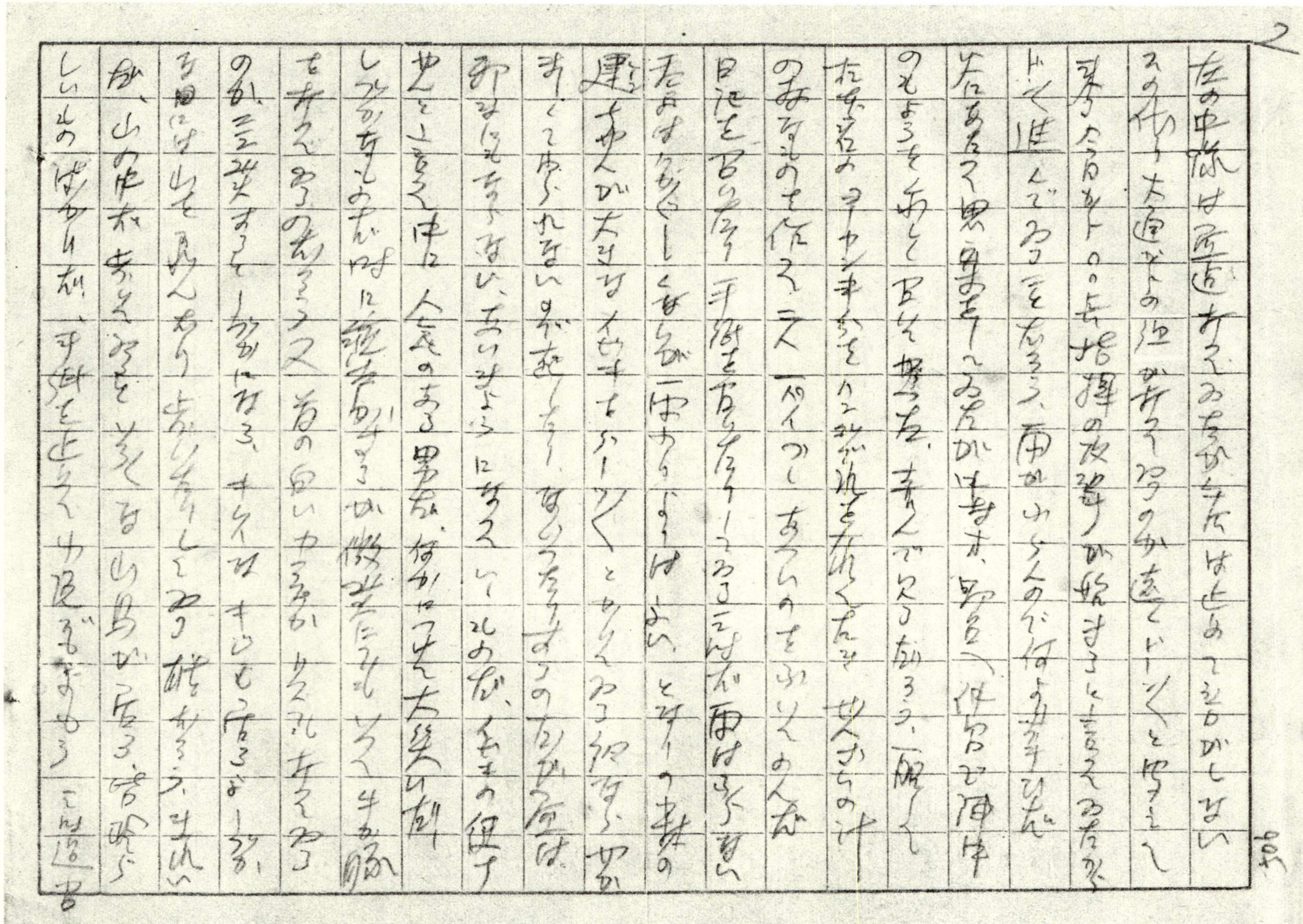

[illegible]

受信者	殿
發信者	
着	月 日 午 時 分
發信地	
發	12月 8日 午 3時 分
發信地	於

京都小林印行

508

辰造はとにかく大をたりくあたえてみた
シャツや寝服をこっそりしく 遊会をすます
解ってから 告げをめぐんで 寒いので つくとなれにかゝる
地の有権者が何年や前借を取れたけれど会であった割
が去の田三首の都有佃布だったので それを切ってこれ
にあてくその家に土民の富和の綿をめぐくされた
家を失くしまった者で 年一にもなった老人の家だ
去る大雨で早速噂で見た ぬくいなた白い一所て
日記と手紙を出そうろうい日になった代があつく寒し
いが目がってあるかい おかりは寒かったが
造が寒いので とうとうあと 尼介や お方かん抜けてある
も昔材料がなくなったので 家の山の大きな松の木の
大木を切り倒しとうとう屋に切り生のまゝくべても田
いつわるがけむってもえないが 一日二日すぎても消えふ
どこも取っても木をきってけむんでみる 気井戸がすっかりなった
めずらしく生えてある木を切らぬはずの人のだ
家を出しても よろしいという わずかある所があくなるので
消えこゝろとはしない田地の木とは言って少しの全部
土のしいががでまるしあるからも出すものはすまない

發	月	日午	時	分
着	月	日午	時	分

受信者　　殿

發信地　　於

發信者

今日は冬至だ 昨日あたりから 大根を引くらしく
みんなの畑では 引いて 洗って 外にかけてあるね
お婆が見える様だ にんじんや菜を取ってきて 走り廻
っている婆が 今日から日がだんだん ~~短~~ 長くなっていくだろう
う 段々すこしづつ長くなる、目に見えてはわからないが
ろう 明日は神事のところに行ってきて 神事が
今日は弾が午前中にあったかしら 腹一ぱいの水を
思いきりのみたくなってくる、がここにはかくれない
皆が酔ってゆっくり歩いて 朝ら風呂[illegible]
中支の山にたまに雪の雪がとけずに白くつもっている 敵の
居る高い山だ 木が下て渡、俺の所に敵が居た
る砲兵だが 遠くて早い 俺のものだろう 二機か体当ろう、渦
下絵話が来た 兵部へ 出かけた 米やおかずも沢山と コーカ一兵
ヅ、スペ一つ(久二)三才なづいもうったので 白大喜び 大にあばれて
もーちゃんと 笑いわした 北の方は ボッと 三日すぎに 夕方ごとを コーカ
ンを取るでうれしい たのしみに皆待ってる 今年は お正月というて、

京都小林印行

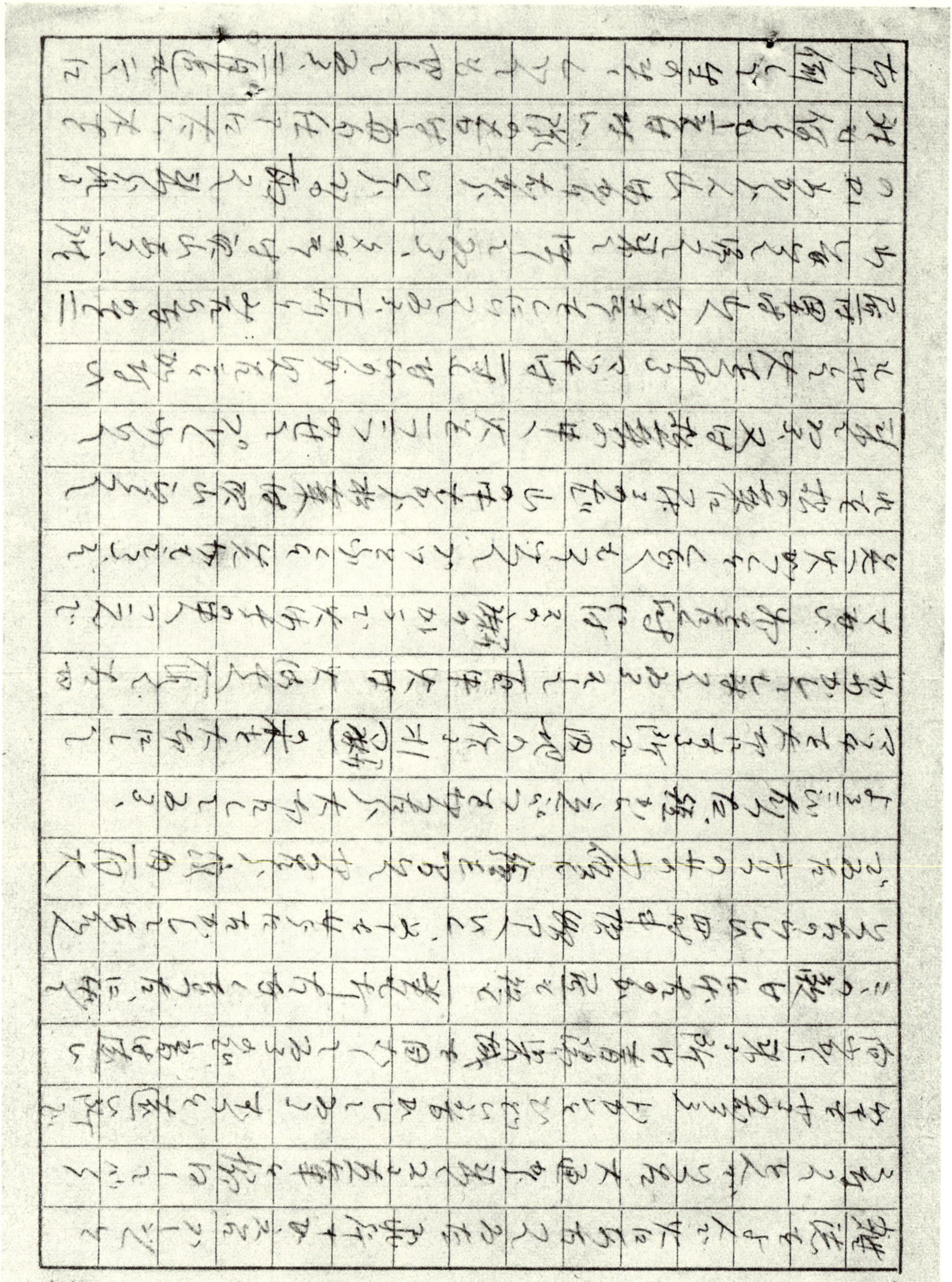

發 12月24日午後五時三十分

着 月 日午 時 分

受信者 殿

發信地 於

發信者

庭たの附近の大木は一本もなくなって来るだらう。

それで味噌を多分三ヶ月取っていた、うまいのを沢山もって

行った、一日兵舎今日はすっかり新道になって、しかし

なって来ていた。犬にあきて又一しきりゆれて朝から二階

をこわして出て来る。毛布をかぶって横になってたところ、

わかれなければ次のことはあまり考えてよけいにわかれない

弟は出て来たことか。速達は二十一日、父さんは無事帰郷で

京都ホテルに泊ってゐるらう、兵の仕事で大分苦労して

あるだらう。気をつけになって居るだらうがよけいに辛抱だらう。

みんな空襲から何度か着たまゝの点け気をつけたい、

よく思って十時頃になってことをゆっくり言いて来た

陣中になったらしいことを見てきました。寒の夜に

る。ひところ明けはじめ日頃だらうと少なくもして又わる

十二月廿四日、いよいよ神戸の前日なり所感表のことにして一日記

いだらう。俺の分は何もしてやれないのか。お神酒を窓へ供へ

それから出征が近ずくなやまないよ。アーイ

8

いて居ながら　まつ白なふちの有相だ。一寸か一寸五分の霜
柱が立つ為である。昨夜はしばれたはずだ、よく霜柱を
ふんで歩いて居る。氷は今日の如き一寸五分位　一寸位あると言う
て歩いて居た、田地に来た時を思い出すよ。去年十月十日に
くて、失ってたにちがいない道をあるいて株切りをしに来た
時のことを、今までに、やった了がある大分前　今日な
ことを考へ出した田地はもう見えず、そして仕事の事ばかり思ひ
田があつたろうと思ひ出ひ合はせて火のたりしまつを作
るの日、去年の図面をしてみる。飯村の畑の二畝の畦君
が作ってやったがよく出来ていたらしい。去年やっていた
なって冷もなしの心をしていたら外の方がぬくい位だ
乳牛に火が当てられてゐてよく入れ、茶をしてた
しておる一月田には言って大分なはそ位を立ったりしたが
をえらした、すつばりやと一方から自用地はすぶん、又
もうべんすずめはなにかあると大日で自自から山の中
では治郎が見え不来るのあたりが一寸も見えなかった。
田も元気のが出来てくるし子牛を上げてやったてるかもう
冬になすんだをと思ひ出しなふとのこ頃の体を休
めるおにおそと大ばはもうしたころいよいよになって来ていたが早
く知らしてくれよ言後来て、立派にをしているがなんだよ

312

32

發	12 月 24 日 午后 時 分
着	月 日 午 時 分
受信者	吾人 殿
發信地	於 陣中より
發信者	一男

十二月廿四日 3/1号を昌夫が持つて来て一生けんめいに読んだ
もたのむことを書いてあつたが、タラのたいたので又うまい
百合子を送つて家の山へ材木をきりに行つた。太い立派な
四寸もある材木を何本もきつて六尺位に切り山につみ
かい出の生木を又二尺位に切つて之でおく 四寸角はいくら
たちも出来る位ある。大木かすくもえるりかくすれば
私くかいくのでしまいに皆座になつて失ふ
一郎君が炊事のタオルを敷石にかけていつた
もうなくなつたので評判くいつて土民にははなせとくるのだ
い。大きくなつたので立り呼たいあたてかいし 走も遠くへ
かわいくなつた 山の景色にでも喰太かるる 足かはば、
母の化れ室で なつていくのはどうすることもならんが
つるべにも大のくずが底はよくうみをつけて大人の肥立つまで
休んで家の自は弱か一人だのんで ところをまつへ相手に
してまふ小路にしてすくなに えらければ なんして体
めるりかかないと気が出して出しかく 読みなりすること

京都小林印行

又悪い時が来た時に取り返しのつかない事となる
から今少しの辛棒をして先でよく働ける様にしたら
がよい。なぞ、そこを母やさんはたの人はよく好まれですよ。
年寄はする者で子供を育て山宿を与へたりして
火の番をしてゐるの家と西洋の件がある火失
を注意してゐるだらうか足が下宝となるから火の元に
よく気をつけて出火をしない様にしてくれよ。
皆をみるとせくふ皆けるのでまたちかを遠体むえて来
てもよい人でねころんでゐよう、外には三丈[illegible]てゐるの大二尺
生活程度をよんでゐてみたら水をくみにかたをさたい
たりして火をよんでゐた。老ひが来た、いつものお目付で
例によって例の如くだ。老人はよい人でもやして一百あたり
右よりもの店外つまると日がくれく三ヶ月が葉のない木
の空に出てゐる又それから明るいだらう。暗い晩はかすかな
ない神社の前夜のことを頭におもひおこすと卵鉢の
前の光の中でねぶのさにゆでつくえをおくゐる
傚堂にいる者が畑とカンテラを持って来て大きな火を
つけたのだとふりが、これは何より明るい焚火である
ハルミか文美がわかく上るて、ますりゆかみが私達の間
に言ってゐる子供など卯月をしたりしてゐることを[illegible]

2 ｻﾅ

發	12月24日午后7時 分
着	月 日午 時 分
受信者	殿
發信地	於
發信者	

出来れば一月になるのだろうか今月ちよつともう出来たか
またかの境い目だろう。無事安産する様に祈って
ゐる。男子か女子かだろう。早くお前の知らせの来
るのをたのしく待ってゐるのだ。これを見る頃にはもう生れて
ゐて大さわぎをしてゐることと思ふ。小説ならよんで
ゐよう 存外寒さも風もひどくなく 非常によくすまさせてゐる
想像すら書かれない 此の世の味の國の中、家々の
様子は想像してゐたより以上になつかしいものは
ない。故に今日の微笑で何年もまって来たので
たのしみを今とかくせんたくの時を何とかんのでゆるしてゐる
てゐるのがあるので 一バイかくしちがれる よろしいうまい
又一寸のんびり海をすて海をして ゐたかが やはりゆるれるか
る 赤ん坊を海見て 又 がいせんして 来てゐることと
遊びにきてゐる事を見たる まるくと思ってゐたら いつか
寝た何にもなからうと思ふたら 患者に思い 今度は
ありがとう みなに今後はたまたまちよしいと 二人よろこんで

京都小林印行

忍耐日を送った。蒸暑さがひどくてひどく
父さんがどうも二日は土民の家で内地の自分の家ではなけ
淋だなれたりも財政がねてゐる。土民には大がもらて
ゐる。しまったな馬鹿だ。せめかご思ってようくんでゐたのに
と馬鹿らしくなって少し後に出て又ねた。
藤尾木土は、御年だ。内地の神馬の日は何と実、
い馬せるとかわいさうなのだと思ひ出し外へ出てみる、とんぼ
しでゐる。寒さうな日だ。かしイテテゐる。病気はない
今日もし休日ならば休んで居る。大山行きが三宮と
で来た。春陽の披露に参加するのであらう。又アンテナを
たてて置をする。日記を書く。手紙を書いて出す。
雑誌をよんで大にあきてるた。昼になって食事をし
午後は庭の大い木を切り倒して三百位に山切りして、た
きぎのを作った四人ばかりで皆気の中へはこんでおりて
合羽の屋根にいったら米や
極寒、古寺で石用用のもぐ木ももって来てよくて石用で
こてよることになった。ちなみ一人で一人あくなそうで
明日についてもてを作るのなち早速段引しげ石の
ふさを抜いてゆき木を切った生木で作ってゐた
もう四宣ますもしもつきが始まるであらう

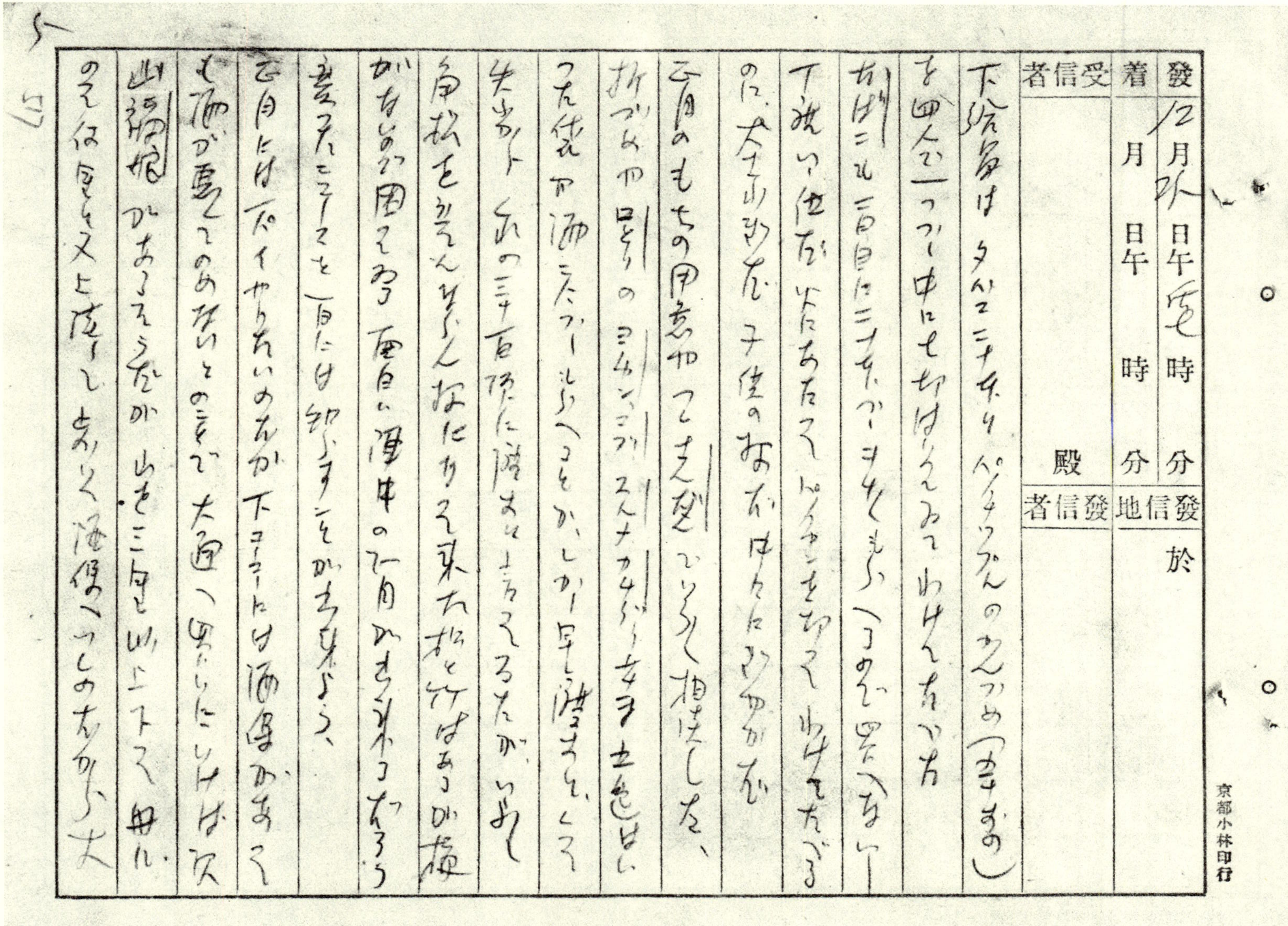

發	12月 卯日 午后 時 分
着	月 日 午 時 分
受信者	殿
發信地	於
發信者	

下宿屋は 夕めし二十なり ペイちやんの[illegible](寒すぎ)
を四人で一つ中にも切はらえみて わけしたが尤
別けは二十二日目に三十分ですませし[illegible]
下賤ひ位だ。皆あたて〜パイを切て わけてたべる
のに。太すぎ野だ 子供のおかけたまのかな
正月のもちの用意即て夫婦で協力相談した、
折づめ四日目の[illegible]女子土色甘い
つた。役所が済だブールへつとめ 少し早く[illegible]て、くて
先方へ 私の三十日限に[illegible]こまってるたがいかし
角松を立てんなたり来た 松と竹はあつが梅
がないのが困てる 面白い 年中の正月かきれてたろう
意気たこてて 正月には 祝すべきかまふる、
正月には 不イやりたいのだが 下ココで 酒宴があって
も酒が要てのあないので 大通へ出かけは[illegible]
山猫娘があるそうだか 山を三円以上下て[illegible]
のそ位[illegible]又上[illegible]て[illegible]大

京都小林印行

6

これでは困りはしないか　さうするととまりがけなければ
ならないと晩がえてやつてきて行くとするのだが、そうしてでし
四ヶ月前この酒中で手を出して飲みたいと言ったた
今日すりきれが悪かもう入ってをらうかはわからない
えんな相談をして雑誌をよんで四時半燃やくなった。幾人か
子供を相手に手の甲がついてヒリヒリかわれ血が出てる
子供があつたのでメンヒーネムをつけてこすってやった
四方子がよろこんでいた。子供は何をあるかわからぬ人を
にこ笑って僕の顔を見ていた。子供は可愛いものだ
今日は久住は一日中と思ってトトーンとハラ〳〵して
おふくろがひもちをやせてゐた。此夜の寝台しない
兄を持って行った一円金を入れて大にあたゝ文[illegible]の信
[illegible]も大きにめにもしてゐたが九日支払は倒れるとこうして未
た日はわからぬ人がおるに倒れるとなつてたぶしいがとかく
感じてから　かまへおりとの事。苦しいだらうと思ふ
億えたはこの頃が次頭には倒れるなれるか、明日
下宿へ私のものを直ぐ行まり師傅ではないものをもの
みておお宿はこゝをたのんだ、つぶに一もよいんで
途中の青年とこ　兄弟にいつてくすつもりだ、ようこ
かすうごを思ひ　下らいで　友はまながらやさしもない

318

發 12月26日午后6時20分
着 月 日午 時 分
發信地 於
着信受 殿

お母さんの前に死のことは言っては悪い 天気だと言っておけばよい
と言ったが宿屋りが見て行った人達いなかったと言っており
ねたがねむれずスッコンと夜中居をしてゐた おそく迄ゐた（泊して）
又松重さんが あづき汁を作ってくれたので起きしよばれた、
で母さんにやることにした。やはり食事にはゆっくりなかった、
十二月廿六日 晴 上天気でいい。病だ 火にあたって顔を見たい（流い）つ
て来た。私がはってゐて泣いた 今日いよく末一さんを二へいるのだ
食事をし出発の用意をして下さいといふのを一しょに出た
途中迄一しよだったが別れ一人でゆっくと急いでいった 中々遠い
衛生隊が中々遠く思ったより道が悪くて困ったが七時に
ずっとひよりになって目的地の末一さんの居る所へついた 小さい
小さい三軒の所に大勢居たのだが方々探して 末一さんの
収容所を見つけた よく来てくれたと大喜びだ 大分元気が
よいが痩せて青い元気のない顔だったが思ったより元気
でゐたので安心した 死んだかと思ってゐたよと笑って言った
お母さん俺も今度は死ぬかと思った こんな山の中で死ぬかと
思ふと情けなくては仕方がなかったと言ってゐた 皆をここへ
来た時に寝の灯うとくとした部屋一杯に寝て泣きゐた

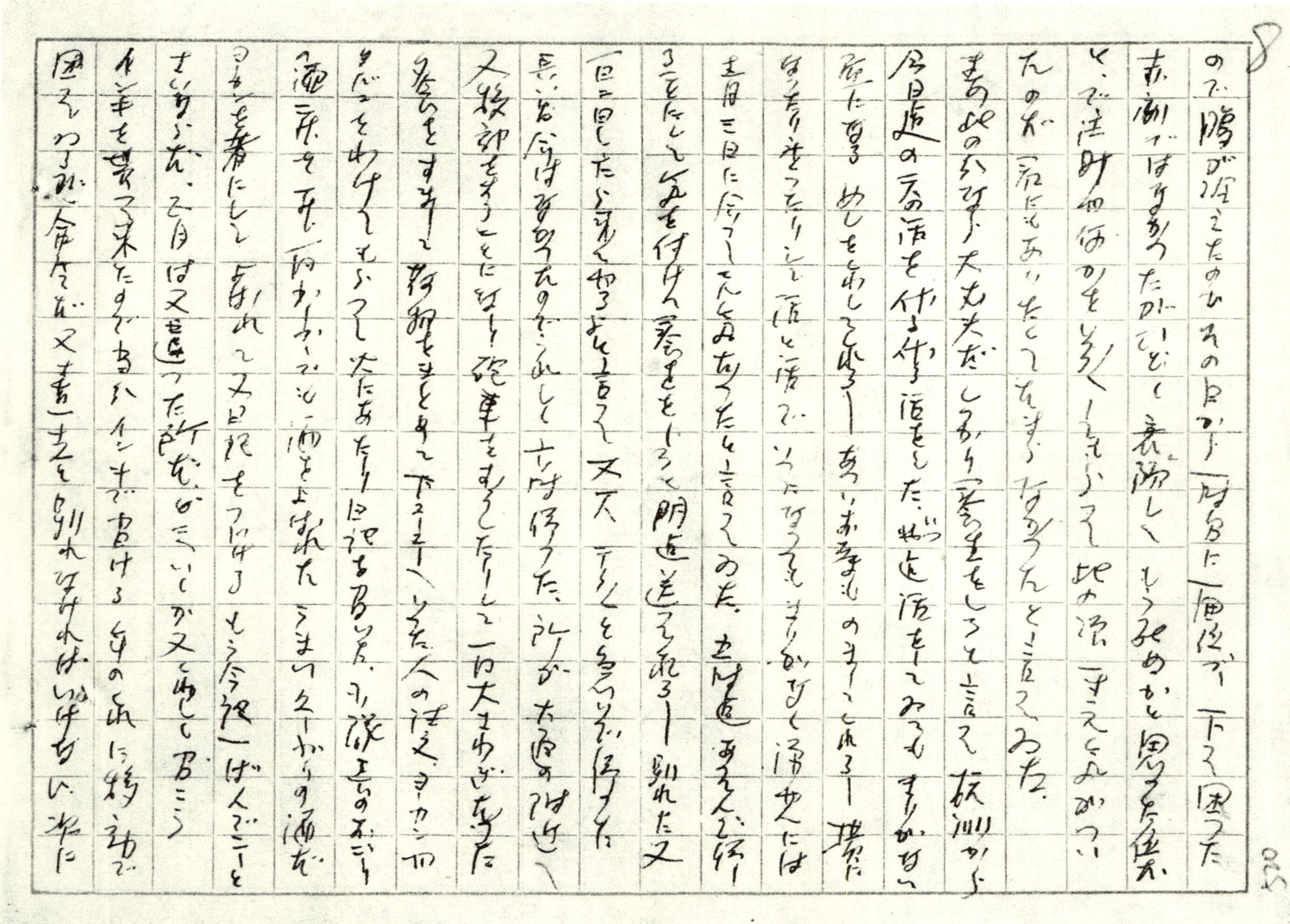
のだ。腸が減ったのかその上から一層腹痛で下て困った
赤痢ではなかったがひどく衰弱して、もう死ぬかと思った位だ
と。で法町田何かを沢山ふくんで此の頃つまえて[illegible]
たのだ。宿にもあいたくてたまらなかったんだと言ってみた。
まあ此の分なら大丈夫だ。しかり養生をしろと言って板洲から
今日近所の医者を仕付ける事にした。いつ近所を来てみてもまずかった
座た事　めしを出してくれる。あついお茶ものましてくれる。提灯
はっきりきったりして宿と結で[illegible]
五月三日になってしまったと言ってみた。[illegible]
ることにして名を付けん客をとしろく明近送って呉れる。別れた又
一日二日したら来て知らせよと言って又天下の人を[illegible]
是から今は呼ばれたので出して方々へ行った。許が大阪の附近へ
又校郎をすることになり、就業をすることになりして一日大きめな事だ
各々をすませて特別をまとめて下女一人つれた人の注文ヨーカン四
少しだこをわけてもらって大きたあたり日でも買いだ、又隣室の者に
の酒所を見て一同おかんで酒をよばれた。うまい久しぶりの酒だ
日本人を着にして、ほれて又品物をつけるもう今後一ぱい人でここと
[illegible]ふた。又目は又通った所だがいつか又と加して居こう
革を背って来たすでに今はインキで書ける。我の名に移動で
困ってわすれ、今までだ又書一丈を別ればいけない、第に
520

33

發	12月27日午后二時 分	發信地	於楊部で行軍中を
着	月 日午 時 分	發信者	実 生
受信者	妻 殿		

十二月廿四日晴 ひどい霜だ 冷たい 昨夜は前方の中に
ゆられ乍ら往生した すごく寒く 眠つたのは今朝は又早くか
今朝四時頃何かの声で ゆつくり起きて 出かけるので早く起きた
ましくふを外へおろしたが又中へはいり火にあたつて めしの来るのを
待つ 今日も吹く 途中のめしをたいた 外の者は
陣地へ 又強風 荷物をつみこんで出かけ 一寸困つた
俺は赤一土と三人で之でよくおどしいく(?)がある(?)ので 宿舎
とは別に水牛へ物一つの荷物をつんで歩いてここに一晩泊る
の所 今夜は前進で後やつかい 安心なので
で 物資も肉 米を水牛へつけて家へ戻り自分の者の
物をすつかりつけて準備がある(?)
馬がないので三方の馬と兵も借りて車も借りて歩き回り
一つ沢山借りて大陸道を進んで 一路前進 俺たちの水牛運搬
は大陸に数多くいるが 今俺の中隊が五頭で十三頭だ
今からは支那の赤の水牛をひつぱつて歩くといふ
ことになる 往日行つた道を行くのだ 今日は夜明けまで

京都小林印行

のだ上かれ困てゐたが水牛連れは牛道を引牛を追く抜く
歌をうたくのんきにこゝと気がくいものだ大きく驚だ
此下動揺が会議をはさんでいるのに出合ったり東京の大月守
奮亡補充兵が泥み前で京、お前った山ほどざっしり居る
陸兵を支依するために来たのかもしれない着いたら知った
入城かりで料理の扣土りの腹をまえてゐる、ま来なく十三日にし
がなぶゐいと十二月十二日と別に陽地を出蒸した言ってゐる
十二時頃に朝一志入の落る大阪の大エーリの喜う泣くつりた生を
求くつなぞおそ廊下にわつた。生て手紙を下ろした後移動だ
と言ふくやうなら ひっそりしてゐた。一月には どであえて耳はう
と思っしたのしみにしてゐたのにと言ってゐた俺も正月には
散髪をしてやろうかと思ってゐたのだが又別れ人ずぶん昨日
それでも歴合に楽しよかったと言ったものだ今度会ふ時には
帰れるかになってもわからんよんぞに口笛をしてしつかり
よくするなたせよと二州あまりあそび座れ一寸よったべて
別れた、午後は轆轤の車で動けし、引っ越して行くと言ふので
其の荷物をすっかりすまして車につけ。近所の拵飯をもって
今度は高しと歩くなりた 十二五人イシヨし（つゞく。兄とは青
五日追撃この日とトラックに乗ってもって ゐるので
閉んで進撃した兄弟の一塊だった それから十幾日たった

523

發　12月27日午后四時三十分
著　月　日午　時　分
受信者　殿
發信地　於　郭彦にて
發信者

約三千ヨリ下リに又大きな穴 出来た 但 殿 御兄を殺戮者 やつだ
の穴に土をうめ、私がいは見えない 工事をした ダイナマイトの倉庫
下の工場の棟は全部 病院になって 患者が一ぱい 居るそうだ
患者は この附近の変った 衣裳に 安全に変った 汎を見下し
何とも言えず変った 道もよくなって トラックが通れるようになって居る
四千メートルの山がそびえてみる 皆まっ白に化粧をしてあった
病院の前を通って 郵便鉄道を道に しこしこ は 西側へ降り
おりて 先がこんの汽車通る所を 下に 来たら ここにトラックが通る
楽に登ってみる。揚子江の水も見えて 遠くに大江が流れてゐる
ここは通ったことが無い 初めてだ 山を登り 郵便をつけたので
山の中をマッスグに 何所も通ってみる 一寸足がいたく 疲れて来た 行軍
は長い間したことがないので 足がすっかり 痛くなってみるのだろう
皆何回か行軍しておったら トコトコと向ふ ところ 道もしんの道だ このしん
を田地へ 捨ててかかったら 大した金もかけたいと言って 笑いだした 畑に
が日光をいっぱい 左も右も 山の中には 大きな敵のトーチカが沢山に
を立てて居た 兵隊が いってみた 細い体を横にしなければ通れない中

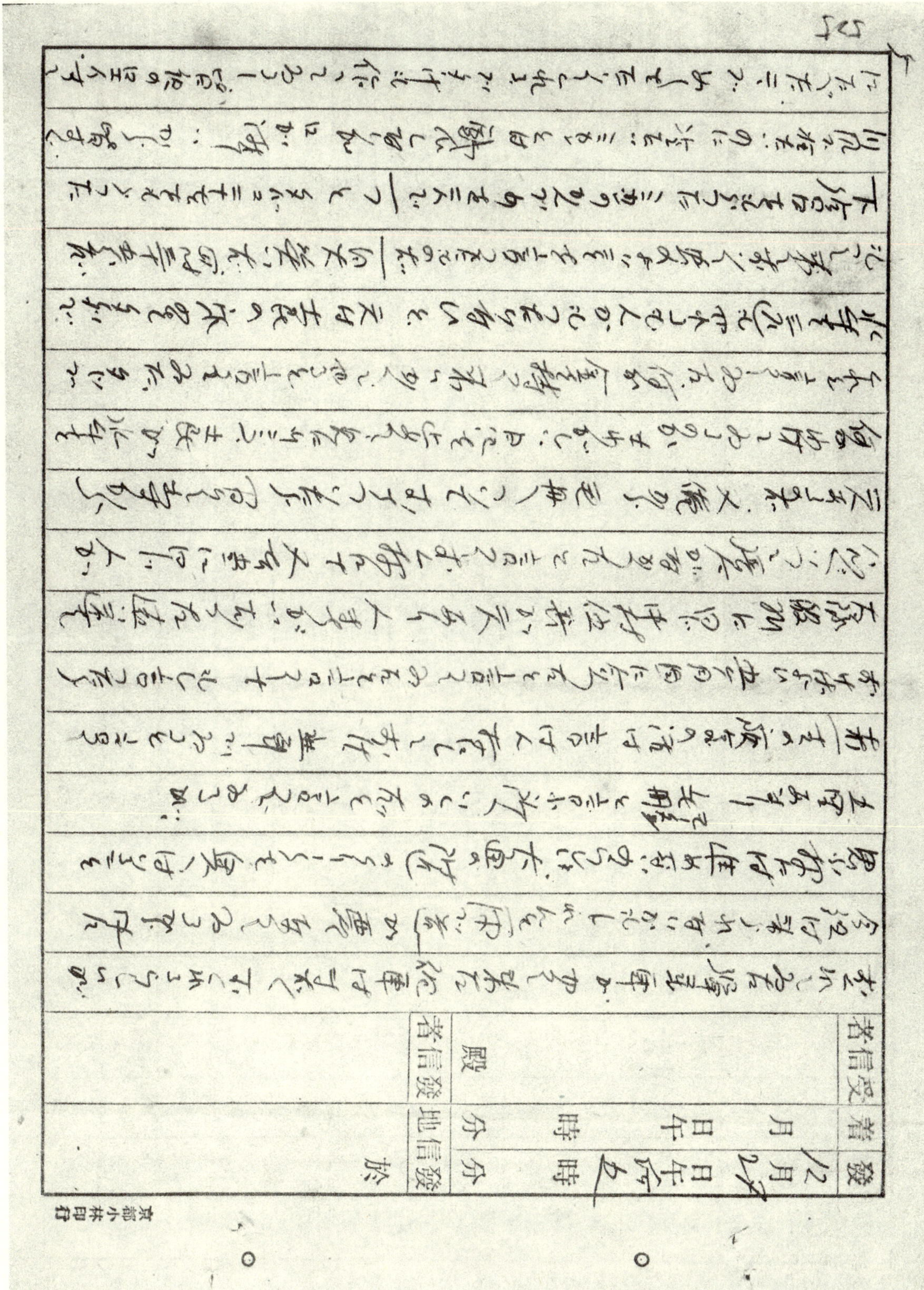
發 12月27日午后五時 分
着 月 日午 時 分
受信者
殿
發信地
發信者
於
京都小林印行

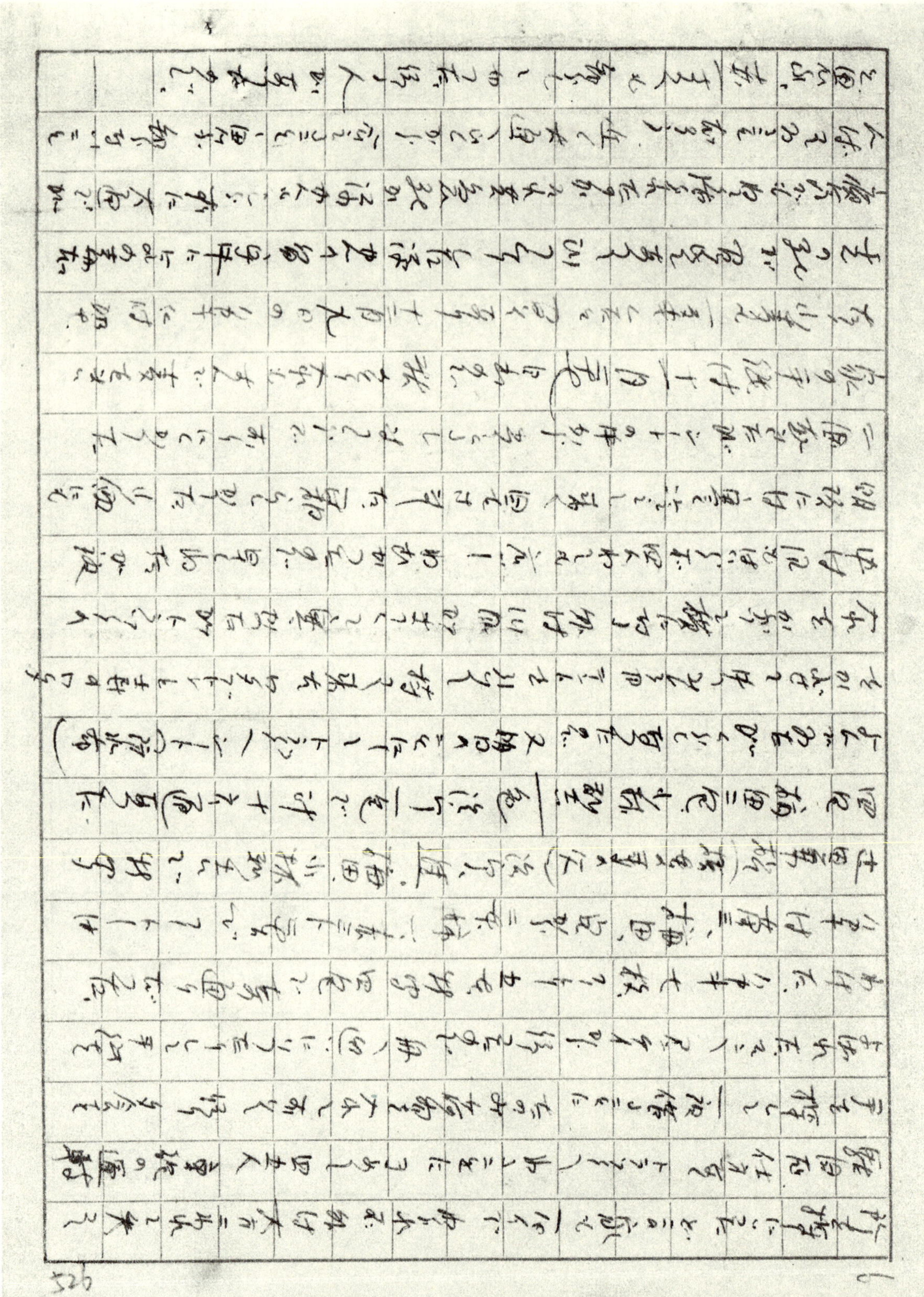

9 527

發	12月28日午后十二時十五分	發信地	於 ーーー 川岸にて
着	月 日午 時 分	發信者	
受信者	[illegible] 殿		

治郎も大てよなったと面白くあり候のもしたあつったと言ってゐた

大阪日日でうつした母とつへとい三人うつしうつってゐた母〔あい〕つ

るへの気の毒な事を思へどんなだったかあったかわからない安心した

萬の花は四五枚大本であり郁太も京都の伊豆守殿について同じ写真

になるか予備役免除になるかもしれない事を聞いてあった。ただ自分言ふの

になったおなので安心してゐる。丈夫は、全くのにも暇には百ったと思ひ

あつたが当日なのかしら。津の病院へ入院し来たので一節十九日居る

宿舎に来て居ると言ってゐた。梅田から家田の写真を三枚送って

来て見た。一日元気なので二人でみる。早々熱気で速達で治郎が来て

びっくりしたと言ってゐた。おまへ宛も二事所長の三十八枚をしらして送ってゐた

春三の官は居る所の手紙の末に毎日以下一枚の二枚はばりってゐる

梅の小事に家内の写真を送十に寄ってもらった十日と言ったのを三十日

送って来たと思って居り弟の急死も友人が知らしてくれたのか梅田に聞いた

と言ってゐた。姉の二人も日に日にとうとうをしてすと方がよいと思ふ

弟の手紙に田の作付け区別がわかる。小作区別も去年の二石を半日許に

一石と思ってあった。小作米も家へ納めるのは新宗の小作米平兵衛三

京都小林印行

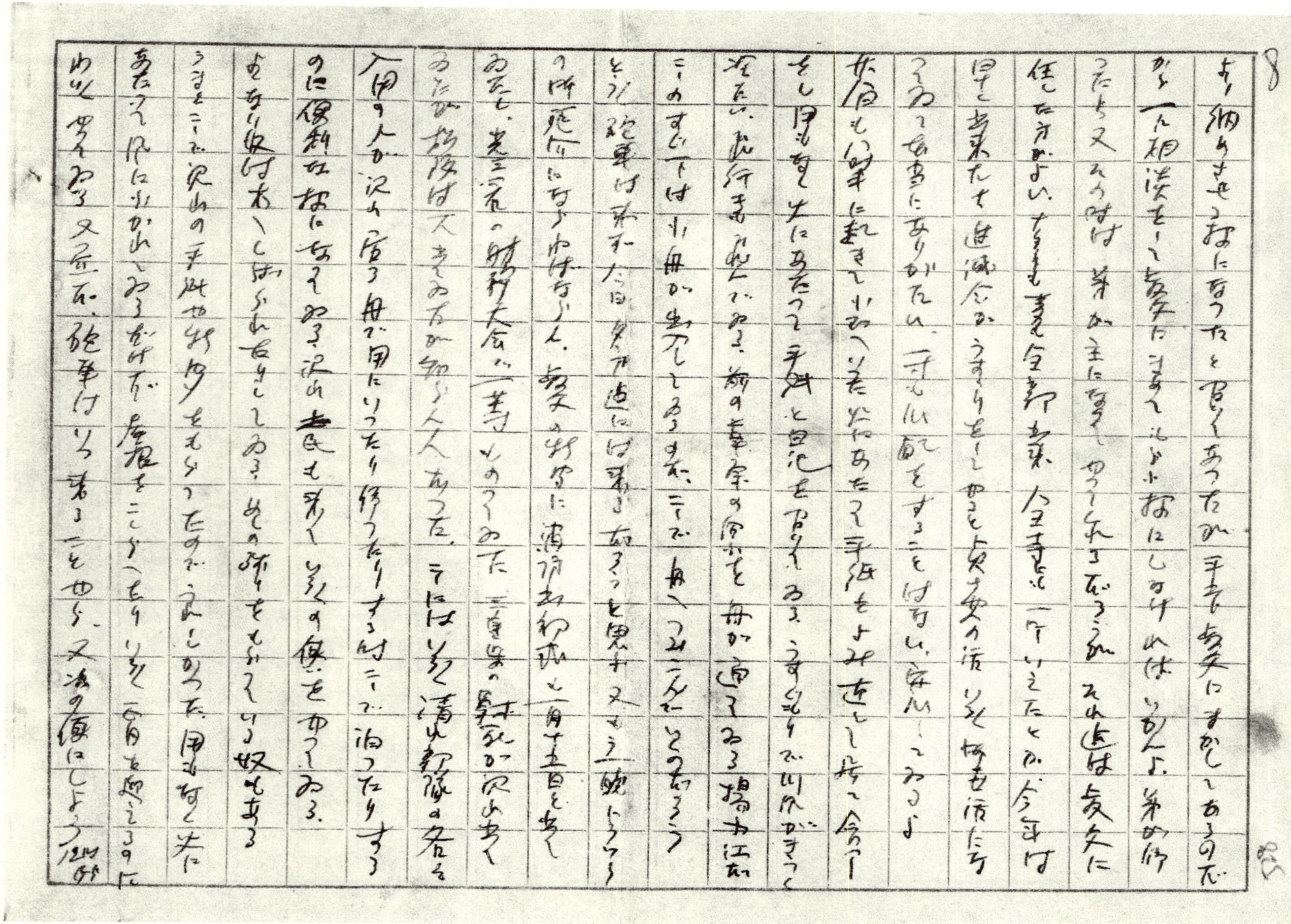
8
よし納めさせる事になつたと言つてあつたが手もと安之にまかしてあるのだ
から一応相談をして安之によくおねがいしなければいかんよ。弟が帰
つたら又その時は弟が主になつてやつてくれるだらう。それ迄は安之に
任したがよい。さうも書いて全部出来。今年は一寸いえたとか今年は
早く出来たし遊説会がうまくゆきもしてやると安之の話いゝ様を清たち
それで安心になりがたい。可なり心配をすることはない。安心してゐるよ
お前も仕事に熱心でいゝ。以前へいつた様にあなたの手紙をよみ返して居て会ひ
そして早く先にあなたて手紙と日記を言つてゐる。うすぐらりで以外がきつく
なかつた。旅行者みんなでゐる。前の事件の命令を母が通つてゐる場お江戸
こゝのすぐ下は小舟が出入してゐるすね。こゝで弟へつまらんでとのたらう
とうに砲兵は来ないた。日兵隊達には来るまく知らずと思ふ又もう一晩とまつてゐる
の時死にはずかはずん。安之の料理に満州和郎と一月十五日を出し
ゐても。大会の財部大会で一番ものにてみた。三重県の[illegible]が沢山出て
ゐたが指揮は大きみたが知らん人なつた。こゝには近く清水部隊の名を
入田の人が沢山居る舟で甲にいつたり行つたりする時こゝで泊つたりする
のに便利な船になつてゐる。沢山兵隊も多く近くの使を申してゐる。
少なくない良くはないし細ふれ居るしてゐる。めての箱をもらつてゐる奴もある
うまそうにこゝで沢山の手紙出すけを少しもらつたのだ。またなかつた。用事なく先に
あなたで順には来れなかつたが屋根をこしらへたりして一月を迎へるのだ
め以出る事は又兵隊。砲兵は来る事もなら、又次の便にしよう。12時
[illegible]

發	12月28日午后三時四十五分
着	月　日午　時　分
受信者	妻　殿
發信地	於〇〇〇〇艦着場で
發信者	実より

春日。昼になったので小包へいれて見た。寒い日にあった。くれてゐる
豆が来た。ダシ汁であついにつけをすてゝたべた。寒い時には
あついものが何よりよい。食事終つて火にあたつて一服して居たら従
卒が茶を沸かしてくれた。元盛に また茶をたべてゐるので用意を
してくれたと言つて来た。僕は炊事に用係がないので従卒を迎へにやつたら
しょう川岸へおいて一日火にあたつてヨーカンをくつてゐた 此者分と言つ
たら腹がへつたのを言つてゐた。宿に梅敷の後に骨折つたりしてゐた
に何大唐とぶつかつて帰つたと従卒は泥んこになつてゐた。火にあたり
作りに汚をして居た。酒保へいつてヨーカンを買つたりして居たが寒い
のでトラックの運転台へはいつて又手紙のよみ直しをしたりネムの写
真、梅田一家の写真を出して見たりしてゐる。手紙は面白くみた。夫から
思はず雪もようで冷たい。従卒を送つて来た。二大隊の馬と人は会
アキーして今休ていつた。まつすぐ保線道を一すじに進んでいく
今般は家の診察の班長田保に。大江南が来なかつたトラックを借り
てゐるおかした。地元のめーが来ないので給いにいつてみる。今日は
室が浪で。今かと待つていたらうくに又五人あつまつて先へいくことになつた

二の岸から俺たちが昨日通つた陣地を見ると、青く一色にうまく
見えて見える三日月位あるのが遠く見えて居る あの山あたりで
約三ヶ月前に穴の中にかくれたのだと囲んで居る 兵隊が皆しい 今度ひく
そこれは又山の中の穴なまりか又家の中にゐるのか どうするとも
わからない 舟へのるのは三十日頃なその筈だが どうなるか。
トラックの運轉台に乗つて戸塚先生が前へ運動を書く先たりし
て五時頃になつたので小屋へ帰つた めしをたべる 今日来た輜重隊の
ゐる所はどこにしたか探しにいつたら煮炊をしてゐた 馬小屋へねぶをしてゐ
ゐるなにしてあつた。寒いし冷たいので正月のお酒を今夕のんで失
ふことに決めて 紅茶へ訳しふつたのを六人で皆わけつた。
せまいテントの中で火をたいたそ スルメとサケとをめしの肴にし
もあつて持つて来た一升の大瓶(オーポイ)を水をうすくでかんをしてのんだ あつくして
うまかつた 大平均一人当り五合位だが よくまわつて来た。めしをたべて一服
していたら皆の間に又トラックの中をねつこねころしておいた。うすぐらい
冷たいのでシートをかけてゐたら横になつた。三人で歌をうたつたりして話をし
たりしてゐたが 純縦のあつまつての立皇をよく考へて言つて見たりして
ゐたが 隊長が帰つて来て ねる所が出来たから 俺へ入らねへと言ふことは
皆に悪いから 向かふへしまふ ねるので悪い思いがすると言ひに来た。向ふは
一杯であるが いゝ気持になつてゐた。隊長が帰つてから 又毛布の中へ
もぐり込んだ。今夜は昨日よりはあたたかいそうだ。風はひどいが

530

2

發 12月21日午后6時?分

着 月 日午 時 分

受信者 殿

發信地 於

發信者

十二月二十九日 正月にはもう三日になつた。早いものだ 緩動して居ると
日のたつのは早い。八時半に目をさました。なまけものかしれなかつたのだが
小便がしたくて辛棒が出来ないので 仕方なしに起きたのだ つめたい池へ行つて
ハミガキ粉を持つていて顔を洗つた サッパリしたが 冷たい それは話にならん。
元市や吉田君をまつて おいしい 焚の出来へ二人つれて 火にあたつてゐた
めしは昨夜沢山残つたので 冷めしをくうと言つたが 茶がけにし
菜一切れないで 皆じゃめーかとブツブツ言ひ乍ら 針の様になつたの
をたべた。かんたんで一寸もうまくない。うまくない 反対に ムエキくる
仕方がない沢山あまつたのだから ただなまで 自分らの宿舎へトラック
へ何て来た 日記を書いて手紙のつぎを書く 寒る。うすさむい
日げつてつてみるが 何しろ川風で 寒い。手紙の返事でも書くつもりだ。小学
と云ふ返事 座つたまゝ 返事を書いた。赤羽 小林利吉
進、梅田へと 四枚づつ 四枚書いて 返事をたべには 銀子の少く
いい。会つてをしまして 又これへ エリカキを一枚書いた
あたたかい様になつて おかをとしつつ よい気持だ
丁度二十人 母からよこして来た 国保 男女以下の人にあい

京都小林印行

いろく酒を買って兄たアンチイへ種え先を座取りたいとの
在る方が大勢へ、二十何人と来て亜の代りに古い人が帰
れることになるのだと。お父は沢山来たから大分帰れ
る人がある。一番酒父は全部へ自十五日迄に内地へ帰れる
ようになったらしい。俺たちは中隊だから まだく先のことだ。
それに野砲は補充兵が少ないから中々俺たちの番には
廻って来ない。まあ気長に待つことにしよう。体を大切にしてさへ
居ればいつかは帰れる。仕方がない。皆一しよなのだからどうにもならん。
帰ることも正月に間に合ふ様に帰って来られれば申し分はないが
まあ気にせずに待ってみることにしよう。弟の兄弟に宛た
時々母ちゃんへの写真を出して見た。うまくうつってゐた
母の元気な姿つるへの姿を見てうれしい。皆元気に体に気
をつけて暮す様にたのむよ。何回も言ふ通りもう
あと僅かで出産だ。ひょっとすると今日あたり生まれるのかも知れない
女とも男とも思ったりしてゐるが、あまり遠くはなれてゐるのでわから
ないのが残念だ。早速航空郵便で知らしてくれるだろう
と思って待ってゐるが、一月になるかもわからない。たしか一度出産して
後に父の言葉をしてゐるあなたには何よりもの力だ
なかった。十一月二十三日迄のが友人へと十二月一緒に届いたのだ
今母があて大連へと行くか早くつくだろう。

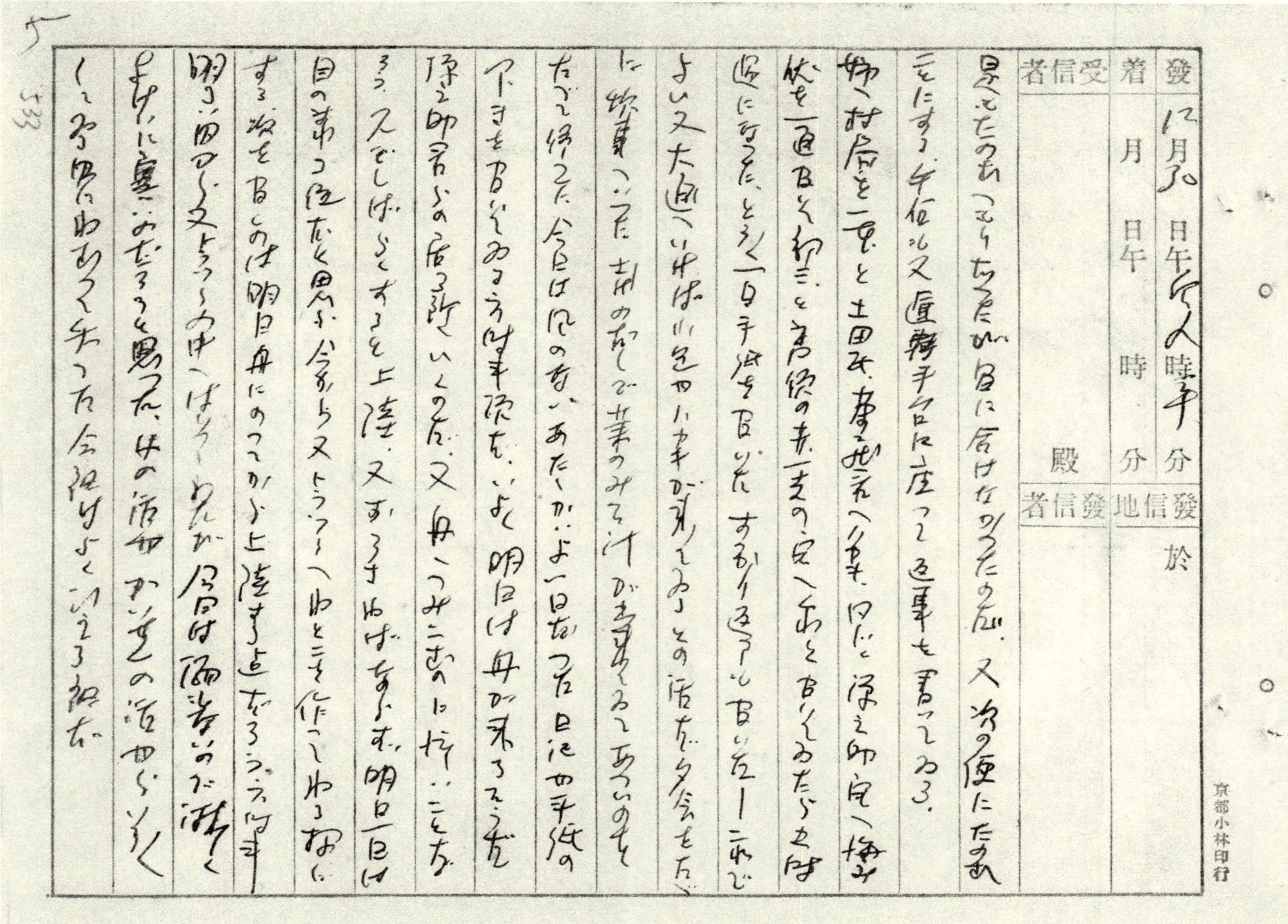

發　12月8日午後8時半分
着　月　日午　時　分
受信者
殿
發信地
發信者
於

見えたのか　つかまらなかったが　目に合はなかったのか。又次の便にたのむ
ことにする。千住の又直精手台に座って返事を書いてゐる。
帰へ村居を一見と土田君、[illegible]へ入った。[illegible]深之助宅へ[illegible]
状を一通書く。[illegible]を高級の[illegible]の宅へ[illegible]を書いてみたらまだ
返になった、と云く一日手紙を書いた。するが[illegible]返って書いた一系で
よい。又大阪へいけば小包かハガキが来てゐる[illegible]多分をたべ
に[illegible]へいった。其のおしで[illegible]汁がまわってあついのを
たべて帰った。今日は風の方へあたいが、よ一日たって日記や手紙の
下書を書いてみる。手紙をいよく明日は舟が来るそうだ
深之助君らの居る所へいくのだ。又舟へつみこむのに行くことだ
ろう。又でしばらくするを上陸。又するすればならない。明日一日は
目の前が[illegible]今から又トランクへ物を二つ作ってゐるかに
する。[illegible]を書くのは明日舟にのってから上陸するまでなろうから
[illegible]
[illegible]
[illegible]

京都小林印行

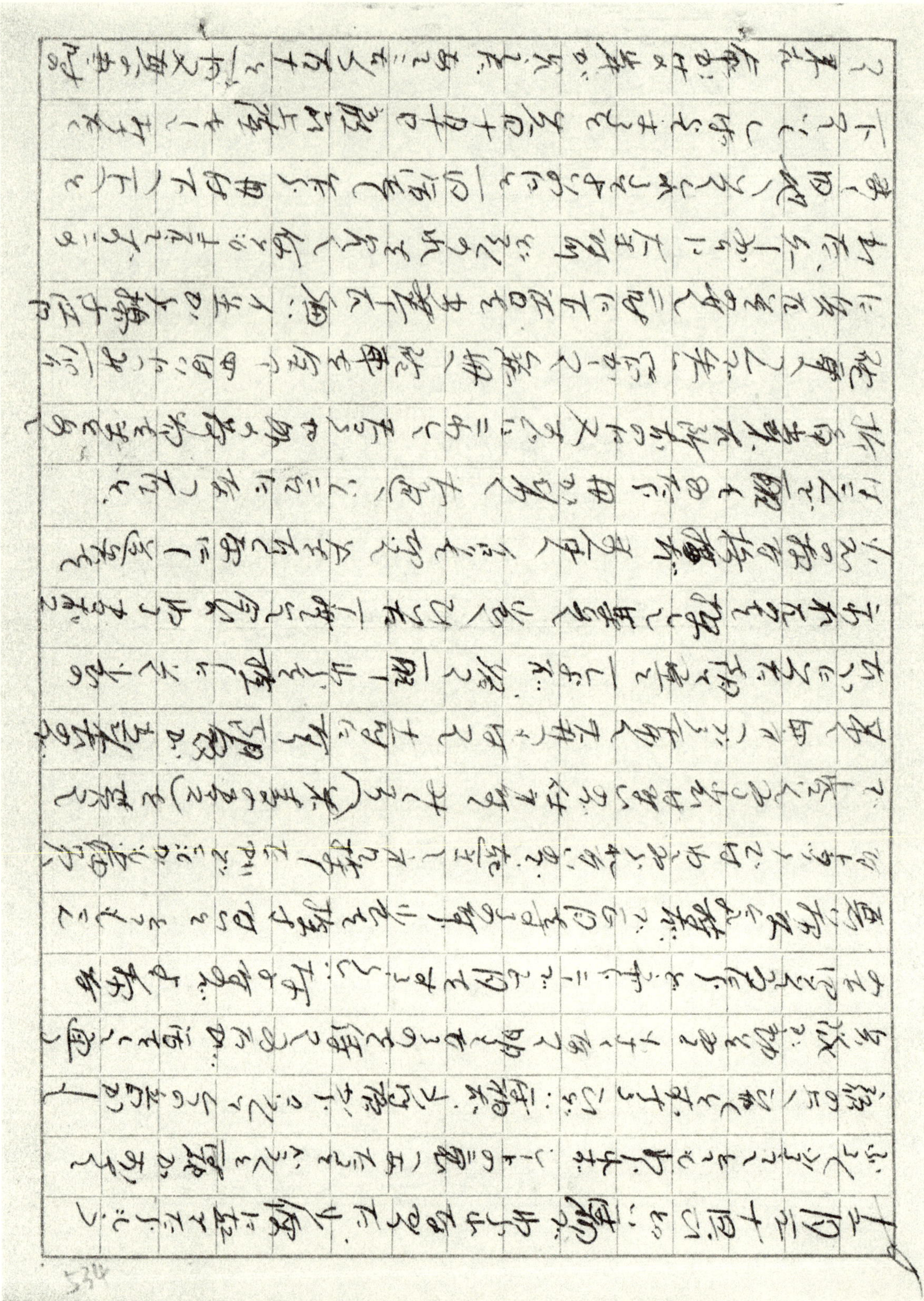

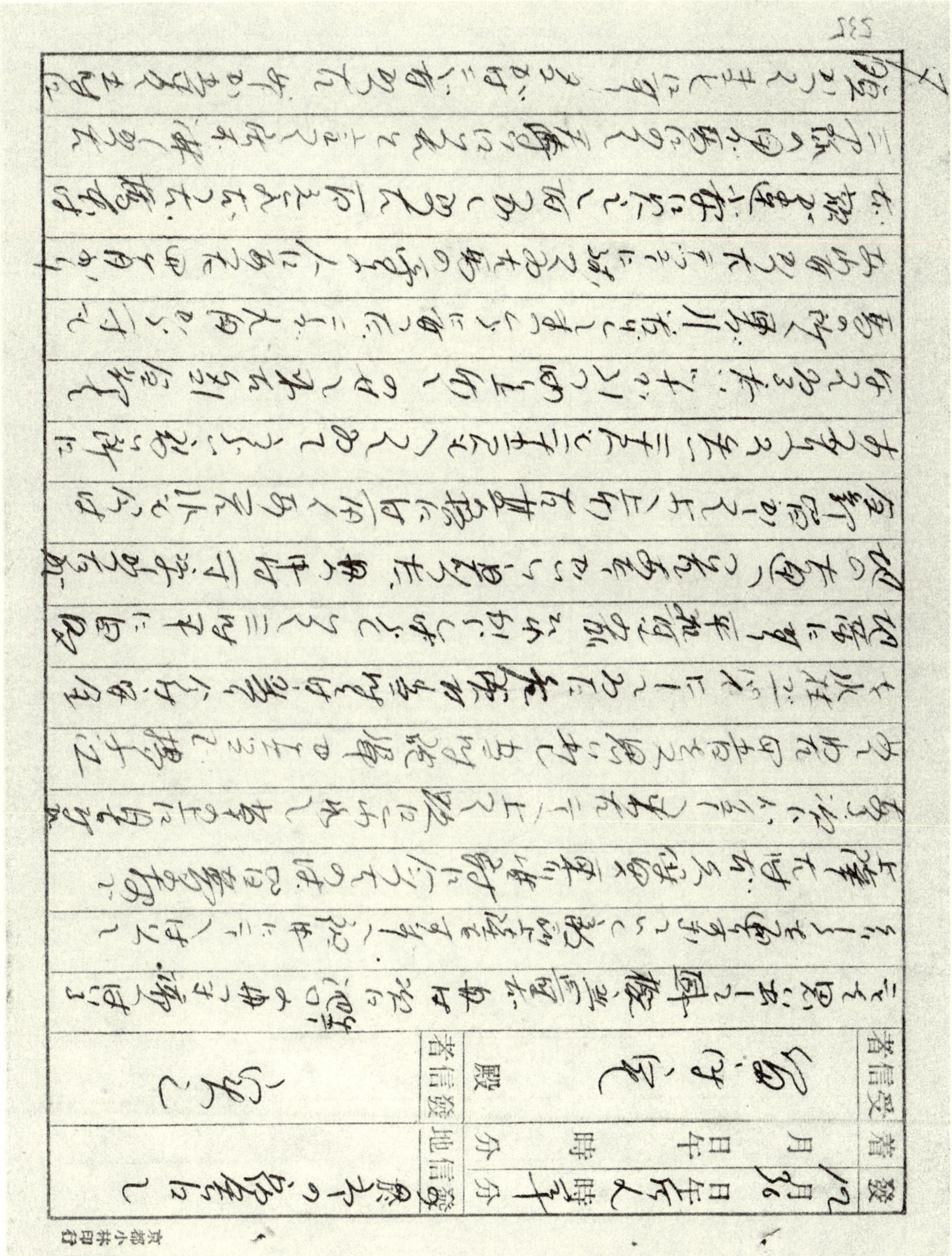

受信者
發
月 日 午 時 分
殿
發信者
發信地
京都小林印行

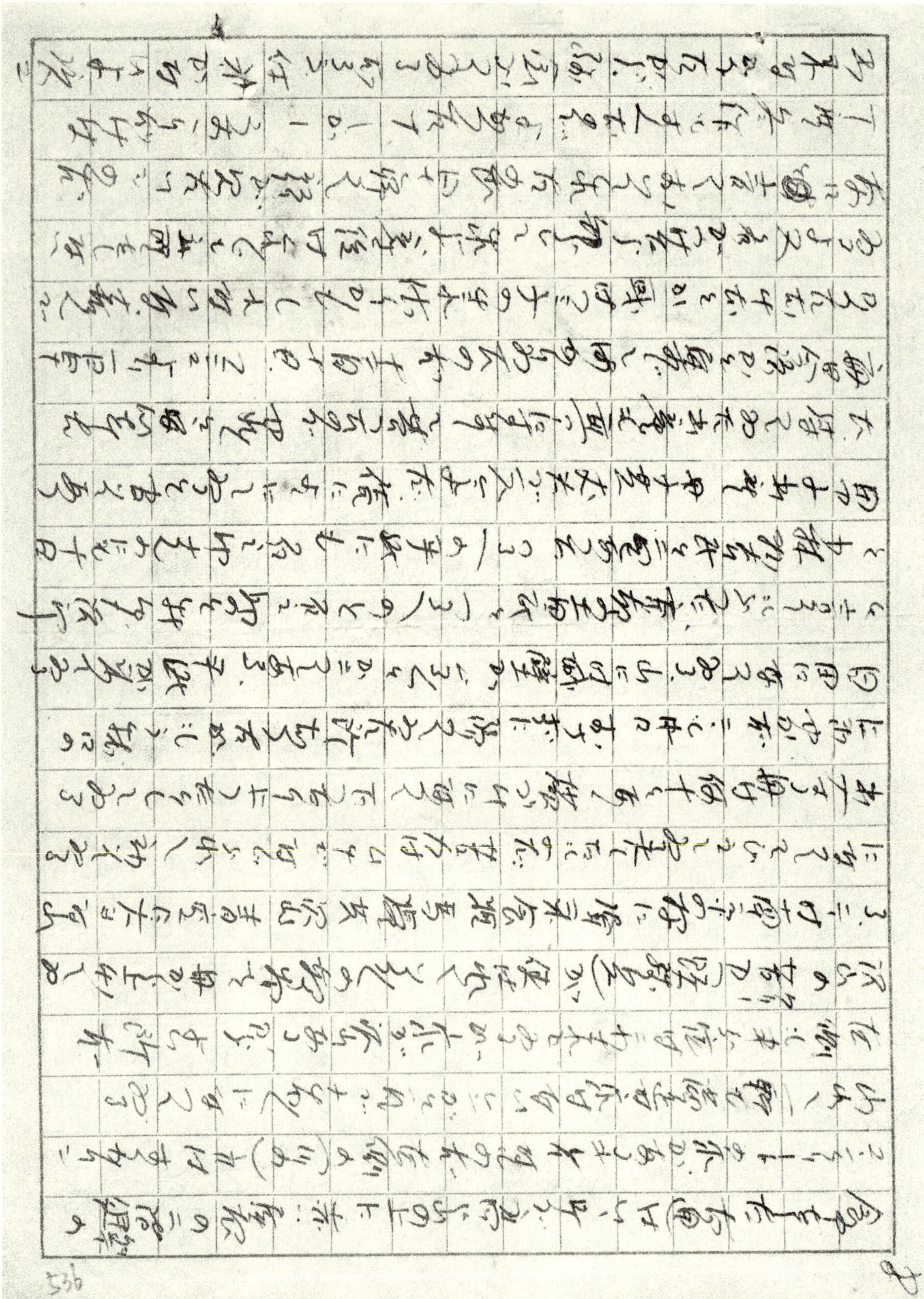

37

NO. 1

一月三日 朝からどんよりとして居る 夜半頃に目をさまして居た 昨夜は36号を書く
失ってから 夢になったり 番係りの人の居る所へあそびに行ったりして 大晦日にねた
がよくねを失った、夜中に二回目がさめたが朝にめをさましたのでよかった
もう昨日の夕方切り倒した木がすっかりかれてしまってすててあるので 朝から夕も
そ作りに行った 近くに柳の木が沢山はえて居るので 二人で切り倒してもって来た
太いのを一本切ると太いあるので それから池へ行って 顔を洗って来た、いい気持だ
武道長を折って帰って来た、番の手入れを皆がやって居る めしが出来たから喰べ
に来いと知らしてくれたのでいった 松井 森の二人は組だけで引き上げ帰っていった
俺と岡田君と二人だけだ、めしをよばれに行ったがすえがきたすぎか少しかたなかった 汁をよば
れて帰り 火をたいて沢山 下ったので 塚田君 小林と 沢山 野菜を送って来
たので 一日それをよんで見た 旧地の変ったこと 新年のことを
さよならした 人が遊びに来る などしたので 今日は 正月に凧が遊びにやって来た
一日くらい気持のよい天気だ 朝から晴れて来たのだと言って居た.

537.

NO. 2

手紙を書く様に言ってきたので仕方なく書いてやった 一ヶ月書いて変になったのに
めしを良く喰れたりした。肉とかおかしをたべて体をこわさない、自分の家より外国は不健康らしい
一しょにおすきをしておなかがやはり遠慮がちで うまく食べないものだ
僕たち夫婦は夫のそば様になってすばらしい気持になって寝て居る おかしくみえるか
肉と良くなので 自分の本部の中いっぱいのものをハイツーへ二人で 片付けてもらった 本当は
りかえして来て住まっているのだ 僕と又一緒のたのみのを二年書いて 三ヶ月書いて思った
外へ出ることを思っているように 人々を三度づつ 三度書いたのだ えんだりして来たが 又
一度新聞のおいしく三日風呂のこともとくやしく 土曜に書いてやったら 深田君に半
を買ったので 赤坂の十四部屋と三人で遊びて 姉貴の娘さんは主人へ入れる遊びを書いてみたり
弟、梅田、森村吉右衛門と 四年六ヶ月書いた 時計がとまって失ったので何時か
すっかりわからなくなった 一日かかりよまったのだ 今近俺のたった一つ動いてるよ
皆に会ったのに 部屋を立ったので皆も困る 何時の見当がつかずなって失った
雨はしずくをふって だらだらつかれ大きくなって来た 事情の判らぬのでは遊び

538

3

No.2

事で一生気分になって居るらしい　梅雨になった　二・三日は一寸に止まないので
困る。それでも山の防空壕に居ることを思へば家の中で雨にぬれる心配はないようだが
外へ出るにもクリークをこえねばならんから不便極まった。どうしてうろうろしているとも
障害ゴンで失ふのだが全くやりきれない。もう少し腹一杯ごはんでも食べたいのだが近頃
の気分もなくなってしまった。母は主人に非常な青の顔を立てて　怒って　冷静な人の　わるく
と大声で喧嘩が始まる。このみじめなかまどに小さいへ皆もして来る仕様なかったから
俺の番人になってはならぬと一日中動かずに事件ばかり言っている。前からこうして
来た仕方でよく気が向いたら　剛（大阪の馬小屋の小さいます）にのって走り
廻っている者もある。キンの者は休んで何もしないでいるのだ。
就職はよくなってもりだろうだが　とうとうよくないのです。組をダイヤにして　これでも甘くしているのだ
昨日の夕方から今日の夕方（近道）まで毎日は自分の事だ。だが　みんなへしてくれ
ばよいのだ。果たして　ミカンやモモもなくて　庭をあさって　食べることをするわけだ。
便事とかいうは　沢山あるが　少しずつなくなって　失ってしまった。困っているのだ。次日孤岳也

539

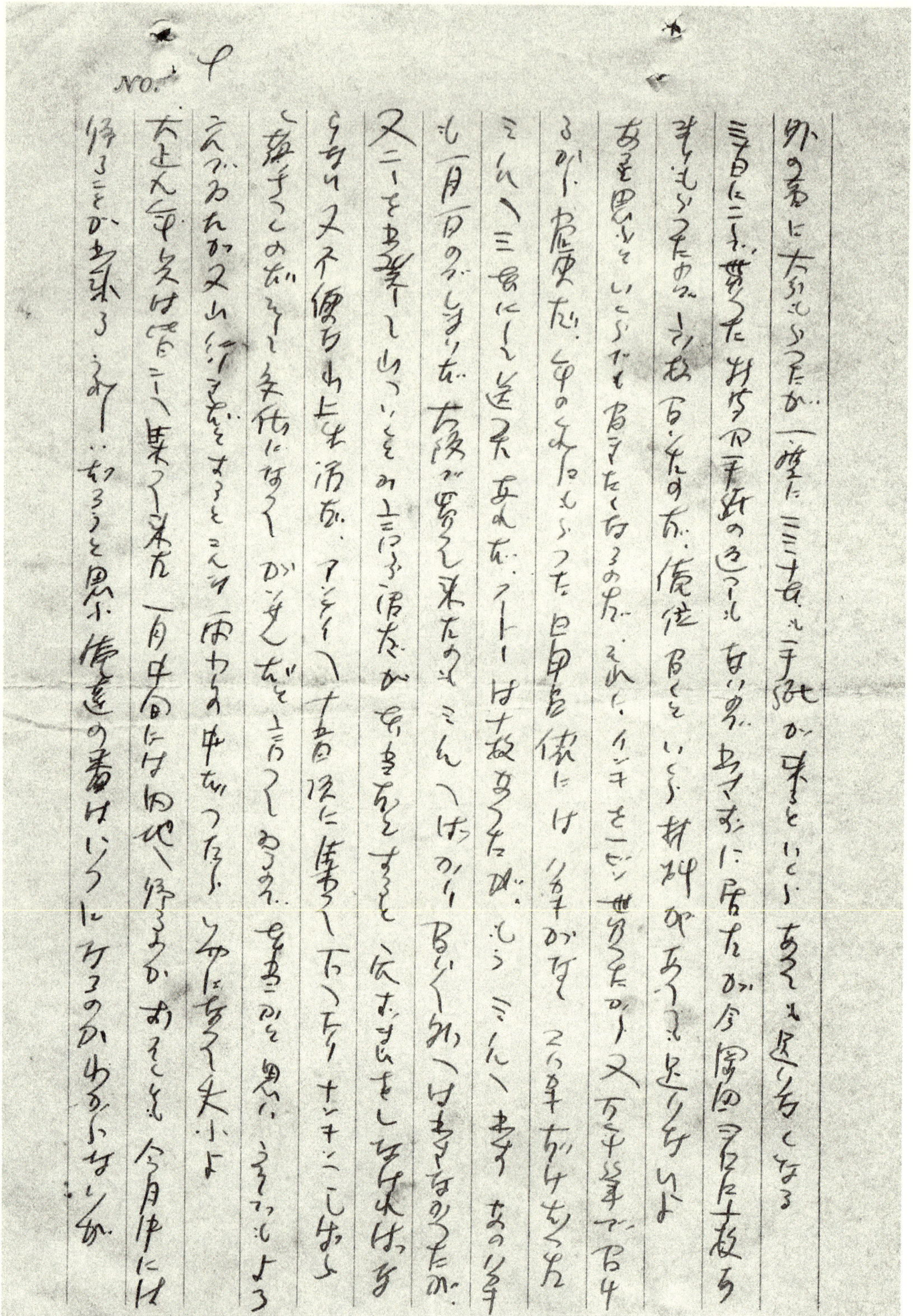

NO. 4

外の者に大分もらったが一般に三三十枚の手紙が来るといふ　あっても送りたくなる

三日に二ケ貰った封筒の手紙の返事　古いのが　あすこに居たが今月四日に十枚も

もらったので十枚位くれたのだ　俺達も書くといふ材料があったら送りたいよ

お金を思ふといふのでも書きたくなるのだ　それにインキを一ビン貰ったが又万年筆で書き

るが面倒だ　今の所にもらった日用品は　鉛筆がなく　万年筆だけしかない

それへ三枚にして送ったなんだ　ノートは十枚あったが　もう　ミんなへ書く　去年の鉛筆

も一月一日のだしまりだ　本隊で買って来たのも　ミんなへはがき　書くのへは書きなかったが

又二ーを出来して山ついとみ言ふ話だが兵隊をすると　会の話をしなければなら

らない又不便も出来上る話だ　アンテイへ十五日頃に集って下へ下りすこし出よ

話すこしのだそうして文化になって　が一番だと言ってあるのでも来る事を思ってるよう

えんでるんだが又山行きをするとこんな所からの事だったら中に出て大小よ

大き人の気は皆二人集って来た　一月十日には内地へ帰るのか　おそらく今月中には

帰ることが出来る　其れ…かろうと思ふ　俺達の番はいつになるのかわからないが

540

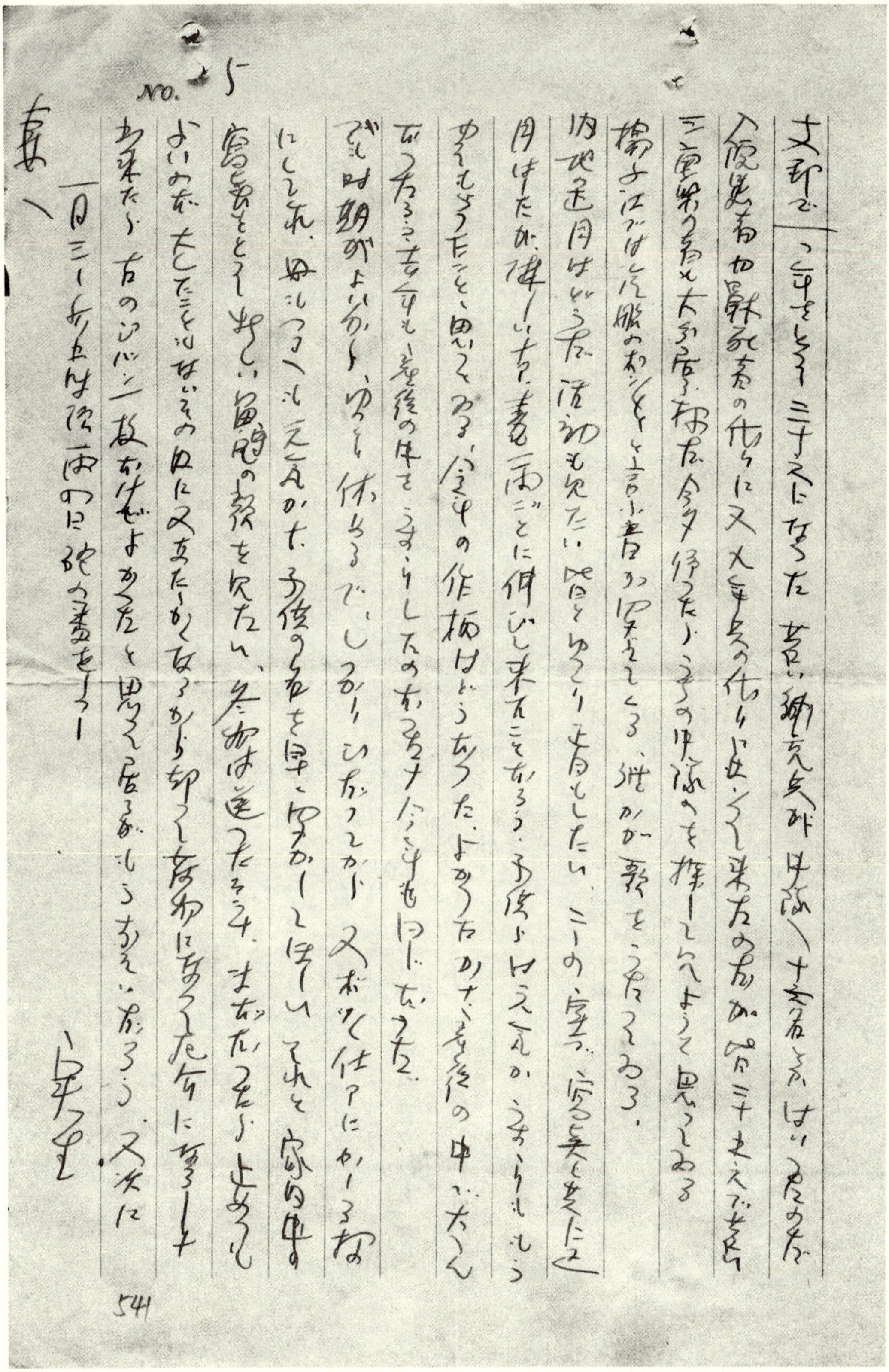

No. 5

文郎で一ヶ年をとって三十才になった 若い補充兵外 子供へ十数名となはいったのだ
入院患者か戦死者の代りに又大年兵の代りに若くして来たのだが皆三十才ぐらいだ
三重県の者も大分居る 都だ 今夕偶ったようすの子供のを探して見ようと思ってゐる
妙子はではさ洋服の少しを と言ふ者が見えてくる、誰かが歌をうたってゐる。
内地は今はどうだ 活動も見たい 皆とゆっくり話もしたい。二人の写真 写真を送ったと
思ったが 嬉しい 毒 一月ごとに伸びして来たことだろう 子供らは元気か うちらも もう
少しもそうだことを思ってゐる 今年の作柄はどうなった よかったかな 君らの中で大へん
なったろう 去年も君らの中を うまくしたのだろう 今年も同じだった
でも時期がよいから、ゆっくり休めるでしょう ひまになってから又ボツボツ仕事にかかるかな
にしてくれ。母によろしく元気かな 子供の顔を早く写して送って欲しい それを家内中
写真をとって送って欲しい 留守宅の顔を見たい。冬物は送ったそうだ。またたくさん送ってもらっては
よいのだ 大したことはないその内に又またたくさんなるから却って病気になって危険になるかもしれ
出来たら古のジバン二枚だけでよかったと思って居るがもう寒くないだろう。又次に

一月三十一夜 陰雨の日 晩の書をする

良男

妻へ

541

NO. 1

一月四日どんよりとして居る。今にもふりだしそうだ。七時になってやっと日直が起しに来た。外へ出て見るとうすぐらいの為! 補充兵も一しょに外へ二列にならんで東の方を拝して五分間体操を一、二、三と声を出してやる。一寸冷たかったが目がさめた。池へ行って顔を洗って来た。手紙や日記を書こうとしたがなかなか文字が書けない。ねたら火にあたって皆と遊んで居た。それから補充兵は早くから出て来て食事の準備をして居る。なべが小さいので一回ではたけず二回にたてるのだ。中々骨が折れる。出来るのを待ってみそ汁で食事をした。朝からあつかんをしかいの人がよく寝て来ていい気持が何時かわからない。眠って室へ上り自分の荷物を又整理し出してまとめて見た。何やかやとふえてくるのでなんとなく困るばかりだ。六日に又山へ行くらしい。野営なのでまつめずくのだ。破れた外套(ガイトー)や服、くつ下の破れをなをしたりして遊んで居た。何も用もなく小隊長や班長から貰った酒を出しておかんをしたり酒の肴 皆車座になって始めた。おでんのにおいがよく取って来たりして その外の中へ氷を入れて 火の中へかけてあってたうろたなけかし

542

NO. 2

なべではみそのくだけねぎを大根きりして料理しいが又中々うまい、家で下宿

してたべてたくみるのと同じ位だ お父の方があには ニンニク、ニンジン、ゴボウ、イモ、クワイ等

がはいってゐる 味はまづい かんづめの実しかない。でもそれぞれを入れてたくと

うまいの飯 ... はずだ。少しはあまったあまけの人ならすきなて失い海に酒

は少しと仕方なくめこう人で冬 ... を読んで居た。大阪をヒートをかえたら居た

持って歩くかけて見たが それがあそこうまくかぶないやうになった 僕の人が喜ブ

無茶苦茶に伸ばしたのが早く取れて 大小、俺が折角骨折ってさもして見た所で

何にも事ない。夕会の準備にかかって居るので のそのそに出来た 火を切ってそれをたいて

みた。もう一度ではかしわを二羽こなして 玉葱を入れて汁たい いたにはりがして居る

味噌ハンゴウへつけて たべて見た 今日の かしわ汁は兵隊にうまかった。そーして腹一杯

みただ 砲の士官が何して来た 南京 話しておいた写真を見して 大分

こしよに酒をしたりして又 嫁さんが腰がつかえて居るし うまく 近所のまえ

だのがまだはのぞとしかるので 日記も書いたら手紙を書いたりするのが面倒なのだ

543

NO. 5

いかー書かずに居ては如何と思って又ねころんでローソクの火をともして書いて居る

皆と共くあそびにいってもよし 人にあたってもよし して居る 今夜生一つの事だ

昨日は露店で旅役者が停って来て多分を早い所ただた顔も出しかししかたなかっ

たのだ暇がへってたまらなかったのだ 小林に甲も女ですぐしてみたので

宿と共に近所にいって ある日に中平呼んできたりため 都合と居るーねあいー

いやなったんだ小田の甲をだして外へ来てあそびに行った 一ぱいの人でゆっくり言って

ろう職もあり又手あしみをかく 自を皿の様にしてみてものもちりいろいろだも一つ思

へいったり若い細工足軍隊が火をたいて近所で居た そこに曹長が小筆一本 夜田

甚吉の家 紺屋の連中が用であそんでいたあそく五六人で又伝はりあしと

の人がある俺がいったら まあと一しょになってよばれてみた何か有がないかじ

かんづめをとりに来たりして帰ってから用に酔って来た。冷酒をのんでから又一杯もらえ

のぞ今夜は別をして帰った細工足はだまって見て居る。火であたたかりしー

でとうとう三杯のんで来た。その後にはもう俺も甲もなた酔ってしまって言って

544

NO. 4

まもなく貴方、二人のいや国の御見送に三里塚まで来た人位で皆遠へ
竜めが近い位で知らぬ者ばかりだ。馬々だし三年隣りいる佐々木の小林も茶碗の
山様の久木の村田（北方の村の太くなった息子など）を呼び出していろいろ話を
したり手紙を書いたりめぐんだりしてゐたのだ。佐々木の小林がせせらを言って
せくので僕の室へ入ってきて逃げ出して手前にピラミドンをやって体を大切にしろよと
言って帰って行ったような人であるよ　いろいろ野鍬につくの話をしてやったりし
て嫌がる者の人であるのだ。仲介大きし教えてやるのだ　一毛布をかかえてくれたのも
嘆いて言ったなのでよしの人だとよく自作の見つけたと言ってよこしての満足をしたよ
今迄は淋しくこうけしこんなけ貴君のが大隊方の旅も遠める文明Bミう
今からは私の後継をゆずってユデアア年でせん方へをして言をなくするのだ　一人二十才今まで三千
アッも一つだ。四方々しられた作りのだ。今迄は私ここにいるとニーチャン一人だ。さらった
みんなのおはなしをかしーふってゐるはずがない日だ。早くにげる人を山へ行くのだ国
るし　いやだ　細君も一しょに皆るのだ　皆仲良くやってくれよ　たのむ。
いちへいとし

妻へ
一日卯し御方

545

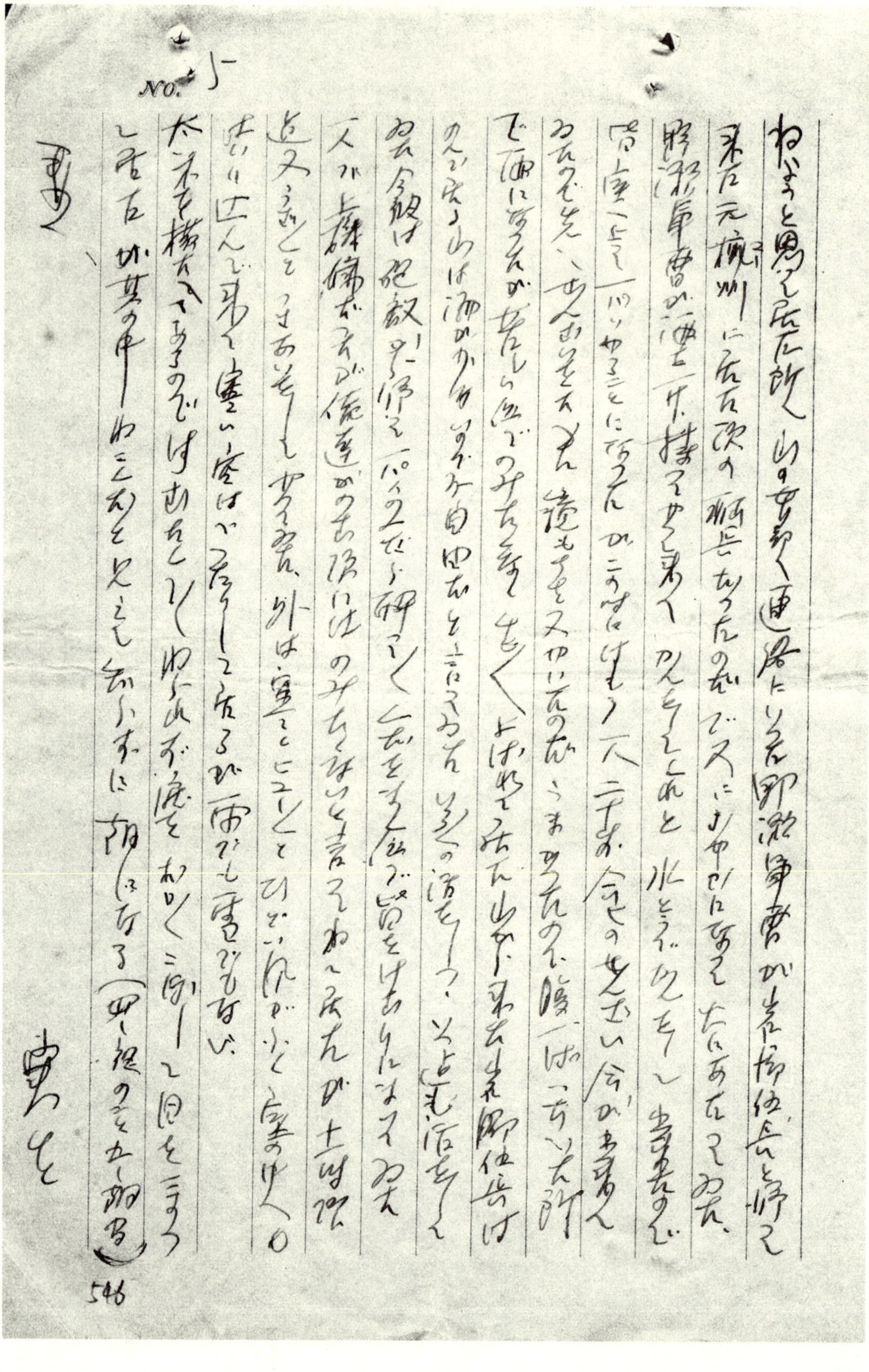

No. 5

ねばよいと思って居た所へ山の方から通路より野沢軍曹が岩柳伍長と帰って
来た。元杭州に居た次の班長だったので又になつかしくなって居た、
野沢軍曹が准士官一寸持って来てかんとしてくれと水とでのませて出来るので
皆室へ上ってパッサラとになったが二月頃はもう一人二十才余の女の若い女がおる人
なかったので先へ、女の人をさそう達も生きて又かいけたのだ、うまかったので腹一杯食った所
で酒になったが苦しい血でのみたいなことく　よばれて居た山本来たる郷伍長は
外へで寝ろ山は酒がかかりのんで今自由だと言ってやった。皆の酒をもって、又もよく酒をもって
云い、今般は殆ど無用で帰って一パイの上でも呼んで来る
一人が上藤備前達がの方には水のみたくないと言ってやって居たが十時頃
道又こしまった。又も夜も寝て外は雲でヒューヒューとひどい風がふいて居るけんの
恐いけ込んで来て寒い空は雨でもふりしきって居るが雨でも雪でもない
大きな木を横たえてあるのではあるまいし　ゆられず流をおしくこわして目をさます
して居たが其の中ねころんで見ていて知らずに眠くなる（四八組のことを思い出す）

39

NO. 1

月七日は曇つてどんよりとしてゐる、あぶない日だ七時に起きて外へ集り東方ヨー拝して
武運長久を祈って五分間体操だ うまくぶ、体が才十三、三の者が元気よくしてゐる
寒はいって火にあたる 中はうすぐらくて何をする元気も出ない仕方なしに火にあたつてます
如一の立派な子を待て朗念をする 一時間 テを出して [redacted] かれて へいく 苦命のことぶへ
をすますまして 日記や手紙を書いて一服だ じっとして寒い いやな日だ 酒をのみたいが
あまり暑いので ミっ毎日 かんの人が 夜白には傍給れ何れかれ でロにすて 矢々
ひげをそってゐたら 橋本が来た 女秋港以来(八月七日)に別れてから 今迄 四ヶ月以
上 あはなかったのだ 胡要なが 元気がよい 達者だと言ってゐた 馬の係りは
馬の番だけだ 楽をしてゐた 皆十分皆よく肥えてゐた 一時間あまり話をして又来ると
言って帰っていった 長い間あはなかったので なつかしかった いろくの話があった
外へ出て 細支良の居る所へ行って 火にあたってゐたら 野瀬軍曹が 又来た 久し
ての人が居るので また話を一時 如起すになって 一時 砲廠へ集合することになる
一時間がないので 別れて帰り 砲車へ 弾薬を積んで 川を渡って 砲廠へいく

552

NO. 2

は井須に全員集て 大工又平氏の 内地へかへさせる人 たち八名と今後はいる
た補充兵の十六名との 送り迎への式をした 中隊長どの、話があって式も終り 砲車
の編成がよみ上げられた 又今晩は 揚陸を明日につけることになった 砲手は前の通りで
よろこんでよい で 砲車へ弾薬をつみこんで 帰った 豆を出したのが渡がへてたまらない
宿へ帰く 宿舎の掃除やらをして ひにあたって居たら 用だと呼びに来たので 急いで
つてみた 補充兵の居る所だ 何用かと思ったら又野瀬軍曹か の人で彼に 俺を相手
にするのだ 呼んだのだ 又二人で飲もうと 不思議の人だ すき腹だったのでよく 酔って帰
りに来た為で行ったら 晩の料理宴会をやるので 娘来て居た 又二十才を出た女の人が
出てきてわざわざをし よって 又野瀬軍曹が来て 俺が所を 買って来ましたので
二人でのみました 多くに酔って来って居た 二人ばかりとの人で来て やるとと いた かづく
と同じことを教えて言って困ったと 外の者が言って居た 気まりが悪かった
今日は料理宴会だし明日は又 出発で 行軍もしなければならない人が ニーとなつ
別れにもはるかなのもうと 言って 行来かし しあったのだ

553

NO.

八月六日 雨の日だ、山は未だ林 まっくらだ、食事当番が早起きして カマをたいたので

くらい内 ごそごそと あさめしを喰い 食事をし 空のおもつをして すぐに 出発命

令が出た。次々と之に続いた。前へかけて田にのり砲車へ近づいて砲車に全部の弾薬を

つけて馬が来る 川岸の田のくぼ地へ着く 馬をはずし 一頭の輓馬へつなぎ砲を分

の車輪と車の掌へ脚をつけて砲と馬をおろし 何回かして全部をはこび終り 馬を引っ張

の上を引っぱっていった すると あそこ山の上にあがってみた 馬と砲のそろうのをまって台に

座をたてて一服して居た、それから行軍をして陣地へ行くことになった 揚子江にそって

上っていくのだ 川岸を堤の上をいった 砲の巾と同じ位なのだ 無事着き家には早く行き

着は長い間休んで居たので かわって元気がよい ゆうこーいんのだった 川にそって何里も行く

と どこかのトーチカ 堤の上に立って居る家をこわして こわしたり 道の悪い所をなおしたり

して 二里位行ってどうだ ここで敵がえんとくしとめ 川を渡る 友軍の勝を待つもの

だろう 三台位の台に小さい ちょっとの穴を掘って 一尺位あけてある丸太で 橋をし

土をのせ 草が生えて居るのだ これならば兵は行き来でも どうにもして 探すことは出来ない

554

NO. 6

よくれんぱと兵たいが作ったものだと思った。十町位ある間 何十何百と数しれずに
ある。大砲を引いても平気なのだ。丈夫に作ってあるので びりっともしない。くぼんで居る所
を来ても ほんだこのどてに 一列に何百と まんじゅうをするし やってみたんのに違いない
ここを通って 左に折れて 両側クリークの様な 川のつながった 少しとした所で 一面な広い畑
今は水がないが 五六月頃になると大きなクリークになって 池になってるのだろう。その堤防の
上をいった。ここから 兵隊が自動車道路をつけてくれてあるので 楽にいけたのだ
このへんには よく兵が居る。まだ今日作ったばかりなのか 土の色が新しい。その上を
砲を引いていった。この頃には日がくれて うすぐらくなっていた 途中 [illegible]
い作った部落へついて ここに今夜は宿営をすることになり 近へ長い行列で馬をつ
けたまま とめて 水のませて えさをやり 人は家をきれいにまとめていた 麦わらをはこび
（やぐらがないのだから） ねる所を作る したくをしたくらい 家に何のすむ所な
米かすかずをわけて 世帯で 火をおこし いんごでめしをたき 汁を作って 夜であついのを
たべる。書へイロリを切って 何とか 火にあたれる様にして タキギをはこんで来た。

555

No. 5

なれてゐる所と云ふことはしなければ誰もしてくれない 寒い夜だつた
食事をして火にあたつてゐたら 俺は当番兵だ 工兵に来いとよびに来た 多くの荷物
をはこんでゐるなかにしたのに これで皆と一しよにゐられない いやだつた それにゐるの者たちが
お前が俺一人だつた 仕方なく 一番先の家へいつた 全部兵隊が居る 衛生兵も一しよに
ゐてくれるかと思つて立つ者をまつて 早速 一番の者が立つた 俺は交代の時間まで
起して来ればよいのだ 火にあたつて衛生兵とよく話をしてあそんで居た ゐつてもよかつ
たのだが ゐすぎて失つて皆に起せないと云つて居る者がめいわくをするのだ ゐる訳にもいかず
云ふ事をしつて居たが外は中々寒い 又明日はひどい天候だろう 外へ出ると思ふとまつて
かしだ今日は百米イテがとけず 凍れたものにはツララが下つて居た位だ 外とうをきて
歩つて丁度よい位で体もと道が 泥土を流して来た位だつた 風も寒いだろう 道を
つけた者は 道の上に出て居るのだが 野太がワシとはえて居る ここのは大きなすずら位
ある 近くへくると 高い位に大きい それが沢山居る 天気はよし いい月夜で 何とも言へん
位だ 一時過ぎた あたつてうとうとして 交代させ 司令を交代して 俺も火にあたつたがい

妻へ

宗さ

556

40

No. 1

七月七日 冷たい朝だ。くらい内に起きて又ハンゴのめしをたいた。火にあたって出発

の時を待つ あつい、めし、汁をすすって 豆の糸をのこして 車へ乗込んで いい具合に出発した

道は中々よくて イテテ居る!! 割とよかった 途中に地雷火がしかけてあったのか ほり

出しておいてあった ここへくると 満しるべが立って居る た洞窟や事に

ここからは山にはいって 坂を上り下りしたが 馬も弱っている 思ふように動かずに途中で

しまう 車も動かず ツナが引いて止めたりして中々骨が折れる 三四十人は ツナへついて

まるでツナ引きのような具合だ ワイショイで引き上げるのだ 馬は元気 えらうと無茶に

動くのだが 一度アドンと車ごろして すこし動かない 仕方のないものだ。それでも何の

かんのして 道は割によかった シドイ ショ〜と言ふ村へついた あそこで昼めしだ ここで

一服して先の様子を窺ったが これからは馬一匹づつせなかへ 米や何かの荷をのせて

はこぶだけだ 他の車は捨てて 砲車は通らないと言ふ。そんな所を行けるのかと案じ

た。あたりが暗くなったが イテテだと けて来たので 下がやわらかくなって 馬が動

かずなった。ここの村の中の細い道を引く 山くずれたか 車の中一杯で 川へおち

547

2

No.

かゝつたり力綱を落したり川へ板を落しいれたりして中々一通りの苦しみではなくて
馬を外して牝と荷車とははなして一つにして引っぱった 汗びっしょりになった
山の下迄来て馬をつけたが中々上らないのだ又はづして引き上げていったり田畑の中を
ひっぱっていったり 池の側へ 荷を 池のドテがせまいので一寸動かすと池へ 畑の中へころ
げおちるのだ 大ぜいかゝってやったが それでも日が暮れて来て まっくらになった 五つの車
をいれると十になる それを一つ一つ皆で引いてみたのだが くらくなるから危なくなって
にもつけていくから よけいに時間がかゝる 寒さはきびしい 馬をつけて引っぱったが
まっくらなので やわらかい田の中へはいって来て動かないようになって来った 俺の方の一台
丈にいくら馬を一寸離れると 外のはよいが 家の方がはまったり田へはめたり 非道い
だ 家の車は俺たちのは道迄待ってるより仕方がないのだ 陸の方から大分下だ
って道迄へはまったまま動かない くたびれとして動けなくなるし 馬も疲れて動けなくなってしまい
仕方なく月の出るのを待っていることになる それ迄に馬に水をのましたり えさを
やったりして 人の方もまとまったまゝいって来た 今迄とまる 家々と言ふ村まで

548

No. 3

れこへはまた二千米あり　たまものを集めて来て火をたいてあたつてゐた、寒くて居ら
れないのだ。やつと出来たパンをもつて　とりにいつた　火にあたつて居るのよりあらえ
るコテがあたゝかい位だ。非道寒くて　あちこちで田を耕作している者　手伝つていた4ンなへ
その為　矢のハズレ方のだ。よつて見たが　まだくみーは急には出来ない。仕方なく火にあた
り待って居た。こての村は大分大きい　次の家があり　あかされて居ない。来てみた。ためのが
この村の人は気質がよく　日本人に全部わかって心から、設に親切にして呉れるのだそうな
なかなか物をこわしたりとったりしてはいけない　なぜと言えば　何でも呉れるからと言ってゐ
た。我々が疲れ果てたので待つ所の所へ急いで行った。火にあたつて一眠し
た十分位な眠りして又出発することになつた。月があつて明るい。道はわりくに
そてゐる。馬に乗つて行つたが　すぐ下り　動かなくなる。道が出来ない　一寸横へよると
田へはいつて大小の石だ。又そこで馬をはづして人みんなで引つ張つた。やがて田は段々
くにこぼし　段々上るのに中々出た　それが又いやで　段があり一つくらいずつに来して
やつとはいりすつかり分からない。やがて暫く火にあたつては引き引きは休みしていた

549

No. 4

八日

あとの馬はうまく切って来た。桑畑の中で麦の穂を待て居た。桑を掛って火
をたいた。桑は生だがよくもえる。あたって汗は出ないが七方は冷たい。まつ白な霜だ。
暗くなって山をおりていった。又すべ上りになって馬がうまくいかなかったので、太綱をころり
と路の下へおとして失った。木を切ってテコにして外の人をたのんで大男が引き上げて貰っ
た。このはもうあかるくなって来た。夜があけたのだ。とうとう一寸もねむらずすんだ。霜の上や
泥田の中を太綱を引っぱりまわしておたのみだ。わあいしせいー やりきれない。馬車の
一寸四つ失った。又行軍をつづけて山の下の道を通ってゆるやかにして4ンツンの村の
手前の田の中へ綱をなぶって中止と思った。めずらし未通俗の所を通過しかけた
のだ。命令を待ってめってんろった家へいった。自分でしらう人は陰になってみた。
あたたかい日だったが、ゆっくりしないとぬれて居るので、無事皆な帰った。家へいった
お寺の前な大きな家で一寸ゆっくりしないと、ニオ（土送）を作かと何でも持って
来て、わらをはいて土民の道具を片付けしたりして寝る所を作った。寺とめ
るなにしろかく他の所へいって道具をまつめておいて、馬の元へ。持たらの手綱をとって

550

No. 十五

皆終つたので一しよに帰つた 向井とは組合でニギリメシを一つづゝたべて 帰つて来て別れた
家は中原からたいへん遠いのだが 皆土足で平時?来るのだ 合宿に室をとつて 二人づゝ
ゐることにし 夕方帰つて来た めしをたべた 何かなとごだしてる間に十二時頃に
なりゐあくとなるす 一人寝台の上へ横になつてゐた ぐつすりとよつてゐた 途中で起き
上つてしまひ座敷しなど 座敷しをいかゞはかるおに たゞつて又ゐる 夕食に起して
くれたが いふんに言つてしまつたにゐた わあいがらしのをたべるす ゐて戻た方か
よいのだ 今日は一日休みだし 自由なのだでようく ぐつすりねこんで 没頭〇ゐに来たのも
なにもしらずに 夕方つミシン一つとらつたので 机の上においたまゝゐしゐてよゐた
まうらなんで 夜中に少し便に起るのに 困った 今迄は大分へ出をしてゐておたのだれ
今迄は寝台で寝いのだ 具合が悪かつたか 高い 時は少し寒い 室は皆戸かしす
るのでれは一つもはいらぬ あたゝかく ゐることが出来た いふわけで ゐおたい
こうしてとうく 座から辛です閉込めして 失つた 前回ゐずに 出たのに これで
なをつたことだらうと思つた 云つてみておけば 何とかかにかなるか 期待する

妻へ

実生

551

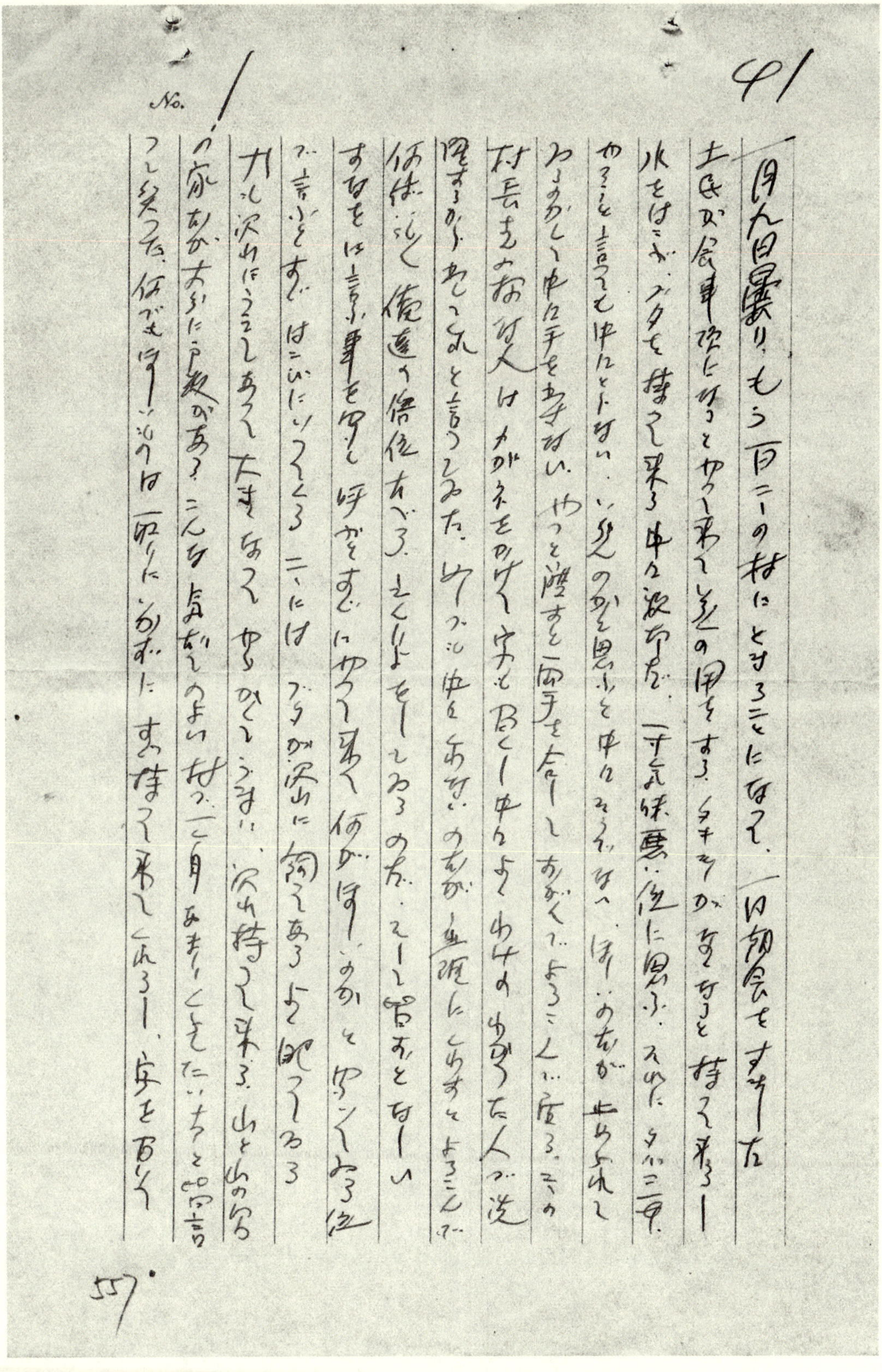

41

No. 1

一月九日曇り。もう百二十の村にとまることになって。一日朝会をすました
土民が食事時に行くと、やって来て色々の用をする。タキギがなくなると持って来るし
水をはこぶ。ブタを持って来る。中々親切だ。一寸気味悪い位に思ふ。それに夕べ二百
円やると言っても中々とらない。以前の事と思ふと中々そうではない。ほしいのだが遠慮して
みるのがいい。中々手を出さない。やっと渡すと両手を合しておがんでよろこんで居る。その
村長さんなぞは大人はメガネをかけて字を書くし中々よくわけのわかった人で、遠
慮するから出して呉れと言ってみた。やっぱり中々ほしいのだが遠慮してしぶしぶよろこんで
何ばいも俺達の倍位たべる。とくりよをしてゐるのだ。えーと答をなしい
すなをは言ふ事を守し呼ぶとすぐにやって来て何かほしいのかと聞いてみる位
で言ふとすぐはこびにいってくる。ここにはブタが沢山に飼ってある。よく肥ってゐる
丸し沢山にうえてあって大きくなってゆかくうまい。沢山持って来る。山と山の谷
の家なぞが大ぶん戸数がある。こんな気だてのよい村で一ヶ月あまりくらしたいなと思ふ
つて笑った。何でもほしいのは一切りにおくれた。すぐ持って来てくれるし、字を書いて

557

No. 2

クーニャン（娘）は居ないかと聞いたら　皆逃げて居ないと言って笑って
で居た。部落を出て　二十人位集め　道具も持って　食糧も持って　二十分程　その
目的地カンゼンの町近の道をなをしにいった　敵前近は工兵が道を作ってくれたのだ
が　それから先は出来て居ないので　作りにいったのだ　めくより頑張っておって　今までぶり
わしてうな具合だ　チンリン（陳村）から　二十日（手退）で [illegible] の兵へついた　この合の
道はもし　町は大分あれ荒し　無茶苦茶だ　チンリン村の城門にカラコロでにおると
なーしとそれば　よいのだが　どうせ　なむかいもしないのだろう　一人々々住くで居なかった。
わの中の町にとっては相当大きく　又人の商いが　せまい道の両側にのきをならべて
立っていた　大きいは道中上ると六人　せまいと四人位あまりで　上のヒサンは大方一両方ので
ひっついて居て　一尺位　空気を取る位だ　だから道でもうすぐらく　日がさしこまぬ
なんことはない　家の多くは高く二階も立派だ　屋根の瓦にくっつけて居る位で　都会並少ない(?)
ある所から　はなし位あいたかと　からうって道具を持って　工兵にあずまれたなのか(?)
どの家も　どの家も　めずらしいものが　くらべてなり　道具がわかく　ころがっておった(?)

558

No. 3

歩けない位になつてゐる、そこを通ってまもなく川へ出た。日本の川と同じできれいな
水が流れそれは余り大きくはない山の奥から流れてくるのか すき通ってとてもよい水だ
それに白い砂が一面に川底にあって五十鈴川か宮川の川底くらゐなものだ この堤の上を道
にしてなってゐた 途中堤の横に家があり中をのぞいたら位の大人と云ふ庭にた
出てみたが留居や家ではまつ青な顔をし やせほけて元気のない顔をしてゐた
敵の手造りなもので腹がへって来る 川へつきあたって 橋はなし 仕方なく 橋をかけ
るのには骨が折れる 材料もないので引き返して別の谷への道へ行った 歩兵が通るので
自動車 当分を歩いたら反対の方向へ 仕方なく堤の上で夜につめたいめしをたべて
ゐた 兼ねての九三式くらゐ位な 一時して引き返したら内の中隊長か小隊長殿が
馬で敵の地をいくのを見つけ 歩いたら道が遠いとのことだ 今迄皆折ってなをした道
は何にもない 又敵兵の所へ行って来て家へはいり火を焚いて明かしてゐた
それから谷川の水を汲んで来てそれをわかして見たが いろいろの物のをなべで作った
山の中では今の所ではよい方だ 新しい家もあり広さも大きい ここから今迄居たが ||

55P

かへは二里半あるいけるのだ山こえしいくと今迄居た陣地があるわけだが
今迄使って居た土民が荷物を背負ってやってくるのに会って荷物をおろして休み話
をしていった。だるく椰子汁をもらって来たが山の家へ来ることになるのだ
帰りには土民の住んで居た所を完全に板をあてたり釘をうったりしてして帰って来た
大みそ日がとれる頃になってきた。道具を総東へつけて家へ帰った。女も子供がらがって世話し
てくれと言って来たので持っていってやった今度は家が別々になってゐるので一しよにならない所だ
帰って夕食をたべるのでたったゆることにした。あすお芝することになったろう。えんがこんな
天気では雨になるかもしれない雨でもいくのか、止めるのか、大分やめだ田がなるか一雨が
ふったら行くのに一寸にはいけないだろうと段々と話をしてゐた
一月一日起きたら上杉さんだ(元日に)始めへ来た。いい月祝だ朝めしの支度を段々と
たべるた米は祝の日だ土民がかしておいてくれるのだ冷た日をしなくともよいのだ
荷物を、しまって会をもし総東へつけにいった一寸いってみたけど田の中は水がついてゐる
悪ければ目の先陣に土民が居る会がなくになった田のけを立ったり山へいったりして

No.1

560

No. 十

わずかな道ながらやはり思ふ様にはいけない急な下り坂で又こちらの砲をそろりそろりと
引張つて来た皆集つて引き上げたがどうもすべつた五六人並車でよかつた
砲の車も泥濘の中へはまりこんだりして手間どつて次々の砲の手前へ来た時は一時手放へ
になつたがさうして僕が呼出しをうけて一服してから後の山へ砲を人で引き上げたが
急な山だつたので十四人位の人がかけ声も上げず止まつたまゝ一寸も動かない時があり少しく
こゝまで上げてやつと二両山へ持つていつた時にはもう日が暮れかけてゐた それで又今度は山の上へ運
んで汗をかくほどに疲れて来たこの行軍位えらいと思つたことはなかつた
しづかな所だけに友軍が何の方だか打つて居るのであらう砲の音や銃声が響いて
くる。ほんのかすかにでてくると敵は何の方面に居るのかさつぱり見当がつかない
まだ安全地帯であることの守備をすることになるらしい攻撃はしない様だ
しかしこのようながめるとどうなつてくるかわからない今の所ではこんな風だ
歩兵も前へ出て守つてみるらしいが一寸も見えない上官が前の山へ上つてみるのだらう
くつきりと山にそびえて来た様だ陣地には窪地に沼の様な所があり一夏になると

561

No. 6

クリークになるらしいがここらは道らしい道は無く山道ばかりだこの土民ら
には車も何も無い原、全く何里も運ぶのだろう電気は無いランプが上等で太く
いカンテラが佛壇のとうみょうみたいなのがおいてある。すっかり終ったので宿へ帰った
広い大きな新しい家で土間も大きく室も沢山あってらんしまり大きな店だったら
しい郵便局の傍(?)い家でトップが副(?)をする道具があるからカフェかもしれない
室には網(?)を天井からはってあるから寝れないが明るい あかりまでつけてあって気持よい
一室に飯島、大江と云、俺と吹崎と云、四人ゆうことにし一つの室に二人づゝ寝た
馬傍の栗橋、茂木の三人は左側の室へ三人は少し今頃から一しょにゆうことに寝た
通信兵の辻も一しょに寝く めしを炊いて(くどをつけて)おそく夕食をすまし一服したら今夜
寝所が山の上の方に行くことになったのだ 七人で交代に立つことに成り俺が分隊で班長
が今後 自由に交代するということにして人にあたって寝るんで居たがゆあいし
からなかなか寝むれるので ゆたとんを敷いて元布をかぶりねた。又キンソンでねたのよう
室ぶしの気持よくのびのびと 安心してゆることが出来たこの頃は能率な中なのだ

寝へ

定を

562

No. 1

一月十一日 七時半に起きて来た。外へ出ると日が照ってぽかぽかしてゐるが吹きさらしの道はかわくまでのが歩きにくい。池の横へ来てしまって皆時だ、体操をして朝の光の中へ大きな声をひゞかせて終る。縄文の辻で二人で米をかしに池へ水がはって居る。氷をわって米をかしたが冷たくて辛棒し切れない位、菜も洗ったが手がまっ赤になっていたい。この辺などは沢山にあるらしい。大きくなってゐるのだで二人でみそ汁と米をたいたが、ぐらぐらうまくたけたが皆二人で帰って来てたべる次に菜をつくってもったら、おかゆの時もすたいなのが出来た。此が多かったらしい始めて大めしをたいたのだがうまくいくはずがない。いつもなくてしれる加減のよく知って……

No. 2

ふいて机をならべ人々をおいた　左の室は　原山口が出し来から来るので二人はいることにして掃除もしたりして室めしをたべて　夜は馬の係りの人二人にたのんでおいて大豆二升水につけて飯をたく汁を煮りをならして作っておくことにした
あたたかい日で　まるで春のようだ　風もない　山中で一枚で衣をほしてみると　あつい位だ
来たのだ　山が一眼した伝えさの陣地は山の頂上で一目にぐるりの山が見える　一下の谷口あたり部落が見える　竹やぶがある　クリークがある　景色のよい山の中だ
で家へ帰って来た。あたたかいので　くつ下　タオルを池で洗ってかわかしたり　燻しを二人で家を山口が二階迄何かないかと探し廻ったがまれに拾って来たするが使っても無くごみを肩としてかとの山分けだ　麻れへ帰って来た　夕会が出来たので会
党へ一日坐って会だ　一日三回文　みそ汁だ　うまい　昨今夕は味めしをたいた
ごぶやかつをいりすのかんづめを入れたが中々うまかった　今日山田の帰りに土民を二人つれて来たのでそれをくわしたり　掃除をさせたりして　めしを炊してやる
遊ばなければやぶなりがよくたべる。舟にきはい位　汁二ハイ位ペロリとたべる

564

No. 53

滊車の音で風があったと言って銭湯に来たので文化でいふして驚いた
前線ではなかった湯がわかして入ることが出来る一月の二日ト大通ではりそ
大変あまりで又はいれた大きなもみだれぬ桶へ入れるのだ大きな釜で湯をわか
して洗ふ所は出来て居て熱い湯にゆっくりとあかをおとした今の敷を全部
消えてすっかりとして帰って来た火にあたって一眠してからストーブの燃れを
もやしながら下の衣をつくろったりして眠って去ったあとで一人
並んだ橋本は火にあたってゆっくり話をしてあそんでゐたそれでも出来たので
一眠してゐたこの室は明るいしきれいだし戸が全部ぴしゃりとしまるので
風もはいらずあたたかい今夜はめらを来たのでやはらかくてあたたかい
橋本はふつうのみかげをもらったり又僕のタイシン時代のパイプをあげたり
していろいろ話をしてゐたのだ大陸の東京の文人は手紙をよこして来たいのだが
まだおちついたのがおそいのもないのだもう二日したら何もかも片付いてゐるから
ゆっくり君と話が出来るだろう方々へも御無沙汰をしてあったが十二月ようよう

565

一月十四日晴 七時半兵舎外へ点呼に出る いゝ天気だ 水道兵長も行つ
て体操をし 池で顔を洗つて来た 一寸ひまがあつたので わかしてある湯で
やつとハンカチ、タオル一を洗つた 昨夜洗つて外へ出した人のは少し凍つてゐた
熱い湯で洗ふのできれいに早くおちる 池へゆすぎにいつたが 池の水は又冷たく
皆ゆすぎに出たしんぼうが出来ず 手がいたくなつた 洗つておそく食事をする
暇して大江と二人外の畠を出て 池の前にある まわり二尺位の大きな木を
切りにいつた、タコを木の下に打ちまに打つておかないすぐ、方向がどこへいく
十三時頃に切つて ゆうやく バッタリ ドサンと大きな音がして下へ倒れてしまつた
太い木だ 大きいものにして中は大したものだ 内地だつたらゆかすいことだが
ここでは切れないのは山も木も人も皆殺して来ないのだ 山上へ出て一暇した
朝鮮の命令は鉄兵営か敵兵も来る 久しがりで打つた大勢、遠い一里
位の光だ、前の高い山を二つこえていく、山にかくしてゆすぎ、後、今の時の
よい音がする 鉄兵営も一しなやかせておいた いるのかへてけいこをしたりして

566

No. 5

一時解散たので皆で掃除や手入れをして家へ帰った 屋が出来ていて一しょに
座をすまし一服だ 室へはいって 士官のワタ入れをかけて 洗濯の為に納めて寝て失
ひ皆ぬいで足を入れる様に作った ので 手紙を洗って干したりして用意を
なったので久しぶりに手紙を書く事にし 二十九年ぶり（十月十五日からの分）を合せ
で書いた 庭中風呂を作って兵隊が土民を使って沸かしたので 入はいった 風呂は土間
に作ったので出ているのだ 大きな桶へ熱い湯を入れて 長い間つかって出た
又手紙のつづきを書いた 各分隊（6日迄）宿し 各分が出来一日を交代で一服し
ますぐとなって居る 今後 その工兵なので従事にして用意をして軽い
兵隊八人が山の下の[illegible]へ（工兵所にして居る）集って火をたいて日記や手紙の借
金を今全部済ましたことになった 今日迄一寸手紙が来なかったから仕事
なって皆がおろうが一度に出て来て行くだろう というので[illegible]安心
なする様に 其の後現在の場所をはなれ[illegible]無理をして書かなにし
これ[illegible]も少し[illegible]手紙が手にはいらないのでわからない

十一月[illegible]日 [illegible]

定

再十八

567

43

No. 1

家内一回来ては休み、家内は手紙を出して呉るだろうと思ふが
十二月の三十日に一回手紙を受取った切りで其の后一月中又二月からの移
転でごった返しして居るので手紙を取りにいく事が出来ないので一寸もたよりも
受取らない。六日以来の難行軍で何もかも忘れて目的地の二へつくのに一心で
あったため手紙を出すことも、又、ほしいとも思はなかったが、ここへついて落付いて
見ると手紙も出したい、又オ上に内からのたよりがほしい様になった
どうせアンテイ止まって居ることと思って居るが其の内にレンラクが出来るから
又其の内なんとかなるだろう。昨日一部の馬と人が帰っていったから ちょっとおると るす
番に預て来た絵手の南宮小林らが持って来てくれないとも限らない
又二三日するとアンテイへ本家が行くかもしれないから その時はますかい
多く持って来てくれるだろうと思ふ。その時には昨日までの沢山の内への
日記が一しょに来るから 皆も安心するだろうと思ふ。一月の三日までかに
冊に三を分けた手紙はもうついて見て居ることと思ふが それから二十三日への

568

No. 2

十日あまり手紙がいかなかったから心配をして居ることと思ふ
かねて書いた通りの行軍で一寸書けず 又疲れて やうやく昨日の便迄や
っと書いたのだから 手にはいるのにはまだ大分間があるだらう 心配することはない
この通り元気でやって居るのだから 安心して内の仕事にはげんで呉れ。
今は体は用心をしてやって居るから大丈夫だ いつもの通りの元気で一際の
すこぶる旺盛に つとめて居る 寒さも思って居たがどこへいってしまったか今は寒い
昼一時から運動に出てみるので 陽気だ 寒くなるとよけい寒くて困るので よく歩く
て見ると内地ではよほどあたたかく 風ははげしくなく 内地の秋のやうなところなな
少し風はかつて吹かない 風は必ずないと言ってもよい 不思議な所だ 霜はひどいが
霜がおりはせずに あたたかいとなると春の様な日が続いて 体みよい 朝は冷える
と思ふ 今迄は山の中の小さな家の中か山の中のことなから 此処へ来たのであるが
ここへ来て体はぐっすりしてる 家の中へはいるとそれは寝台の上へ出て居るを内地を
はなれても元気で一緒に一夜 かがって居るなけ なの寒さとは思はない位だ

569

No. 3

当家の内は手に夜付いて居るらしい様子だが どうなるとも分らない
空家許りの中だが俺たちの隊だけがにぎやかになった 猫も来て来る 犬も
残飯を探しに来る 一花姑娘が小供かかすの様な米少しを持って来て呉れと
云っても どうしても仕方ない 何もたべるものがないのである 汁の残りでも分けてやるとよろこんで
帰って行く 日本のものを食い上げたんだ 可哀想にも思ふ 一文もなくてもなって居る
どこからか一何(土民)を入って 使ってめしをあらしたまるの水はこび水汲を
させて居る 中々者に二枝三枝あたりめしかえるのを毎日早くからよろこんでやって
くる 来て日本軍の為に働いて帰っていく 腕に赤の印に(日本)と書いたのを着けて
よろこんでいる はれがましそうに歩いて 嬉しいに困って居るのが分かった
今日は坊っちゃん付近の土民をおどかして 朝の分を込って 大江と交代して丸腰にて
帰って来た 朝出して来たが犬にあたった 嗅しても これを留めて仰めた 隊長があそびに
来たので話をして火にあたって居る 補充兵は昨日から毎日教練をやって居る
午前一時間と午后一時間位づつ しっかりやって居る 又他のけいこも仰せつかる。

570

No. 4

子供も生れて三十四日目となった 何と言ふ名をつけたか 男か女か それから弟が生れたまで其の後は何もわからない 二月以上立ったから 産後のひだちもよければ元気になってゐるだらうと思ふが 無理をしてゐるのではないか ひだちが悪いのではないかとも案じられてどうしてゐるかと思って居る 母娘のつゝへ少し僕らも元気で働いてゐるのであらうさんも冬休みもすんで又今日から新しくいそがしいことだらう

赤ん坊や久美子さんも一つづつ大きくなったから いろいろのおにやかと言って 去年が近づいてゐることと思って居る 男も元気か 僕の分もよく孝行をして大事にして上げてくれよ

弟は去の後どうしたことか 家へ帰れたのか それともまだ京都に居って 例の手術をして貰ってゐるか 今言った通り手紙が来ないから すっかりわからない

平一はたよりがあるのか どこへ行ってゐるのか 少しもたよりがなければわからない

五郎の岡秋も元気で働いてゐるか 一寸もたよりが来ないので案じてゐるのだ

進吉はどうしたか まだ久居の病院に居るのだらうか 此の前には元気で居ると書いてあったが 早くよくなって欲しいと思ふ 千葉の兄様からも手紙をもらってたよ

571

No. 5

今年の米はどうだったよかったかナ．又ひまの時にしらしてくれよ．もうそろそろも
して伝へ大分しもふったことと思ふ．皆に宜しく厄介になってすまないナ
天神の麦ものびて来たなろう．こちらのも大分のびて来たよ．麦の出来具合はどうだ
よ．方か．もうそろそろ一番耕作もしなければならんなになって来たナ．
今一番ひまな時で産後の養生にいい時だ．しっかり養生をして元の体になってくれ
早くから無理をしないように大切によ．日がたつといやでも又働けるようになるからナ
子供は多いナ．何かの役に立つだろうが挿塞しするよ．しかし家に居る者は気を
おとさずに辛抱し通さなければならない．今帰せを楽しんではなれることだ
もう一息がんばってくれ．其の日は又会って一しよになって働けるようになろう．もう
しばらくのがまんだ．待ってろよ．肥えて元気で皆の所へ帰っていくからよ．もう長くは
あるまいと思ふ．たのしみにしてお互に体に気をつけて働こうなりが．早かれ遅かれ
危険な所へいくこともあるまいから安心しな．ならぬ僕は大丈夫だ．此の冬はよくこえて
やるよ．一日も早く一家の姿を見せてやりたいと思ふよ．では気をつけてネ又后便で

安生

一月十二日午后

まさゑへ

572

44

No. 1

月十三日 晴 ひどい霜だ 七時半に起きた。工兵所をひき上げた。僕は朝の
番をするのが一人残って山の上へいって見物して居らし、ぐるぐる山を見て居た。
ほこりが沢山に出て居たので寒くなったのではないかと思って居たが、だんだん陽が切れ
いて晴れて青空になった。活動写真も大変面白かった 晴れて山は一面雪景色だ
め居たがジンジン寒くてならないので砲車のエンジンを取り出した。急いで行くとどうも
上がらないのが困ったが十一時になって汗出してやっていた。大体になった頃に大佐が急に
来てくれたので七時頃家へ帰った。今日は僕は大変で、おそい夕食になった。一晩して
手紙を書いた家へ。一度書いてみたが、後に外の家からおそいと来るし、また少しして
思いながら書けず。手紙を書いたりして居たが夜になった。食事をして一眠りして又起き
三時から演習がある予定であったが、大隊長が止めたので掃除をしたりして夕方
になってきた。ついに又手紙を書いた。夕方へ行って寝た。十時頃書いた。小説を
見ていたら、夕食の準備をした。ついでに休んでしまった。すぐ演習に出た。途中から大
雪になって来たので皆がそろって運動して一すぐに出かけて帰って居る

573

No. 2

早速すき焼だと言って小切りをして菜を一しよにたいた。今日はタバコ二本と生ら
ヨーカン一本と酒を一人一合づゝあたえたが是をこゝだけの肉で一杯やった　自分の誕生日か今日
近ごろ最も愉快なかったのでうまかった味しばらくたどって腹一杯になった。酒保の
品物が来た。酒、ヨーカン、カステラ等。酒は高いのでヨーカン、カステラを買って来た。二本
づゝだ。姑娘の家へあそびに行った。大隊長どのがとおられるので身分に何か帰掃
純道をしきりとまわして居た。一寸あそんで姑娘の宿や妻三番の許へよって来た。
俺は早くから毛布をかぶって居た。近頃はよく眠れるようになった
一月十四日 今日も上天気だ。七時半に起きた。広場へ集って点呼。大隊長どのもう
まで居られた。東方遥拝体操をして今日の白弾を仰ぎして帰った。顔を洗って
小説をよんで火にあたって居た。ブタ汁をつけて食べた。うまい。ブタも肉は油こいと
言ふがニーではブタと大根だけたそれ何とも思はない。味はうまいものだ。食事をして
一日又火にあたって読み大陸小説面白く読んで居た。それが財布があるので陣地へ
行った。又不良(金)な許を取りて補充兵に売って居たそーな来た。今日

574

No. 3

は三十度あまりあつた　あたゝかい日あつたが風が出たので寒くなつた

夜おそくなつて　おそく手入をして帰つたぶたの　みなあそびかしてあつた　こまかつた

一服してから食堂がくさいので窓をあけると寒いので　窓戸を締めて寝てなつた三枚

布へかぶるをふいた　人が大そうじかと思つている　今日でそうじをしておつたよと

云つて笑つて出た　きれいにふいてガラスリガラスを　出して十枚ふく　これで言くある

今日会をたくさんやつたけれど　止一人この会堂の中にごろ寝てあるのだ

湯がわいたと仕が呼びに来た　この位にしておいて全体で風呂へはいり今夜は又皆で

工場にいくので早くから用意をしなければならないのだ　陣地と西部の川向こうとに

二つに別かれて整列することになつたのだ　又工場にいつてからやることにしよう

先づ風呂へはいつて事を落してゐたが　すこし出して来た南寮が　出て来たいう

くアメリカへいつた所を聞いて風呂からあがつた　俺のイモン小包が三つ来てゐると言ふ

いたが張がかかつてゐない　日から冬物は一包むかつてゐるが　あと三つは春もの

かず不審で持つて来た手紙を持つて来てくれた　分手丸さん　村谷田京とけ

575

No. 4

十三日来てゐた 手紙は 治子 十二月二十二日出の内の分と中隊長の奥さんからと
消防隊、治和、内ド山田分の近美君、安藤、浜名、大阪の宮子とでフートーは
梅田、田、東京と宮と内からの航空郵便とである。十二月廿五日の航空郵便
が元手所へ届いてゐるが忘れて来た。生子は航空郵便で出すことはいらない
内ト言ったからだ。田の主人よりの手紙にイマ・ミのを送つたと書いてあった。梅田が空田
田をわしたとかいてあつたので はじめて二つの行先がわかつたのだ。田の主人は親切だと
思つてゐる。大田と近 持つて来てあるんだろうね。沢山で持つて来てくれたらあつたろうだ
ごつた返しとおもしろい会をすまして 少年をよんでゐたが 工兵に来る信になつたので
皆そろつて工兵所へいつた。僕のつ 一番生で四郎へ 西部工兵にいつた。一人こんな名寄らつい
高橋手が始めた。本部が 第二生（大郎酒）を土産に水と一バイ持つて
来てくれたので 皆がよばれた。キツイや 生だった。久しぶりの美味
は又格別だ。五分位よばれたが いくらみなに与へて工兵も喜んで帰つた。寒さ忘れ
て川の水だけ気張りをしてゐた。今日は田中や太、浜を手伝して帰つて来たろうして

576

No. 5

太のあかりで手紙を面白く見た。治子は周作家へはいって女の手術をして
もう少しで死ぬ所だったと書いてあったので安心もして居る。内からの手紙にも詳しく
あったので、どんなに心配しておったかわからない。少年に名刺を送ったとあったので
大連へ来て居る友達を思ってゐる。大切にしておこう。今はまだ毛のシャツを着なければ
ならない程寒いから、ハンテンをかけておくことにしようと思ってゐる。それからシャツ一枚
と股引を一寸かけたが、寒さは去り、安心なものだ。但し手紙がいければ送っても
よいと見たのかついて送らすによかったのかわからないだらう。そこへ送れてみるの
ならば大事にしまっておく。寒い頃着ることにしよう。産後は日当たりよくして置く
家内のことをよく思ひ、そのことを決して無理をしない様に。今は一寸休んでまだ
日当たりがよい。彼の所へ送ってくれ。しまりがよくはないが、それだければ外に家のものがする
病気は気をつけて、可愛がってやるがよい。又国へつれて行ったら、それに品を沢山に送って
やってくれとよくそれを言って、すぐくれるがよい。太の母と姉と妹に無事などの
ことをよろしく、よろしくで、当分はこの位にして又次のたよりにしよう。（十一日）

十一月十一日

実

吾妻へ

577

45

No.

一月十五日 晴 いゝ天気だ 工兵は遊軍本部して七時半引上げて来た
そして称を洗った 今日は又移動の用意で 物品をまとめて一つにくくり 分けて一つに
くゝって 大行李に持って行って照りた へ送っていたのだ 又名古に比ようが変って
出発することになったのだ アンケイへ集まることになったのだ 十日にこゝへえらい目を
して来て取っていたことを 此草原之の何部隊の命令に依りかえって 来て頭をなし
ゆっくりとしていた 本当に居ったら大丈夫と言うように 各人をころしてたのに、
ここは此れに腰は未あるし ユックリとしたいゝ気分で住むことが出来る 一番いゝ家
だと思って二日よろこんで居たのに 又移動だとは、ここにおくれようったけがよいと言
って居るが命令ではどうすることも出来ない いつ出発か命令を持っていて大通りが
あれば出かけるのだろう 十七日頃にはあるかもしれない あと一日あまりでこの家とも
も別れて又出ることも行かなければならない やっかい田を又肩担いでいくのは大変
だ 疲れてつとめだしなければならん、そして冊でアンケイっていうのだろう いく道中で
か それは出だし自分俺達の得る泥道 寄たら如何なかと思ってみる

578

No. 2

色々お祈りしてもらって帰ってきた 用意をすませた 次にあたって一眠りしてから又
昨日来た手紙をしらべて見て返事を書いて居る 途中が長いで停電になって
元の分隊の陳述書してくれと言って来たが 長い間寄りの来たことを喜んでたよ
大急ぎだ。が出来たならけがれしてはと思ってとめて弁護士に代って写して
貰った 何かのしどうかにいくのであろう 大変忙しかったが代って貰っていてみる
俊待もゆせいと言ってゐた 昨日の手紙に 大阪へ来た中に 父の死んだことが書いて
あったと言ってしんみりしてゐた 大分長い間一緒なのでゐてくれたなあなあが一番あとは思いは
なかったと言って居たくみた 俊夫が傍を力をつけしやったりした。本当に気の毒だ
森さんがせんしたとか 家へ帰るのはうれしかったであろうか 母の死を知って淋しかったことと
だろう。泣き人に知らずに 俊也がかんばってゐるだろう 思えばわからない 俺たちのみな知らないな
母は元気なのかと いつも心配して居る 何も言うはずもなし 本人に知らすわけにいかない 悪いことがあって
に知らずに居るのだ 悪いことのないように 俺の帰る迄は一人でがんばれた 元気で居てほしい
ほしい。私の少しの辛抱だ あたしがくまれば 帰れるのにわからない 之自分はまって

579

No. 314

しよく楽しく働くことが出来よう。決して自棄にならないでおくれ。くれぐれも
皆仲よくして人に笑はれないよう。なに幸にもう一息のがまんだ。弟の帰ったのも皆が今
なにかして居る。俺と弟と手紙をやりとりしよくくわしく知ってみても四ヶ月は弟が上
月に帰るとも言はないのだ。俺にかくしてあるのかもしれないが早いうちならくなることが
びっくりしたりあわてたりするなよ。俺ではないから体事もかくさずに知らせてよい。然ん
だ所がどうだ。仕方がない。一つは命のやりとりをして居るのだから少しは覚悟がないとな。
子供達の手紙に二つ名が書いてあるがどれがよいかわからないまよって居る。勝男と
勝美と二つあるが、あとの子の名前につけてしまった勝美と言ふのがよいだろう
二日目あって俺にとってわるようなことが見たい。だって知りたい。しかしそれは出来
ないで出来ない。お前の言ふ通りに俺の顔もみたかったに帰ろう。一日一日を大切が
大きくなるにつれて俺の帰る日が一日一日と近づいてくるのだ。会へるなになる頃には帰れる
なになるかもしれない。みんなも冬休み、第三学期に少しが行間かえって来てのる
まあ仕方がない。ゆかいして言はずに皆早さらふかなに今夜は一つかり勉強しな

580

No. 4

たいと前から三つ目がへるも 集めて集て 何かほうびに好きな者を買ってやって下さい
よろこんで又勉強する様になるだろう 習ながらうまいぐらいが 俺達の方に会ったは大事だ 又の傍を
見せてもらはう よろこんで居る文ちゃんへもよろしく 手紙も書こう 文ちゃん ハハには相当?下さい
どうして居るとか 出て来ずはいい 丈夫に育ってさへいれば 二の次にしたことはない田も
い。来が方々によった 有効な沢山の安心な事になって し 有った よろこんで 居る つもりだ
各方面へ礼状を書くつもりだ 今 皆は 皆の説明が 先生に みてしまった 要望いうの事
も お母さん御仲はどうもとって お金をする様にしたらの 話や 沢山 の 声前をして来た との こと
又私を言っておこう 今度の夫達まで 命へ会った すぐがこいことのこと どこからはいるの で
又来年は米をあしてくれたに 御座う 俺より早く子も帰ることなろうと思いながらも
皆 私の中へ会をとった品物 又本 また文方とテン エンセツ 井川沢等は今の所は持たされ
今後沢山にあるから(わざわざとってもよい の方が俺が言うはなかったが仕方が無い送りは
しないだろう 言う小道は と思って居るんだ 大の品は使いなれた沢山持って居る
から、大切にして持って帰ることにしよう 一月には何か送るとか 又アンケートへ熱ってやる

581

No. 5

欲しいものを云ってやる迄は送らないでくれ。今の所金も沢山あるし、内地から
送って来るのは遅くとも不自由はしない。今迄の様に山の中に居たらほしかったが。二ヶ月も三ヶ月も
かゝって手紙を出して返事の来る頃には四ヶ月位かゝるからな。昔と今はちがうのだ。既に郵便
でおくっても品物を見てつても面白くないから同じことになるのだ。又今迄アシタヘついては何だか
あるそうだが送るには及ばない。欲しい時には又手紙を出すからそれ迄待ってくれ。たのむ
本当ば神様のやうな生活をしたのは二人ならしたのが一般生活へ幸福になった為め目だったな。
要三との方も仲よくしてやってくれ。お嫁さん貰ったんだからな。一〇月には家を立てるとか言ってきたがどう
しているかな。金を出してみると相当なことをするぞ。設楽のひよっこんも相当に出来ると思う
不順知らずてから俺が居なくて困るだろう。すまない。気をつけてやってくれるなよ。
来たそれでは方付をする所なので、まあよい方だ。冬作も畜産だけ済まして麦田に麦
其他色々したとのこと、出来たのはよかった。又それだけで少しはいるからなと思う
少しの土手構だけの人をもし、やり通して体を大事にして十四日をお祝いしてやって
で、俺と弟と二人の分まで孝行して大事にして上げてくれ。くれぐれも御願する。又今度にしよう

十二月十五日　進也より
兄へ

吴也

582

No. 1　46

一月十五日 今日は消防隊の出初式の日なので ぼくらが送って来た 外出に出てゐた
兵隊の軍で 刀剣にやられた事だろう 大人でかかるの寄合が思い出される
ここに居ては何んにもない 男ばかりの中で生活をしてゐて 気へぼくなるばかりだ
用もなかったのでとうとう八日 番画へ行きを決めり 財布を盗んで出て来た
千住近に居たのは八年十二ケ月 フートル十三年 汁 四年 居ってしまうのだ 家のは
三十八年から四十五年迄いたのだ どこへいったかに 火のはたに机をおいて 座ってまし
足をたべし又居た 思い出せなく肩がこって来たので止めた 風呂をわかおて
言ってゐたので わかすことにしてたいた ニイ(土瓶)で水をくんで来たので で僕はあん
ずうっと大きな近山へいって来て 砂利の警戒にいって来た あたたかい
日だ じっと横になって 青空をながめて居た 又部屋に来て居る様な気にはならず
田地に居るのと同じ様な気分がなって来た 週間雑誌をよんで居たら ねむくなっ
て来た うとうとしてゐたら 補充兵の安田が交代にやって来たので 代って山をおり
て来た 皆風呂へはいって居るので 僕もはいった 酒保があったので 酒を二杯呑つ

583

No. 12

て帰って仲間十人でかえりの食堂で一ペイのんをしてのんだ 俺はブタのころにて
うまくすき腹でよすぎていい気持になった 十人で殊の外ブル盛だ 五十円金となから十
夕食をすまして 一四たにあたって 四化と言って大笑いで にぎやかだった.
あとから又三人来て 今の所家族は十三人で 大酒をのまない様気と静かに二人が.
静かにねる 別に之ぶ仕事をした訳でもないのに でゆとこへまじくつてねることにした

一月十六日. 目がさめたら外は雨がふってゐた. 今日は雨ふりだ 食事もとくおそに一ト
おそく迄ねて居た 食事が済ましたら起されて顔を洗いた 体へきた 小やりでたした
二ともない みそ汁で 食事をすまして 火にあたって 一服して 皆たち入日等の教練など
呼びに来た 考勝神をまして来た 気がもりだ [illegible]小学校 というのがある
ニークハーの分材だ この校舎へ来てみた 刺突兵は銃を持って教へて貰ってゐる
俺達は他人が見て居た 教練が終って 俺たちもかしの省征兵教練をやって貰
皆さ終了別れて帰った 俺と宮崎と二人 刺突を三人でやくいくた 一時間あまり
財務の要領を見せに教へてやらして見た 用のない時ボッと寝へしていてつまりだ

584

No. 43

三七

十二時頃待つて日記を書いて座会をすまし昨日からの日記を今日書くみる
今日は二時から財務があるのだ又もずーするし少くかねばならぬのだ出来だ
と言て自分の昔始するかり道へはえで失つたので一寸のもみえないので困る隠けば
代りに原士の大派が来しがし出来するのだそうだ右から来たがニミ日は大丈夫
居るだろうと思ふがアンテイへいけば又個別よ天勝に真あまりで手にはいる様になる、
好きなものはショウギを火にあたりしたがかくみる夜ではおそし近かくしみる。
夜は日火上えりた小雨がふって来たので砲車へテントをはって火が火を
たぞあたつているだが雑え先に財務をかいて蔵へ入れて居た早くかかって来ておち
始めたが雨がふるし寒い日だどうぞと山にこだましてひどく大きな音が行った、
途中だ雑え先にもかけたりして来た、生懸命に歩く居るし歩く穴に歩く
て歩いたまでうまくあたたまるうだ失ったまで手なを歩く山をかりる寒い
火にあたって小し言えて会をこしらへて風呂にわかしたまで質大体ではいった
今日も下宿屋ハンガー夕刊に新とふらい酒も一本あまりがあってかんをして見た

585

三七

No. 4

夕食をすまして俺たち今日は工兵で当番係りでかけた　なりんが結末をして
工兵所へ行き交代させて火にあたり　四郎と鈴枝との順番を定めて朝明日の
夜勤の順番もきめて皆にしらせてやった。今日は俺は立つことはいらんがその代り
立つものを起して交代させねばならん　司令と云ふで一晩をあけておるのだから少しねむ
れない。横になって火にあたりしたり雑誌を見て居た　酒盛が始まって呼びに
来たまうな位で　ハナをつまんでもあがらない　あたたかい家へは近いもの十日位だ
りたい　大江は後藤席と四人で一バイやってゐるのだ。それで俺を呼びに来てくれたのだ
フナをさしみにしてみそをつけしるでる　又雑炊のめしでめしを焼いてくれたのをあてた　私はたけし
いかほりがしてこれいいフナのさしみにしてくれて又うまい　女房でなく水いらずでのん
でいた　酒をしてゐた　大江も長男で家をもって四国へ行ってゐるのだ　父が死んだ（病気の
ため）帰らんならんが　四国で大分信用も出来た所だから　捨てて帰るのは惜しい
しと述べてゐた　俺もあとをつぐのがないから国へ帰って　父祖のあとをするの心積
りであるが俺に言った　あそこは通話をしてゐていい風情にあって工兵所へ戻った

586

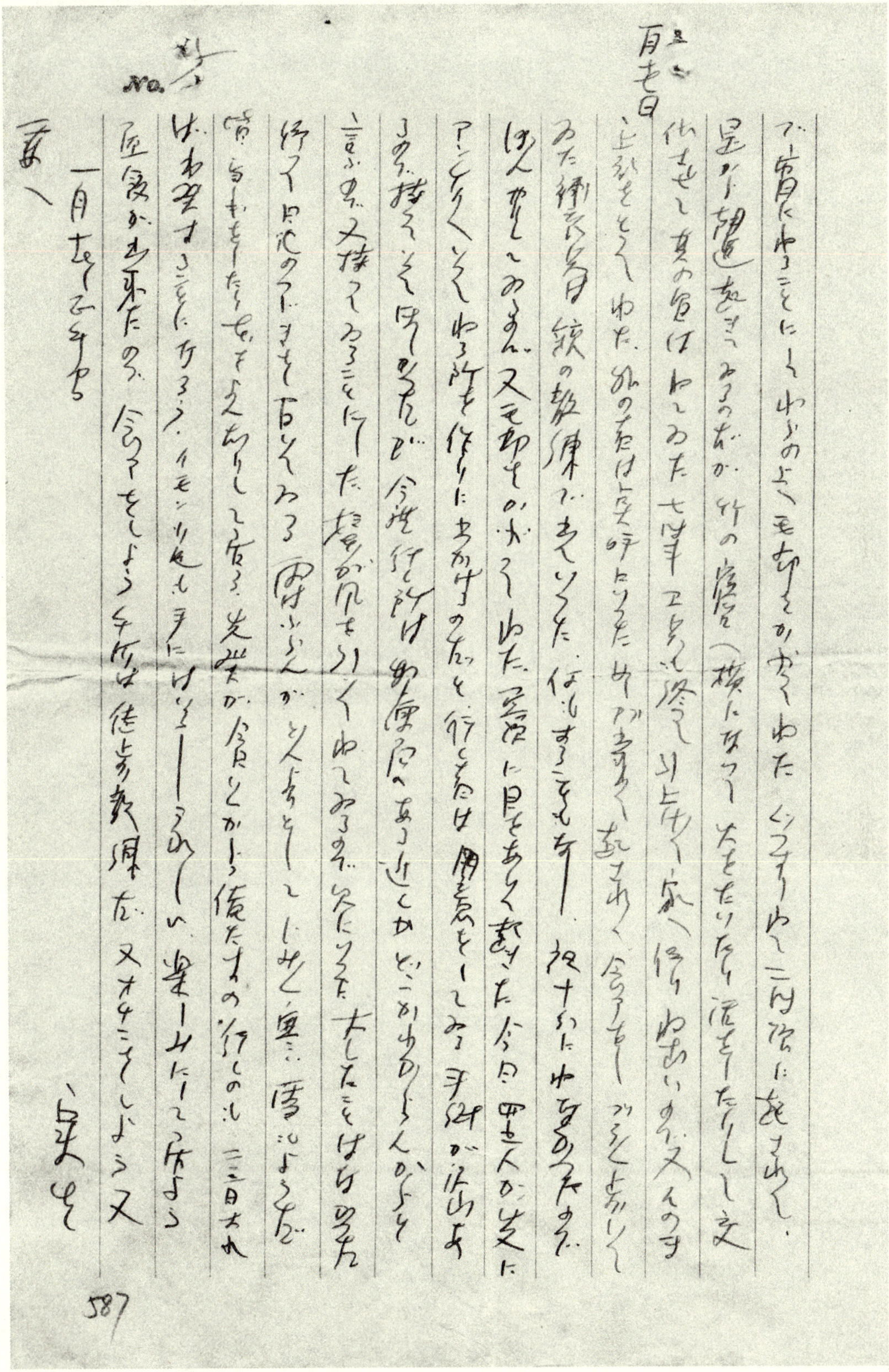

NO. 47

五十六
百七日

で宿にゐることにしてゐるのよ、三郎さんがかいてゐたくつずりゐて二円位に売れるし、
昼から望遠鏡を見てゐるのだが竹の宿舎(横になつて大をたりたり夜をしたりして)交
代させて其の間は寝てゐた。七時半に終ると引上げて家へ帰りゐあいのだ。又人のす
る事をとくしゐた。外の人たちは呼んでゐたのだが寝られなく、今少しもがらくたらしく
みた。練兵場の数練で来てゐた。何もすることもなし。十九日に帰るのだ
けんかしてみるんだ。又三郎さんがかいてゐた。医院に目をあてて敷いた。今日四五人が先に
アメリカ人と少ない所を作りに出かけるのだと行つてきたは用意をしてゐる。手紙が沢山あ
るが接してゐるはしまつたが、今後行く所は郵便局へあつ近くかどこかわからんから
言ふのだ。又接してゐることにした。場が見らずしくゐてゐるのだ。次に行く。大したことはない
行つて日記のつけまを百でそのまま。用ふんがと人のこととしてしまつた。寒い、雪だよ、だ
貨物をもした。そして文句をして帰る。先生が今日とかいつて借りたものの行くのだ。二十日まで
ゐないで置きることに行く。イモンリも手に付いてしまう。楽しみにして所よう
返事が出来たので、今日も手紙を書かう。仕方ない。又すこしまう。又

一月十九日午前
泉也
妻へ

587

47

No. 1

一月十七日曇り 寒くなつた 土民が一人の男をつれてやつて来た わけを聞いて見ると毎日の水くみで肩にこたへ一勝がたい からだがつらいと言ふので代りにもう一人つれて来たのだとこ 自分はうるめーをとめだ今度の男に外してみた こんな男でも熱心にはしつてゐる。一しよにくることを言つてもいらないと言つて ただ立つてゐた。いまついて来つてゐ一番となつたらしい 今度 炊事車の方を二斬分の水くみいその用をしてゐた者だ とつもう一人がはもう一人を言つたが 女子はいくわと言つてやらなかつたのだ。毎日遠い所から風呂を一日中使ふ水をはこんでくるのであるから無理な仕事だ。がよくまじめにやつてゐるので大切にして乞食にはドンペ(支那の銅貨三枚)をやつたり めしやおかずのあまりは皆持つて行かしてゐるのだ 一つ悪い 十二三の男の子があるのだがもう一人あるのだが二十日は来ない あるいは少しくゐるが朝早く来てするだけの事はだまつてやつてゐる そうぞ火にあたつて一服してゐる一 なれへ来て朝になつてくると百姓女人の湯を洗面器へとつて帰り 顔を洗つてゐる 皆笑ふ 山下なにまねをしてみると言つて 大人も笑つてゐる 四十近の男ものだ

588

No. 8　　　　　　　　　　　　　　　　　　　　　　　　五七

家へ帰つておつもナベをめしは大きな釜に一パイめしにもつていて けし炊しておく
のだ。内地のを一してにつけて 家内を思なにしてやる 話りは持ていになたって
使ひに来た男はめしをして水をはこんだりして失つた米とうく帰つて来るなかつた
が又今迄の男が来てやつてゐる。午后は全部の教練があるのなかつたが都合
が悪になつたので細見兵二人をつれて山へ上つていつた。今日は実に良い日だ。会もようの
次之郎三人に仕るく 大砲をみつことを教へてやり 三時半頃迄けいこをさせ
て山をおりて来た。火にあたつて夕食の用意を初め今夕は徴発にいつて来た
連中がブタ四匹と大きな一尺もあるマスやカ子を沢山持つて来たので フナやコイ
を作つて サシミにして ブタはカレーにして汁を作り 酒を一升買いにいつて四五人で
さしみで飲つた。チヤマスのさしみは中々うまい 一寸くさいことはない
外の者はみな工兵へ行つた 俺と藤原と梅本と三人だけ残つた。いい気持に
なつて兵所へあそびにいつたり 隊長の所へいつたりして帰つて来た。ローソクをともし
してゐて 雑誌をよんでみたが 眉や眼が悪いので 火をけしてねた 俺一人だ。

589

No. 13

一月十八日 夜中に寒いと思って六畳のねどこをごろ〱ころげてゆくみた 妙へ起きて
来て見ると 唐子がまっ白な座敷にすわってゐる ガッガの涙で 雲のバラ〱かゝるのを 高い山
につゞいて 降るのを見たが 地面へつもったのは 今朝初めてだ 地はとけてゐたが 座敷
の上は二寸位つもってゐる 旅館の二階は寒かったこと・思ふ 皆所ないので 天ぷ
ネドたをたゝくあたり 一服しながら 炭を入れたまゝ 暖めた 汁の用意をして(アゲ汁)
みたし 皆ェ兵が待って来た 辻が予習してゐる 一人で 在いた 淡雪をもって 一日
会食をし 一服に 唐紙があいた 客室はなく 会席の机をこわしてたものにし 広くし
加への氷をすかして ぬかくの机を三つ 後をナニは三人で 書く 在いのを 良すぎてにし
しれが大掃除した。広くなった ナヽイは 机が すっかり ナ人で 大にあたり
ジョージがとってゐるのを見てゐた 三ん〱 少ないのカードが 沢山あったのを 持って来て
荷物の包紙で ノートしを十枚こしらえて 三ん〱カードを六通入れた 手紙は
ゐる 一方は 四を通に書った。ツイ〱 一度に取った 注目書せないのが心配
としておかれる つもりで 其の夜 寒さこと・思ふ しょう〱あるなあうし 安慶へいくこと

590

No. 2

早くいとなに寝るから、目をさまして顔を洗って一同で会堂(?)して手紙の上で会了
をした気持がよい。一眠してから之れを書き初めた。小隊長があそびに来られたが
イ置くと大てい下士官すぐに世出寄りに本部小隊二名づゝにかけるそうだ
木の下へ火を入れて置くからである。あたらしい山の網元の熱果にいるし来よう
と思ふのである。一度に出来るのが小隊長どのの御元気に養育させ
ならぬと考へし居られるので、出来るなければ教へておかうと思ふ。山は寒いが仕方がない
三人で収し出かけた。里の山は廣さすばらしかった。三人を先任が教へ乍し二時半頃
山をおりた。支部の山の墓景色も見物して来て、銀杏男だ。途たいるは冷たい
帰って火にあたる。昨日知人でやる。風呂をわかしたので、はいりにゆく。毎日風呂をたく
て、はいれるので、ありがたい。酒は出なかった。五日も三日もはいれなかったのに
よい気持。毎日はいれる。いくら冷えてもあたゝまって、ほとつて気持がよい
湯から上ると、小隊長どのが葡萄酒を呉れ、山村君は昨日の魚もしほづけに
してあるので、それをたまりでつけやきをしてみる。それにかたけとを作ってみる

591

No. 5

一パイよばれて会食をし工兵にいく予定だが今度は財務をするつもりなれば
当分中止になるかもしれぬ。但し、それも見えないのだろう。
十二月の末から一月へかけて正月をし移動をし飛行機をして来たわけだが
日の立つのは早かった。一月も十日にすぎ二ヶ月して四月出発して三ヶ月へ行って
既に二ヶ月過ぎになろう。途中の景色も悪くなかったし、骨折って、父母へのみやげ
出発して、アメリカへ着く頃には一月の末になろう。落付くと二月になる。三月は春
が温かいから早い。二月には出発が出来るだろうが、一月が一寸寒いとの話だが
もう寒さも和んでいる。三月になれば俺達の方はどうなるか。皆がよろこんで
待っている。近く立派な訓練をして行けるようになろう。もう知れた。元気に体に気
をつけて気にかからぬようにつとめている。俺のことは心配をすることはない。皆も俺の帰
宅迄体を大切にし仲よく働いて呉れ。子供の事は何分によろしく頼む
今日は兵隊が着いても訳もなくて、[illegible]、兵隊は十二年迄帰るそうだ。俺達
は八年だけだったが今度は十二年迄帰れるといううわさだがまあどうだろうか。又次に

一月十八日 [illegible]

[illegible]より

妻へ

No. 4

一月十六日 晴 いゝ天気だ 日が出て雪にかゞやく 美しい
昨夜の空気で頭痛すんだ為かつてゐたから中々冷たかったが僕は歩哨係だ兵
ので立つてゐれなくて時間を割つて交代させて火にあたつてゐたがゆるかつたが人間半
次に出た。二時に起きて交代して起きてゐた皆も寝てたまつたので机をよんでゐる
んで居た。係来る者は寒いくと言つてゐる。三時四時は最も寒い
朝になつて七時半引上げて帰つて来た すぐに又班の二人で走つて会の家に起きて
食堂へいく。会の家を出して又毛布をかぶつてゐて寝たが中々寝付けはうまくゆかぬ
ずうとしとして居た 何しろ寒つてことはない 十時半頃起きて火にあたり昼食を
すまし一眠して居た 夕食後射撃あつたので じくじく寒い 又毛布をかぶつて
ゐた。八時半起きて出くわし用意をして。二時に出くわした 未だ少し早いので
補充兵六人に交代でさく演習を教へて射撃になり（久しぶりにフラフラ）
を一つ、補充兵に教へたした。一生懸命に教へてゐた 功一田は二年のうち
命中したと喜んでゐて来たうれしい かくてみた補充兵もよろこんでゐる

593

No. 2

第二回目は安田にやらしたが大ていうまくやってゐた下手なってたら俺の責任だ
から俺が二どとさまかわせばならぬがよかったので当たった自覚もある
射撃がすんで手入れをやって山をおりた丈け前だ山の雪にとけて失った
分隊長と二事を手紙書まれで少しは意があった。大体今日の射撃はよかったと
帰ってから大道へ探すらが馬でやって来て帰ってゐた。小包を持って来してゐた。母の返しよだ
あると思ってゐたのに三つあると言ったのが二つしか来てなかった。（安）のと梅田のとが
来て内のはやらず。大通が誰かにとられたのかやなりかと思ってみるが沢山ある山の中
をかきまわしてより出して来たのだから見おとして来たのかもしれない（母）のは十三色と
梅田のは七色はいってゐた。（母）に妹が女人が送ってよこすとは思った事もなかったのに
先へ手紙が来てびっくりした位だ。又於被へ入った（母）へよって よろこんでゐたと私を言
っておいてくれ 俺と私ははなしてはおいたが、遠くはなれて見ると今の状が身にしみる
煙らしい あとへ母の煙粉を甘くおこう。梅田のにも酒のかんづめとウイスキーとあり
どんなにうれしかったか 六つ位だと思ってゐたのに大分はいってゐるなだよ こまめにいろいろと

594

No. 3

大丸百貨へ一ペイボッシリとはいってみた。ほしいと思ってみた手帳も忘れて来たし
大きなフーロンを四つ大小合せてみい十せんが安かった早速ふくらがして食堂へ行ってすわった
今日は浮気車の穴へ行った今日はだまったやり大いにぶら下って至急にしのだますますは
活動女優の色ずりのエハガキ八枚買い何故か何かいいものばかりはってみた十円位は亦
するのろう送り貸女にと皆が言ってみる位だこたしをこの袋をあけて一瓦斯に満覚
としておいて皆にあげてやりかーたちにもやった。たちもイモン品が来たと言って喜んで
せに来た二人のをひろげて見せ合ってやったり替ってたりかえたりした。外の者は平気にあくて
いった一風呂があるのに誰もかもイモン袋についた一工夫とではっきりおだいくたので橋
をとる二人はゆることにした。はいってみたら湯がすわかしい一風呂の近くへけいくくるのが見てみ居る
気見だタンカ隊だタンカをかついで歩くするとした風呂がよくて寝た夕今朝の銘柄で
皇倍りを一人の者と老人の四人は途中で鼻を引きとったと気の毒だった。近くへ行って
ったいかと言ったらたしたことはないと手ぬぐいをあててみた。右の腕と足とを切られたのだ
に割れ元気でみた。何かあるか、と言ったら遠慮よしと言ったので室へ帰りミカンの皮である

595

No. 20

されーし下りて捨てゝしまつた。ホークで突しゝゐる、うまいくとよろこんで居る四人の俘虜達にたべさしにやつてゐた。俺は帰つて火にあたつて炊さんはせずに居るところだが中村に少し汁をたべさした。二十三人居つと。先にあたつて休ませてやつて御飯、汁をたべさしやり途中で一人中隊からつれて来て大変によろこんで一同又タンカをつくつて病院まで送る途を話てやつ行くといつた。おしかつたろう。土屋の道を空から下の宮崎とかにあると言つて肩がはれて痛いと言つてゐた。首実検して居る。人はかり夜見はかしなつた。ニイの夜のなにしづかに寝て火にあたつて一眠してゐたが夜が大分寒いことをあさんでゐたがやがて帰つたし俺もねた。

一月二十日。晴、天気だ。今日はあたたかいだろうだ。炊事をとりに班へ来た。中村と二人でめし、汁を作てゐた。此に工兵が帰つたが二人はまかしておかず汁を洗いたにあたる朝食をすませて人は全部帰り道の悪い所をなをしにいつた。来る時はにさかり目に行つて通つた所を剣に又道をつけて山を切り開いて木をとりのけ直してゐたが午后又明日帰るらしいので班手たけ二人で早く帰つて来た。大江山口の二人がゐる為に炊てゐたので下らを一発土民におとさせてやつてみた、大した方でもない小切りして二日もにたりして

596

No. 35

食ってしまった　うまかったが大きな犬ので油が多く一寸あたった。子を次山に持ってみたを
言ってゐた眼と足を手術をうけて帰る。工事の終りは来月。帰って来ない
二時頃は文子がやって来た、梅田が送ってくれたお菓子を今度で一回食べてみた
財産があるから少しくれなどよびに来たので一回よったが　大分来てくれ
みたが今日は止めるからと又呼びに来たので　千円だと一日で又くれ人をおりた
紳士気ては一体何者　けいこもして来ると言って話して来た。帰りにだれかの室へ来て
びによったら呉通へ妹が行くと言ったので　五十四五たまった一月分の手紙を
今ったのむことにした。持っていくと言ってゐたので　二人をまとめて一しょに持ってゆく
皆喜ぶことと思ってゐる。早く二人をまってゐて荷物をは二人共が今月一パイで二月
初め近所らしい荷物を持って帰ることになるなあ。いつかよい元でもかえることが出来
ないから不自由だ。一月九日でしまいだ。勝美は四十日だ。大きくなったこと
だろう。又写真をとって送ってくれ。来月一月のと一しょにだ　二枚とって。よいね！
母子供をよくたのむ。そして仲よく。丈夫で働いてくれ。たのんでおく。父次た

一月廿一日　夜

妻へ

良人より

597

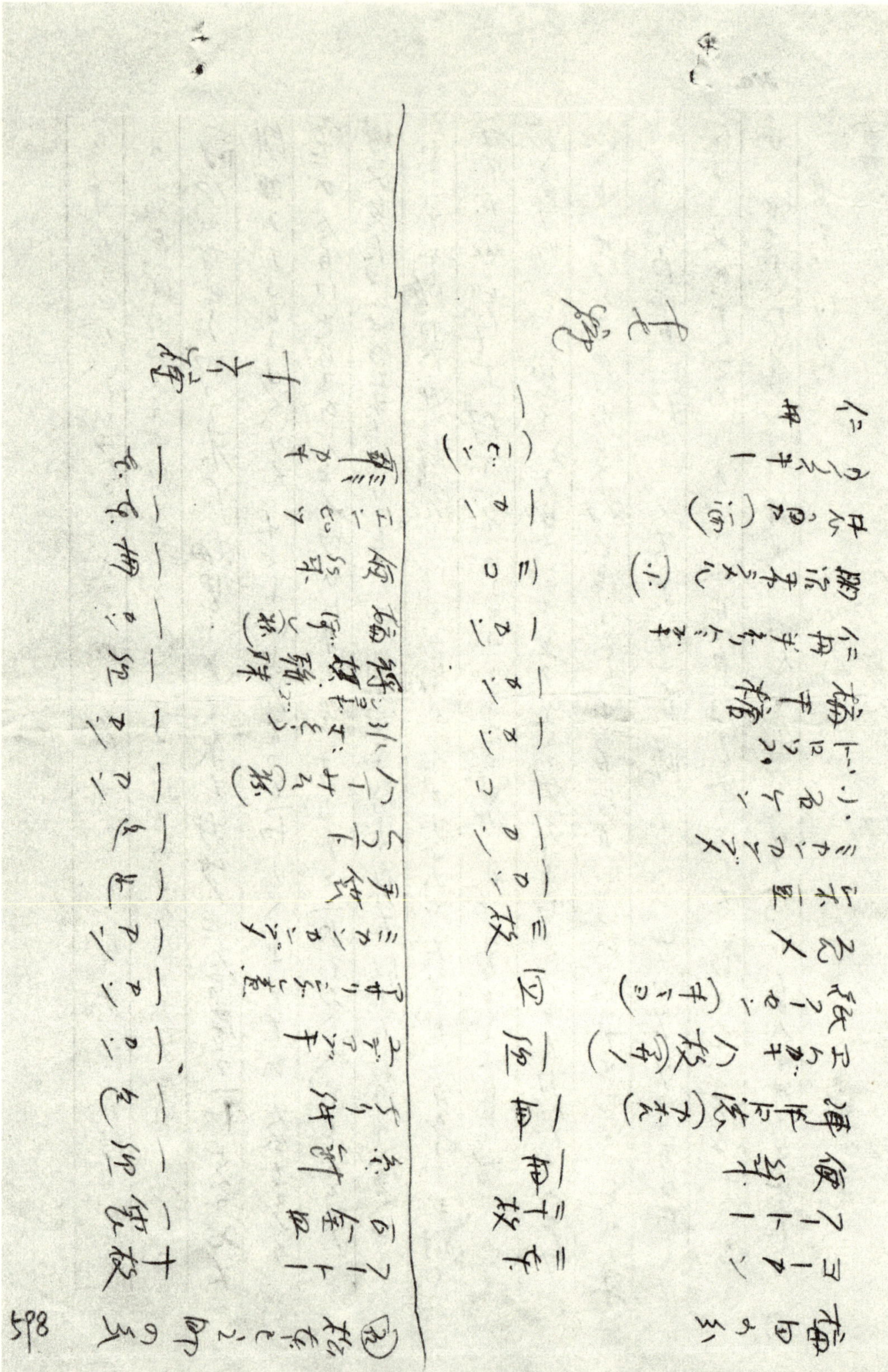

梅田の分
ヨーカン 二本
ノートー 二十枚
便箋 一冊
揮毫帳(カホん) 一冊
エハガキ 八枚(分ノ) 一個
紙フーセン(キミコ) 四
えんメ 三枚
宗一豆 一カン
ミカンカンヅメ 一カン
小石ケン 一コ
ドロップ 一カン
梅干糖 一カン
仁丹ギタミヅキ 一カン
胸治キヤラメル(小) 三コ
忠の助(酒) 一カン
ウイスキー 一(ビン)
仁丹 一

十七種

㊄松本さん町の分
ノートー 十枚
百合田 一袋
糸針 一個
ちり紙 一包
ユデアヅキ 一カン
アサリシグレ煮 一カン
ミカンカンヅメ 一カン
手袋 一足
ムフト 一足
ハイミルク(粉) 一カン
ひげそり 一カン
将棋駒 一個
梅ぼし(粉) 一カン
便箋 一冊
エンピツ 一本
干カキ 一本

十六種

45

No. 1

一月廿日. 四十八号をおいてから風呂がわりたのではいって来た. 昨日から下宿屋の湯が七分あまりあつので 火をして 19の人がタトナを入れて イリ上げテ コロダナをした 氷をとノを入れし 帯たハテみてをとかして 入れたのが大へん うまいのが出来た 食事をして 工兵の用意をして 工兵所へ行く. 一晩中の タオモノ を 戸 机床板等を外して来て 割ふせて 用意をして 時台割 をまをして 立去った 停て又明日の 座の時台割 やくドをしておいて 大にあたて あって 工兵所へいく. この時に 手紙が来たので 失った 前のイセン 依然の時に 梅田から 小包二包 酒泊江から サンデー毎日一冊 送ってから 少年(年賀状)が来てみた 甚えて又思はしくないのか 滋賀県の 大津市の 稲畑から 来た. どう なろうと 困って来ても 会う為からは 一寸もたよりがない 一度の所と 思ってみるが 今夕 帯在の什 十二月廿日あの 大前からの 手紙と ミーんの手紙(清吉吉枝) 西方寺から 初春を迎えて と言ふ 小さな 雑誌一冊. 市役所から 又自からの行事表とか来た ミノんの清百を 皆の所で 見せたら 中白ろまいと言

579

No. 2

で佐藤さんに手にとって見てゐた 手紙は皆よんで呉れた 見せよと言って

やって中々うまく書く者と言って ほめてくれた 清君は中々うまい 書けてゐる

頭がいゝ 手紙は中々うまい 長い 名前ではあるが コンラ [illegible] 書けたものだ

あれだけ覚へるのには大分骨が折れたことだらう ミーさんへは五枚くらい

日をそえておいたから ボツボツたのしみに見ることゝ思ってゐる

昨日手紙を全て出した ミーさんへ 家々のカードも大分送ったから又来るだらう.

各家は廿三日に送ったとの事 四十何日も前に書いた通り 四の一つだけ手にはいらない

実に不思議なのだ 明子[illegible]へも人からあるかどうか [illegible] 調べて貰ふなりたのむ

だ あっちから持って帰って来たと言っておいたから多分持って来ることゝ思

い待ってゐる ミーさんの事は よく／＼宜しく言っておいた 行儀はいつでも仕方

がない 病気で困ってゐるのは病身者のことと思へばよいと 皆にも話しておこう

はるみが大きく肥えて ネンネしてる 会ひたいと 一度見たいものだ

十億のお前も [illegible]に [illegible] のこと 何よりうれしい よく分る 送り [illegible]

600

No. 5　7

直迷をせず しっかり目立つのを待つ事にしてそれより勉強する。
大阪の携帯電話の良さを文通をしてあることのこと 大阪に今になってあの日の
事は信じられようとしてるこそ出来ない 本当に携帯の良さのありがたさ
がれ来るまではないと思ってみる あ前達が来ていたのに ひっそりと人々に笑
んだ事が出来なかった。本当に親切な良人だった。一戸堀の場所がもう一番
のイモン欲が出来た。ろめしめった。早ずけの大根が出来たとのことと大根だけは上等以
来一寸。台ひつずけはないたびかずの本当の味はないのだ。残念でならない
里芋も沢山とれたそうだナ よかった 十皆骨を折った おかげだよ。
地代の安殺の方は今迄きめてあった あのイモやかで毎月三回ではいうときめ
になったのか。別に安殺へ請求することを知ると イモとヤの月に三日はやめになって
たのか。又次の便で知らして呉れ、体は一軒の家の主人はむずかしい やりくりがな
るだろう。せっせとりっぱにどうたではなるのだ。せって知ると分かるだろう
体も悪いそうだナ アメなりかど仕方がない 一人半の辛抱だがマンせよ

601

No. 4

工兵所で仲間が話をしてゐた夢にでゝあゝあゝと思ひつゝ、
三時に起きて手紙一通を書きて床へ七時まで工兵所を引あげて帰って来た
一月廿一日晴 いゝ日だ あたゝかそうな日だ 家へ帰ってまい又ゆたむだからわずらはしく
家事のことを考へてみると むずかしいなやめられるので又おさまって大変だしあたる。
又道路工事で全部が佐を南と云ふ人が番でゆたが又やられた者へ三人へ手伝
所、西方家へと手紙を書くてみる。今日は早く帰った すんだのだろう
豆の用意を細支度がすでゐるのでの皮を切てして汁を作ったりして、外の方は
で、当りだをしたし又 きのふをよんだりして火にあたって居る。もう近くまで来るあた
自分又財務でぬくいのはすずしん。あた、かんいゝ日だ。わあい 豆はニヤトノを入れて
久しぶりの味がみたいしたのだ又 変った味がうまかった。一晩しまって又元帝を入って
わてサンデー毎日をよんでゐた 二時から財務で一日又山へよっていた 山の上は風が
去る。寒い。財務は中止で今から一時間補充兵の演習をして私で三人に仕る
くだ一通りにて昼食に一日山をおりん家へ帰る。残りの方がでタの肉を切ってゐる。

602

No.5

手紙が来てゐた 伊賀故ゆかりだ 田中親之 下郁造 村上知行 小林秀雄
鍋井克之）、浅田正之助、松原正之助、久保貞次、古沢の画室 伊木末雄の大兄
だ。今度で日記を書く 書く人がゐた、風呂がわいて近代にはいる 柿が大きいから二人
ずつは入るのであるが 毎日風呂へは入って石けんを使ふので擦りすりおちた、
すつきりした体になって気持がいいし 今度でつけまをおいて床屋 頭髪が頭を切ってゐる
年賀を作るので、今日は梅田で買った一個（先日本）を封切って 一個と小さいのを人でみよ
うと思ふ なかなか立派なものだ 箱でも出て居室へはこの理髪の酒井も来てくれるし
彼も梅田の鮨屋も出して（三人伍あた）一個4円輪になっての人だ いい気持になって合宿を
した。三まあった。雪でくるのを待つ時なった。今朝おきて石けんが切れて困ったので置いてにいったが
イモン他（シモン他田の）は出来ない。あすは今日のもあんと言ってゐたが何かいけなかった。帰って
描いた岸田全共にヌカン。多分三。毎新二冊。入れたり本も二十枚位といふ
宇野のことなどを考へてゐる、めでたく大阪のわしが初めし大阪の秋のことを又思ひ出
して今の湖しまを情けなく思ひゆきて来た。又出直しよう。

一月廿七日夜

宇野生

兄へ

603

No. 1　　　　　　　　　　　　　　　　　　　　五〇

一月二十二日 曇り 夜明前から雨が降って居た 今日は雨かと思って七時まで休んで居ると程なくに雨はやんで来た 朝遥拝を行って体操をして家へ帰る 次にあたって年頭状の返事を書いた 九時から演習で 補充兵は銃の教練 俺たちは徒歩教練だ 先生の号令よくいって オイチニと歩いた 午後は早くに終って家へ帰り 日記を書き手紙を書いたりしてみるとどんよりとしてみて 外も雨とはならない ジーっと寒い日だ 教科書を見たり 本を読んだりしてみる 又出てみると雨あり 今晩で手紙を書くのみある 運動して居る 米をあまり沢山くれなかったので 今日はもう米がなくなって昼はおかゆになった 朝から近所にもらいに行ってるのだが ひる家には帰って来るだろう ボクの足は一寸ずつ良くなってるだ みても良くなった どうすることも出来ない 金はあるが ボクのタマリ汁だけして すすってる訳にもいかない 外にでてあたって 姚淡がいよいよ人が多よう 午后は財務がある だろうと言って居た が午后になっても帰って来なかったので 父下をなくしたり 姚淡をよんだりしてみたが 昨日作った馬の作り 蚕糸を持ってきて来た

604

No. 2

のズ番の手簿に全部はった。各々一人に一つブーイモン袋を貰った。大日本国の袋は一つブーもらった。イモン袋は三小隊で十九人で十九もらつて、帰り合唐上の十へ並べてくじをして一ブーしふった。俺のは大阪の住吉区阿倍野町の女学生四人が共同で作って呉れたのか、田辺イモン状がはいり皆の名生でかいてあった。早速礼状を出すつもりだ。はいってゐた一寸面白く見よう

ヱハガキ11枚入 一組	牛肉かんづめ 一	手拭 一	ハブラシ 一
ノート（ケー紙 一〇／一の） 一組	梅干（レツテル十五銭） 一箱	タオル 一	ハミガキ 一
糸針 一組	ドロップ 一カン	石ケン 二コ	支那語早わかり 一冊
絹目の文旗（小） 一	カツブシ 一本	将棋ゴマ 一組	富士九月号 一冊

外に封筒百付のがはいってゐた。ヱハガキはいんミやヒカミの所へ送ってハルミに送ったのは、ますがーのだ。ミンへ送ったのは自由画帳の中にはいってゐたのを、でこもくしているしおしたりしまつたらしくてゐたよおそくなつてあつた。日記を日々平凡を重ねて居る。馬をつれて来た平野伍長に貰ったよ。俺の小包が

605

No. 7

来てゐたさうだが ゆっくり話も出来なかった 様子を知りたかったが 今晩あすあ
あたりに持って来て貰うと言ってゐた 大の人でよいた 社にあったので誰の手にも見
られないのだらうと思ってゐたら案外だ 確かに あったと言ってゐたのだ
が、ないとすると誰かあずかっての者が見張りをつけてあるから大丈夫なんだ 探してもらっ
わからなかったのらしい 来月二三日の内には手に入ることと思ってよろこんでゐる。
私服を着て大阪へはいり下谷橋の酒屋をかりての人が合図をした 工兵だ。用意を
して工兵所へいった 今日は少晴で 三日目位であった。故郷の所へ用に行って帰り 大にあたって
九時頃にゐた どうすりゃ五時半に起きて山へ交代にいく 七時半近くだ 霧でかゆくして泣いた‥
ここ百と足がちぎれる位に行きたいなんと明らかにすっく 紙があたって来た。
一月廿三日 日の下の広場で百名許りが体操をしてゐる 交代に来ないので待ってゐた
九時頃だ山を少し歩いたのだ 帰る 饒舌して泣きたくなった 合図をした一瞬したら
細菌兵の教育が行ってこれと他の者は皆道路工事に行った。俺と外ふ隊の者と交
かけ一した林少尉殿と歩いていく 交代し 細菌兵の教育をし 十時半頃すべて帰る。

606

No. 七

皆にあたって本をよんだ ドロップか豆をたいてゐた 豆はあまくて 食事もし 又富士をよんで詩
通 詩が出来た時特に 整頓道に又衛兵に演習をさせし床太が 今日は止めなと
十二日は本を四時道 送けいこをさせし 後夕食の用意をさせして 夕を作って 果子を作ろう
と皆の者が申して居る. 俺も手傳って 夕食を作ろう. 又明日からは つまいのは 未来上り 一回
風呂をすましてから 夕食をたべた 其でたいた先のが 水をるを大水で バタルおちされ
て油だ 食事し 一寸思はなくなった で 火にあたってゐたが 早から布団の中へはいって
ねた. 夜 にはうかがあったので それを聞し 富士の小説をよんでねた.
一月廿四日 雨が少ってゐた 点呼をとって 体操をし 帰り火にあたり 洗面をして 朝食を
よんでゐた 食事をすまし 演習があるのを 雨で中止になり 雑談をして 火にあたってし
ゐた. 二、三の内に 太郎の將材がまであって 十二日て 炊飯 しっかりした 男を つれ 来た
鉄砲の名で 如 世んの 名をもってゐる しらべたので 七十以上に なる 男を 来し
来たり 工兵所へ 行った人が 一晩 義をして 今日 来て 来ていった その 奴と 一人
探しにいった 兵隊の 宮と兵が 出て いる 射撃用の 弾数が トランク に 入れ

607

あつ居ので トラムリをこわして見たら いろくの君物がきて来て アジ洞吾の所へ持っている
馬ですでなく持っていたが 老人の一人息子は大ぶえらい人で その子三人は将材らしいと
が土民に富兵せ衣判も見せしめてたが いろく週ぐらいめく暗りをたどろう
こたしと がらくりを引っぱり返ししかけ内に空たなって 見んごめを五下にした味あしわうまし
多分だくめへ来ずえ見た 雨は止んだがある つまずなって帰って来た 今日は財務
があると言うくみたが 妻ん呼びに来たい 少いの女友るのが 今の所はありません
日祀と手紙を書いて 又の継続でも見よう と云う財務もなく 一日をくらした 風呂は
いえ 多分の女性をもし 不会者にもふった人 九分の物を一日のんで 多分し言語事
云ふが 行く 少雨の若年日だ 土民の家を二軒火をつけたものあり 大さわぎして
警戒を厳重にして 僕は山の歩哨で行った 言はまかり大んな道を一時間か二時間通とその
二里程で帰る 山の田だけくその音が少なくなったが 里の田は大分悪くなってきたが
相手に当たった 止みでみた 峠で二つ位川をしまった 川橋でまっている 山の上で
剣をつけて立ってみた 妻か子んが下のくりーくで割ヤアしないと思ったか知れん

一月廿四日夜

妻へ

貞人より

608

51

一月廿五日 朝から雨はふらなかつた どんよりした日のまゝ 彼はあけた
ゆつくり起きて又山の新たな室の戸を立たりつた 塗たい 山の上で見はりした
次の者が来たまで交代して それから顔を洗つてあつためしを入れた。
午前は何をするのかと思つて待つて居たが 休みとの事で 天幕をかぶりてゆつ
くり寝てしまつた 一週間めしだと起されて 細ふすまに ゆつくりして
起きて 炊つめの（コダマメ カタオの）味めしをたいて つまんでゐたのをかけて一人で食べ
た 今日は細文良日の休 よく骨をやすめてしまつた（小銃の）手入れをして
ゐた 優等は殺傷になつたが止めになつて家へ帰つた 元が居ないが ライフ
家へ遊びに来た すぐ近くの山小屋でおしゃべりをしてゐたら居ない これは何を
ここは何と自分の家を案内してくれたせまい小さい家だが 自分の家へ来ても
ふつたのでふろしきたのだ 土間の机の所へ腰かけて あそんで居た 太郎さんだけで
も長い話もある者をおこして 火をつけてくれて すぐへと言つた

609

2

太郎のおかみさんもうれしいのだ。りっぱなおみやげをもって来た。せった二十ゼンのカンが三ヶ
ならんである。自見えるように見せた、と私の畑は俺が作ってみると言い、すべての木が枯れた
まっ白になってやる。その上の一枚の畑は菜が青々と大きくなってみる。お皿や茶碗は遠(トオ)くの
山奥へ、たがしたものだろう。四十年と言ってみる位だ。もうおしかりなつくして失って
円多へ之四ド安い皆がはりくて失ふと言葉をかけて　異人と同じなたはりくし
送ってみる。正直ですがの畑だよく言うが事を守く　この谷の風をふりたり　白鉄は
かり口にあたり空ってたのだ。胃がいたい、頭がいたいと言って　えくれがなかったので
大ぶ飲つれあり　やうミドンや胃散やス於の毒は一文も無か　於の菜とりく心配し
しやったがそのおかげで一日でよくなくし　あくる日は元気になってよくかわりしてみた位だ
何もおそれんぶのだ。毒と思はない程に、俺達を信じなくして失った今日も二一の
隣の大家に金がたくさんうめてあるのを　私の土地が木を外して穴をほって探してる
たので　俺たちにと言ってつれてやった大きな池中を木枝をめくって穴をほって探し

610

て居たが何も書かなかった 支那人は 床下や又 畑の家畜へかくすそうだ
支那人は妙だ。二つの大きな 衣のよい机、いす、勝手道具等をも小口からはこんでいくし 自分の
ことだって居る。日本の兵を何だか甘気持だなんて 手あたり次第 自分の家へはこんで居る。妙だ
山の奥のことで 塩とたまに不自由して 一つかみの塩と沢山のブタとかえてしまったと言って居た程
ブタは大切にしてあるから どこへ売りたい気も無いので仕方がない。二ケ所から停って居
と手紙を書いてある。妻は達者らしい。孫共の大部分で外の部隊から二つへ分れたそう
る。今日あたり二一へでたろうと思ってみるらしい。平地を遠く行って休養する事
が出来るそうだ。何だかあて便利だそうだ。もう二日すると出かけねばならない、
あたたかい春の様な日和しづらく 外を歩いて居た。小便をしようたら ニイの家
ぞ遊んだりと風呂をたかせて入り あたたて本をよみ 夕食にかかる。もうでるも
切れて来た。一寸何もなくて 俺のあかしをけずって 汁と大根とをたいた。此の頃は
米が少ないので 大麦を入れてたいて居る 腹がすいていかんな

611

風呂がわいたと云ひに来たので一日二人づつ交代ではいるのであって四日に一度を
すまし一服して遊んでゐる。今日は天気になった。中隊の交代兵がやって来て家を
探してゐる。砲はいいが備えだが遠くしまった所にあるのだそうだ。だから寒くて
やり一日の分をたべてゐる。進んで来た日は忙しい。疲れてゐるだろう。何もみな汁
の刺しがいいと言ふので いわし のかんづめ一つ空けた 二十人余りもいたと言ってゐる。兵の交代
で人外の者全部出て行って俺と久村と二人になった 早くやらうと思ってゐる。
雨二日で飯を炊いてゐたので ゆることも出来ず かれこれと一心に集って来たので
消停してから元気になり毛布をかぶってねた。風の強い あたたかい日だったのと
家のことや友人のことを考へつつねてゐた ネズミが頭の先を走ってゐた。
旧正月が近づいて来た。もうすぐ止せなければならん。又誰かに
ф つれて世界中がるう 麦の耕作はまだか。そろそろとする頃になって来た。
今年は少いが やって田は作りたがらし早いだろう。

612

一月二十六日 上天気だ 七時半起床して 呼吸体操をし 終り顔を洗ふ

火にあたって食事を待つ。かなりなくみそしる。たまりけおそけだ。イワシの

食事をした 今日は従兵の手入なので 大人ばかり出ていった。朝めし後に

シャツを 洗濯に 一枚増して 着て よごれたのを湯で洗った。で シャツをそろへて

出ていった 手入をして 出た。わし遊び 又山をすりし 家へ帰った。まきをよんだ

食にかんづめの味噌を中村が持って来たのだ。たべてる 外の者は今朝帰らう

昼は休みだ 小説をよんで 火にあたってゐた。二時頃たのかげ 馬の爪を直して

帰った 揚げに三人を連と 外の者も皆帰って来たのだ めしを早速たべてみたけ

も作って 晩飯に出して せった。明日出発のつもりが 急いで来たのだと言ってゐた

又今日 組からにおかかが あつ。何もすることもなく 兵をすぐ 火にあたってゐるだけだ

今晩又正月だ 今夜は当番係だ その内 何もやらない 風呂にはいって

身体をすまして 又正月にいいことにしよう。天気で何よりだ。又安心して下さい

さよう

一月二十六日 広三時 書

[illegible]

613

妻へ

52

一月二十七日．昨夜は夜半が雨がどんどんふってうるさいまっくらな夜だった
馬も黒砂糖も俺は二日の分を支給し上の宿を安心してゐた．夜があけたら雨は止んで
が居た．七時半引上げて宿へ帰り又横になって一休みして起されて朝食をすます
朝して又われらが徴発にいって皆こんなめしでおかずなど行って欠食するにならないで二人で
銃を持って山をこえて一里あまり歩いてはいって来た．雨はようやくやーこし．日本の
だれでもおそれによってたいてい山をこえたりして部落へ来た．深山の土民が
集ってゐる一寸気味悪い位だが一同いくと迎えに来て ニーカンライ とありよし
弓を向けたり矢数のまねをしたりしてゐる．女は皆山へにげてしまってゐるのか一寸も居
な．山の上に土民が見はりをしてゐて合図をすると山へにげていく．うまく
やってゐる．中ではうるさく家財をとりにお茶を飲む．自分が毒味にその人が先へ喫す
深所もだしてさからはないおとなしく良好．豚の大和煮を探して入れて
山は豚．生鬼一切と大根少しと茶をもらって土民に持たして帰って来た

614

2

足へ豆が出来ていたかった。三人先へ行った。射撃があると云ふが、あとの三人
は腰をおろしていると言って別れた。一時半頃、昼めしをたべて一服して二時に
山へ上った。寒い風がふいてゐる。ねむいので、ぼんやりしてゐる。射撃もなくて
測距器の演習をした。小隊長の指揮で、田村・谷・吉山、片付けて四時山をおりる
火にあたって一服し、ビール少々を貰く。山から三人づつ一人、外の者一人と二人持つ
て帰ってスープの味噌汁が大ぶ了なになった。おとしまへ、肉から甘味噌汁が
上ると暗る。今度は小林がやかましておからしいだろうと思ふ。火をたいて
肉をやいてゐる。いいにほひがする。俺も手傳ってやる。風もないため夕方だ。
交代で入浴をして、例によって今日持って来たブタのみそおきをして夕食をすます
火にあたって遊んで居た。外の者は此日正足に出かけて行ったし、早くねようと思って
毛布をかぶる。静かな夜だ。劇に出たかい、内地は今日はかがいだろう
北風がピーピーないて床は寒い事だと思って居る。うとうとねむった

615

3

一月二十八日晴 今日もあたゝかいおだやかな七時半起床して点呼にいく ヨー操をし
体操をして家へ終了 今晩工夫だ. 火にあたって一眠して顔を洗ふ
昨晩は私が持って来た川魚を全部たべ 一パイたいたので朝から川魚のにた
のとブタ汁とで食事をした. 川魚も大きいのはアキオル二アたもありおいしいので小エラ
はあまりおいしいものだ ブタ汁 小さいので やわらかくして中々味がよい
九時すぎから研究会の演習に山へ行った 射撃のけいこもしたりして山をおりる
あたゝかだから春の様な日だ 山の中に居るよりも山の上の方が気分がよい
帰ってからすることも無く火にあたって小説をよんで居た 外の者は馬の小屋を作れ
のことをしてみた 馬も大部 斉藤の家の中でねてみるのだ 李福百萬な
で座に集り ブタ汁に魚入で食事をし 火にあたって休んで居る 研究会は敵
練だあげていった 大きな皮があるのだ 撮影の人つの歴史を作ったり自分
の中 地下足袋の歴史を作ったりした いったんだが 移動しと言ってるたが

616

中

いつのまにかみかんなになった。又少し日のべになったと言ふ話だ。もう一月も
あと三日するとしまいだ。旧正月だナ。もちをついて後を祝って休みだな。文郎も
正月は旧らしいおだ。皆一つづゝ年が大きくなった。節分もすぐだ
元気で毎日早く不自由な生活をして居る。大した変りはない。一日々々日がたって、かへ
る日が一日一日と近よっていくばかりだ。もう晴れました。大したことはないよ
縫ひ気も大分なれて来た。けいこも一生懸命にやって居るが上手にはなった。
数へて居ても居た方がよい。家の方はどうだ。皆変りはないかナ。母始め姉さんつるへ
下僕達。ミんの消息一つもずっと来た手紙から今日迄 世界之ない。しょうがないので
あろうの○○○○には来て居ることと思ふのだ。手紙がほしいと皆言って居る。小包も
頼りにして居ったが あす又二、三へ一回来るのだから 持っていっても又持って帰らねばならず
んから京都に居るのだ 止めよと言って持って来てくれない。廿六日出発だが廿七日に着
廿七日が又いつかみかんなにのびると思って 皆小包がほしいと思っている。

617

俺の寝室のぐるりにはミルの清書が六枚はりつけてあり　テンランカイのなだ
凡をうかせぬなに気をつけて思ふなにノビノビとのばしてやった方がよい　そして時に
はまつて叱るのを忘れずにいい時と悪い時とをはっきり見せてやるなにしてね
どうせ女の言ふ事は分からないだろうがうまくおだてて教へていくなに、又俺からも
時にはよくわかるなに言ってやるから。行儀が悪くても仕方がない、病気でねてゐること
を思へばよいから。先生に教へて貰ふ時はしっかりしてよくきくなにと言った方がよい。
又美加ちゃんもせっかくだから自由だ、子供の時にはあまりきゅうくつにしめつけずに
伸る性質思ふなにはっておいた方がよ、と思ふ。勝美はどうだね、大きくなつし
来たかろう。丈夫あまりになるな。お前も自分で病院にいったらもうすっかり元気
になって働く子供たちを思ふ。無理に自分でみるが、あまり無理をせずに今は
大きくして楽しいのだから和やかにやるなにしてくれ。俺は寒いこんな所に元気で大概をおっ
ぐ
たり練習の稽古をしたりしてみるから。大丈夫だ。皆仲よくしてくれ。又次に

一月廿八日、六二時半　於

一日本君
618

美世、

3

一月二十八日。丑子亭の手術を見たり日記を書いたりして居た。四時になつた

ぞうに会の準備にかゝつた。ダシを切つてみたけれど、菜も切り、たのんでおく。風呂には一

ろ、おふろを流して帰つて来た。夜、晩飯をたべてからあたつて一服して又足にいく用

意をして遊会に行つた。柳元兵の送。佐村と三人で高等工兵隊へ行く。そこに知り合

一寒い。すでに山へ帰るに、表つても寒い。山の上に立てくずりを見張つて居たさんで

ふくがして、夜工を見て、船に乗つたら七日目の月が出た。明るい夜が来て御座を一

てみたが、月組はよいの方が大分早い。夜、気がして工兵隊に行つてみたが、上便

して帰る。便所は大きなたすけのが、あたたかいので、ずーと眠こんで来てた

一月二十九日。七時半起きて便所を掃き上げて帰つて来た。雨だ。相当にひどく降

つて居た。其の日課は雨のため中止になつて、工兵隊は休いので、其のまゝ又元部の事

へもどらえた。開会に出して顔を洗つて、会へ出し一服して又出た。くずりを

一服して床に入つて又起されて、食堂へ。みんなの味噌汁をたべてうまかつた

[illegible]

619

正

午后は雨が少く降つたので外へ出るのは止めに又室にとぢこもつて居まし横になつて
小説をよんでみた。それでつかれるのが早くてやめ、ラジオをつけて聞いてゐるのもあき、手紙を書いて
ゐるのもあきて、自分の思ふことを少ししてゐる。夕方から又夕食にかかつてゐる
細君夫妻が六人ともまだ見たよ。御そくれるので、仮造は大助かりだ。風呂は沸いた
たいそくれるし、外のをまつて先生にはいり夕食を会堂へ集まつてすます。
雨がすつかり小やみになつて止んだのでおだやかな日は元旦の人の家は夕方と日にならない
うまくないい人なんだ。湯がわくと先生には入浴、一日梅で夕食をたべる
火にあたりにいつまでもこなくなつていくのを見てゐた。くらくなるとすぐ又元帝の中へはいつて
日をつける。いきと家の事を思い出す。一寸ねむれないが、それでも其の内ねむつて
一月三十日になつた。七時半に起きて外へ出る。雨は止んでゐる。遥拝を東方を拝し
体操をちやんとして今日の朝の日課をすまして元気よく家へ帰つて来る
一月もあと一日で二月になる。家の方ではもうすぐか始まつてゐることと思ふ

620

今年は猫が古の人でふてもらつたのだろうと思ひ、もうつて来たのか。
子供らが大きくなつたから、それぞれ楽しく沢山つかまへた人なんになつたからう
去年の冬すつきも思い出す 久夫も今年は肩ない一甚三郎が炭と助言をたの
み、やつてゐること、思つてゐる。せはかりが困ることが多いナ。作しがまんをするのだ
これ等を前へ大にあたへてゐた。顔を洗つて会議 朝食だ。此の頃はブタが沢
山にあるので朝が晩迄に肉づくし ブタは切りだ 朝はブタ汁 昼もブタ汁や丈吉
づめの味もしたりする。私は大てい、ブタのすきやきで牛など言ふに言へない。味が
する。今夜この野獣のブタのステーキをたべさしてやりたいと思ふよ。
一眠して大にあたへてゐて九時半から午後の日課によつて別れてつくし 俺は練兵場の
けいこについて山へいつた。一通り教官が教へてけいこをさせたので、士官はすまんで山を
おりて帰る 練兵場はそれから庭のみしたきだけ。牛は味つけも上手となり
汁、すきやき、味など等何でも女以上になれた上手になつたのが面白い。淋しくうまい

621

ものをたべてくれる。ありがたいとよろこんで居る　かるたの先づめを他への味めだ
是非勝ちたいの為会をもし文火をたく一班だ　二日から射撃があるので皆く
上つていく。俺は了南に残つてわざんで本をよんでゐた　役附が代りにいつてくれた
のだ。今朝の命令で役附が上等兵に進級した　俺はうれしい。よろこんでゐる
なれるだらうとは思つてゐたが発表される迄はわからなかつた　それ丈に番自位になつた
のだ。今の様な一等兵から上等兵には決めなつた。上等兵から伍長にも五人なつたが
これは伍長勤務上等兵か下士適任を持つてゐる人ばかりだつたのだ。俺達普
通の上等兵はまづ望みがない。一年半やつてゐるが又あてにしてゐないナ
先づ軍隊が偽かしくせずへばこれにこしたことはないのだから、油断をせずに
勤務や仕事はやつてゐるから心配でおたおそしれ。人にはまけずにやつてゐる
つもりだからナ。上等兵になつたのは分隊で役附一人で高谷で楠木がなつた　橋本は
なれなかつた　大体まじめによく働く人ばかりがなつたのだ

622

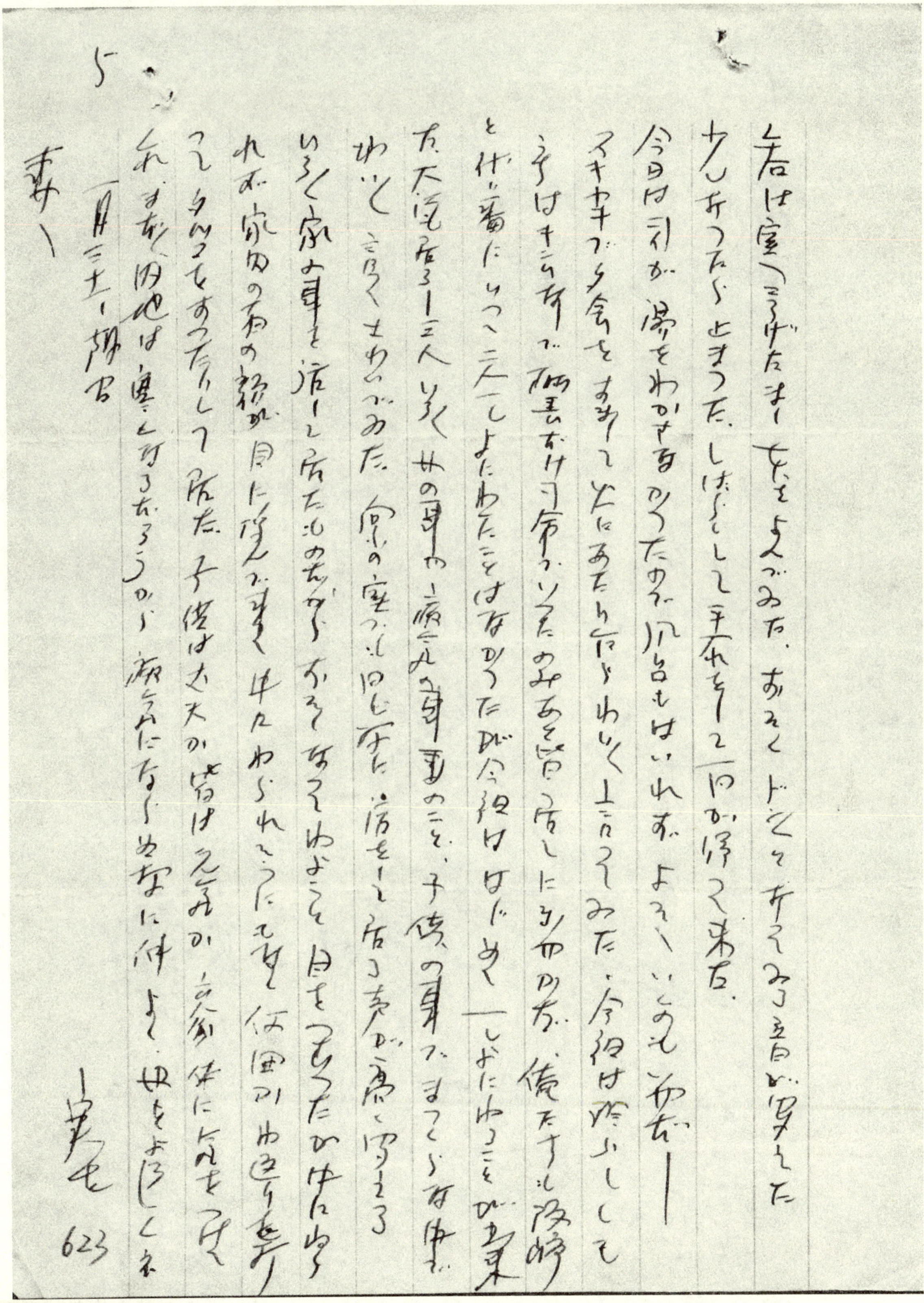

君は室へころげたまま手紙をよんでみた。おそくドアを打つ音が聞えた
少し打ったら止まった。しばらくして手紙をもって一同が帰って来た。
今日は司が湯をわかさなかったので風呂もはいれず、よそへいくのも面倒だ—
スキヤキで夕食をすませて火にあたりながらわいわい上気してみた。今日はどうしても
子供は十二時で[illegible]いったのみあと皆起していたが、俺たちは四時
と代り番に入って二人一しょにねたことはなかったが今日ははじめて一しょにねることが出来
た。大变も居る二三人ゐるく女の事や病気の事、子供の事がまとまらず苦
わって言うくとめでみた。今の室では同じ所に居る[illegible]声が高く聞える
いろいろ家の事を話して居たのだがかえってやよそよそ目をつぶったが中々ね
れない。家の者の寝顔を見たくなって中々わかれそうにない[illegible]
って夕飯をすましてから居た。子供は丈夫か。皆は元気か。充分体に気をつけて
くれ。まだまだ内地は寒さがするだろうから病気にならぬ様に体よく。母をよろしくね
一月三十一日 朝書
[illegible]
623
5
妻へ

54

一月二十一日 上天気だ、七時半に起きて外へ出た 食前体操等をすまして
家へ帰る。例によって火をもやしてあたりながら一服だ。顔を洗って食堂へ、おいしい朝飯
をみそ汁をすすりながら一日の天気を新聞で見る。昨夜眠った たくさん思ふ位眠った
ものである。さて大きになった、風も少し寒くなった為の事やは寒かったがここはあたたかい
内地の二月末か三月始め頃のように思ふ。寒いと言っても内地とは違ふ。ここはくらしよい
るがしかし冬を知らないで過るかもしれない。飯は ランニングが一枚と冬のえりシャツを二着て
みるだけだ。上着を一枚とパンツ一枚は少しうすかったが一寸も冷たいと思はない
しかし冬物もここではいらないな。上支へ行ったら是からいるだろうが。上支の内でもここら
はすっかり春へよってみるから あたたかい もう一周ごとにあたたかくなって来たから付けなみ
する柳の芽も少しふくらんで来たから 二月にもなってあたたかくなくなるだろう
その代り五月頃からは又あつくなり 杭州や上海附近はなかなかあつくだろう。ここのあつさも
こす時には日一寸斉へ上せられるな。店了の本をよくすると承。

629

2

九は君が飯によって綱渡のけいこに出ていし 今日はあたいがいよいよ日本君の女
だ、一日は春して数へ切って五所に居って山をおりて帰る迄、日本は二人で又探しもた
いてみる、室へはそして手紙を書いてみる、味めが来て湯気の立ってるのもただうまい
俺は高貴な生まれだから、盗みはしたくない。お前らが見たらびっくりするだろう。
又室へ帰って上ってみる、二通の手紙を書いてみる、今度は時間が、あると考えてみる
が、えらい人が来られたから、どうすることができない。で、両君の将棋は敬服している
大陸から帰って来た俺の友が考えている。りっぱによく使ったよ 今日迄大切にかかった伊言
が来て何か取ってたのだ、よそからも借りに来る、あるいは責任を負って見た、よく使った、そして
よく切れるのだ、あいつらの額を何十何百切ったか知れない人がやりとよく切れる
中蔵与志夫のだが 俺のところへ借りに来る。ただ皆よろこんでいいのさ、よいい、
昨日はらが出来にして大きなブタと小さいのを一つ持って来た、大きい方の一匹は今
消えたら子供を立たせもうけしてみた 小さい方の豚は…を立てて 日二つ乾た押してかえれ

630

て死人がみたのは三つは乳を探して歩いてゐる。ダラでも人間と見たなに子供を産
んだなどのあとさんが如何のなにかが沢山出てゐる。人間と考へないものと見える
子供が乳を探してゐるのをライダがおそすのだと言って大ヨキでガンと頭を二三十
度なぐった。ギャアと言ってうなってゐたがドロドロの血の中を子供がまっ赤になって乳を探し
てゐる。次の教女中のし初らすか。若い人が今死ぬのだ。又一匹子供が踏みつぶされた
メスダニイがのどへつきさしてうごいてゐる。血が水のやうに吹き出る。うすの身計イは此々
三百すことが上手なのだ。それからは女のみに来て住む。それからは見たりがなかったがキレイに
手足を四方にして持って行かうか。キレイに腰のどうもつを洗って持って来るのだ
一寸外へ行ってゴろ歩いて見よう。あたりがいしずかな日曜だ。三時頃だ。昨日播き
のだ。右の時汁を探して来て皆油を入れたりなどしたりしてなまトトと動くなに、なった。
家だゆでおなにかなしと動いて居る時皆も合ふが。口をおつ方をこめして失ったのかなかな
いおになった。皆が消えて失くして行かなくなったのだ。なってよいのだかな。

631

4

又内山さんの近況をよんで安心して居た。御元気で居らっしゃるのでうれし
そして広平から手紙が来たら此の手紙を一月廿日頃の小包、一月十六日頃の小包
三通と、本月下旬送金、小林多喜二全集へと小包十六枚ブロートーは
中村君も宛(永井君)の前の生活振りを正直に書き、梅田、姉と共に返信せよ
あったられしくて家のものは皆内山完造とのことを喜んだ。手紙の皆が長くなったので暫く
しておいたらしいがその内又どうかしいことがらに心配することはないよ。広平宛の手紙
梅田よりの送金等受取った。寒くなったがやはり元気であるとのことを内の者に伝えて
とか、近い内には仮病が来るがおそろしいそれ迄はかんしゃく起さずに
一月十八日の手紙では、病気が沢山つづいたのを非常に心配した。一日の中に一通の返事が一日の
内に来た。今度は早かった。姉が一泊旅で旅行をして帰ったのでびっくりした
と、姉すぐし十八日に完了して、首尾の事へも同封したのを一しょに受取った。大へんよし
なったと言えるか、弟らは一年違いで修業せねばならないらしい。若いし、仕方がないよ

632

5

又其の内に家の者も来るから心配せずに待つてゐるようにしてくれよ
米の依頼も消防で世話になつたとかいふんだから、旅先で涙を流してよろこんで
ゐる。一しよに私信を出さうと思つてゐる、外の人にも出し人の事を知らして
くれてゐた。御礼を言ふ。一生の病気を医院で少しくひどくしたんだ言つてゐた。[illegible]にも
が七才の私を知らしたと今晩会つたら涙をこぼしてゐた丈であると言つてゐた。弟も妹は
会つたらただ私にして半年ばかりの話で夢中になつかしかつたらしい。[illegible]小、[illegible]、[illegible]院も無事
と言つてゐた。安心すると夕食もたべたら手紙をよんで又会へる事をかうして三回にも
よみ返した。夕方に会へただけにあなたへ出して見たかつたらしい、弟の事を知つての事、母のこと
お前たちの事を案じて考へてゐたら涙が出た、あんまり悲しくて夕方まですごしたりしてゐた
もう一息の辛棒だ、力を落さずに今迄の様につとめてがんばつてくれよ お願
する。つらかつたらもう少し辛抱してつらい人の手紙を出し泣いたよ。それでこんなお前たちに
は[illegible]軍人の妻だ。[illegible]のない お礼を言ふよ。しかしの皆だから大丈夫だ

二月一日 朝七時半

[illegible]

妻へ

633

55

二月二日 雨 朝の内しづくふってゐたがやんで つばか大分なってなが
りになって来った ところで私は今日迄に一番ひどいふりだ
雨で気分も落ちて おそく起きたが 早くから洗顔のはおかめーもたいて
くれたので 八時頃に会の座へいった 顔を洗ってから 会了をして
もう二月二日 忙しくて夕はかかりなので もったいない 疲れたが 少しついて来った
うまいのはうまいが 一日三個づつ 十日も二十日もつづけることは 私に苦手だ
いよいよ明日は ここを出発することになった 出発以来約一ヶ月足らずだ
だいたい つくえから二十一日目だ 早いものだ 多ことを思ったり 教育をし
たりして 渡ったゆた 一月もすんで二月になって来った
早くから移動すると言ってゐたのも いよいよ本当に動くことになった
もう二の家にも二十二日も居たが おしい気もなく来て来った —
1. それ〜来たから又 書方近く 若方が 日が早くたってしまいと
思ふー 今晩は かーしは 多々の言のしない所で しばらく休ませ

634

2

てほしい様に思ふ　八日から今日迄　多くの苦しみは、所へいつた二人
はない山の中に穴住ひすまいはあーして新生活をしてゐたのだ
からだ、二人しよい所には遠いがやはり社になつて多くの言葉が
の分り安いところ—やはり陣地に咲かすこしあるが今は休めることも
か出来ないのだ　しかしいよく今度は前に言つた所　○○○○へ近付
るのだ　所は甘まいが汚れいでたへいの事は多く　あつまつてゐたで
おし又言ひ居ると　行く所もなくなるだろうが　あそこは平地で
だから安全だし外から出来るのだから外の人びりとしてよかろう
写真やしあつたらなかつたら　早速うつして送るなにするよ、待つてく
れ。手紙も早く下宿で住宿するなた皆のたろう　便利だから
大きの作り金はいらなくても足りないと言ふ話　大郎のゼーカーしの話
る。目下の女郎もあろうだ　又今度は話を見に行つてこないと話も
出来ないからだ　しかしこの雨だ　明日いくのか、まだ止めるなと言つ

635

て来ながら行くのかもしれない。ひどい雨でこしらへた道がどろどろに
なって車が[illegible]雨の中をつなで引っぱってどろどろになる
考へるだけでも外に在る大と道のはしてしれることよいのだ知らずて。
令来をして雨をにらんで荷物の整理をしかけて係へ一人でおいた
することはみんなが車へ荷物を入れても一晩雨にぬれて失ふし見合せて
おく位に日本万年筆の匣を背いた方へ置くるの方がいいとして
そらして思ふ者に目付ない。苦ぎをしたりして火にあたって遊んで居る
其の内今村参謀が交代して中村は少佐長どのの参謀になって交代
したり色々作りた杉本君がはいって来た。又にぎやかになった。
で家に集り会をもして眠ってから又室にはいって迄アを目りつめた
歴合など言って来たのでおくして見たら海田伍長が帰って来たやアーし
於らしい方を秋州以来十一月目の対面だ。一寸やせた者には見えるが
しっかりして中々元気だ。そして酒を一大分二の夜の中で作ったすが

636

十二月一パイ居た○○の陣地へいくのだと馬にのって来たて、ぬれしおれた
で火にあたってしばらく話をした。卯吉に嘆く父の死を嘆いた。びっくり
してヤケクソになって○○がのみたくってしかたないと言って笑っていた
るなが困るだろうと言って一寸心配をしていた。兵一支の酒保の酒
等急がし。一寸の休みの食を来たのが急いでおる。外へ出る。一隊はひど
い。砲は○○○から上るのだと馬方けいいのだん兵一まらか○○へ入った
て失いるのあとへ流まらがいくのだと。しばらくあすらの様子を言ってやっ
たりして沢山出張所へいった。お笑と言って又の出付一晩せんもの見明し
た流地での支人もっ居たやつし元気か元気なとお互に無理をして
して笑った。○○へ入ったら一人手にやれと言って出かけていく。今夜も対し
戦よと言って。後を見送った。流地のはかえっていったらしい。
うまいをもったなと言ってやった。又星が山のはずに高く手摺を
しなければ軍人よと言ってし別れた。よもや今日会えては思い付者

637

かったのに、でも元気でよかった。雨の中をぬれて馬込へ遊んでいったら
家へ帰ったらあたって一服していた 今度は夕飯に言ってアテし一服、
元気な顔であった。アテシをたべたりスルメをかんだりアイガをして
又手紙を書いて昨日へ王女の通子ちゃんがいたってへへも一寸面白く面白
手紙礼状を出しておいた。弟へいたしまして面白いなりして肩がこった位だ
おっかりす人なのでミカンの缶づめを切って役場を面白くと三人でたべて大に
あたりわってしみた 雨はいいくなるかと言っていったにしまはない
道が悪くなったろうと思って馬の係りの者に安心させてみる。
夕食はづっと出がりはしと言ってかつおの缶づめを言って切って味めしをたいて
みる。中村ずや雲番になっているので大になった上は便全で遠かったま、
まだ行って来ない。ズルズルになって帰って来る気だろう。
出張の準備は大体出来たが ブタも小さく切って箱へつめて来ったし
ただ四幸かんしあつかい棒っている なに用意してある。○○へいくと何

638

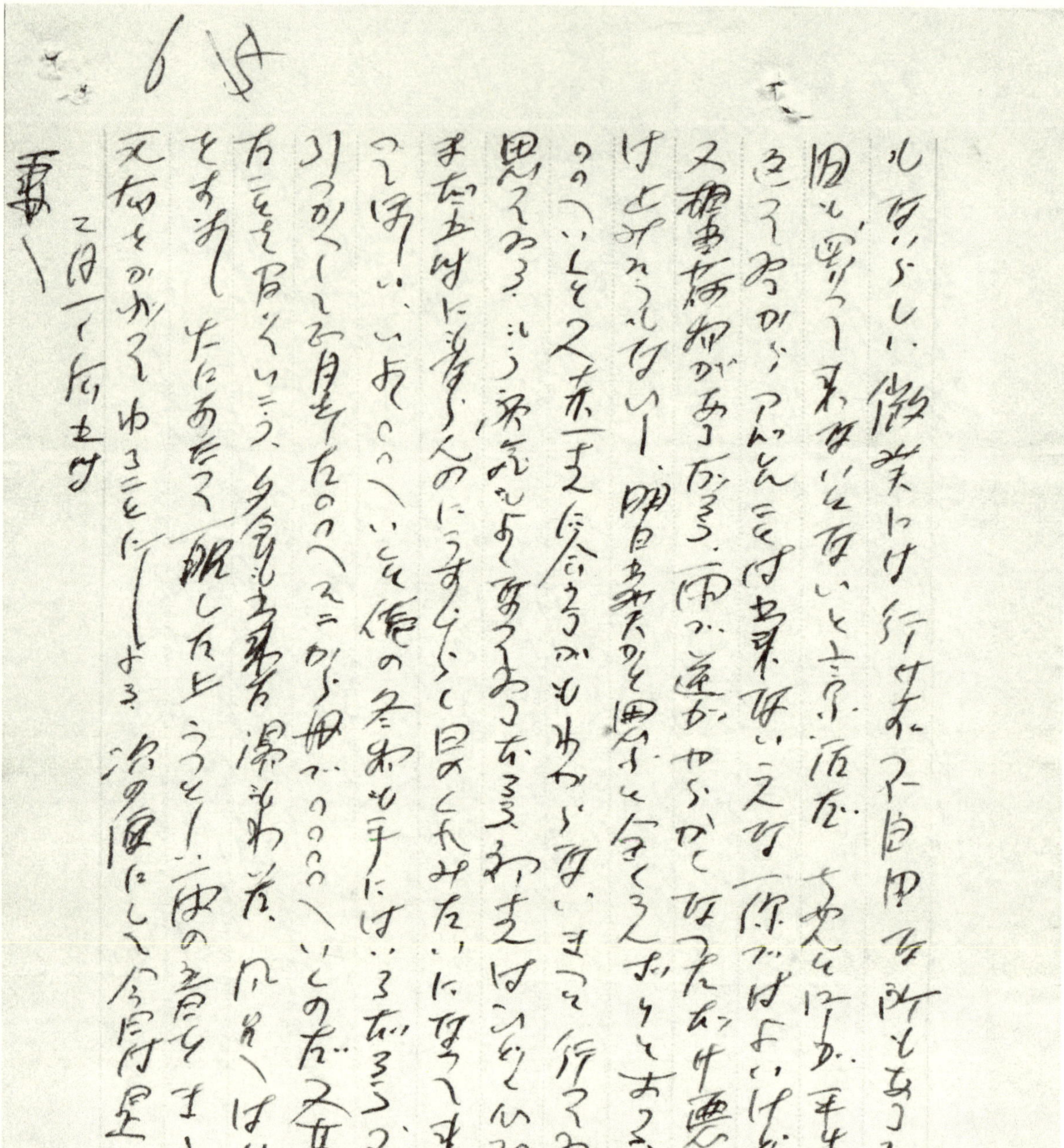

6 ほ

れないらしい微笑わけ行けない不自由な所もあつたらうが脳の
固い頭って来ないがないと云ふ宿だ 大変にかゞ平生におさまり
迄つておかげでアんなことは出来ない之な 一体ではよいけれども、
又標本箱類があるだらう。雨で道がやぶかれてなつたなら悪い。それに雨
けとめられない―。明日あたりと思ふ。今くるんだおりとおる
ののへいんと又来一寸に会ふかもわからない まつて行つてみることなつて
思つてみる。こう元気よくなつてみるだらう。今度はひそかに祝してみたよ
また五時に息子んのにうすぐらし日のくれみたいになつて来た。雨が上
つて寒い いよいよののへいんと俺の冬衣も手には入るだらう。又来た道を
ひつかへして又月も出たののへえこから田でのののこのへいんのだ又女の人は盛つ
たことを百くいこう。夕食も二者湯もわかす。風呂へはいりし夕食
をすまし たにあたつて眠した上 うとうと雨の音をきいたらう 又
天知をかかつてゆることにしよう 次の便にして今宵は是で止める

二日一〇后五時

妻へ

宗也

639

No. 1　　56

二月二日、雨、昨夜は大分小ぶりになつてゐたので今日は上つてゐるかと思つて外へ出て見たが相変らずうつとうしい天気でじくじくとふつてゐる。私は毎日顔を洗つて火にあたつてゐた。毎日ごろごろばかりだが今日は止めてカツオのかんづめをだしにしてつけを作つて来た。又寒くてカツパをとつてうまかつた。湯をわかしてシャツフランネルなどを洗つて室の中に掛けて炭をもやした。兄と話つゝ中におちついてゐると早い。小説を読んで遊んで居た。外の者は、将棋をやくめやくやつてゐるが、どうも覚える気に乗気無い。面白さうに一生懸命にやつてゐる。イモ・紙の絵を書いたりして居る内に昼になつた。ブタをやいてタレをつけて食べたがアッサリして中々うまい。午后も用無しでブラブラ寝そべつて火にあたつて本を読んだり見たりしてゐた。雨の日はうつとうしいいやなものだ。タバコのヤドを集めて丸めて、ヤニを三人で火に四方山話で送る様にした。上海の名所、古代の風俗等のことを語つたのと同じものだ。どうして寒い。木炭も日のくれになつた。雨は上つてゐるが道が悪からう。行軍して前に二日しかいつかけない訓練をするのだから明日だ。

624

No. 2

近の文がかたまつたら出来るのだらう。今日は二日、旧正月で休んで居ることと思ふ
僕も昨日横浜へ行つた事だらう。俺が骨折つても勝男が又ふえたので同じことだ
すて、家のごたごたが解決するよう弟が只今よく世話して来たけれど[illegible]を
しても仕方がないがなかなか大変だ。とても女では出来ないわけだ。又土田へ入るとは三ノ田へ
私にやつて貰ふと思ふが、郷里からあるか、又これ迄には[illegible]ねばならぬ[illegible]
思ふように身を休めることも出来ず又とうとう床について来る。お前は子供が出来ないから
どうするのか。昨年は行つたか行かなかつたか忘れて了つたが
行くことはないのだから、ゆつくり休んで体を養生した方がよいと思ふ。そうしなければ
かりうまくして一寸しゆるあいだが女の方からナ、大ていは苦からう。母上も老いて[illegible]
又いろいろお前たちの相談相手にならねばならん。よけいに[illegible]苦労をかけるよ
お前たちがうまくまとめてくれるように努力する。今としてはそれをたよりにする
たとえ出来なくてもお前と二人だけだ。よく[illegible]
母上も年寄になつて大きくなつた子を思ふて又勝田が出来るし体も何もない位で[illegible]

625

由 子

No. 3

貴女、まあさびしからうと思ってがまんしてあまり無理をしないで体に気をつけて
居てくれよ お願いする。つるやおみよが姉妹になって 仲よし姉妹が 川(?) 力を合せ
てしっかりと手をにぎり合って 廿三人で三軒の家を守って まもって 仲よし母を助
けて俺を喜ばしてくれる事は 俺達にとって何物にもかへられん位のよろこびだ
それに つこへの手紙を見て泣いたよ それでこそおまへらは立派な軍人の妻だ
俺もいばって大手をふって歩けるのだ 安心して弟の事を二人分を一生懸命にがん
ばって御奉公が出来る 何の心配もない。どんなにおまへたちに感謝をしてゐるかわからない
おまへらの恩を返すつもりで任務にやってゐるから 俺の事は安心して呉れよ
所で又今晩はブタを殺してゐる。味はいい。うまいにはうまいのだが 油濃くではね
え。今は酒をのんだりしてゐるのだ。風呂もわいた 余所ではあらう。その二倍も
くらいの事なので 体の調子が悪いのか 毎日ねておって元気がない 今日もやはり家へ返(?)しに
来たが 米をやった。よろこんでのんでゐた。一寸可哀そうには見える。あすもうまいのばかり
くえるので 腹の中がびっくりしてしまひはしないだらう。もう二人のは二十人だか分い回力だ、

白獅子

626

No. 4

風呂へはいって さっぱりとして 夕食をすます ブタをやいて タレをつけてたべる。ミョーガがあったら 尚よいのだが 今切れて無いから 仕方が無い。夕食をすんでから 一日大にあはて遊んで居た。昔を にぎやかに 話して 笑ったら 眠くなったら 毛布の中へはいった。両膝をりょうと 頭の中の話、しくじったことや、よかったことを 語合ってみた をくってみた、九時半頃迄 話してみた、それから 眠ったのだった、

六月三日 七時半起きたので 外へ出て見ると 大気だ いよいよ 暑くなるだろうと 思って 上衣をとりに来た。体操をして 明日も 今日の様に 暑くの 用意をしておけと 帰って洗面をしてから 大急して朝食をすます。朝の汁はみそが甘いから あまりの汁はのめなかったので 今朝のは何もせずに 自分のワクブトンを 約分の衣と衣を こかでしぼっておいた。で 読書をよんであそんでいた。これ迄 みあげらくの用をさせて居た 女中に相手にすると 何か おもしろいの物、こたんとして かけ、一郎の 春節だ 勝手遊ぶが 娯楽になってみるしかね。片付けしておいた。夜になった 外の人は 散歩に行って 俺も来ない 俺もおかげ 風をひいて 今日をすすった。つまらなかったよ。

白■子
627

昼は少しの道迄を出てみた。オモヤの畑を作っておいた。
で夕方を下へはえで来て休みこだして甚介がテイに尻をむかさせておいた
で又山へ上っていって夕方をすっかりすませておいた。帰って入浴へ。夕食をすます
今日の徴兵は何もなかった様だった。夕食は大松の中切り中畑ヤメ来ま
てたらいた。長い目で見すものをそたい。ここはなかったのだ。大分にてすんだ。
次にあたって六時に全部第へ二組に別れて出ていって砲車をおろしたりして
ニ々とに別れるのだ。大分にしてみた。ライ（土民）とも別れていかねばならんので足がし
先はくるしいのに雪もふる不用の物をやったようなんではえでみた。丈夫な兵隊の用
意をしておそく今晩工兵さんのが用意をして工兵隊へ来た。大きなくらいであるし
作らされを百しく為る司令とも会って日記帳へにも書いて兵隊が何より嫌だ
ニも今晩切りだ。明日は五時起床、七時に出発するのだ。明日から一寸全
たいなって明日の中に〇〇へついて、舟の来るのをまって、舟で〇〇の〇〇へいく
のだ。ここでの最后の手紙だ。又明日かくこととしよう。ねむいからねよう

夏へ

一月三一夜十時

良夫

白獅子

628

5857

No. 1

二月四日 昨晩の五点も早くすんで朝五時に引上げて又七時近く起きることに
なり家へ帰って寝部屋をまとめ切って道具を全て村道に運んでつみこんで一日暮し
た二十三日居た気分のよかった二ヶを出発することになった よく御世話になった私も
朝が早いので起きれなかった いつもの様に家へ来て見て出して行って居るだろう
だんだん明るくなって来た、人の顔がはっきり見える頃に出発した 東の方の山の上が
明るくなってかがやいて来る あたしがそうはよ 日が出始めかかる 馬がとまったりして七
七時又今日も相当寒気をしなければすこしと下気したら 皆元気で他の者と
につとりつた 馬も入り切って元気がよい 第一の役でとまって 少しばかり上げて又
第二の役は急で長いし登ってみるので馬を二匹つないで坂を登って山の道をずんずん
走っていった、道が雨上がりだからかのだ 道の小棒道はいい所もあったりみんなへお
さえぎりして 土も乾いた頃でずっとになって [illegible]へ来た 二ヶで一服して
一日の道のりを走った、あたしがいい日でよかった 来る時もここで昼食をたべたが今日
も又日だになった とあたしは二日目なってるのだ 一時半に出発してあたしたちに

640

No. 2

山の中を廻り乍ら上へいって又ぐるぐる廻って上る。何回か路を引っぱり上げたり
しては汗をかいた。でも元気でリュックの後を上って山の上をぐるぐる廻りつ
険しくない所を通った。乗ずらば楽だ。山はすっかりなくなって〇〇の町が近
くなるを目ざすが小さく見えて来た。もうしばらく来たで自動車道路へ出て
始めてトラックの通ってみるのにあった。なつかしいなあなあと思った。道も広い
険しくない。馬も俺たちも楽でどんどん歩けるようにして進んだ。初めの晩宿を
とったワラ小屋の所も通って帽子江の川岸へ出る。何日もたって来た旅のまゝ
続く。流れは思いつめしい速くなって流れた。この堤防が長いのだ。これからでも一里半
け大丈夫だ。二里近くもあるかもしれない。いくら歩いても歩いてもまっすぐな道は
つづいている。馬はとても歩きたいして足も痛めてしまい絶えずぬかるんでなかなか
ので中々一日も大分下って来た。一面の刀の原が見てなくなって来たのですがし
時雨見知れ顔と言って又一度もようだろうと言ふ合があり其の内にバラバラと
ふって来た。川のかごとをなって 其の中なんだ寒いか合を着て歩いた

由紀子

641

No. 3

其の中空がぐつたりと晴れて来つたらかつてと見られた様な□けた所へあたる
空へ風でつきしろ。かくて あたる雨の音はひどい。道もぬれて来く 足をすぐ
其のたびよかきにしい。其の大将でばあるが ぐずぐずしなって来った。雨はひどい 風もひどい
疲れてる弟達はすぐるいことは一寸もない。其の内にまってらになって来た。いつ迄こんな
日迄がつゞくのかさえ分らり始めて来たのは山の中で あたかかったが やはり帰る迄
時迄は寒い 山風がきつかつた。でれどめらこうから のうのびく つゞく六所帰へなる
でて来った。同じくと思つた 往復には 五日かゞりで 租過し歩いたこともあるのに
帰りには一日で来たのだから このいのに 強死はない。それに大雨の後をでどろくの所でも
あつた一歩もうふかつたか。歩いていく人はそれ以上にくらかつた。毛布をおろし
て荷の大体まてを中もとにして流へつけた まてらたが みれて みろし とりこんで来った
益はあたりのかなそまったので 汁でたべた 一寸人を下りしてあた
つた 同じ道から山を下りして 路を川で曲り廻すんだ人が 一円五銭を二言しても
濡れなかつた人 中毛へ 毛布を川つてゆくきぐく女に 一ゆりにゆて来つた

No. 4

六月五日 いい天気だ 風もない 昨日の夕方の雨は うその様に晴れてゐた
七時半に起きて 洗面に行って朝食をとりに外へ出る、今日の仕事の始まる
早く帰り 用意をすませ 七時にあたふた一服して 二この室にある 喜劇などのもと
カウンターに寄って持っていった 金銭は元の席の方は 話を引っ掛けて くるーし 歩く
た。それから外へ出て 世田谷に遠く近く 十数区画を一つ一つまわり 路地に
入れた この時 道を通る時に 平田のはりがみしてあるので よったら自分の
者 四月に会った ブリキ細工 元青年団の事の 二つ三つ 降りた人に会った 済ましてし
佐々木の奥さん 八重子 少しの事を頼んだら 訪ねた宿で 三日前まで トシ子と 上って
帰りたら 大室に居て 詳しく と 今 家から 小包が来たので 開けてみた所だと
何か寄って ふけってゐた 元気があるから 血を流したので 火を取ってくれーし あつい
お茶を持って来てくれーし ドルップを出して来たので 済ませて 来るまで
来れて 探偵の話をしてゐたが 上座後の停留所が来たので 宿の聊かをしては
見て行って 頂いた。 又 話があったら 来て下さいと言って あいさつをしてゐた

白獅子

643

No. 5

やはり命拾ひした人はよいものだ。気持よくなつて家へ帰つて来た。座敷に上ると

こちらで晩餐の支度が出来てゐてハンナを先に大勢で待つてゐたと話をして

饗宴をすることに決つて来た。一同で宴会をしたので一服して一同を招いてゐた

午後は父の馬の所へ行く、そして一匹は馬を船につみこんであつて、俺たちは宴の前

で、上陸だけしておいた。食事をすませ、川岸は二三艘つみこんだ。二人で出かけ

帰つてみんなで五六人をたづねた。大きな丼にアブラの汁などであつたが、あつさりして

うまかつた。十分ほど前は十分すぎるほどで、一寸水にまぶした魚は一段よかつた

刺身をつまんで、酒を飲んで、つまみ、小皿にのせて、今の魚のあつことへ置いて

魚をつまんで、最後の汁を引きよせて、赤く起こし燃える炭で引き出し、さて三回は又

で食事は済ませた。すつかり片付いた。土間にすわつてゐた。加減が不思議で

私はその晩も他を一切見ませんと云はれた時には何とも言へない位だつた

ホくと酔つてまた体が温くなつた。仲良くおだやかに言つて、それから、庭へ降り

あたり南京が沢山あるので三匹買つたと言つて、黒のつまを自分で…を

白獅子

644

No. 8

持つて居たので有志の者でのあとにし　ハンゲデか人をして　歩いて　知めた
ころが当いので　肉でめの方へ人をとつし　それでの人だ　皆な知らず　の所で
あーので　ブタと野菜で　うまく　それをやーつ　ここその人が居た　かつその所が出来た
つて　瓶鳥大に　南山口と　五人での人だい　酒だー　うまい　い、気持に酔つて居る
其の間に林がくれまれて　一しよにの人なりくれて　加藤がくれまりれて一しよに
の人なりして　歌をうたつてあるいた　と其の保定県の所からも声をかけて出て
ある画がある　と誰もがれ　の者もはなれないのだ　大きのつけのめなかつたから
ここにはもう皇軍イア所も出来て　みて　一人ー宗帰つた　又ないくれのもあつたが
僕は酒の方がよかつたので　忘れてゐた　作つたれの　酒を沢山く気とくればよかつ
たなと思つた　もう二十ー来ることは　まづないだろうと思つたが　しかし　もう一か
その后一度音が出来て　不経験がうまいと言ふので　僕がして加ることにな
つた　ゴ大隊　火をたいて　湯をわかしてのんでいる　と話をしてゐた　ようなの者がつん
とふるえて　寒いと言つて　来たして　十二時交代して　ゆつくり所を作りゆた　又

二月廿一

要へ

実より

白獅子

645

No. 1

58 十二月六日 晴 いゝ天気らしいが起きたのはおそい まだ昨晩の酒の神が
少し残つてゐる気がする。めし汁がなかつたので仕方なく米のかたまりをこうひろつて
煮て空のしつを急いで所へいつて布をかぶつて わたのおかれをうつし 中のは
わたが肩が二三人が起きて歩く道だから俺の目をそのまゝしふなつて ふれ
ては思つて気にしてゐたので つまりゆうべはかまはなかつた。わたい
い月経だ 池へいつて顔を洗つて来た 今日は祖父がまつ日だ 人がりく音がする
冷たい水で顔を洗つたらひやりとして気持がよかつた 何故だか階段をおいた
だから何しか持つて来たのだが来ないのかどうかなかつた 七時に朝へ 荷物を
持つて来た よし来年だろうし 正月頃には小舟でわたしてゐ
たのが 春がおそくなつてゐる 富士がよくなつてゐる 川岸へいつて一日と共に
すみよし丸へのりに来る 春とした母の話だが 大きいの大きな母よりは又
わりあまりとしておく 風がよい 船にのつた時は大きな舟でしかし良かつた
たがそれからえーおりにのつた汽船、これはかなりがよいものだ。

646 由紀子

No. 2

座を手ぶらにしまつて馬をつなぎ、手ぶらは三四日になつてゐるとはつて頭がつかえ
ない位のひくい天井で上の者からどなられると面白の中へはいる。
和むのが大へんなのだ。前様になつた。船は二はいだ。外の者はあとの船で備へんのだ
すぐ入（役所）大抵甲板だけは二等船へのつれのだ。二等船へ大方のつれのだ
あせの　船は馬だけで二、には腕も出して合ひしめて、あとの方
いつに母が動いては進んでいくのだろう。わあ、のどにつくしてゐたがしらね
みつた。三四ンかキヤンの音がからだを震くゆする。両足のあはあつてとうふあつ
たびたびは一隣いて、は練たが外とつばやつて中へおりるといい位で一わらぶつまりと
した外のちかしめへみるし　をたをよおものの　ごやごや言いをしてみつしのもあ
て、同午後少し疲れしてなつて仕方なし甲板へ出た。寒い。寒い、風もあるし
日はてつておまりから、雨は大大大大だ。甲板の上に腕をぎつしりすずかでついてある
る。船は出来る、よしよし。早い。大きなのよりもたしかに早い。[illegible]自らは
けるし進んでいくと言ひ、と何度か使像した所に自ら二こして来つまらない

No. 8

どこくの黄色い花、広い山のはば、宗本の土民の部落、大和の演劇

寄りつて遇つてもやドーとなつたし水か三ちんてへつたわけでなる。又三日か雨か

毎日雨になつて一日してお川が水がふえているのだそうだ一夏の日たのののも近い

寒いので室へ帰つた。昨日もうたつたことをおもして留まつて少しでおつた船室はすく

らいのだローソクをつけておる。暗くなつてきたがつかないのか。又、一月

いるか。つぶんのない、日ツソの光で日記を下りて新聞紙の手紙を書いておる

土は広いおどが来てゆけてもらいジヤケを持つて来たのだ。あた、がいめり

をおれた。うまかつた。かつをのかんづめも一つあつたのだ。切つて大人の件よしたが

大明しこのたぶ晩の甲板で降りた来た。甲板へ出て、持つて来たびらを

わして番を一しように食べようと思つて炊事についているのをおしてみたがくさつてる。

船員さんに聞いたら勝手のよと言はれ十三日位あつたのは廿日もあつたか

しまいので川の中へ箱ごとみはりえんでやつた。魚がよろこんで居る

だろう。箱へぎつしりつめてあつたのがくさつたものらしい。こんな位なら早く

648

No. 4

絵で見てよかった　惜しいで　又写物をくしなをして外のけしきを
見てみた。○○のだ　八日から十月七日まで、言た陣地が見える　川のまん中に島
ある島に一つ家があった。家も今は障つドキの家になっている　水がいっぱい島が流に
なった島の様。ここで一ヶ月あつい中を山住居して修練をしたのだ　十分と修練を済ませ
してみた　川中は泳いでいくつか右へ左へ別かれているこれをする先はまだいってないと
がないので見ることも多かった所がなりいのだが　室にいので　又船室へ帰って来た
室はあたたかい　キカイの音がゴトゴトと動いている　今日は早く二時から二時につく
そうだ。はやくつかないかなと思っている。隊員は船によったのか気持が悪いと言っている
ようやく今日近くの浜辺を立ててきた来た。ここからは又○○○へ上陸してから
見ることにしよう。今度のことかへをして世話してやるのだ。本をもらおうと出して、たい
てもいいか。大きな船とは違って船からめしをとれば食べないらしい
女の母の家は　近めしを持って又たのだ又　木の船でいいかげん終りで
お客さんのたくさんは大勢の人のは、二等船へのったようまいものがない

No. ト

へ帰へるならと思ってゐたがあてがはづれて船を待って一所に持って来たのだ、不思も仕方がない。。。。へつけば又よいこともあるだらう、我まんをして。家の方はどうだ。皆達者ではないか、。。。。へついたらお前らの手紙が来てゐるかもしれない、あてにしようよ。。。。でゐるから。。。。からは手紙も早く出して又らなる

になる。手紙を出して下さる不便な所だが上便利がよい。航空便なら二日あればへつく。すぐ返事を呉れると二日で来る。土日あったら返事を見ることが出来ると言ってゐる。便利だ。支那から日本迄住信するのに五日あまりで出来ることは出来るの様な所だ。家から送った小包。。。へついて探して見たがみつからなかった。又船へおちたら探して見るもりだ。もしみつからなかったらつまらない大切なものやら難だ。一切のものはいらないが借しい。併しとられたものは仕方がなからうと思ふけれども又出来ればやらないそれはならないからな。あまり心配しないでゐる。子供らも元気か。母さんも。旧正月来ましたね。みなさんで皆大きくなったね。一つづつ年をもまちないか。元気で大きくなって、みんなよく勉強して勝男がこつこつ又次に

二月六日、雁由の丹で

実生

寿子へ

白獅子

650

No. 1

59 60

二月六日○○より船にのつて上流へ進んでいく 58号の手紙を頂いてから横になり雑誌をよんで居た 船はもうすぐつくから おりる用意をせよと言つて来たので夕食の味めしを食つて荷物を甲板へ上げて待つてゐた
二時半○○○の岸辺に横づけになつて上陸した ○○とはちがつて大きい町だ コンクリートの領事館がいくつもならんで見える 何かしら気持がよい 皆並んで上つてから砲や其の他の材料をおろしにかかつた 皆一生懸命にかかつたので早かつた
そして初めて○○○○へ上陸したのだ 子供が沢山よつて来て アメアメとやかましい言葉で アメを売りにくる 白いなめだ 五つが十銭位だ それにラッキョの如きものも ナンキンマメと言つて売りにくる うるさい位沢山の子供だ
俺は荷物をトラックへのせて宿舎へはこんだ 命令を待つたにもかかわらず安心して警備をしてゐる 午后一（支那通）の 豆、あめ 菓子やいろく店へ出てゐる コンクリートの道だ きれいにまつすぐの通りを走つて小さい道へはいりトラックを止めて荷物をおろした 司令（支那人）を沢山つれて

白鷗子

651

No. 2

手続をするのは二時過ぎてすこし眠って 奥の車の来るのを待ってゐた
タバコ二ケを売ってゐる 支那酒を売ってゐる、カイランビンに一パイ 十銭だ、安い
すすめられてまづい酒をのんだが 一寸酔ってしまった 土地の人がゐたらいい気持になって来る—
あたたかいので何となく上気してゐた、しかし すっかり終ったので 宿舎へはいった
ちゃんと割当がしてあって、俺たちは十人一しよに 内地のものばかりだ
ここは湖北会館と言ふ家で 中々きれいだ それに 内地と同じにねれる
白いきれのワタトンを一人に一つづゝと 白木綿のフトン（敷布）一枚づゝあった
これはよいと皆が言った 今迄の所とは生活とはまるきり違ふのだ
ドラム缶でストーブが燃えてゐる— 申しわけない 暖房する ~~柵~~ も来てゐる—
日が暮れて仕事はないので 遊んだりした 中庭の運動場へ 沢山の鳩がきて
ゐるのである 外の中流だ まれに 来れかしてある 俺たちのは 浪人ぢゃない
皆来たので 来て家へ行った 寒い日になったが 酒をのんでゐたので
いい気持になって 元気もあってゐた 揃って 翻へ行った 夜(?)の歌をもー

652

No. 3

ストーブへ火をもやしてあたりながら眠ってしまっておった　ねーもわしてのまった
電気がついての明るい室だ今迄はローソクしかなかったのに今宵は電気
が下がゆられる様になった天と地位違い生活だはいったのだ
酔ってめーを大くして初めての一泊を○○○○の あたたかいフトンの中でゆることに
なった私事と持って来た二个のワタでトンは不要になった。か又の时のたしまつし
おった。と帝史もわしておったりして　そこへ手紙を持って来てくれた　奈三字
と木二郎君を二通もらいよんでゆた　ぐっすりと一個人気帰でよくねむれた
二月七日上兵だ七畢に起きた　真時に集合して帰った。火をたいてあたり
手紙を見たこーは便利がよい母おってもすぐに世界ころから日ないよ
夕力とに全アへ一個田おかりを四包、小林利夫しおかりを一包、兩日おかりから
一包と京都の橋本の妻の永京しおかりを一包くれたので おかりは沢山になった
又ほってよんでいることを思ってみる 手紙も暴死した数野の実夫からの紙が
と京都の橋本の妻の永土田夫と中原市松夫をもらった。

No. 4

九州から絶耳の泥をとって水で洗ったが冷たいので手がしびれるようになった
十時半頃帰って 土曜から大隊長どのの話があるとので 広場へ集まった 終く
注意事項を聞いて帰ってからさせた 小包が来ているからとりに来いと言ふので
○○から心配になってみた お母さんの送ってくれたのがやっと手にはいった うれしかっ
たよ 一月廿日頃に○○へ立って出たのを あたしたちもまた二人で今日になったのだ
外の者にも 皆の前であけた うれしく早速あけて見た 待っていたもの のシャツ
ズボン、ハラマキ チョッキ お菓子 手あみなので あたたかい 友人も それはあた
たかいだろうと見てみた 早速ハラマキとチョッキをきた ハラマキも丁度よい ―
チョッキは長い位でその上へズボンをはいてみたので あたたかい ありがたう うれし
シャツ ズボンは今の所寒くない 着ることもないので あの袋へつつんでしまっておいた
此の方へ来ると又必要だが ここでは防寒具はいらないのだ チョッキとハラマキ
はあたたかくて具合がよい 前に作った毛布のを二枚着てみるのだから寒さ ―
からずだよ 着てたポケットがつくなかったのは残念だった!

654

No. 5

中にはいってゐたものの中で 良くあるだけはいってゐなかった自分が多くて向から

持て帰り又ぬいたのだろうと思ふ、カの少何は丁性よしキワチリはいってた。これで教篇

だってなったよ。クルツパがないで教育の悪いものだ、皆に言はれてゐたのだ

ジバン一、ハラマキ一、クツ下一足、ピナツト一組、マッチ一箱、マスク二

ズボン一、手袋一、便箋二冊、ツバ一、カツト十、カンヅメ二

ぬれなけはいってゐたはいってゐないのはパンツ二、サルマタ一、石テン二、タオル二、チリ紙五、

エンピツ三とは はいってゐなかった。誰もあけたおそればかり大切なものだ

ろう。もう何も送ることはいらんからね。何もかも今の所一沢山にある。サルマタも三足ある—

石けんも沢山だ。チリ紙も沢山あり送って呉れなくてよかったと思った位なのだ。

早速ピーナツトを四回にわけてたべ、二番(?)カンヅメは昼のめしに切ってたべて甘かった。うま

いカンヅメだった。マッチも一人に二つづつわけてやった。佐藤君の弟みたいになったよ。

マスクは服部に一つやり一つは自分のにしておいた。クツ下も沢山あるからしまっておいた。

つったから安心だろう。中の手紙もよんだ。手紙がどんどんくってくってうれし—い。

白獅子

655

No. 8

又今日からは日が早くてかゝおもしろいことも出来よう。
で先づ飯を用意していた、今日は一昨日から又眠耳のしびりを少しづゝ治して
はに行って来た。村長が上京に来る視に一日くれたので 布と生しを二升で一日から
買って来て工員の大掃をした。四時半頃なので一パイのんで四時に山口隊長と三人
多くかりった。この附近へ子供らが[illegible]めしの始りをとりに来るので うるさい。又
まちがった所があっては大へんので番をしているのだ。この支那人はよくわかってゐるのかし
子守の所へ一くるを止まって礼をしていく 路を下ってよくわかっているのだろう。
子供らはよく字がわかっているので[illegible]に出た土民よりは話がわかりやすい。一それに
多勢くいて[illegible]が[illegible]ので[illegible]を[illegible]している、大分支那語も出来て
これらが中々話をするのはむつかしいものだ。外人と[illegible]に[illegible]
紀元会に行って皆と一しょに村長の祝をお祝して又お酒になった。ほとんど酔ってゐし
気持がよしまってゆた、[illegible]の[illegible]口に[illegible]のワラブトンにフトン
つかってフワリとゆられつ、あたゝかい、[illegible]がこたから安心をして来て

一月八日夜書

妻へ

実

白獅子

656

No. 1

60

二月八日 晴 あたゝかい日だ 四時ごろ起きて 交代をしてゐた
火をたくあたり 炊事をやってのんでゐた 其の内に夜が明けて七時半に起床
替 名瓶へ飾らしに いって帰った 顔を洗って朝食を 食事もけんぱでまとめて
それので 畑に行った お部のみそを付けてみるが一寸すかし にほいがするが
味はあまみがあって中々うまい 田舎の材みてなすんかとくらべものにならん位よい
にんじんや豆のめのまて白いのがついてゐるのも みその中へ入れるが中々うまい

こんな形だ シャリとしていいものだ それにうどん気味にいれてゐるし
うまいもの位 炊事は忘れなりだし 便利なえれた ニイが五六人 毎日早く来て水を
はこんだり 木をかつたりして一日やってくれるので大助かりだ 水も井戸があって十二人位
杭州以来 井戸の水をのまなかったのだが これからは川や池の水をのまず
てもよいので 体に害がない 今日はうまく かたづけたり 掃除をしたりして大さわぎをして
午後は日曜だから しまってもよい 少し休んで 子供らを相手に いろいろ 話をしてゐた
今日は ニ千二枚 板と板木 とをもらった 案外人も いろいろになった 昨日洗濯

白獅子

657

No. 2

と同じボール紙の食器を入れた箱なんか入れても、お前がキレイだから
気持がよいけれど設備が出来てみると内地の兵営と同じことだ。
今月はタバコを三十本づつもらった。落付いたらよくなるだろう。今日は風が一寸
あるがあたたかいよい日だ。ニイを使ってゴミをほらしたりしてあるものもあり洗濯だ
座敷を並べて今日はいすを出して手紙を書いている。昨日会った人へも返事を出さね
ばならずいそがしいよ。今日四時に陸軍一等兵になるから今会に宣文の時だ
自分を思ってみる。肩章の星の多いのは星を並べてつけたい。名札を胸へ
つけたり洗濯をしたり甲斐のあることなのだ。家ではえらいことをする事はいらんが二、
おさつくし失ふと内地と同じ様に規律もけれどが妙になる。これは仕方がない
軍人の本分なからず。外出も週に二回あるそうだ。なかなか十分であるも二の次
にはあるられるとうれしくなってみる。今日は外出日だそうだ。又○○の所へ見て来よう
昨日は外出日だったがついた翌日なので手紙かくの準備で出て行かなかった
だ。父さんも母さんとはここはなかったら体も大切にして毎日わかしてくれるとよい

白獅子

658

No. 3

日本から持って来た時計も机の上でコチ〳〵と動いてゐる。こゝには飛行機もあるので

毎日二三台づゝとんでゐる。家から遠いのは、あとは皆同じことだ。三時半頃

運動会で四時迄やって皇居へ帰った。炊事をとって火をたいてあたった。下宿があって

サイダ二本と酒二本づゝとあった。一日帰ったので久しぶりのんだ。白鹿でよい酒だった

ほんのり酔って夕食をたべた。ゆか君外の者がくれてあった。みそ汁は非常にうまい

村田とあーしてやく〳〵沢山あったのを見て、旅田が沢山来ておたので、一日も気ておた

電気が中々つかないのでローソクをつけしよみかけ、ゆっくり早くから床をとってもぐり

込んだ。昨夜はサンデー毎日を見たりドロップスを入れてたべたりしてねて寝った

二月九日　朝をたべ、雨がしぶく少しふってゐる。外で其行をとって愛国行進曲を全部

で歌った。うす明るいこの日中ひどく寒い。で体操をして別れ、砲敵（砲のある所）へ行し

砲車を手入に一回ぶらついた。ピカ〳〵に光った。帰って洗面をして朝食をすます。ストーブをた

て一眠して帰せ持ってシャツ、ズボン、サルマタ、ランニングを洗いにいった。一回なので室内へほし

ました。外の者は昨日りょうの用にいった。明日大隊長殿が巡視に来られるので室内

白獅子

658

No. 4

まわりに掃除をしたり ペイント、鉄カブト 防毒面を棚へ皆のを整頓をしてあげた。

何か仕事をしないと落付いて手紙も書けない気分だ 生の卵を少し出したが 味がしなかった

午后は俺は炊事の引を使ってモッコで レンガの崩れたのが山になってあるのを見苦しく

外へすてに行った。じきに雨がふって来やがった。一時半は練兵場で一日集合したが

雨のせいか十分位で二時に帰り又レンガをはこびした。四時頃からやっとすんで引に乗って一寸したが、

何て生をのばして帰ったようであった。火にあたって一服しておたらば夕飯が過

ぎて来たので天井のススをとれ、外の壁を掃除して水洗をして気を皆で水を流し

て大掃除、天井のススをとるのが大いにはかどって やれやれこれですみ 夕食をすませた

夕食は ミソ汁のミソ一品位のを二つ切りにしたのに汁であるが(手持)があった これは

かぶだことを言ってうまいが ニンジンは味のない人参だ 肥料にまいたのを手まねした

で風呂がわいてきたので一緒に入ってきたが あったので はいったさっぱりとして寝

帰って来た 雨は止んでいる 明日は又大掃除をして整頓をしなければならない

まだ落付かないので 思い出しながら 思いなおしては 落付いて手紙を書くことにあきらめ

白獅子

660

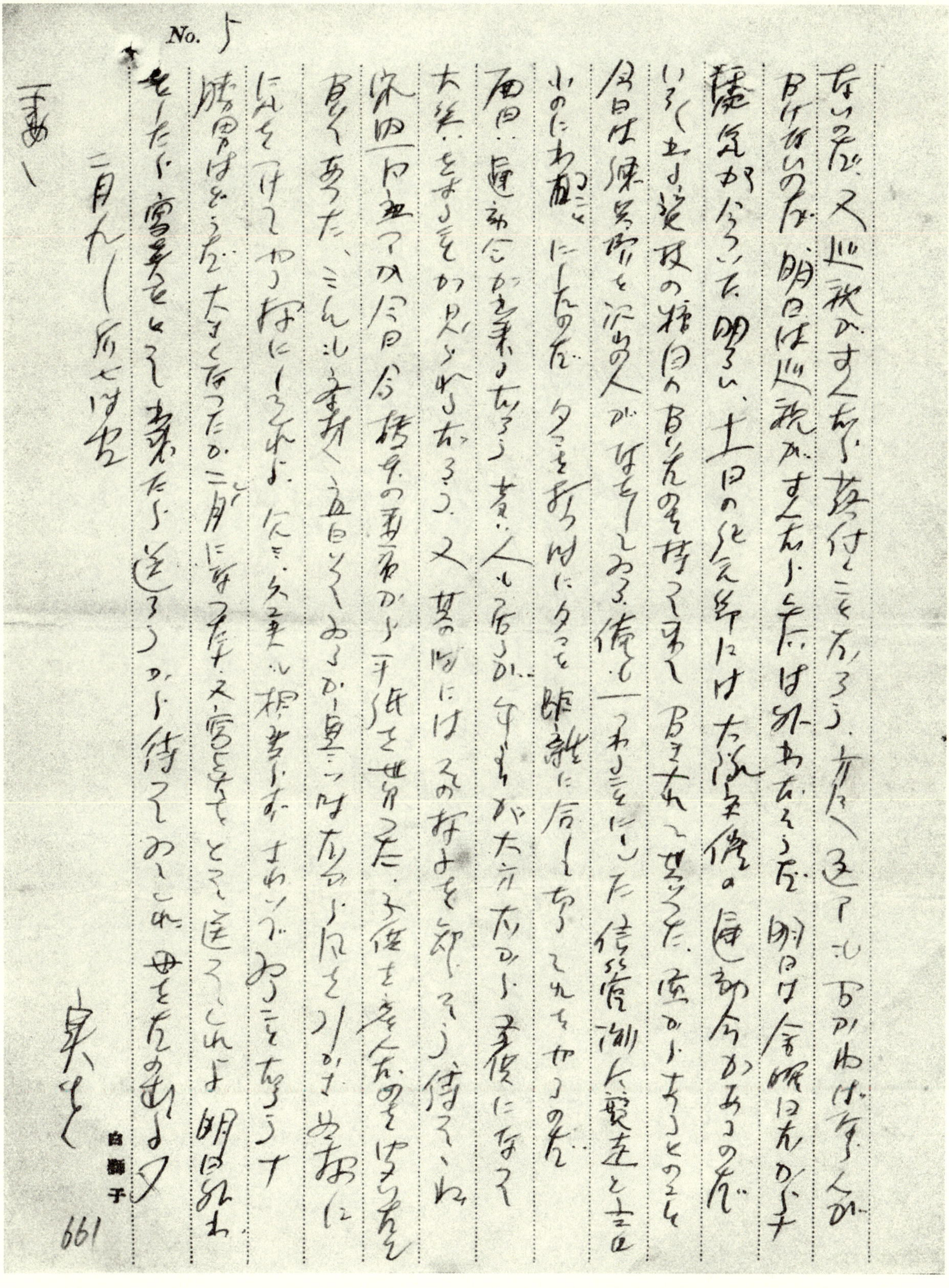

No. 5

ないのだ、又巡航がすんだら落付くことだろう。先へ送ってある写真がとゞけば宜しいが
おかけないのだ 明日は巡航がすんだら外出出来るだろうだ 明日は金曜日だから十
蒸気が今ついた明るい、十日の紀元節には大阪実業家の歓迎会があるのだ
いろいろ立派な演技の種目の面白いのを持って来て見せて貰った 座がとても長くとのことを
今日は練習艦を沢山の人が見物して居る 僕も一つ加はることにした 信号管制大要と云ふ
小のにわざわざこゝにしたのだ 夕べを寝る時に夕べを昨夜に合して書いてこれを加へるのだ
面白い歓迎会が来るだろう 貴い人も居るが今年が大分なから子供になって
大笑いをするを見るのだろう 又其の時にはその様子を知らせて待ってゐる
宗四郎が今日合格来の写真から手紙を書った 子供を産んだのを喜んだ
良くあった、こんなに素敵く面白くあるが早く帰らなければ風をひかさぬように
に気をつけてやらねばいけないよ。久々に久美子も相当なれないであることだろう
勝男はどうだ 大きくなったか 二月になって又写真をとって送ってくれよ 明日知れ
としたら写真を少し撮ったら送ろうから待ってゐてくれ 母を大事によ 夕

二月九日 夜七時半

泉せん

千ゑへ

白獅子

661

661

No. 1

二月十九日 雨が ひどいさむくとふてゐる うるさい日だ
昨夜は九時迄手紙を書くゐた 今朝はうは手に起きた まてらな
点呼をとし帰りすぐに食事をして 顔とか手首をろうて 毛布 フトンの
整頓をする 一定にたゝんで 一列にならべ 私の大きな包は大きくまとめて一つ
にして 中隊へあづけた それから け水をえたり 床を二たつたりして 大掃除をし
外の石だゝみを水で洗して きれいにし 九時 さ先を 明をきて 自分の寝台の前に
立つて 大隊長殿の巡視をまてゐた 本に廻つて来られて まさんとしてあるた
のに 叱言はなかつたのでよかつた 十一時にはおわり終つて 火をたいてあたつてゐた
外出の許可書の来るのを待つてゐた 十二時頃に 食事をして 一個の中を抱
して来た 外出の外出をする 細い路地を通つて 両親を二人 外とをさて一個に
ら大通りへ出た 支那人のきれいな通でにぎやかだつた 大通りは支那人の話声が
小口から中へ入つて 何が出ての出るら 人々のを見めに寄つて居た 珍らしいのは
ブタの舌や耳をそのまゝまるで豚が 万頭のを大きな皿にもつてあつたり ブタの肉は

662

No. 2

山口から帰ってゐたし 弟と共に（文郎同道）と二日目の三、以下メモのとほりの如

マッチ一個 第一日 山口からどんな小さい店でもあり 文郎今の料理も大分ての如

ある三階の次が郎の五つのが気流で満員でワイ化を中々にもつかりた 摩耶大ほ

「君を探した」と私 山口から日本人の方にし 羽仏（カゴロモ）と云ふの名前のもの三軒五日目へ

私は山の近くある所だ 傍ですずかさを出し唸ってゐる 鍵を落としてゐる音

女に何か知れてゐる者達と座る所も無いので出て来た いくら探しても店が

文郎人の文郎料理女へ二人がはいった 二階へ上ってくれと言ふので上って見たが

座敷寒いで上の方がすっかり見えてゐるまた寒い からっと少しもすずしい小さな部屋

にテーブル人が一つ気が回っておいてあり 女は一人も居ないまれない風をしたまぬ男が

給仕が注文をとりに来てゐた 二人で二日目の料理を大の人が 日本の酒のみ

大分たって文郎料理がには有るもあまりない 弟さんを大のみ一服あげし

待ってゐた 其の内弟さんが右の[illegible]へ入れてきて来た 次に茶とたまご二丈

も持って来た まってゐたら料理の皿は一人位の皿に山もり [illegible]

663

No. 3

奥の方へ来てブタ、タマゴのえんたのホーレンソー等がはいってゐて味はうまい
小皿を一枚、サジ、ハシでとってたべる。あまければタレをつけてたべるのが変った
味だ 次には同じ皿にホーレンソーとブタを煎った大分油くさいが まづ気持ーですが
りとーたうまいもの 次には魚の指位の大きさの天ぷらを山もり 是もうまい 次には鯉の
大きなにつけ位に切ってあめ煮みたいにした これが一番うまいと思った それから卵の
甘味たけをとして四五品はいって来たもの、其の次には大きな丼に一ぱいブタの
肉や野菜や何やら丸いおにしき円のなにものか入れたスープのなまけ汁だ 大皿出て
酒はあまりのまずに料理はかりたべて腹一ぱいになった 孫君子郎酒は水という
〔これ〕て持って来 魚の天ぷらの残りは紙に包んで持って帰へる 勘定は料理は二円
でナンキン豆でお菓子が十数 酒は四本で四十銭 それに料理の給仕に二人で二十銭
妙な男に二十銭とられて大笑ひをしたよ 〆て二円七十銭で安いもんだ
ホクと酔って来て又二人でブラブラ歩いた ただやかなはを歩くあたりで
上が雨になって歩いた 所はせまいのが 何分れ歩くと所は…位は…

664

No. 4

太郎人のかみさんもあり 鏡をたべく にぎやかに かなり三十才ぐらゐの女の人ので

見るのを止めた 写真をとろうと思ったが雨はふって 写真屋は満員で 何は留

まって あなたのが思い直して止めた 今度にしよう。呉軍伊と許（女郎君）と次山に

あったので 写生して見たかなかなか僕たとへって女の写真ら見れなかったと言ふ店満員で

結局になら今度にしようだ。それに皆で行かず自分人のぜんざいやではいって 一パイ

たべためしまかったが 小さい丼に一杯。まだ新館もまた一つたべて 良い芝居だ

で 海陰四何両大の終って来た 早かった酒しさらに来た西湖のみたくなって

ブラく散歩して 宴へ帰った 持たは外出せず読書をしてあるんで居た 大浴室へ

余をといって 言ふて来た 食事も一所に出たる雨でも来ないので 十四日に

日のぐになった 明日は池之部で式があるのだ 一同揃ってあるろうと思ふ。

電気がついた。少食をかしたので 平床と見て なりもあるんで済んだ 杭州の

日本を思ふと気のほする様な所はあてにならない思ひ出して 見られないな…

まあ今日の店をと思へば 難出来ないだ 今度は 火曜日か外出するのであるが

665

No. 5

丁度運動会の日になるかも知れない。次の金曜日にはあるかもしれない
昭和(?)今帰って来た 雨は止まない 今晩日だが やむかどうかわからない 明日は、
ゆっくり見たかったけれど 雨は止んで居った 東京君のホンジーと毎日四冊を借り
て小説をつぎつぎと読んだ おかげで明るい電灯の下で。今日は イモン甲の紙底
家の光や 戦友、愛国婦人、あけぼの、婦人 等沢山出来て居たので皆よ
んで居た この室はあたたかい 今日は毛布を一枚返したので寒いと思ったが
其の割りに寒くなかった。ラジオや 新聞を 聞き、トランプを沢山 梅本から上下
巻になった 説に貸して来て ラジオをいじくっていて お茶を飲み 又昭和のニュース
を聞いたりして 居る ので トランプを 二人して やっていたが 今日は いんき
これを順一ぱいにされた 西日 小説を するとよんで 十時か十一時頃 日を送っていたが
寝むくなって来たが とうとうたくさんに寝てしまった 今日は 二三のある日だが いくら寒い日でも
今年は あまり十人位もよろこんで 家に居ることだろうね。 こんなにえらいので 寒くて寝るの
母も五月から又くるので しまって居ることと思う。勝男は大きくなったが、

二月十一日夜

実より

玉枝へ

No. 1

62

二月十一日 雨は小ふりだ 七時に起きた くらい 点呼をとし 終って朝めし
をすまし 出にわる用意をする 紀元節だ 八時に中隊集合し 一同練兵場へ
各中隊 みな 等沢山 広い運動場に整列した 桑原部隊長が来られた
遥拝式を行った ラッパ手が三人あまり タータンタ タータタタ と吹き出した まりの
なな雨の中に ラッパの音は一ヴァルにひびいてわたった 支那人は何事かと止まって
見て居た 士官は軍刀をぬいてみられる 式を終った 次には大隊長殿の音頭で
君が代を合唱した 終って兵舎へ帰った 下給品は紀元節ので 絵と古りた
絹に日の丸の旗が書いてあり中には ダンニーの人ぞの頭を同じ様に白と赤と二つはいって
みた 酒 十人の中へ八合位と ユーアイ羊 一人に小一本づつ 貰った 昼めしは又御馳走があ
るだろう 台湾竹の村田依という学生が 先日の朝日新聞のイエン紙にはいってみた
歌を書いた紙を 古いて サクのだ 支那の兵隊をおしたおし 近アを 大きの ある
支那の兵には 沢山の古兵は又 子供が 喜んで よめ 入りなし 兵隊が 書つ
左の ある と 思った 加意 しみた 支那の兵は 覚えて みても 目が立って 来へ 夫 小の 感

667

No. 2

昼になつた。今日は白い御飯と卵が一人に一つ宛づゝ魚は小ダイを二つに切つたもの
キャベツのすまし汁等だ。実に晩餐に今の世界で三つ入れ卵めしを作つた、うまかつたよ
流を出てから卵めしは始めてだ。何やら家に居る様な気がする。工員所へ山口のめしを持
つて帰りして待つた。持つて来るすゞがめしを喰つたが二十人あまり今晩まで食事を持つて来つゝある
さ。其の中に三枚紙束一寸の差いぶし、クニヤン（総）が居る。時にゴになるかと言つてゐるが
年を取つた二十才だ。田地爺。ジャンテンが着物を着てあそびたい。豊後の娘が僕二国の件をどう
しになつてもらいたい大人と言つて面白い。可愛想だなと言つてゐる。何ともなかつたら消が
ばやく失ふのだが、さらにヒゼンかまで手重に利用が来てみるのだ。相手にならないが二人来た
日から一日三回がいまがやつてくる。あんなに年頃のよい娘が出会になつてもらいたい。ますます位ずるピー
（廿六）になつた方がどんなによいかわからん。十七歳が言つてゐる位だ。洗濯はせる。シャツ
ハンカチ、褌等一切で十才やそこらの子（百代も廿位）がしかして持つてくる。四十才の女らは
兵の洗濯掛りしてゐるのは全にする。自らは五十才の方の方は楽にならないよい
一服して昼寝を良くする。今度は休みだ。自由な気分で一寸遊びを書こう。

668

No. 2

雨も上つた 霧が うすれていく 外出が又出来る様になつた、外出する者を調べに来た者早速 風呂 ソレに今日は朝から風呂がわかしてあるのではいりにいつた 風呂からあがつて又 くつ下二足 手袋二足 云つ?と替えて 足へソツと洗つて来たで服を着て待つて居た 一日集つて 散歩心を出して一人出ていつた 今日は外出出来んと思つたのに急に出来る様になつたらしい 友人は皆キャンプで旅立ち思ひがえて 下で ○○○の所へいつた にぎやかな所を歩いた 雨が止んでゐたので えらい人が それに 他処で各部隊が集つて居るのだらう人が一杯居たのだがあんだ いろいろと古道具を並べたら大きな店もあり こんなことであつたが店で売れるのかと思ふ様なもの 大国にだるまとして並べてあつた 印を並べてはつてゐる あちこちに いくらか出て 様子を見て居る所だ はつて売れる。中には器用な内野郵便局の前へいつて キャンプ写真館へいつた 今日はあまり こんでゐない 写真を一人でとつた二日目に出来るので その時また来て 送らう あまり上手な家ではなかつたが近くにはないのだ 仕方なし 四枚一組 四十五セント どんなのが出来るか 待つてみてくれよ

669

No. 9

入って帰りかけに酒保へよって握り飯のだんごを買い前だにヨーカンを二本買って
帰って来たまだ誰も帰って来ない服をぬいで火にあたって休んでゐた
其日は私も帰って来る一夕食も来て食事もすんで下給品の酒がいくらあまり
を以て一日の夕不足なのはビールを少ししのんだ気持よく酔って来るすかさず
をすいとんのなべをかけて奥のしたじを白菜を入れておいしく作ってうまかった
当番兵から帰り大江軍曹と二人であった酔った者だにぎやかにしゃべり床をとって
横になる雑誌をよんで居たが其の内にねむって了った

二月十二日やはり雨だ一つも天気はない雨ばかりだいんきでいやだ
兵器をとって帰る部下を従い食事をとりにすぐとまりだ今朝から下番勤務へ
いくことになったのだ早い所食事をして外出の服をする今日は郵便局の交付の果
西ト討官へ衛兵団が来て荷物が交代で見にいくのだ皆揃って少尉の命を
東西劇場へいくかの部隊に来て消して立てる人で皆兵隊ばかり拍手すなくの
人でおこまれしりった小屋は広い土間はコンクリートにしてあって木の長い台か

670

No. 5

おくあり一脚に四人づゝ腰かける二階もあるも一ぱいだ。久米やのと云ふの山畑君
も来てゐた。すしづめになつて見て居た 女芸人があつて 浪花節を一つきいた
次に支那の娘大夫をして之を 上方流の人がやつた 素人だいゝ云ふやつたが中々上手で
大笑ひをした 次に若い女が来て流行歌を二つ歌つた 中々上手だ
其の流行歌手が居るのだが のどを痛めて わかれないと言ふのだ 居合がないので
あとで又浪花節を一つやられた 同じ人で一寸だ 当てゝみるのだ、もう突如指して女も
名つけることを思ひのためにぞ皆居合がなかつた 小説は バラックの様なもので太郎の
小説だ 三時間あまりで すんで帰へつた 一体は上手なのだ 子供の山上記の如くなりを
四つ過ぎて 一しよに帰つた所だ 金をしくしく上々今日も此を皆く作る
今年は君の通常をとかく言つて 皆又、早く差入にならう。隊しいと思ふ小
大将君達の 諸が知つて居る人に会ふことも出来ぬを思つて 撲して居るが 広子が
だ 安心君と二人で全然大丈夫はどうだ え？ 居る様だ 一寸君も左様君は
どうか何でも酒を呑まない様に 然し金子のが くさらないよ 又行かう

二月十二日夜書

良之

妻へ

671

No. 1　　　　63

二月十二日、午后は、馬の通訳で運手の俺達にものってくれと、政役以来のたことがないので心配でならなかった。くらを四匹こしらえし失ったのだ仕方にたれのんでおく世帯だ。来たら皆きているので急いで馬にのった十三年ぶりだん馬がくり切って居るのでアバレては危ない下り坂で馬がしりを上げた落ちるのを夕方この附(首)へぶら下った又のるのに片手が折れた外の者が二人おちたまた俺はおちなかったけよかったが皆に笑われた。ドンと上がっていったか かけ足になって落ちては人に笑われてはいかんと思ってがんばって居た○○○○の城外へ出たぐるりと城の外には城壁が立派にきづいてある。立派に上の方には旅館があいてあるそのぐるりにいい道路が出来て居るそれをのえ廻った城外へ出ていって兵の兵舎ある所へいったりし一寸はなれた所馬はなれんから気持が悪かった三人おちた今は小将で助けあいの時ころりとすべるあとく馬に乗れなかったのも泥水の中をころくころがって外へ出たのであとの馬に乗れなかったすくにすくんだ皆に笑果たんよ俺もまいましてはいかんと思ってしまいそう来たかとえおそくだ

672

No.

帰って来た　水をのませて　手水をして　服を帰た　一服して　P屋を掃いた

今夜はあまり来ん　眠りについて　会番へつけく　キャラメルをかくして　金太にと

二人での人だい。気持よく　横になり　二本を吸いく　寝る。　ゆめー

目がさめーので　ねむれないので　見よう　まだ明るい　外の音は　わたり　ショーボーをー

なかなかねむれないので　俺もそのまゝで　ねようと又床に着く

一時頃でぐっすりねこんだ　七時半の点呼に起されていく。まで帰り一服して又ねる。

二月十三日　雨　朝食がお　毎日雨ばかり　少くなる。昨夜はずいぶんひどく降ってみた

起きたら　雨も小ぶりになって　外へ出て　点呼をとって帰った　会事当番で　残ってゐたが

室を掃除して　食事をとりに行き　顔を洗って　めしを食べる。汁をつけて　一日帰り朝

めしをたべた。火をたいて　あたりながら本を読む　一服して居た　男の兵達部にまじめ

と、あて一せいの使役として　春とにいくつかに別れていった　僕は補充兵の者ばかり

と二人で　兵器庫へ　掃除仕事の男が　砲車にこしかけて　もの数を調べにいった

室へ戻って　ゆっくり　片付けて帰った、　イモン袋が又　一つガールからへつなに届た

673

No. 3

くドを作ってもらったわけだ。俺のは京都の太田部の陶器を入れたかなじ
あげて見たが大事なバイナップルのかんづめとトロップス一かんとテリカ昆は
こうやくおろし二貝、家の光一冊、抄写一部、金一銭とかはいっていた
トロップとバイカンとは何すってもらし早速試飲をやった。福は一ずいぶんあった
外の人は三食堂栄養部からのが多く よい缶悪い缶いろいろあったが
何としても一級がもらえた方がよろしかった。それに自由主義を一つづつて
例によってコリ菓子は三ん人へ三通として十枚送ることにしておいた。真の中又三さん
の手許に届くことでよろこぶことだろうと思っている。
今日は一時から医務室へ行ってアラリアの血の検査をしてもらうことになっていた
耳たぶを一寸切って血を一滴とって顕微鏡で見てもらって待った。雨は止んで居る
室へはいって日記を出してこれを書いて居る。明日は運動会の日だがこんな
に毎日雨曇りでは運動場もじくじくで駄目だそれに天気も悪いから
中止になるだろう。昨日馬に乗ったのでしりが痛くてたまらん。十三年目位に

674

No. 4

のったのだから無理もなかろう　明日は火曜日だ外出が出来るのだが皆出られるかどうか　キツイの兵隊で　どうなるかわからない　午后は何をするのか週番下士がおよと呼んで居る、出ていこう、午后は一兵の水の出る所がつまって出ないので正午迄で修繕をした、そして又杉原伍長の使役に兵器庫へ入って其の道具を調べる手傳いをする　雨が少ししかくとふって来るはきりがない日だ　いつ迄こうして雨はがりふるのかわからない、全く嫌になる、四時過ぎに終ったので早く帰った　火をたいてあたったが一時間で射法をよんで居たら風呂が沸いたと言って来た　一番風呂にと裸になってとんでいった、かめには湯も水も少しもない　早速二人に湯水を入れさせて一番にはいったしことを一旦流して帰って来た、夕食が出来た、めし、大の汁と卵三つだった　又卵めしを作ったがうまい、腹一パイになって寝台の上へ座って日記と手紙を書いている、射法をよんでいる二人であったが七時の点呼に行って来た明日は三日目だけでの最後にいくのだ　一時は皆とよく話をして大いにお世話に様に乗りをよんでいった、雨がよく少しふって居る。

675

No. 5

二月十四日、どんよりして今にもふりそうだが今の所ふっては居ない
七時起きし点呼場へ行って点呼をとり東の方をよう拝して馬屋へ行った
馬に水をのまして之を曳行して来た 火をたいて朝食をすます
今日は日曜日で外出だ 湯を取ってシャツを加えて洗濯をした 外ははれて来た
室の中へはいってすぐ眠り外の者は外出をしたが自分は衛兵勤務をしているので
手紙を書くことにして記録や家内へ十分に事を書いた 昼めしが出来たので帰って
来て食事をして外出をする支度をした 一番がらんと○○○○の所を出かけて見た
昼で面白い事も何もないが よくにぎやかにしてみる者もある 大部分沢山に買って
来てみると それなども女は歩いていない 男に売春婦がないかとの問や何かやかましく言って
帰ってみると今の室で食事をして居るもの、わけのわからんものを食べてみる
土民が地べたを歩いて通る 下は豚がとおってハエがいっぱいになって上がってみるなあ
二でよを見て写真屋という所へいって見た 日本の女がまっ白に白粉をぬって兵隊を引っ
ぱって居る 内地の者はよい。人がはじまらないうちに出て行って来た 時が早い、又次に

妻へ

二月十四日前[illegible]

良七

676

さ-64　　　　　　　　　　　　　　　　　　　　1た。

三月十四日　外出から帰って日記や手紙を書いて居たが三時前になったので
工兵に行く用意をして待って居た　火にあたって本をよんで
三時十五分頃　二回集合した　司令以下八人だ　揃って北門の工兵所へ交代に
行った　うっとーしい日だ　歩哨の交代をして　後時上番兵に申し受けをして交代した
堤の上(城の壁だ)に一人と下に一人を二人立て　通行する者を調べるのだ　出口門を
出入する者は有ければ　じっとして寒い．工兵所には　ストーブがある．本物でよい
石炭が無いので中隊へ行って　木炭を取りに行った　石炭をたいて　あたる．割に
あたたかい　中材の通行端の角にあるのだ　ある所は　木人を明るく　ガラス戸を入れへ
作ってある　それに毛布も二枚持って来てくれた　食事も二人で来て流た．
別の株へ行って　食事をして又工兵所へ来て　火にあたっていた
中隊へ帰ったら手紙が来ていた　先輩の　山口先生．植田と二通来ていた
山口先生のは　新しくこの人のことが書いてあった　三冊よみ本をして送った
も用がなかったら　家へ送るから　よんでみるとよい．兄と秋中にくれーと

677

2

早くなって僕の出る幕がなかった。やっと札幌を おいた
中にある物は清音一、美術四かさとりが二枚なくてあった。よろこんでゐる
僕の事を心配して知らして下さったのだ。又今日から御礼を
言っておいてくれ。先生方にも郷土のニュースを知らして呉れ
梅田君は何にも知らないで早くあった。外事は当く（？）ゐなかった
此の頃一寸も実家から手紙が来ないので心配をしてゐるのだが、何にも変
った事はないか。主人が病気か、其の外に何にもないか。一寸知らして呉れよ
何回も手紙をくり返してよんだ。かりこさんの成績表を見たりして楽しんでゐた
自分の目が何だか熱くなってから返事をかいた。先生方と山田先生とに
ストーブにあたって日の沈むのを見て居た。一寸年が暮れて来たと思った
夜になったら段々星が見え出した。明日はいい天気だろう。然し寒くなった
往は静かだ。道が悪いのでくつがどろどろになってゐる。春になったらよくなる
だろう。司令の利田伍長と一緒に交代してゐた。ゆっくりと一眠りした、

678

3

二月十五日 よい天気だ。寒い 七時に起きた 日の出る頃になるとぞろぞろと支那人が
通りかかる 門をあけてやって出入を許した 朝の内は城内へ売りにはいるものの
多い ブタやニワトリや野の菜を持って売りにいくのだ 外へ出るものは皆な仕事に
いく者らしい 一日出たものとはいったものをつけておくのが中々やかましい
百に千何百人と出入れのはいるのが一しよ位ある。目がまわる位だ 早くから炊事の
者がめしを持って来てくれた 冷たい かめの水で顔を洗った 中々冷たい。
昼の内日が出て来た 七日も八日も日の顔を見なかった いい天気になった 家らくの
報告するのを言ったりして ストーブにあたって番をしている 上等兵は上と下
とに居て 見ているのだ 交代で馬の運動につれていったり便にいったりしている
上等兵の交代をしては休み 三人へ手紙を書いたりして居た 隣に相手があるの
で道も大分歩いて来た 二人の炊事の二人は風呂をたいてくれたりよく用をしてくれ
る。皆うまいのを作ってくれる そしてよく働く、通る者に菓子を配って 塩やき
にしていた うまかった。ブタとレンコン、ニンジン 牛蒡を入れたものうまかった。

679

午后は本部へ用事に行った ローソクを取りに行ったりして 二イは 火が無いので
ローソクをつけねばならんのだ 石炭をもらったりして
二イが早くから風呂をたいてくれたので 暫らく前に風呂へはいった この工兵には
風呂もあり至れりつくせりだ。工兵に来て風呂へはいるのは始めてだ
さっぱり汗を流して 下着を洗って 夜食をたべた 少し本部へ用に行ったのだ
帰って工兵所に居たら 林少尉殿が廻って来られた 少し話を交したら 旅行人を
通じて来たりして居られた。大変でよい兵隊さんだ。時々にはやかましい人通りで
はいる北の出るもので 気をそらい人あんだ。今一寸落付いて気をおちつけて居る。
二イも夕食をたき始めたから おかずも一寸何かを入れてたべて居る 椰子など
目がさえるので 寒いと言ってもあたたかい 協役が来たと 二イが言って来た 兵に
やたらトフと菜とを みそでたいてあった。二月一日から 十五日迄の 二イ二人 毎日交
代に来て居るらしい 一日三十本づつ貰って居るのだそうだ。二人共 給料がほしい
と言うので 一人さつめし R坊や へ行って 十五日分 四百五十本 貰って来た

680

二人共大へんよろこんで帰りに独りよって始めて夕食のすきやきとお汁を造ってし
一(?)と帰って来た 一人が昨日 一人が今日来て居るので二人仲よく出かけて居た。
二人のたりた文那風のすきやきで夕食をすませた さうで沢山に本をいて塩で
あっさりと どうくにして たべてあった あまりうまいとは云へないが 大いたべられた
一晩して 子安所へ来て これを届けて居る。下世一日たった。するに三日ってあるので
毒の中はカール十七日の午後四時過ぎ 二十に居るのだ 昨夜 一晩泊して ゆしみなので
ゆきだして来ても 思やなに都がない すこみん不足で ほんやりとして失ふ
入院にする たゞみんながよいが 雨の日は まってからで 臭うし 濡れるし 病になるよ
是は云わずにいて止めしおこう 又明日にしよう。早く二人とも よくせして みれるかな
外が実際へ帰ったと見えた二宮の事件には あったが さうか。来から 何とかしこふて
来ないのでわからないものが 一度しらせてくれよ 子供らは 云んで 遊ぶ みるか
こんなに山口先生の事件をよんで 聞かせしかる様にね つまり 二宮か 近くなったよ
手にはいらないので 案じて居る 梅田からも 出が来て 居た 体を大切にね

二月十五日朝筆 より 実ち(?)

二十八(?)へ

681

85

二月十五日．工兵のつとめだ　夕方になると中々　門をまわる者が多い　大で手がまわらぬ
ある二三人来て手伝って貰ひ　多くの者を迎へて帰るもの　一日の作業をして帰って来るもの、宿舎に
よく品物を探したりまわりに言ったりして帰るもの　なかなか多くだ．めしを丸いまんじゅうの形
になったのを　大きく切りにいくものもある　十分に回ったと　棒で払って　火をどんどんたいて
ようやくい、集ったら宿舎をするものだ　生きてみる男を皆にそれぞれ　いろいろのものもある―
日がくれたので門をしめた　天気は寒い　ストーブをたいてあたって居た．司令が大
隊長へ大いに隊が手伝って三時迄やった　ぐっすりと一眠りして　三時に起きて
すっかり朝近くになって居た　夜明前は体に寒い　冷える　火をどんどんたいた
なかなか明るくならなかった．体に寒い　一寸ねむけがあるが　冷たい朝だ
二月十六日　七時迄に起きると　又ぶらぶらとはりつめて居る．一般歩哨の前で　止まって札を
して行く　怪しい者は持たして帰りを出さないなどにしてある．女子供、老人、青少
年朝鮮の人が通るはりきってある．顔を洗って　食事をし　一服して居たにあ
たってみた　風はないが　あたたかくなって来たが　天気は又下り坂になったやうな

682

2

退屈になると外へ出て通行人を眺めて大声でどなってやるのだ
寝て居られなくなり食事も交代して交代で食べた 二日三日首のまゝいた
かよ室に交代でねてゐることが出来るでないと体がもたないのだ
二十日から夕食追われた 今日は風呂をたのむをとめた あまり面白くなくてはもった
なかなかたのむがするから 夕方に起きて交代をし 少し前交代をする 夕方になり門を
しめた。それから入れて水を言ってくる音もきりうるさいものだ 雨がひどくあたって
来た 坊内で出火があり席がある 自動車などの走る音 やかましく言う声が少し
する 火は直ぐ消えてしまった 夜になって手紙をとりに行って帰ったら すぐ〜
が来ていた 一月廿八日あのだ 切手一枚と 手紙一通と お菓子
みやの作った手紙がはいってゐて よく〜と 書く あった
家のうちの者も皆元気でゐるからうれしい ようこんでゐるよう
絵もえらくて手紙へ入れてゐるとか 久美 春美が時々けんかをして困るとか
勝田も大きくなって来たとのこと 写真によく似てゐるとか 見たいものだなあ

683

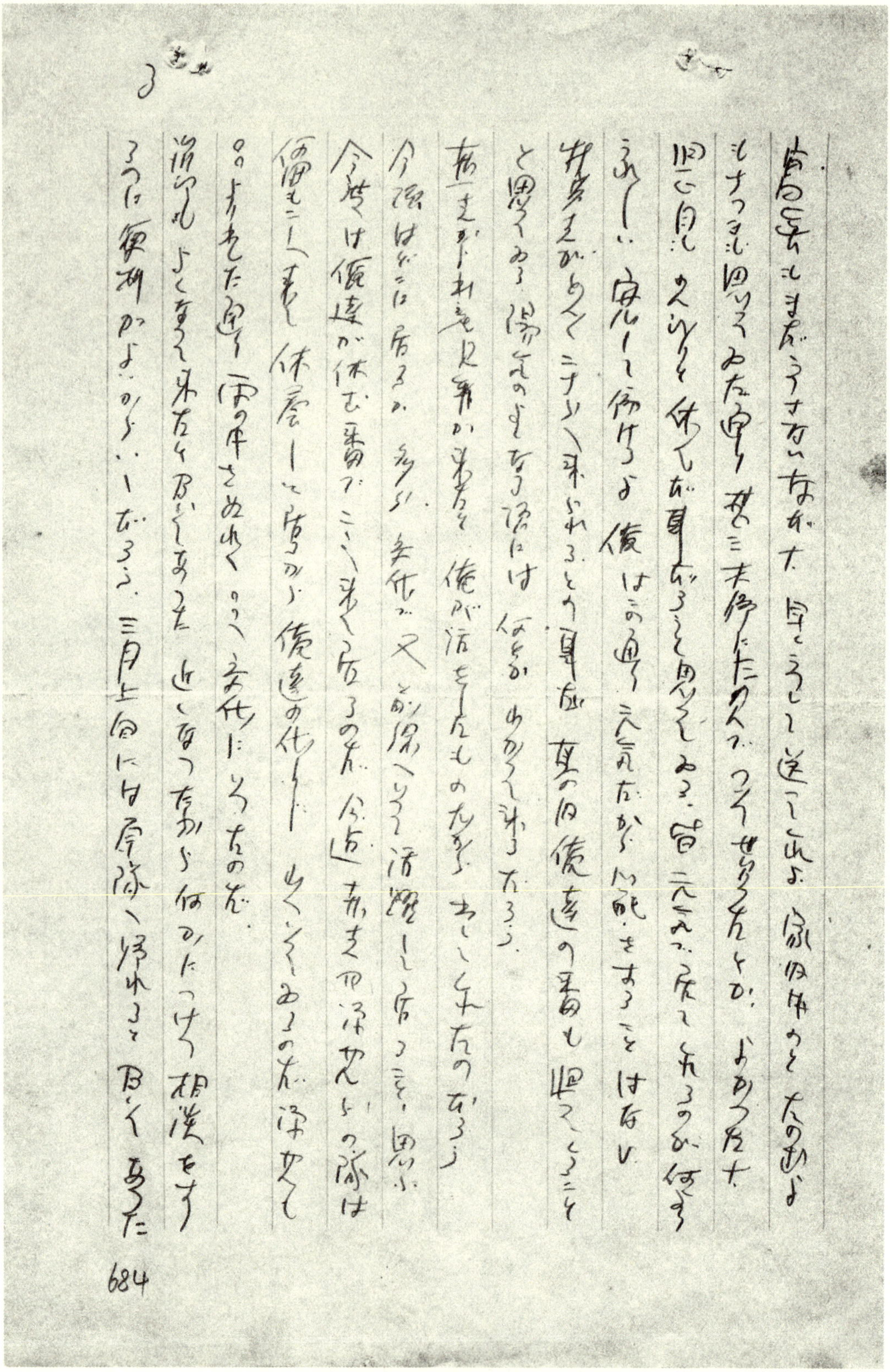

3

写真はまだうけとらないがた 早くうつして送って呉れよ 家内中のと大のもよ
もうすっかり[illegible]頃 [illegible]たちの人がつくづく世話して呉れたか よかった
畑に見に来たのを休んだ事だろうと思ってみる 皆元気で居て呉れるのが何より
うれしい 安心して働けるよ 俺はこの通り元気だから心配させることはないし
戦友が多く二十名へ来られるとの事だ 其の内俺達の番も廻ってくることと
と思ってみる 帰宅のようなる頃には何とかゆかして済むだろう
[illegible]が入れ替え[illegible]が来て 俺が居たものかもしれないだろう
今頃はどこに居るか 多分支那で又と前線へ行って活躍して居ることと思ふ
今度は俺達が休む番でここへ来て居るのだ 今迄[illegible]の隊は
僕も二人来て休養して居るが 俺達の代りに出ていってゐるのだ
のよりきた頃 雨の中さぬれて 交代に行ったのだ
消息もよくなって来たと思ふしあった 近くなったから何かにつけ相談をす
るには便利がよいだろう 三月上旬には原隊へ帰れると思ふ あった

684

がよくなつてよかつた。写真に女の足をホータイをしてゐる女に見えたし
友人にこれはおかしいと言つて居たが、足に包帯をしたのか、家へ行つた時に
ど出来た何とも言つてゐなかつたが、赤痢と言つて居たが、去年なのか
前から気にして居たのだがいつも大きなものを忘れて居たのだ。返事をくれて居た
忘れ不に出来るようになつたのだ。友達もいつかはあたたかいよ。ありがたい
お宅は長いが、どんなに初それ上へ上りない、めいく、いや、私は今は必要が
ないがよしまつています。刀の刃が一寸ぐらいで、すつてうまくはまつた。私くらいがよく
なつた。長い間みつともなかつたが、こへ来てから友人が写真をうつすので
似つて気を言つてよく持つていく。先日とつた写した写真を見るとよくわかるよ
ちやんと形がついて居るのだ。もう二人で来い。二十日には出来るが、二十一日の次
曜日にはオンリさへなければ叶うが、出来るが、写真を持つてくるがすぐに送る
よ。うまくうつたかどうか、当人が、あまり上手な写真ではなかつたが
弟の靴下をこまかく置いて四角をしのりがみたとしてと出して言つてゐる

685

おたに思つた料理は梅田小林、弟と土田氏と前田が沢山送つてくれるので、嬉し。
お前からの手紙は何回もくり返し読み返した。いつもよくわかるし、面白くあるので
楽しみだ。今夜はアトリーで来なかつたけれ共、何だか物足りない様に思つたが
安那が家のことが心配して面白くあるから安心だ。こーでは三日目毎に手紙が書ける
又来るのは毎日出せるが、面倒だ。喰べられるもの、うまいものが沢山にある。買ふたのは
（コー）卵は毎日三つと四つだが、卵も食事は安い。鴨を二羽買つた。おやた画家たは
のみでは一日ぶりで大丈夫だ。外れーとは宿と酒の様になりそうな気を起たり。ただなりし
こなーしまでは気になるが、外れにも来てくれる真の剣には男立つのが良いだろうと思ふ
何回も日毎のごとくに雨が降る。大島(?)や勅令にも触れると言つてみるが、困つてくれてるし外れ
日なしで、うまるのが、こーからは空つたまい。欠と取られるから面倒だ。工夫をして出て来た
は、ふんが尽く後はお来る。雨まへふらなければよいが、と人事通勤会が出来るか
ら定め一間いなる」と思つている。いよく工夫で明日すぐ停止することになる。だにあたつ
といつて雨の日を考へて、料理を一日に英(?)して食はれることにした

宮(?)

二月十二日 夜十一時 夜(?)

英(?)へ

686

NO. 1

二月七日 いよ〱工兵器廠の日だ 昨夜からぽつ〱降ってゐたので 雨だろうと思って
起きて見たら幸にふってゐない 雲はすごいが 小さい雨は時々ぽつ〱ふって居り
しかし晴れてゐった 今日は二つの運動會で帰還歓會があると言って来たから
其の日に用意に来るだろう 司令がマラリアにかゝって来て 青くなってへルエテ来たので
昨日の日数をのりて除女アへ出かけはいって来た 長い間のった 其の時 自轉車にのって
城外へ出て遊ったが 空気がすぐぬけて失ったので 途中でおりて 又空気を入れ 遠い
所へいく 面はし 又空気を入れして来た 門の前は土民の青物賣が一杯なのに
いなくて 商除くをせくしる 工兵所の前が 青物市場なので 皆へ皆集ってくる
生ますと有る ナス コイ レンコン 白菜 ホーレンソー ニンジン 大根 ナニヤンエノ 大部酒其の他
何か知らどん〱つゞいて来る 白菜なんか直径一尺位くらいのもナベで三円に賣ると言って
ネギ一本に大き目株が五株位 一円三十銭で一株六銭だ 仲々いい値だと思ったら レンコンなし
卵は三円位のが一本三十銭位 ニワトリは一円二十銭位 これは安い 卵は十個に三円 四円位で
売ってはない それだもので ダンゴを作った肥めしがつゞいて来るし 僕は後で

687

NO.

久しぶりなようなものに旗をつけて 二つを棒でになって 卵じるのしてあるのを ひろってそのガソリン
の空罐の[illegible]へ入れて歩いている 見ると[illegible]いろいは見たことがなかった。二人ものが沢山来る
用事をすまして工場へ帰って来た 朝めしをたべて 皆の交代をさせたり外へ出
て出入の者を調べなりして居た 運動会は[illegible]で 日の丸の大きな旗を立てて
ことをしてみる 小さいのは沢山にこれに赤の旗もあって 寺村の運動会を思い出だ
十時頃になったら 各中隊が集って来る 皆んな並んで居た。正に[illegible]全員で会をして
て ひまな時は外へ出て運動会を見て居た 白をつけた兵隊さんが前後のなになって第一
つになって走って居る ゆっくり中国相撲も面白く拍手して居る音がきこえて来る
障害物競走や又射撃の時など その他 競技したりして中国[illegible]面白くだり[illegible]競走や
つなりをして居た 俺はみんなと一緒になって居たが 工場が忙しかった。大分面白そう
かった にぎやかに大笑いをして居る 部隊長殿も見に来られたらしい 一寸はなれて
居るのが見えなかったが 二日目には[illegible]城をさ贈りして終りになった。
工具所の中からよくかえってしんに見えてみた。[illegible]は酒や[illegible]の者を沢山せがった

688

NO.

との事だ。兵隊皆もだんだん帰って来る。四時点呼を受けて居たが今日は運
動会のためかもしれない。四時少しおくれて兵隊に来た。大江君も少し
来た。又三日前と普通だ。異状なくすんで三日目のつとめを終り四日目は中隊へ帰
って来た。皆が帯剣と云って来る。夕食もつけてあった。服装を外して夕食を
よばれた。布団をのべる床が遅めて来たが、疲れて床の中に寝た。で眠ってすぐに
米をたくふとんの中ではあるあたたかく立ちかかりに眼を覚ました。[illegible]つて寝てゐた。夕方より
ねて七時に起きた。点呼だ。すんで又兵舎へもぐりこむ。今日の連隊運動会の
準備をするため演習して来た。隊長以下風を引いてねてみると頭を引いてゐ
ると云う声が云うを注意して居た。大隊では十時頃にねむてゐたのでゐた。
次の三日間のすべてと云ったがわからない。三原班長から申した。気へ先へ帰ったが
ることが気がはなはだ悪い。何時も兵隊時代にされてから気をつけて休めない
が今般から又三日は、シャツ一枚になって手足を伸して寝られるのだ。やはり寝
ることはかならずないたなあ。ほかれる。なかなかの酒をきいて笑っていた。あたたかい

689

二月十八日 晴 うすぐもりだ、どんよりして居たが よくなって来た
七時半起きた 皆が広場へいって点呼をとって今日は砲廠へいって砲の手入れをして来た
二十へ来てからどうもいけなかったので、かーキシャツや[illegible]が[illegible]なった
待って[illegible]を送り[illegible]会で、[illegible]の日に四手紙が[illegible]てみるので 夏の書時の
日にして和と書き始めた、外へも返事を書こうと思い 九時に演習に出ていった
くつ、銃剣の手入れをして十時に集合し、又厩へ行ってくつを手入れをして、木一本揮(?)して
来て整頓棚の下へ 夕方や刀、水などをする所を作った、俺のすに棚を二重にして
くれてあったのが ひどい便利がよくなった、いろいろのを下へすてて すぐ右(?)にある
運動場へ行って 林少尉の指揮で徒歩教練をした、ラッパを言って 十分位で止め
もどってから皆帰った すぐに又手紙の返事を書きにかかった、大分出来よう。
外の者は診断にいって居た、天気もよくなって日が出て来た、昼になりめしをとって来
て会食をする 午后は病室にて 近の所に手紙の返事を書いた 一時頃より 松(?)[illegible]
高須(丹生寺の人)と二人 兵部へ 馬糧の受取りの伝令にいく、トラックにのって

690

NO. 5

城外へ昨日迄居た工兵隊の宿だ 青島の家は野戦倉庫になつておつて
多くの食糧が山につまれてあり ここは○○大学校で中は立派なものだ 城外から
城内へぶらぶらと廻つた 今日は四人で支那人の自動車だ 土色の旗を日章旗をたてゝ
正貨を使つておる 内地よりは安いがデアく一寸いゝ菓物を買つて遊んでおつた
四時終つて船へ帰つた 一眠して食事をとりにいつて 卵一つづゝ 汁とめしだ かつぶしをかいてたべたり
卵めしをしたりして食べた 下給品はパイナップル一つ二人で 又ミカンがひとつづゝで 今日はよか
つた 一眠してみたら夜が更けた 富兵大尉がくみたのを持つて来てくれた どうも感心せり
しおる下手だが 一寸だけでも居る位 肥えて居つたろう これを見て安心してくれ 腕にまけておる
のは外出する時にまでいくこと散歩位だ 夜の夕食は水とうで 刀の落穴は支那待材のもの
ゞので持つて来たのだ 刀もつばがついて居て一寸かくこうだよ 大ろう 訓練をこらすのだ
長男が一寸暑いが其ことするとゆんよ 訓練だよ まあ元気な元気だ 外は帰つて居るのだ
母にも見せてくれ 大西の家にも又見せてやつてくれ 又三日の内に五人でうつしたの
も二十日頃に出来るだろう 又書き送ろう めい達手紙を早く居るのだ 又

二月十八日夕七時書

妻へ

実

691

67

二月十九日　雨だ　天気も一日かはらなかった　昨晩も消燈後和えて　夜中は相変らずはげしい
雨がふってた　目をさまし床の中でしばらく　サンデー毎日の光をともして近元てみたので
しばらくなかった　もうたミカンのかんづめを切っていたが　杉本と二人でたべては　又おれた返家の
後で外のことも治しをしてみたのだ　その後もう　雨の音がしてみたのだ
雨なので点呼はなく　広い家の中で点呼をとって会報事務に戻って来た
床を掃除して洗面をする　明日も流しはすぐとまった　雨の日は何もするのにもうる
さい郷里から　暇で自分の荷物を出して整理していた　皆が帰るとし　めし上げにいって
出口につけ一日前会をすます　雨の粒は大きい　手紙の返事を書いた　一寸暇だ
雑誌を見て遊んで居た　九時から雨なので徒歩教練も中止だ　午後の附属学の一寸休み
で兵器庫へいった　多くの大切な兵器を掃除した　これを出す訓練もやった
ったので　またいろいろして雑誌を一寸見てた　又めを上げにいって　面会を　ずっとなった
一時過ぎ　わたしは　雑誌をよんで居た　工兵の教科をうつしてそれけいこをしたり自習したり
して時間を費して居た　一時から又兵器庫へいって　手入れをして　三時半頃に　終って帰って来た

NO.

692

NO.

雑誌をよんで休んで居た 雨はゆんゆん止みそうもない 掘割江の水が三十尺もへったのだから
又元の水が元の位にふえる迄 ふりつゞくのだそうだ 三四月は大方雨ばかりで天気はない
と言って居る 今で五寸位水がふえたそうだ 血夾と言ふ本をよんで居た 今会も
そうは来ないと呼んでおるのだ いった 卿一つに汁を右側によって卿メーを右で立たうまい
卿がずいぶん沢山に取れるのだ 安いらしい 十おに三つ四つ位が まとめて買へば うんと安いのである
う 今夕会をすまして会場を後にして来て自分のアトリエの上へ注って来てそれを書いてみる
と話から サラオンキを借りて来たのだ 沿特以上 言葉かけていろ 正月にかけたのを日ト
の家が大分深刻だ まだ又よい 浪花節や流行歌をかけて居る たいへん面白い
こんな雨の中でも子供よは鏡を豊かに出て来る 今日は正月で休みなかろう
太郎は今六円で兄ひーと遊んで居るだろう 外の子供等も皆元気もして
百才論争と漫画を今写しおた 理白くて大笑いをした 今晩は 木花の天ぷら屋
別荘でだ 浪花節ーもよい しずかにして皆呼ぶ(?)居るよ 俺もこれを止めよう 又
明日の事を作して みこんで 歩くとしよう 体はかなくと ふくしみるまだ 明るいのだ

693

NO. 3

二月二十日　朝の間はしぐれて居たがだんだん雲が切れてよくなってきた

昨夜も雑誌をよんだり字を覚えておそく迄起きて居た　ねるまで

外の者はショーギで一生けんめいにせって居た　好きな者は何よりも先にする　も一つのミカン

のかわをむいておかしとこんぶでたべたりしてねてしまった　あたたかい夜だった

今日は雨だと思ってみたので天気になったのを見てうれしかった　昼飯後たいそうしまし

帰った　部やへいって机をのせたり　引出しを整理したりし手入れをして帰った

窓を洗って今年だ　此の次は毎日毎日このばかりだ、変ったもんはたいがいない

工兵の規則けいこをしたり　雑誌をよんだりして　大野木から軍人の真髄をと

とる　班の前の広いこうりの土台へ一日集まれし中隊長の精神訓話があった

連隊長どのも次に来られた　大体また終って一日体育場へいった

大隊の各中隊が広い運動場で徒歩教練をやってるた　風が冷たい

手がはげしく失ふ位だった　で教練も発訓練をした　かけ足をしたりし

屋に帰って一日疲れて居た　昼めしをすまし一眠した　雑誌をよんでねころんで

694

NO. 六十

みたが一時に又ねる。馬の道具を手入れし 附属品検の巡視がなかった
二時から乗馬の運動で僕は馬にのった 運動場のぐるりを走って廻った 落ちな
いおになった やはりならって馬にのる方がよいなと思ふ よいものだ
三時に終って帰った 四時から二兵なので 銃を手入れをしたり 銃剣のそうじをし
たり くつのそうじをし 用品が来たので ゆっくりで 四時になるのを待ってみた
小説をよんで遊んで居た 四時になったので 杉本・小林・山本と四人で すぐとなりの
中隊事務の所へ行って 昨日の人たちと交代した 今日は上等兵が来て 司令を
出情係と兼任だ 上等兵は少ないが 何事もよくしなければならないのだ
で交代して 剣を引いて 杉本 習が一番に立った 前の三日以来とは違って
今は中隊だけの当番だから楽だ 天気はよくなったが 中々寒くなった
なべを沢山の他用にして炭を使って居るが 寒い 夕食が来たので 飯へ行って
夕食をたべて来た 外の者は 先生しもの人が にぎやかにやってみた
だったこともなく 日が経って 組になった 二つの交所には 夏さんが来て 明るい

685

NO.

庭の上手七草が入口の門をしめて入りを止めた 使用人のツイも夕食の準備をし
明日の水をくんで候く失ふから誰もはいって来ない、台の方に金板がはってある。
七時から日が暮れた 半時間で立って 九時から雨の七時を四人でわけて俺が一番に立
つことになった 九時から十時半迄 兵舎の中をぐるりと剣をさげて歩いて居るのだ
火事や盗難のないように又は怪しい人物の来るのを見はって居るのだ
夜は相当に寒かった 電気は附近はついておらず 十時になると消えて失ふのだ
夜食を手伝(?)が来た 二月四日から二日まで あれから一皿と
百之助君から一通 梅田から一通 小林からも一通を来
た、久しぶりに読んでみた 三部版が出はじめた 皆とりかへた なつかしい 故郷の
事が頁くある。故郷で何の音楽会があったと言う事も富美に書いてみた 母は宮
まだ帰れないだろうと思ふ 日本の国の中の政治も見て育った故郷も大分変ってよくなる
言って書くあったのが安心をしている。俺等ここに大佐を折りて居た山本と言ふ
人が内地へ行って弟と行かない 二十三日に帰ると言って来た 又次へ書こう

二月九日夜書

一良夫

要へ

696

68

NO.

二月廿一日 上天気だ 一寸寒い 工兵隊も異りなく 夜が明けた
大分日も長くなった 有難だ 又も七時半の起床もくるったが 此の頃は 暖くなった
大分違って来た 有難だ 兵舎掃除 工兵隊の兵舎を掃除にいって帰る
皆がよく工兵隊の掃除をした 顔を洗って 朝食に行く 飯 うまい
みそ汁だった 今日は休みだ 外出が出来るのだ が俺達 工兵だから 出来
ない 夕方の四時迄は テニスをして みなければならない 外出出来ないと
思って居ったがもう三回あった 所もいって 何度も通って見た 支那の様も
久し振りに料理屋にいったし あれは日本のことだ せまい所だから 一時間もおいて
行く所がないので 夫が便だ 女を見るか海でも みなければ何時も
居って思って居れないのだ 朝から夕方までは行く所に困って居るのだ
日本の酒は 大平か アジア飯店 はしかたりして 一合入 一円七十五銭だ かんして
剣へ入れてはくるが 俺が日本でもらった給料では とてもとても高いものは 口に合わない
支那でもにぎりずしはあったが 一円三十五銭と 一人前 五十銭が 問題ではない

687

NO. 42

正月も スギました 五十年目ではあるが かなしかないが 父のおけもめた
と言えば 休みは の人びとしてよいが 三日では仕方がない 役所に行った人
休んで居た人は中には皆 かあをしていった どこへいくのか あてもないのか ぶらぶらとして
いく 今日は天気がよかった出し 分からない 今迄に 今年が一番よい日だ
前に来た 会をして 又 役所へ来たが 退屈だ 子供は 何をたべ
ながら かあをしにいった 朝出たものへ早いのは 一時頃に帰って来た みなけった
と言って 大部までドルを 買って来てくれた 少しのうす 皮で包んだあげのあんで
体が今日は よかった 一つ一ヶ位なら 大きい 娘はなくなったが うまいのにびっくりした
二月四日の少き 見た 一月三日と 大日に 来た 手紙 なりが 今だに 行かないとのことを
ので 正月をしたはずにわしたので それがわくいくしので あるんので むつかしいので
これから 沢山に 来て たのんが もう今頃は 伸びて 居て あまり 多かったので
して 居ることと 思います 多分このメートか エノキか ミノルも 沢山 届いて 大よろこび
のこと 思って 居ます 心配をすることはない 届いたのに おくれる通り 正月をして

698

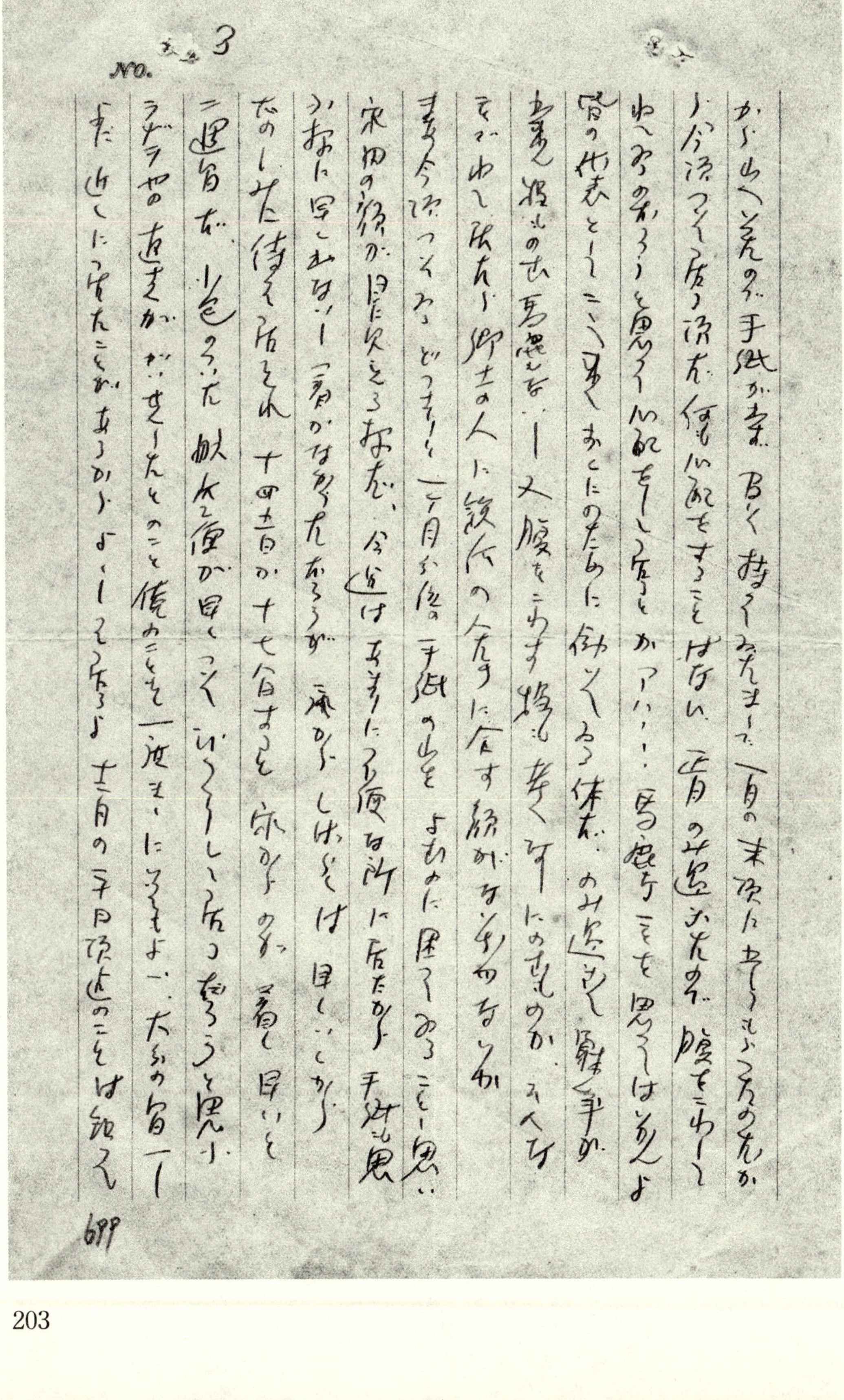
NO. 3

から母へ兄のが手紙が来た　暫く待ってみたまへ　一月の末頃に来てしまふのだか
ら今頃つとめて居る頃だ　何も心配をすることはない　皆の無遠慮が腹をこわして
ゐるのだらうと思って心配をして居るとか　アハハハ　馬鹿なことを思っては困るよ
皆の体裁として、こんなおとこのために働いてゐる体だ　のみ過ぎて身体が
素人様子の馬鹿な　一人腹をこわす様な若者がゐるものか　ここへ来
てゐて居れば郷土の人に親兄の会すに会す顔がないからね
まあ今頃つとめてどうか一ヶ月か後の手紙の山を　よむのに困ってゐることと思い
家内の顔が目に見えるやうだ、　今迄は余りに便が近所に居たから手紙と思
かわなに写真がない一番がなかったであらうが　来てからしばらくは目しいてから
たのしみに待って居てくれ　十四日か十七日すると家からの着て早いと
二週間だ　小包の入った缶がお便が早くついて　びっくりして居るだらうと思ふ
ラヂヲや直走がだいぶしたとのこと僕のことを一度まいにたのもよい。大分の皆一し
まだ近くにゐたことがあるからよくしてゐるよ　十二月の二十日頃迄のことは絶えて

699

なに心をいためて居られるだろうか 俺はよく わかって居る お前とてつらい へとにかくたのむ
ないのだ 俺たちの代りになって母上をよろしく孝行をし すまなし是非して呉れ
淋しいに違いない人だ 其の上姉は遠い所に行って居るし 久米の姉だけだからな
お前たちも淋しいだけよく わかって居る が また寂しい 私どもたのむよ
又其の内に弟が早く帰れるなら家業はえんりょにこしたことはないと思ふが 永遠の
旨よく辛抱して がまんをして来た 今日迄やりつづけ来た 皆の人の手本
となって やって見せてやれ みんな今には わからねば すまないのには違いないが
手で腰を折って人に笑はれるようなことをしない なによく 二人力を合せて仲よ
く二軒の家を守って呉れ お前たちのことを弟はどんなによろこんでいるかわからな
い あれは二度も帰って来たのだからな 俺の所へ何回も お前たちのことを言ってくる
弟も入営がきまったように思ふ 今後の事、案ずるなくを身にしみて これへ たのむ
早くはいって 四人、そろって力を合せて人のうらやむような仲になっていけるように思ふ
俺も自分のようになったことも多くを言って来て わかった 又次の便にしよう

二月廿一日 夜

定夫

妻へ

700

皆さんに教えたのが今日出来てきた
私とおんから見る様に写真が下手で
間抜けしてみたが又とりなおした（今日）から
来次回に又送ろうよく見てみるだろう。

レコードの中で 草津くづしのいい歌が
あったから下へ書いておこう。

草津くづし

一、おくにはなれて 幾千萬里
雪のザンブでうたいぬすれば
夢は故郷の空にとぶ

二、たえて久しき 我家のかどに
母の笑顔を しみぐ見たと
思ふとたんに たまの雨

三、夢は破れて 吹雪の進軍
明日はいよく 總攻撃
友が無言で 手をにぎる

四、片手日の丸 天井高く
手柄を立てたと 大人の母に
男本望（ホンモー） たよりかく

701

No. 1　　　　69

一月廿日　夜廿時頃よい天気であった。午后になると初めて外出の者が帰
って来る。皆おとなしい。子供がよくなったのだ。おとなしくなったのだ
土産を買って来たりしている。四時に上着を着し実施した。ギッシリすんだ。取く
帰って来た。子は遊んで帰って来ない。あずきがあるのでゆでてきそうを入れ金時を作
ってお菓子と饅頭とんだ。饅頭も外れしなかったのだ。あとのは、むすをせんべいを
すきなだけ残してあるのだ。何かお腹へ入れるのだ。政得が帰って来た。めしを上げたい
て食事をした。とふ汁だった。政得の名は女人行の菓子を買って皆がたべた日本
の菓子だ。美味かった。山口が三日生きたりして帰って来た。弟さんを買いにいった人
のくずの子ランプを買って来てしまったかれと言ったが、めしをくった女をなので、のむのを
止めた。センキンニスをたべて寝込んで居る。ここへお母が外出する人にたのんだすいた
すーが買って届けに来た。女して見たらまますずし二個だ。一個ったになってある
仰者がしんにはいる。スイカはかし少し見たかいりかいたべたいのだが分からんので
珍しく一人まっしのりのいいにはいかしてたまいすかった。政得が来たら

702

NO.

四人で四本づゝたべた、うまかつたね　一本二十五銭づゝだい

で眠つて日記を書くみた。今日は少しあたべた腹もぴつたりしてることだらう。

南が酔つて外出から帰つて来た。目の玉をすこし赤い顔になつて、うゝ元気だ

顔が急に賑やかになつた。もう二人もまつ青に酔つぱし来た。すゝめて気こ居つて

見送つたものだ。俺なんか酔つて真赤になるのが思ふとつくづく[illegible]になる

心得てなければいかんと思つた。若くない　気分の[illegible]だ。

ちよいく外出した時に[illegible]た写真が出来て来る　[illegible]の外出来て来たやたら

やつのをすかしまにやすく右から左にうつてみた。又やりなほしたと言つて大笑つた。

写真共中ね出来りが何だので、三人共目違ひをよつものを見える。

外れても会つてをなつものが多く小說ふを探して来てやけくそやらん大よろこんでやけくつた

官りこつで案といれものは誰つて持つて来る。可哀想なものだよ

山口が[illegible]をかけました。[illegible]一応死節等をかけくには[illegible]になつた

酔つたものは[illegible]酔が早くさめるやうに[illegible]にしておくこと、じきに

703

NO.

まめいくのだ。梅田は馬の当番で夕食后出している。又明日にして今日はやめ

て就床でもしようかと思んでいると、上等兵が疲れているので長呼をとる程早く休ようし

よい星の夜だ。長呼をとって帰る。ねとこの中へもぐりこんで例によって電[illegible]着

や白陵崎の音を入りて[illegible]か寝もしつゝ小説もよんだりして起きより臣かせんさい

をかけして食べた。冷たいのがかへってようまかった。それからねることにした

二月廿二日　うすぐもりだ。朝の内は硬雪た冷たいが、近頃これはつたでもなし

いつここそもない田地はまだくずてのことだろう。近頃も中隊一手隊を入った

何となくしかし[illegible]しくあった。上等兵をとって行る。今日は年の最後演

のけいこがあるのですぐに砲廠へ行って砲身を出して来て合した得い一眠し

て兵器を[illegible]していき砲身の附属品を出して来てハイーを出し外とう天幕を

まいて大さわぎをし沢山の道具を持って砲廠へ入って行った

はなれてみた人で十時半頃[illegible]も今日は早く十時頃になって土曜日

休みだ　一日をうしなっていく　馬を引く　林少佐の指揮で遠計[illegible]を[illegible]

704

NO.

廻て城外へ出て見た。また行つた所の前を通つて出て見た 五合位の山々を道路が
どこへつゞいてゐるのか分らない。ただ出かけた。城外へ出かけていくともうこゝは田畑や渓谷が
多く、ぶらぶら柿の実もあり一寸腹を満つゝ進んで居る。野菜は沢山作つてある
細々の行軍だ。二、四粁来て見た。土人は沢山避ふしてゐるらしく外へ出て見てゐる
上まで二十丁、いよいよ状況により射撃の用意をして附近の高い原へ陣地をと
あそこで小休止上げた。ワイワイ言つて汗を流した。上の命令では、へ陣をおいて急射撃の準
今がかゝつて来る。沢山は人がゐる人一皆一生懸命だ。思つた敵はもう一里やり遠くまで
見へ居てやりすごした。今度はうまく出来た。小雨がふつて来た。困行きも悪
い。二回やつたのだ。之で離れて失つた。で、四時頃に俥兵帰へ帰つた。馬を外し
て陣地の所へしまつて泥をおとして夜食を持つて宿舎へ帰つた。夜勤
大江日早く起きるので急がしく今夜もして見た。満く帰るのでゆぶかうと思ふ。
昨日下流呉の河が一杯あふれてあまりふつたので、かくをしつかり作つたが昨日雨して
腹一杯いの人で来た通りは のまず えんえんのない話をしてゐたで、山口と以上を三人

705

NO. 14

でやってみたが川上も止めて先に出るに二人でせんしとやってみた。サンコと言ふ実の

なたのが今晩のおかずなりました。それを背にしていろく消毒してやってみれ

鍵て語るのですからので風呂が女湯と知らしてきたので当にキャラメルを

以するのをおをやしを出でしましなれたのみ線に当って風呂へ飛び込んでいった

四人はやってみて満員だ。其の中へわたくしでいくし洗。くつ下を一通り洗って帰って来た

お八さん待って居たので二人でせんしとキャラメルを二合を買ってきてしの人であた

よるまでも遊びに来てそれをおって居たら大さわぎでドキドキした。それに

をかけたりしておるのでよけいドキドキした。一通り話をしてやる

来客をとて帰って来日記を書こうと思って居た所へ又よそから遊びに来たので仕方を

教へてもらって一生けんめいしてくったらしこ一解し日記を書いてこれを書いて

みる。昨夜の会話は楽しかったが今夜は一つかになった。雨がふらしい

ので少々してみる。明日又今日の様に演習があるなら、夏部にはよいが嫌みだ。

一月元旦九日 從此二の週元気よくやってみるから安心して寝るまたのまね文

良夫より

三月廿一日 夜九時半

恵へ

706

二月二十日晴。昨日の夕方からの雲行きを見ていたら今日
はきっと寒いみぞれの降る日だろうと思っていたが日の出頃に
みぞれまじりの雪も止んで来て山の方は雲が切れて来た
昨夜は今日兄吉の方へ行く方があるので手紙を出して昔はこと思って
弟へとお願を一通づつかいておいた。消てからにーソーをつけて朝飯
新青年をよんで居た中に探偵物は面白い。何も相当に
冷えたがそれでもいくすりとねた。寒い寒いと言ってももう知れたものだ
七時半に起きた。外へ出て点呼をすます　よい天気になりそうだ
雲も切れて居る。馬小屋へ行っていつもの手入れをして帰る
顔を洗ふいつもの雪のあった頃にかめの水はいたい位冷たかったが
もう此の頃は丁度よい加減に暖として心持がよくなった。
朝めしをたべて火にあたって新青年をよんで居た。
だんだん天気がよくなって来た。うす日がさして来て春の様にすら思はれない

707

2

めい日になって来た大時半から運びの工事だ　クリークの泥土
をはこばせたり穴をほらせたりした　材木をはこばせたりして
ゆく寸暇にはおれない　ここも五日から仕上げて行くのだ
元気がよくなって仕事をするのは張合があってよい　だれもはれバいそし
て、クリ宿すいゆくがよく働く、昼は帰って食事をして一時半迄休んで居た
午後はつづいて工事にかかって居れ大分出来上った、四時半になって
皆の力を運んで　生作業を止めて宿へ帰る。犬をたづねて場所を
わかした夕食をすまして風呂へはいり洗たくをしてさっぱりとした
ひいゃるめんどくさいがすまいとすれなかったのが研究伸びて居た
六時半点呼を終り夜に水で乾草をやって帰るよい宿直部だ
帰って火にあたっているうち　フトンをしいて中へもぐりこみ日記を
手紙をかいて居る子供らがにぎやかに遊んでいる明日は十五日
五日で休みらしい文部人のことだ　雑誌をよんでゆっくりしよう
去って九時

708

二月二十二日　晴　よい春日和だ、どうやら定まって来たらしい。

あたたかい。いよいよ陽気は春になって来たらしい。朝は霜がおりてゐた
ので冷たかった。昨日も云ったやうによくねた　くつ下二足、チリ紙一、石ケン一コを
貰った　この室は四人だ　十日にてことで一人二人になるから後は淋しい
加給品の酒ル一本づつ貰ったが四人だから四合だ　酒党の山本が所望
し　改修、松本、藤本とどれもこれも山の陣地へいって失くなるから　よけい淋しい
時々電話をかけ、命中の報告を受けて喜んでゐるので一寸慰められるが
今朝は朝からからりと晴れて居た　東の方が赤くなって見えてゐた、後で
よほど経ってなった頃時計をとって　馬せついて中を掃除　水をかけ
ズボンをかって帰る　陽を当てし　外套を干して居た
頭を洗って朝食　みそ汁だ　とふを入れた又ナッパを入れた　り分大
を入れてあった　久しぶりなので味がよい　雑誌をよんで休んで居た
ん　午前中から陣地の工事だ　皆力いっぱい　大いに材料を集め

709

させたり土をはらしたりしておた春日の様なあたゝかい日になった
はれやかだ どれものんびりとしてゐる、庭の中の梅にさびみえずに大空へ
ぐーっと大きなのびがしたくなる大声で何か叫びたくなる様な気持だ、
昼からは室へ帰ってすぐ一寸手紙例によって火のそばで雑誌をみておた
もうこんなよい日になると山の中まで外の方がどんなにのんびりするか分らない
午前は日曜だったので休みに湯へ行ってラジオの線を二十四切って来た 山の道
の松村少佐は又次が来たので ここに来た人に借してやってもらった
一日の工事を終り部に帰ったらよく見えた 夕着になって来た
又来たのを作ったり 湯をわかしたりして例によって雑誌をよんでゐた
お金は芙田だろう 風呂へではずいぶんずっと 中に一年がある
明日は弟の所へ行く 人気作家に会われるだろう たぶんをたのしみにまつ
日本の方が早くお前のかはりてゐるだろうか 近頃 トンと来ないので淋しい
4 用は毎日だろうか すばらしいと手紙 様にたのむよ 明日を楽しみにして御休み

710

一月十二日 今日も快晴 上天気だ 天気はよいものだ
昨夜は田中が馬の当番にいったので一人でねてゐた あと近藤の雑誌を
よんだり 水谷が遊びに来たりしていろいろと話をしてねた
今朝も霜でまっ白になってゐた 夜明け方にひえる〳〵と思ってゐたが
点呼を終って馬やへいった 毎朝の仕事をやって帰って顔を洗い食事
をすます。風のない上天気だ ストーブをたいて茶をわかし あたりながら休
んでゐた 今日も毎日のつづきで陣地の工事だ 昔から渋ってゐる
其他馬の運動 部隊食料品の受取りで方々に別れていった
仕事をしてゐるともうあつい位だ 最も冬綿衣つけはあるが
昼食時に帰った 一服してから午后 ○○○○の陣地へいろいろのものを持っていった
ので 松本のシャツ類をことづけたり ラッカセやミカンをたのまれたので
酒保へ見にいったりして沢山買いこんで持っていってもらった よろこぶだろう
と思った 俺はひきつづいて工兵の方へ出てゐた、この所兵舎へ与え

711

今日の手紙（アートー から来て中 中村實君 リオチ けだ朗を 會田五枝）

人々が帰って来られた、加藤君には木口の菓子を一つづゝもらった、山口にはたのんだ
本郷に持って来てくれたのでよかった、[illegible]を入れたりしておいて
冬になり[illegible]を風呂へいった、手紙がおくれるので[illegible]
おまへから[illegible]を思ってゐたが来てゐなかった[illegible]のないこと、がっかりした
書簡[illegible]を見たら一月六日から二十二日頃まで一ヶ月からおくれることになる
たまには来てゐると思ったが、おまへからのがないとたまらない、今度はいくらか[illegible]
麗子之を加へて[illegible]アートにし 五円の母と中村朗君と二枚[illegible]があった
かけた五円の[illegible]をかいてあったので安心した 會田で[illegible]が二月[illegible]
大阪へいかれたとかいてあった、[illegible]の話[illegible]をしらんでこれで[illegible]には[illegible]
麗子も来て[illegible]かいてあって[illegible]しい[illegible]紀州一件を[illegible]
いたとかいてあった、[illegible]今後の[illegible]郎は[illegible]山と[illegible]を
[illegible]家を三人に[illegible]仲よく[illegible]
又[illegible]人があるので[illegible]をかけ[illegible]はする[illegible]

二月十五日 劉生

蓁 氏

712

NO.

二月二十三日、うすぐもりだ、昨日久しかりの射撃演習で気合をこめし一生けんめいに
やったのだ　からだが痛くて起きられなかった、だるい　点呼をとり東方を拝し故国の
人を祈り五ケ條の軍人勅諭を奉唱して五分間体操をし馬屋へいそぎ
馬のゆわい（まや）をわたり掃除をしたりし飯へ行った　顔を洗へ朝食を
昨夜風呂へ行き、シャツをかへたので洗ふつもりだったが時間がなくて困ってゐたら大分あり。
とうとう来ず　女さん達首を訪ずねたりして大体午近あそんで居た
午前から馬の運動で厂（宮や）へ行ったが砲手のある馬がなかったので止めし丁のかまりの
ごみをはこび掃除をし　お不在なので待って帰った。シャツ、ハンケチ、靴下、ランニング、手袋
を洗ふ。待って帰り睡して近三（?）へ送る古くなった点の内容にあり
食事し　又近アのつづきを書いて　だけが又昨日と同じ演習で砲、敵へいく
砲車をまんなかへおいてゐたら馬が来て馬をつけ林少尉殿の指揮で陣地幕の
ふるまへ三回四回運て昨日と同じ城外へ出て農村の街道を前進して状況に
はいり射撃の用意をしてから前進しつつ途中で止まり砲をはずして各人で

713

NO. 2

汽車を降りより汗みどろになって風邪を引いた。急行列車でどんどんうずまった
宿屋はこたつにしてけいこだ。で寝室を借りて一眠りし又、さき、この道路を運動場く
帰って来た。汽車の泥をおとして風呂へ帰って来た。四時頃だった。
帰って一眠りして居る内に夕食が出来た。今日も卵つき、あった。下宿の茶がもったい
ないのでみたのだ。昼をよんで卵饅をたべた。うまい。二人前をたべてみると腹がいっぱいになった
て眠る様に思って二人来て居る様な気はしない。
真の田工見に行った汉寄太江の二人が帰って来たので たには米二斗をもんしとかんでゐた
俺は外とうをかして来て居た。窓の口がやけて失ったので三角の手しを買ってくるつた。
ダンオンナはよく働く。少ししかたしかないが婚礼と太江はションボリとして生活
になって居る。外の者は皆でみんな一緒に歌を歌ってみるものもあるらしくだ。
今日も疲れた―― ゆかい 真の四日だけだ。雑誌でもよんでねてゐよう。
天気はよく晴れたのが星が一パイに出て居る。提灯は自分から暮した。俺と二方は四日宿れて
居るのだ。早くかかり横にあって居る。夜は静かだ。さあねよう。

714

NO.

二月二十四日 うすぐもりだ 割にあたゝかい日だ 東京の天気みたいなのかもしれぬ
当番にあたつて朝の日課をすまして厩へいつた 今日は獣医のえらい人が馬を見に来られるので
留して ゐるのを外へ出してほしておいた 中をそうじして帰り顔を洗い朝食をすます
一服して三んへり草を一枚書く これから手紙を書いてゐた 天気一寸悪くなつて来た
雨が又少々来た 丸山君が馬屋へいつて馬の手入れをしたら全体の馬糞をとう
て掃除をしたりしてゐた 甚さんと二人で五頭の馬を手入した 寺田君に一人で止め
て厩へ帰つたんが今日の馬の巡視は中止になつたと言つて来た
班会をして休んでゐたら外出が出来ると言つて来た 此の前の休みに来れなかつたん
はのは外の者は全部休養することになつた 西で信と山口と藤と三人だけなつため
杉本は旅行嫌く正直にいくのが二時に班長く集合するまで 外出する時間がない
のは残念だ ぶらくしてゐる内に一時も過ぎて来た 散歩位をその辺へまいつて山口と二人で
小雨の降るをがまんしてまいつた 東通りをまいつて 南を探した 南は支那人のミシンやがあつて
服を修理してゐるのだ こゝ一週間程前毎日いつて わかつた 南は洋服を十着もしてゐたので

715

さ゛さ

No. きの

けに上手だ。あアして描いたり家ぐらい大建の含で一生けんめい写っていた
そこをあく又こ反だった上手な建を描いた支那人の作で日本人経営のホテル
をのぞいたりした。またかな支那人や日本人が給仕をしてゐる。中々こゝは高いので
一寸住む気はないのだ。のぞいただけだ。歩いた。野蘇郵便局の所へ出て共同浴場へ
あり、共浴には一般入浴をさせるのだ。入浴券を持って居る者に限りで、はいるのか
つた。支那人の者にカンチューか外の者が居るである。黄色い酒で、五加皮酒とキャピー
言う。内地のミリンの様な甘味があり、ネットリとした一寸カンチューのにがいかしてよい
のだ。北の所大江が写して行く。よく出てよかったので、山口でのむことにした。カイダン一本を
二十本である。カンチューの倍だが安いものだ。三本買ってきた。戦後の方へ向って来た。
こゝの通りは大分日本人経営の店が多い。写真屋や会帳店や本等の店々が並んでおし
たばかり。新しい店が出来た。どんどんふえて来る。少ない大抵ものを売って居る、
すっかり…とすしを売った家がならんで店やっていた。山口とそのおばんやけいえん
持って来たキャピンをのんでもらってやまかわくにエーしたいまいだらの様なもの

716

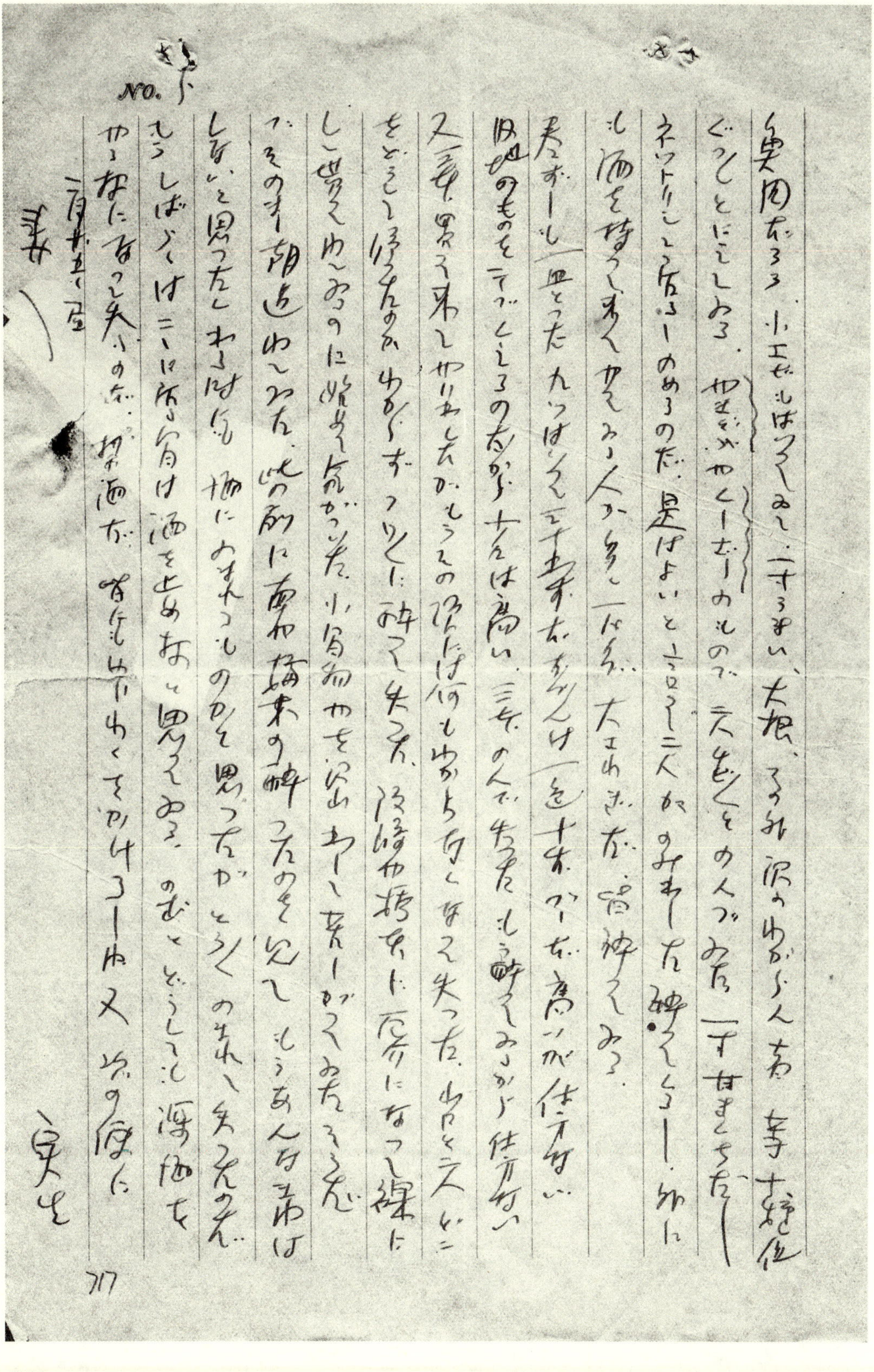

No. 5

[illegible]なろう、小エビもはいってゐて一寸うまい、大根、[illegible]沢山[illegible]等 十種位
ぐつぐつとにてゐる。[illegible]ので六人もの人でみたら一寸甘ましたし
ネクトリしたよ[illegible]のめるのだ。是はよいと云つて二人がのみました 酔ってくる。外に
も酒を持ってやって来る人が多く一杯のんだ。大工[illegible]だ。皆酔ってゐる。
[illegible]一皿とった[illegible]二十五才[illegible]十本であった 高いが仕方ない
[illegible]のものを[illegible]ところのなかで十本は高い。三人の人で[illegible]もう酔ってゐるから仕方ない
又[illegible]買って来てやりましたがもうその時は何もわからなくなって失った。[illegible]と云ふ人と二
をどうして帰ったのかわからず[illegible]に酔って失った。[illegible]になって[illegible]に
して帰ってゐるのに[illegible]気がついた。[illegible]をおい出して苦しがってゐたそうだ
だそのまゝ朝迄ねてゐた。此の前に[illegible]の酔ってたのを見てもうあんな事は
しないと思ってゐたのに[illegible]のかと思ってたがとうとう[illegible]
もうしばらくは二・三日は酒を止めないと思ってゐる。のむとどうしても深酒を
やってしまって[illegible]のなにだ。禁酒だ。皆にも心配かけてすまん 又次の便に

二月廿五日 夜
実生
妻へ

717

71

NO.

二月二十五日　又雨だ　しとしとふりだして　気もはれない日だ
食事をとりに外へ出た　雨が強くなって来た　ヨー拝をしたり体操をしたりして帰
った　寝室へ入って　帳簿をつけたり掃除をしたりして時を過ごした　弦を洗って来た
昨日の酒がまだ少し残っていてふらふらしていた　今日は朝から皆に笑はれて赤面を
した　今日から禁酒すると言っても本当にしてくれない　笑ってごまかした
朝めしをたべて　ごろごろしていた　だるいのだ　そして昨日迄の日記をおさらいした
九時半頃外へ集合した　馬の手入と厩の内外の掃除をするのだ　僕は引続き舎外の
石ころを水で洗ってきれいに掃除した　厩へはいって　ハイノーを飼かいを整頓を
し　掃除もした　今日は班隊長どの　山形に来られるそうだ
寝室へ入ったが大体に終っていたので　用はないと帰るから上等兵が帰って　厩の中の整頓のやり
直しをして終り　昨日はいたよごれたシャツを洗った　自分でも気がよし　友人は洗濯を
してくれたものだと　不思議にかんじてしまった　手伝ってくれとも決して来た　また前に
洗ってはってあるかしめてみたが何もついていないので　着てはいけない　コンニンジ　一枚では

718

NO. 2

ひやそーし寒いので しめつ衣みを着た。皆行って居たし 全身をむげて来て
一日室会をした 此の頃は 大抵汁だけと引かが面白だ 何も外の者は有ると思える
手紙四月なな天気が全くはきつ明か 紙白付 一付近 場に居て 雑誌をよんで遊ん
だ後だ。ばかり 何かと書いた 小説の手紙をせよと。で 手紙をした
終って体操合は 中隊工兵の司令なので 人々を洗って 降たり 歯を引いてかわかしたり
していた。じっと寒い。火にあたって遊んで居た。部屋へ行って雑誌をよんで横になって
ねた。四時に起きて 工兵の交代にいった。当番は吉田中尉と僕と四人だ。代って工兵所につめ
て居た 火にあたって番をして居た 其の内夕食になったので部屋へ行って 食事をして一服し
て皆と話して居た。当時は交代に立って居られる—雑誌をよんで居た。其の内に
丁度七時半点呼になったので 点呼後へ行って 明日の日課を写して居た。
明日は昨日出た演習を又するのだ 今度は班付長殿が見られるのだと言って居た
僕の工兵の交代に出来て 僕も演習に出ねばならなくなって居た 点呼をすまして事務室へ
行って週番士官に点呼を報告して 工兵所へ帰って来た。

719

NO. 39

夜は俺が時迄不寝番をして居た。外の歩哨二人は寝て居った。大寒気の下でコンクリートの土台の兵舎の入口に座ったまゝ火にあたって居た。風も大した事はなかったし、外の班は出発迄起きて当番をしたり話をしたりして居る所もあり、俺達の班は例によって当番をして居た。やむをえなく時々まきを焚く見て廻った。時になって次の番の岩田を起して交代し後は寝ることにした。

二月二十六日　ぐっすり一ねむりに寝て矢張七時半少し前に起きて兵隊を各班へ帰らせて中隊へ行き、週番士官に二兵の異状を報告して衛兵所へ帰って来た。アトは毛布を班へ持って帰り顔を洗った。四人交代で朝食をすまして衛兵所で火にあたって番をして居た。外の者は卵を買って来たりカステラ粉を買って来たりして衛兵所へしるこ湯を作りに来るもの又卵の料理を作りに来たり、休んで交代は早く室へいって遊びには来るし火にあたりに来たりして居るので退屈をせずに時がたっていく。夜は寝ず例によって交代で食事に帰って又火の番をして遊びに来る者の話をきいて居た。天気は相変らずだ。雨に変ったり又上ったりしてうっとうしい日だ。

720

NO.

ぶよ近こな日がつゞくのかわからない 二月は大分毎日の様に雨ふりばかりだ
とうく雨に病者も生止になって失って。士兵も発展せず 一日でもう大分すんで来た
又天気になれば明日あたりあつのだろう もう二月も あと二日だ 三月になる
寒い時もこえた 十二月頃の○○の陣地と思うた 今が一番寒かった 一月から二月と
だんく寒さがすぐついた 寒いと言っても 大した事はないが 何より耕れたは
よい 三月にはよほどあたゝかくなるだろう 又雨ばかりふるのだろうと思ふ 三月四月五月
と三月は雨ばかりだそうだ そして揚子江の水が元の様に以上がイになるとの事と
もう今日迄に六たぶ七尺もふえたと言ふ話だ。こう一月も雨のふることを言ふのは内地
では一寸見られないだろう 然えてふしぎに思ふと考えて ふたり止んだりしてりキッカマ
日が多く たまには日の影もながめる事もあるが すぐはひが出ておそくふって来たりして
一日天気の日は今日迄に有い位だ 又寒くなく 気も悪い位りだ 此は故郷より すっ
と良くよくてみると あたゝかくなってからも早い位りに 夏のあつさは又ひどい事だろう
う 一年中寒い事はないのだ 気候に見てるだいぶ違うのが大違だかうだろう。

721

No. 5

四時になった。上番四人が来て交代した。これで一日のキンムはすんだわけだ
役場で大江とかまじって居た。朝帰った。くつをぬいで寝台の上へ上った
かれを思って日記や手紙を書いて居る。夕飯も来てたべた。とうふや卵を
買って来てハンゴーでたいて喰って居た。例によってキャンデーをかじって三四人で飲ん
で居る。僕は二、三しばらくのまぬ事にきめて会話をした。かれと言っておこってくれ
る。又二三日したらかえろうと言って手紙のつゞきを書いて居る。小供らが出し
の騒ぎを無理に受けて言って居る。中にいろいろな者だ。会話を済ませから勉強してくれ
と言ふ そーして銘々のめーしをもらって洗濯しているのだ。中々田舎の方僕には出来ん事だ
昨夜手紙が来ないので真夜中迄一ねむりしよう そーして又ねる事にする
母様のお言葉って へ お便りはどうだ 元気でやってみてくれるか 二、三しばらく手紙
が来ないので案じているのだ。其后から一寸返事がない。案じて居るのだ
病気ではないのだな。太田にも会ったことはないのか 一度しらせて来いよ 待ってゐる
二月も後二日で三月になる。雨は近ふるのかね 日は少なかった 留守をたのむよ
二月廿二日 午后五時
妻へ
吳生

722

72

さか

No.

二月二十七日。朝の合はしづくとふくしみたがなんとよくいった。
昨晩は点呼迄ゆりして点呼をとり又ねたがいろいろと家の事を考へて居たら中々ねられず往生した。ごろごろと寝返りをうって此の雑誌をよんでみたりしてみた。
隣の者等はコーダヤンもしてねるし大ぼらは三回もして居るしおそく迄にぎやかにわいわい言ってみた。
それでよけいにねられず母の事や将来の事を考へて居たら将棋や財産の夢を見た
それでよくねたと見えて朝起きたら気持がよかった。点呼をとって帰り寝床へ入った
ねむいのを我慢をして毎日朝の日課をすまして帰って来た。顔を洗って朝食をすます。例によってみそ汁だ。朝はよくいったが今日は布団を出して干したりして
散歩をしたりした。九時半全部集り三中隊の広い講堂へ行った。大隊の者みな来て居た。大隊長殿の「家族には家風がある」と云ふ話で中々上手に億万を笑はしたりして話をせられた。精神訓話が終って外へ出た。中隊へ帰って一服し今度は中隊だけよって軍人の規則のけいこをして言ふたれのかけ帰って休みと。みな一生けん命にけいこをした。覚えてみたが又すっかり言ふとなると まじめに自覚して言ふてゐるのだ

723

No.

何回かけいこをして中隊長殿の前へ行って云って見た。それでもつまらずに言えた
まだ深山殿が言った。班長殿に使ってやられた日本手拭洗濯をすまし洗って行
っておいたが点になり命令をして又寝具をまとめしすまし終った。
昼から乗馬して馬の手入れ、三時から中隊長殿の馬の検査があり俺は馬の使役になって
砲車の附属品を外して手の台山の中だ。どろんぼになっていたので池へ行って馬を二人で洗っ
て来て洗ったり自分の洗濯の洗ったりした。終ったので原山君と三人で砲廠へ
行ってえーおりに砲車の手入れをした。日より少く休んでいた班長に来ていた。外の者は馬の
運動をして運動場の外を走っていた。班長殿が帰られていたので内務へ
はいった大分早い方ばかりだったのですっかりと気持がよかった
三ツンの洗濯をしたりして夕食だ。今日は珍らしく魚のにつけが一切れづつあった
鯉の様な魚で骨がとがしみどのなな身だった。うまくはなかった
今日一日を日記と手紙を書いた。外の者は例によってキャンディーをかって
一パイ呑って酔った。十一本二宝づつの酒を買っておいたが今夜は早く止めた。

724

No. 3

二十近く一服して居たら手紙が来た。二月十五日夜の八分半一通と心配して居た母君と友子君と三通。好子弟から一包と梅田から一包と来た。今日は又来ると思って居たのだ。安心した。母君も皆んなも俺の[redacted]のれつたのだ。安心して呉れたとか、それ以前にも心配して居るのだ。おくれていくのだろう。しかしもう今頃は届くだろう。安心して十五日の俺の日記をよんでゐることと思って居る。大分長い間便が行かなかったから心配すだろうな。一週は早く出さねばと心配をするから出そうと思って早く出したのだがよかったな。是からも頻々に出して行くだらう。十五日位と思ったのは今日の分は十二日目に手に入った日もあった。よろこんでゐる。心配のあまり、お前さんに欠て世界それとのことを心配をかけてすまなかったな。しかし山の中に居たものだから、こうまで便がなかったのだ。是からは頻繁に出すから心配はない。安心して毎日研究をしっかりとやってくれる様に御願するよ。俺の事は先づ忘れてよい。体に気をつけて大いに働いてくれるか、それ丈が心配だ。又病気にならぬ様にして呉れ。母にもよく言ってくれる様にたのむ。

725

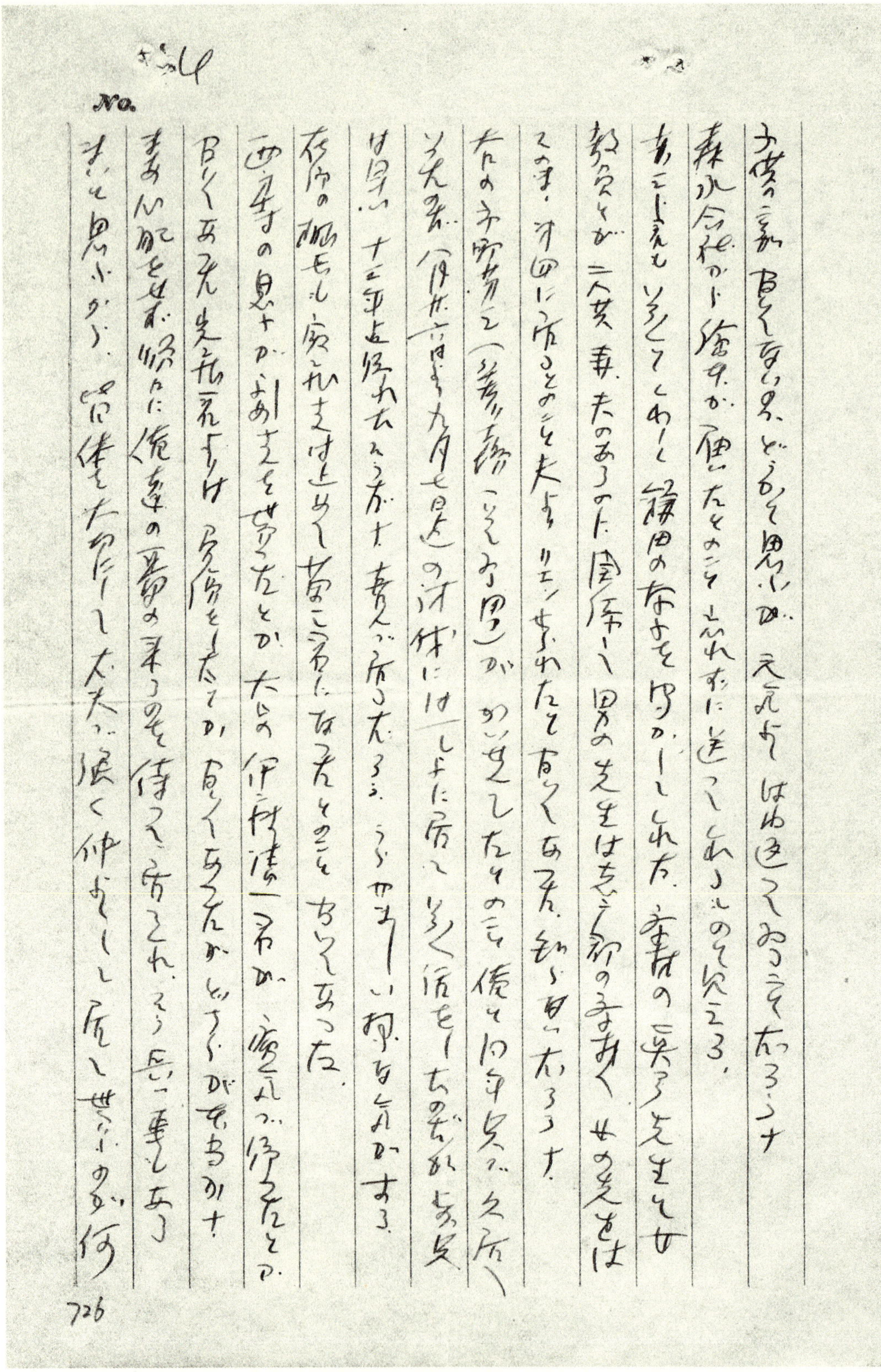

No.

よろしい 気を楽にし 細かい事は忘れて居るのだ。実際体に気をつけてね
母さんにもよろしく話する。他に私の友人はない お前よりほかにはないのだから
いろいろと面倒な手続を用事の為だ。中に若者住の事はなかなかうまく
なかなか非常時だこの頃だから 私をたよりぬく訳にはゆかない 今日迄切り
通して来たのだから どんな事があってもやり通さねばならない。わかったね。
健康はうまく気をつけたらしい。大きな心になっての苦労は覚悟して 気やすく病気をつけて
気分を良くなって、見て居たが 気の毒だったね、病気で自分で病気してやって外出をせずに
見たりした留守をよくして 勇気をよく持つて病気になったのか、平常から無理して思って居た
子供の父母はどうしてよいか 半ばはどうかわからないのだ 家事って居る、近頃は病院を
病気しました 思って居る。今度は弟が 手伝はなかなかだ、なんとよくなって
来た事 思って居る、つまり元気かい 今度は一寸休んで 体を大事にして居る、なるべく
気じも無理をせずに ほかってあげるならば只 又これからは今の通りを守らね
ば人のだから 明日は休業外出し 真行迄通って 話して 又次の便に

二月廿七夜

妻へ

727

寫眞ハ出来たから送る
緑なトで一寸変てゐるだろう
一寸すじめ違ひだとみるが
気は前のうしなもで目に
主人のつれだ、

728

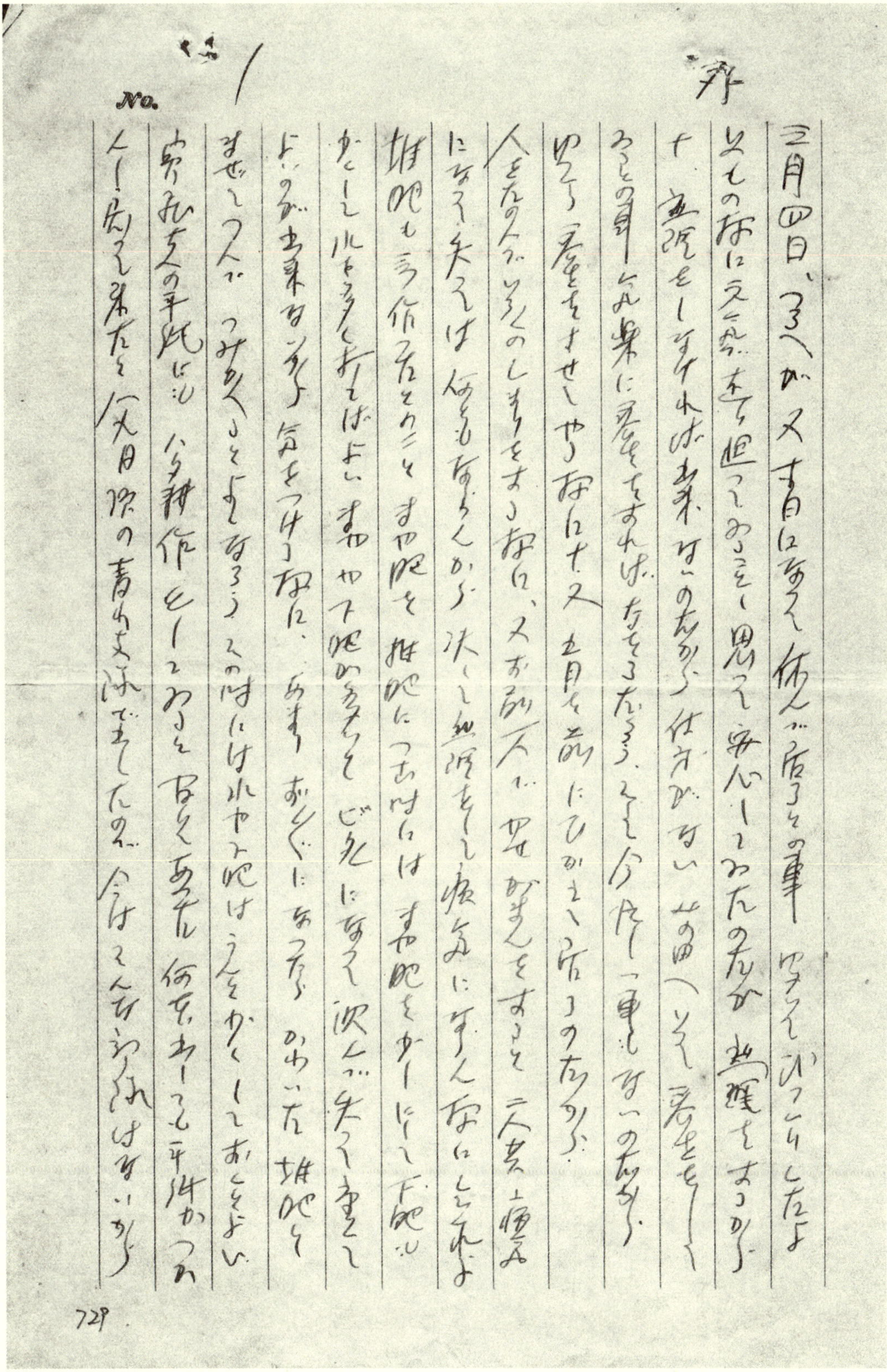

No.　1

三月四日、こうへが又すぐにあつて作んが居るとの事 やつていつたりしたよ
うそのないに元気で来て迎つてやることし思つて安心してゐたのだが 無理をするから
ナ 無理をしなければ出来ないのだから仕方がない せめて少し養生もして
ゐるとの間に気楽に養生をすれば治るだらう、そして今後一寸も無いのだから
ゆつくり養生をさせしやうなにに大丈夫 五月を前にひかへて治すのだから：
人をたのんで少くのしまつをするなに、又お前一人でせがまんをすると二人共上病み
になつて失へば何もならんから 決して無理をして病気にならんないよ
堆肥も多作者とか二と 大切肥を堆肥につむ時には大切肥をかけにして下肥も
かくしておけばよい 大切や下肥が多ければビ乳になつて沢山が失つて来て
よいのが出来ないから気をつけるなに、あまりおぐにになつたらかわいた堆肥と
まぜてつんでつみかへるとよくなるう その時には水や下肥はうんとかくしておくとよい
突然文人の手紙には 分耕作をしてゐると書いてあつた 何をあーつて手伝かつた
んし帰つて来たと 父日頃の青年文派でおしたのだ 今はそんな訳ではないから

729

No. 2

家でくうの方、張合がないと言つてがつかりしてゐた。
大きさも大きくなつたさうだ。下作は難しかつたからよく出来るだらう
がつくり驚いた。大きさ少し使用に言つてみたその事を何すかだし一月なせ
おもあれだけも大きくなつて来たその事を張合がなくて寂しがるだらう。自分がおらんで自
分が大きくなるのはうれしい。その事と両方共理を持なに、ちやんとして大ていの家
お帰りになつたら見せて世話はうアハ……。妻は何か本に書いて大きくなる
判つて俺の帰りが近づいたらしく、それにさうだ。俺も大きくなるのを楽しみ
サにウンと働いて居るから安心をしてくれ、
故郷の皆さんと手紙のやりとりをして居ることの以上近所の恩を忘れぬ様に
俺も故郷とは互によいことにつけ悪いことにつけ相談をして力になり助け合つて
居る。何か困ればよく俺のことをしてくれる。御事をお前達は止めようと言つてとめてくれる
俺はありがたいと思つてよ。二人が言ふことを守つて居る。故郷へ行かせたがらしく
俺に以上言つて悪いことを悪いと言つて呉れるのは林…の事も忘れぬ

730

No.

殿下なぞ失った。又婿君も俺のことはよくまもってくれる！
最後迄 助け合って 人に負けない様 大に頑張ってゆこうよ。
平兄 兄貴との争いが来たとの事 一安心だ。争ったことでも負けたのでは
ないかと どれだけ兄貴さんも人知れず心配したか知れぬ 思って肩の荷をおろした。
進夫のことは病院に入った通りだ。房子の手紙にも書いてあったが 盲腸だ 大層
しい二日前に退院したと書いてあった。手術をするとよいが 子が生まれ人ならなくて
は困るが生きる者の君を書いてあった。兄が全部心配した 君の母子が悲しかったが
安心したよ。進夫、房子 手一 安寿 として一つ続く 房子のは五ヶ月の 大丈夫だ
美つたことは 心配の迄 あてにしないことよ きんちゃんは 実の子との事 近頃は
も手紙をくれないが どうしたのかな もう まいにちになって 一人の女の子を生んで見せてくれ
孫も兄も 卑劣な母さんの事 なれから一寸も安心して居られなかった お目出たい年
又 いずれ二人して会えるかな 会えるなら会って 孫共けなげ 皆立派な人間の花
今は一寸 おまえ 位だよ 俺たちの身内は安泰だ 俺もこれ ーーだよ

731

三月四日　昨夜は如何る程ふった。ひどい雨だった。朝になってから小雨になって居た。
点呼を取って配の掃除をして洗面をし飯を貰って来て皆と朝食をした。今日は午前午後に
別れて演習があったが雨が止んだので高の運動などになり、俺は午后の番で今日は昨日の
退軍を習ってみた。輪回やかけ足。実弾者いない者。[illegible]然し之が全部下りたら座ったりって
た。座金を作ってみの田へ行ったのをつって出して、すいたのは[illegible]運動だったが、雨が止したになった。
器具へ[illegible]とかいう道具を製作する棚を作った附近の森の木を取って来て出来上った
のだ。用心深く[illegible]切って来た一間くらいこれをつなげて居る。[illegible]は工兵の[illegible]を止めてけいこ
をつみ上げ、外の者は雑談をしたり手紙を書いたりして居る。近頃は又雨がひどくなった。
携ナ法の小片[illegible]又ふえたのをならう。昨日は工兵が停ってずいぶんやりしてみたのに何もする
ことがなかった。昨夜は兵作りでつまらんで私人はいなかった。今日は気持がよい。皆の隊が
出来るだろう。山口が炊事へ出た。今日から一週間だ。近頃は何か実がさよ[illegible]
くとあく[illegible]。なになった。手紙以外に[illegible]欲しいと言うた。[illegible]あるか、あければ
居るのはないか。大切にしまっておいてくれ。新しい日記なかったら又次の便にしよう。

妻へ

寅より

四・三月十三日

732

三月七日（六月四日よりのつづき）今日来た手紙の返事を書いた 久米の森田
君の所と安勝手へ、奥田先生へと。大洲になった両君を見ると初め
へ大江君の妻より便りのを待って改婦山にとボツで初め大江も帰って
来たので四人 外の人も皆でおじってにぎやかに一ぺイの久だ「澤の鶴」と言
小酒がまってたネ 一升の久で失ったので 又買って来た 先生まで少し
ブ・始めにお芋だせい上海を何時にすまして 砧へ帰り 旦の丸行進曲や
愛国行進曲を歌ってのた 四ヶ月の丸行進曲も覚えたよ
帰ったらハルミと歌い小事がまずするになった すえく歩た ぐっすりと
三月八日 今日は雨が上っているた 七時まだくらい上海にいて帰り今の事
書で松を掃除して 顔を洗い 飯を買って来てつける。丈郎さんに
散りがあまり にんじんのななのを買って来てあったが すまーにされて卵とおで
こまいけが出来てみた 所でし… にんじんのすましけだ 一服して、
人はかり 皆 棟先婦へ行って 徒歩散策をする。右むけ 右むけ 四
週れ右など大分まえまで 砧へ帰り一服 どんよりとして空が雨はふらない
時から馬屋の道ならしをする しゃがをはさんで下へしまって 道を作った 大分運発
たので砧へ帰って休む。八か寺書いて 夕飯をたべる 一服して昨日送った金

2

めことをミんなへ 書いてやった くわしく沢を書く やった よくな物を買って
やったら方がよかろうナ．大きくなった皆の顔が 早く見たいものだ
午後は公会の方 もう今頃来るのを見送ってほしい 出征軍人に送るのだから
早く作ってくれ とその方とよい 一日早くつくなにと首を長くして待って居る．
今日は演習で 馬をつけて 夕べの大砲車を引いて城門へ 通りして城内へはいりました
然しにして 兵隊を行軍した 今日は新東亜建設記念日で 家毎に五色旗を
立ててあり 日章旗を立てたり 四つ辻へ 塔を紙で作り色をつけてキレイなのをかざったり
祭りの門を作ったりして 広場には 兵隊さんを呼んで 一パイの人であった 皆手に日
の丸の旗と五色旗をふりかざして万歳をさけんで居た それを見て城門へ来て帰って
来た 車を水で洗って来たりした よくなったので 帰り 明日 大演習をするので 明日は空には
り音だ あかるいことだ 今夜の会ので 寝床をしてめしのお米のを待っている
前に今日の日記をつけておく あなたがたは見たかやつなげだ かんだ 株か早くに書く
日をおって来る たべなったら もっとよいのだろうと思い 今日は一日中に 海を飛
様へやさしく 賢った かんそくして 元気よくよう 又下さい 手紙を書いて会を 海をかいし
して このみ 食事をして あたらしい手さ 五六枚 書いてたりして 今は兵隊に 馬に水をのませ
と帰り 日れのつなぎを書いてやる とても あたたかい日だ．又次への日にする

734

3

三月九日、今日も雨だ こうつゞくとふて腐る 全く嫌になる位だ
六時迄雨ばかりだからよ 点呼をとって馬屋へ行く 例の通り朝の
日課をすまして 八時に班へ帰る 顔を洗って朝食、鮭のみそ汁だが
内地の鮭の様においしくないが 麩のみそ汁よりは又うまい
食後横になって居た 今日は大隊長殿 査閲の徒歩教練がある予定
だったが雨がだんだんひどくなって来たので中止になった 九時に集合して
馭者は馬にのって運動に 徒手は昨日の様に馬屋の附近の道の北で
どろどろになって居る所を一時間位馬をひいて歩き運動して来た 俺は先に看護
の使役になって兵器庫へいく 鞍具の附属品や馬の道具を水洗いをし
た、手入をしたりして十時半頃帰り食事当番をした 今日はなかなかよ
いと言ふと変だが スープの中に例の生を 一人に一ケのを一匹 大分太いのよ
卵一つづつあった、生の卵は一年ぶりだ なつかしく思ふ とてもうまかった
午後は二時から二回目の注射があるのでそれ迄班で休んで居た 洗濯や友人
(手紙の来ない所へ)へ小包を書いて居たり 小説を読んだりして 注射をし
て帰りについた 俺は小説を読んで居た 八時半頃 たりして休み居るので
みて居るもありいろいろだ 他の班は雑談が沢山あるので よい

735

4

四時になったので馬の手入をした。此時がきつく苦しく頭がいたくなったり
足がだるくなったり寒気がしたり、胸が苦しくて手が上らん程になったりしておる
馬の爪を洗ってやわらを取り馬の手入をして避難所に行って来た
夕食はブタ汁だ。大根や人参が入れてあった。食事をして横になり身を百まっにて
た。大分良いたよ。すると廻り合せのだから一寸低か来た。健康だから来
が、煙草一包と標本の若い男から鉛筆を三本貰った。健康で大分良くなって
日をあったが一七二十五の安高（ホワニーキ）看護兵を引いて安くつくので知らぬ人は気付かな
い。ポツと面白い事が出来ないやうと思ってあった妙な気の毒だ。
又其の写真を思い出せば忘れるのでこれのつぎを思ひて居る。両親
が心配して居る。此の時で若い寒気がして居る。[illegible]のは四十度
位になった時もある。体が弱い一寸頭が痛い右手を上げると痛い。胸が一寸動いて
苦しくする。今日は右の胸が痛いのだ。日記を書いて居る時もあるので十分だ
診療所に行って馬に水をのませて帰って居た。杉山君の所に来た。カンデー毎日を
借りて見ていた。血が出るし足が出来るかと思ふ。頭は痛い。せいか
出ない。[illegible]明日出るのだろうかと思ふ。それかも知れない。らくに
三日ありて、一寸よくなった。

736

5

三月十日上等兵をとって其後へ行くし上官胴の白星を取って行ける。今朝は七時
起きるのに寝坊したらいかんのだがと言って皆の力で起される。不思議な細だ
食事は赤飯だ。今日は陸軍記念日で九時から木下班長と宮城遥拝をし
日露戦役の戦死者に黙祷一分間をして中隊長殿の訓話があり終る
前の休みに十二の者は今日出られるので南大にと遊びに行った。外の者は皆休んだ
休養して横になって八年四日を書いて居る。雨は小ぶりだ。天気もよい。
昼近く山羊をよんで居し、馬に水を飲ましにやって帰り又ねころんで居た。二時頃から皇軍イモン
隊が来て居たので部隊全員大きな講堂へ集まって慰問を受けた。三重・奈良県の人で、奈良の
県軍代理の八田閣下と奈良県町村長代表小松氏、県庁の人と三重県では県会副議長の
平井氏と県の町村長代表の森氏と来られ、あいさつあって、イモン演芸団で浪花節を吉田
一奏、漫談京山吉田今若（若い女の人で上手だ）曲芸は宝家?三郎、まんざい横山春若横山春
代と五人で浪花節は面白く大笑いし、曲芸は撫サイダービン、茶びん、まりを上手に使いわけして大
笑い。又まんざいは腹がいたくて笑ったく腹のいたくなる程笑った。五人共一生懸命で皆汗みどろに
なってやってくれた。こんなよい演芸団は始めてで、大喜びして雨の中を帰り、下給品所の酒をかんして二合
のみ皆を。陸軍記念日のまんじゅう白赤二つありねころんで手紙を書くみる。食事一週来た
大阪の友の彼女の八木君か、イモン袋を送ったんで近々手にはいるだろう。上等兵をとって寝ようよ

三月十日夜 廿時四十五分 書

妻へ

〔署名〕より

737

三月十二日 今日は珍らしく雨が上つて居た。点呼をとり馬屋へ行つて日課をすまして六時起床。顔を洗つて朝食をすまし九時迄 今日から三日間の臨時勤務の工兵に行く
の毛布綿ブトンを包む。蒲造りをして持つて行く荷物を調べた。日用品なども入れて
八時から今日は馬のくらの手入れで馬屋へ行く。くらをはずして水洗いをするのだが一
やつて済だら川原君が呼びに来た。兵器庫の使役に変つて行つた
砲車の附属品を二人でもつて運動場の前のクリークへ行つてシヤツ一枚になつて水で洗
い泥をおとす。水でゆすいだ。二人で持つて倉庫へ、油をはつてはつておいた。用がすんだの
で班へ帰つた。馬に水、まぐさをやつて来て ひげをそつた。昼食をすます。ブタ汁で
中々うまかつた。一服して 川上君と二人の荷物を作つてやり 外とうをまいて準備をする
支度をすつかり終つたので荷付て一服して これを書いて居る。一時半から一同そろつて
残留部へ集合して トラックで工兵所へ送つて貰ふのだ。どうかして 三日間 即ち
十四日の夕方迄 雨がふらねばよいがと念じて居る。大分遠いらしい。
中隊で四人と一人は吉田君で 上等兵ばかりだ。工兵所へ行つて又下くとする。一時。

No. 1

738

No. 2

一時半迄射撃をよんでゐて居たが当番のこちらへきて四人が待ってゐた当番下士が出
いに来たので一緒に師団兵器部へ行ってカタカー乗って来た副官司令殿の服装検査用
意が多くて野菜卵豚肉米など、ミツ等をトラックへつみこみ司令以下二十人のって
城外へ出る。雨でどろどろになってる城外の街道をトラックは泥をとばして走る
二回行軍のあと。。家をこえて遠くの道路をあたたかい日にさらされ[illegible]
柳の芽も少しでて来てやだんだん青の色がこくなって来た。今日は午后は今日迄にない
よい日になって春の桜を見に行く頃の陽気にトラックの走るのが何ともいえない
左手に○○飛行場が広がる。皆広っぱへ小さい並木をとうして機のなにしてある一。。機が空
をおどし敵の飛行機が来たら一撃のもとにとらえんばかりにゆら人がゐる
このへんは皆始めてのものが珍らしい広い広い所だ畑ならし。麦も四寸位にのびて
ゐる 菜の花が一寸黄色くさいて来た。やせた[illegible]の麦 麦は肥がきいてよく
ふせになって居た敵の飛行機のこわれたのが人首のがい骨の横に草の上に横た
わってゐる。左手の遠くには山が見えてゐる。右手は揚子江など見えない [illegible]

73P

飛行機が又も来た 大きな、紅白の吹き流しが風になびいて見えて居る

これは部隊が居る所へ知れた 飛行機を廻して書付へつけた 一同ドッとよろこんだ

[illegible]で手前に大きな飛行機が一台と小さいのが一台とまってゐる。一台は大きなもんのだ

上翼と下翼とが破れを一寸作りもし 器備をこわしいく。ここ附近にあるのだ 近く

修理は全部ここへ移轉するのだ 広い、見はらしのよい所だ ハラッパの大きな道の

兵営が日本のと同じ形で新しく建物が出来てゐる 馬小屋もタテマイだけ出来てゐる

この新しい兵舎は部隊がはいってゐたと見えて使ったあとがあった。

兵舎に広い所だ 炊事場も出来て設備はよい 兵隊の交代を終って 工兵所へ帰って来た

三人ですぐに炊事の準備をしてゐた 土間に炊事をすました、ブタと廿四 大根を入れて

中々うまい味がついてゐた。皆家へ帰ると めしたきなんかしたことのないのばかりでここへ

来ると上手になる。他の幹部をきめしおいた 中々忙しい人が多いし 知らぬ人は

[illegible]りたおし 中々訳を出すのに骨だ 他はまだ電気がつかない まっくらだ

ローソクをつけ 木をもやしてあたり ようやくねることになった。新しい兵舎の

240

No.

ちへはいって持って来た工面をしてくれる俺達は司令と工舎停りと云ふて一泊を三つにわけて俺は十一時から三時迄四時間ねることにした。こゝでしづかにして居るとわけもなく懸（かん）がなぞろう、娘めは何かを思ゐがかへんとわかって故郷の当番時代の事を思ひ出した。こゝは早い今頃かへんが来るのだ。よほどあたゝかいのだナ
爪がいたくなって来てヒヒとと音を立てゝゐる。星が見えて居たがボツボツ又雨になった。宵の内はまっくらだったから衛兵所から兵舎へは士官位ながれたまゝりの中へざぶざぶはいって来たりした。初めの内はわからなかったが其の内にわって来た。衛兵所の所や炊ぐ声が聞えてくる。だれかを兵士との窓にはいってどうかりゐた
三時に起されて衛兵所へいった。その割にねむいことはない。気がしまってゐるからだ。ねむたいから面白い話をしてねむくなく言って居たので時間も割合にたつて先ず歩哨の交代をして居る内に六時になり皆を起して交代させて、交代して又外の者をねかした。三日の衛兵は至って楽で休むことが出来るのだが、ないと体がつゞかなくなるからだ。六時はまだまっくらだ。寒い

741

No. 一

三月十二日、工兵の一ヵ年は明けた 二日目だ 火にあたって話をして居たら 七時になった 工兵係りをやらされたので 俺が代って炊事をすることになって 上手なめしをたいたことがあ ないので 川上君にたのんで めしをたいて貰い 火をたいて みそ汁を作った 仰し 貰って来たのだ みそ汁の中へ 二十人の分を入れて 素早く顔を洗って 食事をする 点呼に行って帰る 松原君と交代して 貰ったりして あちらこちらを見て廻った 広い飛行場だ 昨日見たヒコーキを見に行った 大きなもので 中へはいって見た 広いこと 参急電車の中位広くて まん中に通路があって 左右に一人宛の 一等の汽車の椅子に 似ての腰掛が左右並んで 十人で乗る 腰かけて見ると からだにしみ フンワリと中へはいる 位なんで 左右に一人に一つづつのマドがあいている、飛んでいて 下を見られるようになって居る 便利なものだ 正面の突あたりのドアをあけると 飛行士の居る所が二つあって 前には 自動車のような 時計のような物が なんと三十もついて居て ややこしい キカイが 左右に一杯だ こんな ややこしいものを よく覚えられるものかと思った 電車と同じように上にはアミ棚があって 荷物をのせるようになって居て 後の方には 便所、洗面所がある、

次へ

三月十二日 盛男

妻へ

242

79

三月十二日つづき　これで大きすぎるからだらう　大きなものだ　お客をのせし
[illegible]のせて田地からこゝへ　こちら田地へと体操してゐるのだ　大したものだ　二人を
大きなものが空へとぶのを思ふと科学の進歩はこわい位だ。
飛行機が珍しいのか　人が沢山来てならんでゐた　遠く森の向うの林田の城壁が見え
ところどころの手前には兵隊の家が青ペンキに塗ってきれいだ　あちらこちらにツクツクし
ならんでゐる、田地に所々麦畑がある。かへんてこしい。せりがある。
などを洗ったり、ぐるぐるとある　せりをつくったりして　道のすみでにするので洗ってゐる
飛行機を見に行った。外のが一台　大きいのがとびあがって空へ上っていく　風船のよ
これのだ。又一台上に居たのがこゝをぐるぐると廻ってなんく下へ下へおりて来て土の上
へ土の上を走ってぶんぶんまわって止まった。天気なおかげ　用をしに来るのだらう
明野の飛行場も、何台あるか分からんここだけは何十台来ても楽だ
優しく来た　朝から雨は上って青い空が見え　なんてよくなって日がてり初めた
日は休日まで　暑くとうなってゐる　憲兵司令の　ためみで　二つの訓練を

743

No.2

書く係と云ふのだ 三尺四方位の大きな紙へ筆で書いた しゃつ一枚になって一生
懸命に日本が下手な字で私ら恥かしい こんな字をこれから先大勢の
人に見られてはと思ったが消し得られないのだ 馬力をかけて書いた 土間近かり
やっこしい字を並べて書き終った 二時間あまりかかった 昼めしが来たので 炊事
へ行った せりとつた 大根サツマイモを入れた汁を作ってみた せりのにほひが別によい
作ってあるのらしい よく肥えて居るすなは どこのおな元い所に一面にある 大きい
井戸は荒れた所にあるが水が悪い 井戸の附近にはニラが沢山作ってあっ
た ニラは体によいとか 土地人は毎日たべておる 一寸くさいにほひがするよ
会ってもし眠し 旅行中の上ぼの四おりするのを容て居たが 土地近くなったので
大体に部をうかわさせたりして 俺も面かわることになった ぼんやりしているので
字もうまく書けない アトンをかけてみたまし これを書いてみる 以上系け立つ
一番で行ったし 私が来れば一しょにやる一番なのだ 二人で並んでやってみる だもの云ふ
めて一生懸命に手紙を書いて居る 日がまだはらって明るい サアねよう

吉川生

744

No. 3

どうせ眠れないだろうと思つてゐたが、ぐつすり眠れたので夫々目をあけたのは四時前だつたよう思ふ。松本君はまだよく眠つて居た。で又ふとんをかぶつて眠たが今度は眠れずうとうとして居たら川上君が夕食が出来たからあたゝかい内にたべようと起しに来てくれたので炊事へ行った。珍しい味めしで葱のクリームのせりを入れて大根せん切を入れてとてもうまくそれにタラリの汁にせりと卵を一つ入れていい味だつた。今日は道に一寸女房がうまく残つたのを工合屋の陸兵君が握りめしを作つて組合にたべようと言つて居た。ぼくはよく食事をして来る人だ。皆感心して居る。十時半だから今年三十九だ。夕食をたべて一服し、組の交代で眠るのをやめたが中々おとなしいので宿に眠ると言つて、ようやく当番を俺がやると言つて、安浦の交代をたのみ寝室へ帰つてきた。庭から出て居るので眠れないだろうが仕方がない。目をつむつてみよう。昨晩は陸兵君は宿に帰り当番がきれば布団をかぶりましたにとうとう一睡も眠れなかつたのだ。今朝は眠つて居たがあまり気の毒なので代つたのだ。今日はとうとう一日中雨はふらなかつたが風はまつ寒くなつた。今までのりである。日記をおわりにすることにしよう。ねむた。

745

No.4

ねて見たがねむれるもので 杉本君も川上君も 側に寄って来たので 夕方光りで火皮を与へて

みたが ねむくなったので目をつむっていた 川上君の手紙を出して見るので 耳にはいって はなれなかった

又兵衛を呼んだり 杉本君を呼んだりして 又は便所通いもして居た。火を消して寝て見たが。

うとうと寝る時に 七時の交代で 二人共起きて行った。俺一人になってゐたので ぐっすりとねむれた

ひどい風だと云ふとなって よその屋根や戸の方をがたがたと言はせて居る 一時に起きて 工場へ

来た 皆交代して 夕方の交代をする 外は寒い 幸い雨はやんでいたが これで一安心

ぶったり 大工だなど 社が更けていく 他の音もしない 風の音だけだ

三時になったので ゆう番を起して 室の今の番をゆさせて 夕方の交代をしてゐた

三月十三日。七時になったので 又川上君を起してみた 俺は水をくんで来て みそ汁の用意をしてゐる—

川上君はめしをたいて居た。水が少ないので 下は焦げて 上は水がなくて おかしいのだ。

来た みそ汁はうまく出来 準備の出来た時 巡察がサイドカーで来られた。朝早く[illegible]

い中も役目とは言いながら 御苦労だと思った。八時の交代をして 朝会を

すまして 火にあたって一服した。八時半頃 工会係の 杉本君が起きて来たので

746

No. 5

交代してゆくことにして室へ入ってフトンの中へはいった。小便を一つしてこんどねた所へ
又サルドウーの注射で目をさました。其の内起しに来られて行って見たら第三回目の注射をし
に来られたので今度は衣の儘へおいて見てすぐに又ねた。そしてぐっすりと
ねた。起されて見たら五時半に起きよと。炊事へ行って食事をする。セリと卵との
すましだけではいにほかして中はうまかった。一服して又ねたら大分たって島田君が起
しに来たので三人ぶらぶらと話をして居て一時頃迄ゆっくり話して居たが一時近かく又目を
つむってゆうことにした。又ぐっすりとねて四時半頃に目をさました。すぐに夕食を知らし
に来られたので炊事へ行った。今日昼に二人の仲をよくして居る土民をつかまえたら、ねぎ
の三ツ目をかごに三十あまりたまったのを持って来たので、それと上げたらよろこんで（上げる）と
言ったので甘たらえーし水をこまして砂糖をやったらあがった。そのみぞ貝をすましの
中へ入れてあった大きな皿のみたいだと見て中味がよく卵をうかしてみた。
夕食後一服して私のたまに大田にかしはなれた所にある新聞を安田通訳の
ねにはいった。どんよりとして来たが風は止まった。雲をもやしうすらいたのでひよって
すると雨になるのかも知れない。七時頃だまた明るい。今頃は皆達によろしくあたたかいだろう。又
一眠を
三月十三日夕七時半
747

80

二月十二日出の航空便はまだつかない。どこかへまぎれこんだのだらう。英ゆに送る

二月十三日つゞき。あたりが暗くなつた。米をわかしたが ゆのみがないので
サイダービンを細いひもで二つにきつて作つて来た。司令がミルクを持つて来てくれたので
ハンゴでミルクを作つて一パイづつよばれた。うまかつた。夜になつた。風は止まつた。あたゝかい
夜になつた。風の代り雨になるだらうと思つてゐたがポツゝ少しはかゝつたが止んで了つた
火をどんどんたいてあたつて交代をして居る。夜に一回起きて又次の者がねた。
蛙が相変らず雨のしらせをしてゐるのか かあかあと泣いて居る。やかましい位だ
カモが飛んで来る。寒さ寒さで悩んで居る。静かだ。十時になつたら後の者が起きて
来た。交代でやることにした。室へ帰つて少しでもよくねようと思つたがすぐゆすぶれえたので上
めてフトンをかぶつて目をつむつた。すやすやとねることが出来た。
二月十四日 天気よい。夜明けて来た。六時に後の者が起したので工兵隊へいつた
交代して後の者がねる事になつた。火をどんどんたいてあたつて七時になつて明るくなつてから
⑭上等兵にたのみめしをたいて貰つた。俺は炊事はうんでみそ汁を作りかけた。昨日
二番にすつてもらつたゆでたせりがかたいので止めておいてあたゝめてそれもたべし

No. 1

748

No. 2

卵を生まれた。二ホンのむしで、うまいものが来た。女の首に頭を洗って下さいと叫

太陽が東の方へまるで大きな溝をあけた所だ。何も言へぬよい心持だ。手を打って遙

拝し、家内安全と特に如何兵隊を祈る。皆トこちらへ目の当る所は見たことがなか

った。昨日の雨で又市内に居るので日の出の姿は見られなかったのだ

自炊して食事をして火にあたって心よく体を温かにして居た。九時に

隊長殿が起きて来たので又交代して家へ帰りこれを書いて居ると上番に当番に一しょだ

めてアトンの中から見じなに手紙を書いて居ると上番兵になると思ったがはやって来た

田口美大尉殿がなかなかはっきりない様だ。風はないので、あたたかい。今日は丸三日目の

キャムを無事に終って出迎へに来る上番の工兵と交代してトラックへのって中隊へ

城内へ帰っての話。呆れながらも三日目と言ふを忘れるのだ。気が済せないから、体を

言っても敵の中だから。油断は出来ない。気を忘れぬ事。泥だ。二人の馬の足った所

麦がこぼれて居るので、カラスが何十とまって居て、エサを探して居る

木の枝にも、まっ黒にとまって居る。どこに之なに居るのか分らない　村千紀男君

749

No. 3

ゆへ兄たが明るいのでゆるかず又頭を上げて手役所と并（イギン国の来たことを知らした
外務の御殿が巡察に来られた。兵卒一の出来たしらせをしに来たので県庁へ行って面会を
今日は二つ出所の公事をした。日役を来の路にあるだけたいで、ゴメの路しかた相手の路ら
会をさたものだとされました　一路しかうも布トン上荷造をしたさせをしておいて
食品を見に行た　こみたらけたしてあったのまた便て甘いのかちった
帰て役所で休んで居た　四いの車を待て居たが中々来ない　待て居いしたのだ
三時半頃に出て出て来た。で　当時の交代をしてすぐり出て　四日目に又トラック
へのてまるはどこの道か今度はまれいにかわて居たので　走るく　城から西へ
曲て　公示の方から東通くはいり　目横（メヌキ）の東通りを走て　広派の手前で止まり降り
て帰へ行た。時分　後藤君は昨日から二の工場に来て自然はかわまだ来ないに同へ行
して居た。あかしい　部屋へ帰て焼米をとり　凡んがあるんあるのだ　すぐはいる以上もたし
おうはらて　工員の汗れを流して寝て居た。いま居るのが手紙が来て居た
お母さんの八月十二日出した昔のと　安東兵舎から　ワーしは　坂田、山村知己

750

No. 4

と妙子は梅田から雑誌二冊　梅田は中々よく気をつけて
送られる　雑誌はキング十月十一月号だ　来ている
お前の手紙はよんだが　俺の体を心配して居るらしいが　留守をなって来た。
何も心配することはないと言ってやるのだ　しかし世界を考へて見てみろ
けがをしたと思って来るのだ　何も心配することはない　俺が大丈夫だと思っ
たら元気なのだ　悪いけれは悪いと言ふが　今度足一つ折ったことがないの
だから決して心配をしないように妙子にも言っておいてくれよ
梅田君が今度大けがをしたと変な事を一人言って来たと事なので
雨の中で面会した時に話をしたのだ　又それを大きく知らしたものと見えて
る。いんちは言はない方がよいのだ。別に何かと言っては、ケガだが、本当のことを
言った許で　何も変なことはないのだ　十一月十日頃に○○の戦闘で敵陣へ
砲弾をブチ込んだ時に右のヒジを大砲の下敷に一寸打ったのだ
皆に心配をして来たが　ケガにせよ　病にせよ　よく考へて皆言ってくれた

751

No. 5

のだ！ 僕一つお楽く居られるのだ不思議だ、是一重に神佛のお助けと思ふ

信心をするやうになったのだ。一心にしたら いたみもとまって来った、心配して暮送った

見て貰ったが大丈夫だと言はれて安心したのだ。ヨーチン（ヨードチンキ）をぬって貰った だけ

で三回ぬって貰ったらよしと言はれてよくなって来たのだ。財布にはまだ入ったのだが

何んの自由をすることはなかったのだ おそれるのは危険だから ひどかったら 平気で居けない

すぐ医者がそれでもわかるだらう、今日迄十日目からずっと千代が行ってゐる医者で調べて見

たらよくわかるよ。日記付んでみない。一寸見ることだ。二三回出して見るとよくわかるよ

ひどきみえれへ だけかなそだ 日々 守一つ 多くことも出来ない 医者だ よく考へしないと 深

安手ではないやうにしてくれよ。それこそ遅い元気ながら 安心をするやうに 母上にもよくわかる

気に掛けておくれ。これを言ってから外の人へ返事を言ふと思って居たけれ

私はにわかな外出をするかもしれないで帰って来た時の話はおとなしく聞いてゐる

今日は風呂へ行ったので気持がよい。就寝 皆の人ならして 一寸迄 元気かすくなる

可愛いね 今迄のスイミン不足をしっかり取ってなをそう、皆元気でようこそ会ふ

三月十四日夜半

妻へ

宏より

752

80

No. 1

三月十五日 天気はよくなって来て雨気はなくなった様だ 涼しい
七時に起きて点呼をとって馬廐へいっていつもの日課をすまして班へ帰る.
昨日は何もなしを思って夕方近く点呼で居たが 当番と日宿の上等兵は衛兵勤務
夕食をすまして一服すわっていたらもし来た 様になって梅田等の当番を見て
雑談を見て居た. 点呼をとってすぐねた 小説を二つよんでみたら 目が覚めて
来てね失った. 中隊班へ帰って来た様で気が ゆるむのだ
朝めしをたべて様になって皆でいって居をして居た.
九時から馬にのる人は馬にのって運動に出し 俺達はいくつかに別れて馬廐の
あちらこちらのレンガのくずれた所をなおして居た 中には佐官室も居て中々器用に
やっている人もありうまいものだ 出ると終ってなおす限すんで班へ帰った 今日の仕事は
張合があればよかった様だ きっぷを呼んでよしの出来るのを待ってみた
何も用がない班へ帰ったら 又 めしをまつばかりだ それを平供とも云ったのみだ
昼めしはゴタゴタ大根ばかりなのを食べて中々おまけがあった様になった 雑談をよんでみた

753

2
No.

十時頃に集合した 午后は冬一かりになって来た砲を引いて城外へ演習に
いく為だ 砲車の用意をして馬をつけ運動場を二三回まわって城外へ先日いった
飛行場へ行く道を砲車にのって走った 途中左にある[illegible]砲の練兵場へいって
陣地侵入もした 砲をすえて ねらいをつけたりした 実験よりははげしい演習だった
二月の二十五日だ 昨日今日は一寸寒さ 春みたいになったからか、けれども柳の芽は
ふくらんで一寸芽がのびて来て 青さが一面に見えて来た 支那だ
草も青くなって来た 麦は日当りにのびていい色になって来た 一人はこのなたねは
黄色い花がさいて居る 香りおくれた 菜の畑は一面の黄色い花だ
胡は寒さで白作はいい 帰る頃だ 広々とした野原で砲をすえて演習を北で遊
のははれやかとして じゅうのうがのびるなどとみかする こうして居ると内地とかわり変
らない 最後に演習をして居るのを 少しも考えぬ こんな所へ来て居るとは
思いもしない 演習をして砲車へのって帰って来た 城内へはいって運動場へ
帰って来た 砲車を水でどろを洗って 厩へ帰ってすぐに馬屋へ行って馬の手入

754

No. 3

れ乍ら艇へ帰つた 風呂がわいて居たので すぐにはいつた 今日は一下給品に
酒やサイダーがあつたし 此の艇からブタの肉を 貰つたので 坂本でおネギを炊い
た。酒をかんして のみ出した 山口、大江は 工兵につれたので 話しておいた
松本、柏木、深津、川上とで 皆のいい気持になり 少食をたべた イワシに近かしで
いれしいせしく あるので中々うまかつた 酔つて寝ましやあく にぎやかにさわいで 今日の
皆大酔に見受けた 水をのみし 帰つて来た 明日は皆揃えて居る通信の検査が
あり十七日は大隊の十九日は聯隊の廿五日は軍のがあるそうだ
帰つた所 本で作つたテニスの支柱が皆ないので 縄をかして作つた、大体通が
えん皆出来上つた ここでは 大きな通信兵があるので 大ていのものは出来る
一服して日記を書いて居る 外の者は寝て居る、其の方の列は雑談の話く 物を着て
あつ、又起して居たが 十時十五分頃に寝つたので 皆に床をとめて寝ることに
しようれて皆しづかに家では寝て居るだろう 子供等も久しくすぎ近 カタチしく
言つておれ すぐ帰つて 一の葉 顔をして タクイなしになつて居るだらう ねよう

755

No. 4

三月十六日 天気だ ありがたい 日はてらないが うすぐもりだ

七時に起床して点呼をとって馬屋へ行って いもの手入れをして班へ帰る

顔を洗って朝食をする。今日は 被服検査があるのだ 中隊のが、

ワラブトンの上に自分の持って居る者を全部出してキチンとならべるのだ 九時に集合し

して 馬屋の方へ井戸をほった赤土をはこんで 道を作り帰って かンづ水とうを洗って

外の物を出して ならべた キンツで居ない 皆が大に喜ぶのを出してやって 整頓

をした 皆一列にならべて 点近かった 大体になって 昼食をすました

一時から中隊長殿 大物係りの人達が来られた 見ン汲を早くすまして

すんでから全部外へほり出して 先って 空(天井)のスミを おさえて スーだらけになった

それからも上げて 掃除をして 又遅兵寝具を入れて 片付ける.

四時から馬屋へ行って 手入れをし ネワラを入れて 又は急に帰って 夕食を.

山田の永田伍長が 外出をして来て 見せて貰ったりして 休んで居た

今日は一時から 検査のために 九州四日の 法事が あるのだ 今度も 大ぶりだい

756

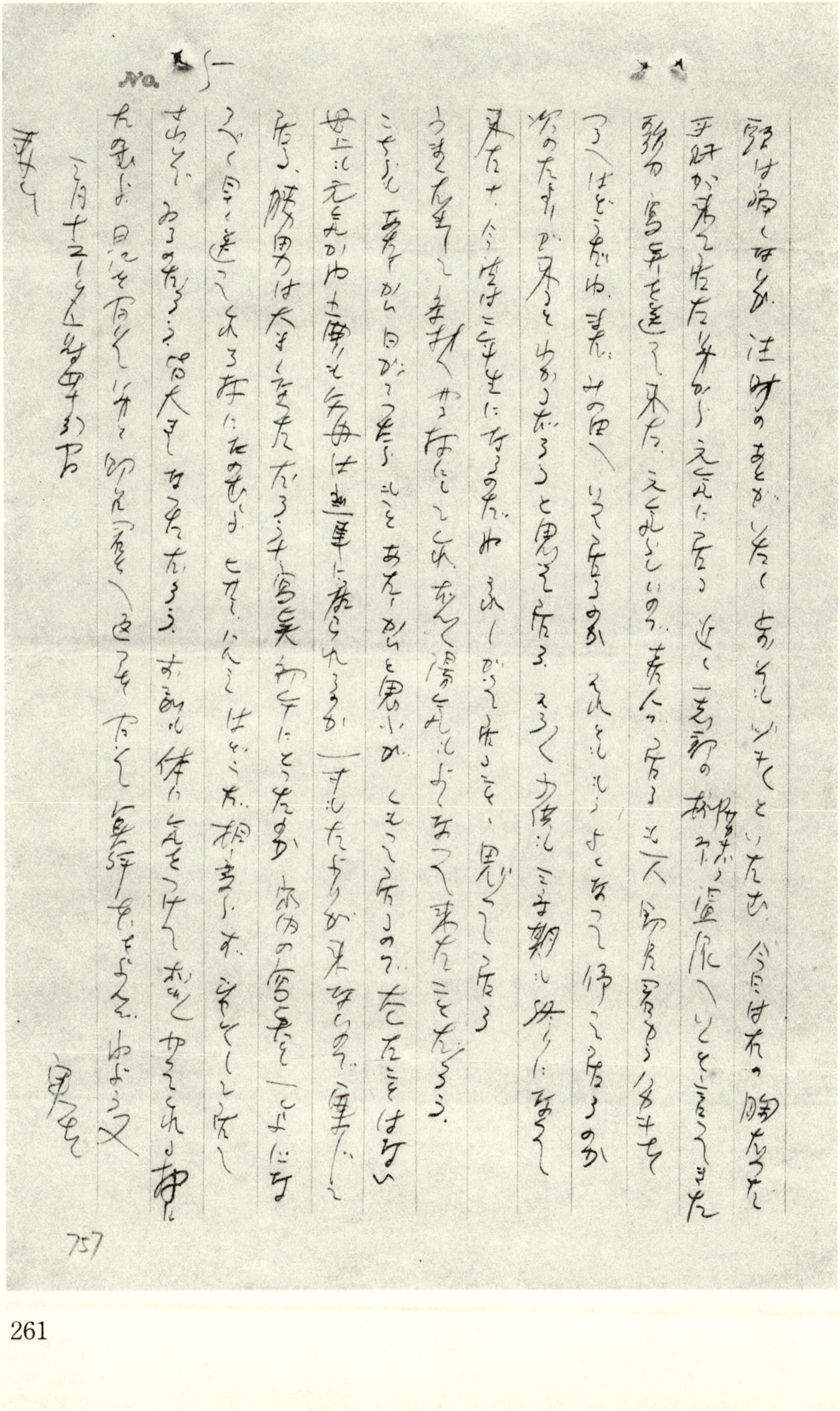

No. 5

頭は痛くなるが 注射のあとが痛く あまり少なくといたむ 今日は右の胸だった
手紙が来て居た 弟から 元気に居る 近く一志郎の[illegible]塩原へいくと言ってきた
孫が写真を送って来た 元気らしいので 安心して居る 二人[illegible]
つるへはどうだね 来ない その田へいって居るのか それとも よくなって帰って居るのか
次のたよりが来ると分かるだろうと思って居る えらく[illegible]三学期に終りになって
来るな 今度は二年生になるのだね ふしぎだ[illegible]思って居る
うまくなって[illegible]なくて[illegible]湯気によくなって来たことだろう
こちらは[illegible]から日がたったら それを あまり[illegible]と思うが くよくよして居るので 大なことはない
母上は元気がいい[illegible]は無事に居られるか 一寸したたよりが来ないので 案じて
居る 勝男は大きくなっただろう 写真[illegible]にとったが 家内の写真を 一しょに写
して早く送ってくれる様にたのむよ とにかく[illegible]はどうだ 相当[illegible]して居て
さむいで あるのだろう 皆大事にしなさいだろう お前は体に気をつけて おとなしくしてくれる様に
たのむよ 兄さんを よく[illegible]気持をよく[illegible]ように 父
二月十二日[illegible]
[illegible]

757

十一月十七日 よい天気になった うすぐらいが晴れた。真昼をとおしすぐに馬の運動だ。
俺ら今日はのって見た 揚子江の辺に接しったー 運動場を三回まわって城外へいった
青郊の畑は早稲が刈れて野菜を植えて来てまっすぐな人だ 天気になったので道をよく
なって見た。なだ明るくなって どんどん城外の道を走ってみる頃に七時半日の出だ ほんとうに三十でかす
んで帰ると思ったら 美しい光がぼんやりとして見えない位だ 霧の中に赤い太陽がだんだん
高く上っていく ハトが飛んで来た。この近い二百尺もある塔が霧がかかって下はまるで上だけ
見えて霧の中へ頭をつきだしてゐる様だ 何とも言えぬいいけしきだ 揚子江の水はどんどんふえて
石垣の所近くまで来ている 二月ぶりの雲をかえたのだろう 朝ぎりの中に船が何十せきと
橋にあって煙をはいて居る ハトたちを通って細い路へ 石だたみの上を カツカツとヒヅメの音を
あたりにひびかせて走っていく 支那人が見上げて居る 城の前へ出まして
市内へはいって兵隊ばかりの通りもすぎた 町の中で人通りは少ない 住まっている土民
がうろうろしている 商人が店を出しかけて居る 中隊へ帰って馬がすりきれた 馬は汗
でびっしょりに汗が湯気が出ている 水をのませ 飼をやって 手入れをして帰って顔を洗いめしを

758

No.

たべた。今日は大隊の被服検査があるので一服してから又昨日もやったロープトンの上へ
あがった。昨日書いたが、実に早く出来た。全部の衣類を下げて一服して居た
ら班長に来られるので、馬屋へ行った。床を奇麗に掃除した。馬糞をとって、馬の手入れもして
鞍も洗って、匍匐をして掃除をして庭に停めた。皆会合をしてみる。俺もすぐ又衣類を見ておく
さんぽも人が来て一時半頃に検査が始まったので、外へ行った。人で待つ。大隊長殿以下沢山の人で
各班を見て廻られた。早くすんですぐ馬屋へ行って又ずっと掃除をしていたら廻って来られ
た。須調にすんで夕方、厩へ行って出した水を又すっかりと替えておいてシャツ、ランニング、パンツ、袴下
を出して洗濯をした。靴下も洗ってみた。今日は内地の四月頃の陽気であった。からすっかり春だ。
噂が流れた。外へ居ておいて、厩へ行ったら城内から手紙が来てみた。岩佐よりだ。又庄の山本中尉
と結婚するらしいが、姉は上京したとの事。その夫人山本中尉も上京して姉に相談したとの事
それをまた何だかんだと書いて送ってくれた。今年は俺が居ないから帯をないと思ってくれて居
ら、大分嬉しくて居ったと書いてあった。それしかたらしい。俺からも手紙のついでに言って気を書いて
あった。からまっておくのだ。その返事を書いて、つかずかほるへも手紙を出しておいた。

75P

No. 7

四時迄馬やくりをし いわゆる草地を取って ささをやって帰った 今日は休みだったが検査でとうとう出られなかったので 帰ってから風呂へはいって来た さっぱりとして気持よい。昨日天井のススハキをしたあとなので またなかったので ほんとによい気持になった 夕食をすませて一服一寸休んでから 米をとって宿かりにいって キングをよんだ 今は近 で古大時をとって馬やへ 水をのませて帰る

今日は橋本が馬屋当番だ 隊修は飛行場へ 三日ぶりにいった 川上と二人で 二十名の土人の引率はめだ 橋本と俺と二人だけだ 帰ってから日記とこの手紙を書いてゆく キングをよんでねていよう 今年だ

三月十日快晴 春日になった 暖かいだけで日本の四月中旬の陽気だ

点呼をとって 砲手は皆砲廠へいって 砲車の手入れをして来て 今日は珍しく俺ら頭を洗い 朝食をすます 朝の内は寸涼しかなく あたたかくなって来て 少し今のない一杯だ 兄さの人はゆっくりとして 朝ぶらになって来る 九時近 キングをよんでいたが 明十一日は補充の検査があるので その用意に 馬屋の周囲や 検査の自分をすべてを作ったり 大事だ 俺は星野上等兵と二人 公用外出して ○○のバーバの会議所へ行って 板を貰いに行った 水も大分かえた 沢山の蝿が軽をはってとまっている 乾燥八日早かった

760

No.

気象へ行って板と気温計を貸して頂いて少しずつ帰った。この気象台には観測の器具も
何でもそろって居て気温計を見て居る。内地の観測を見る様な気になってなつかしい
大きいくもの巣が張ったり実験もして居た。材料が板だけにつまれて居る。外にいてあった。
二人が外から内へ来た。天気がよいので久しい会だ。外出して居る者も沢山あった
途中で小麦を粉にして居る家があったが、直径三尺もある大きな石うすを牛がひいて
回っている。珍しかったので暫く見て居た。面倒な仕事だ。これも人間がやっていたが
中途へ帰って土地をかった。昼に水だけをやって帰り、夕食をすまして一服してこれからよむ
一時から二人で日本の大工道具があるので、それで板を削り、三尺に一尺の板を二つ作るのだが
二時までに道具を借りて来た。外でやって居るとあつい位だ。カンナをかけるのも一寸から位なかなか大へんなので
かったよ。一つを仕上げた。で大工職なので、あとはこの人が明日ゆっくり中をかけて
手紙を二つ外とはこれをすっかり準備して、これを書く日記を書いてみる。あとだからこやっと
で下宿よりかまわない人だ。旅館が汁を作って置いてくれたので、これものんびり頂いて
うまい。奴は今一番安心だ。で少しでも晴れになる。十分に出かけられないのは困った

761

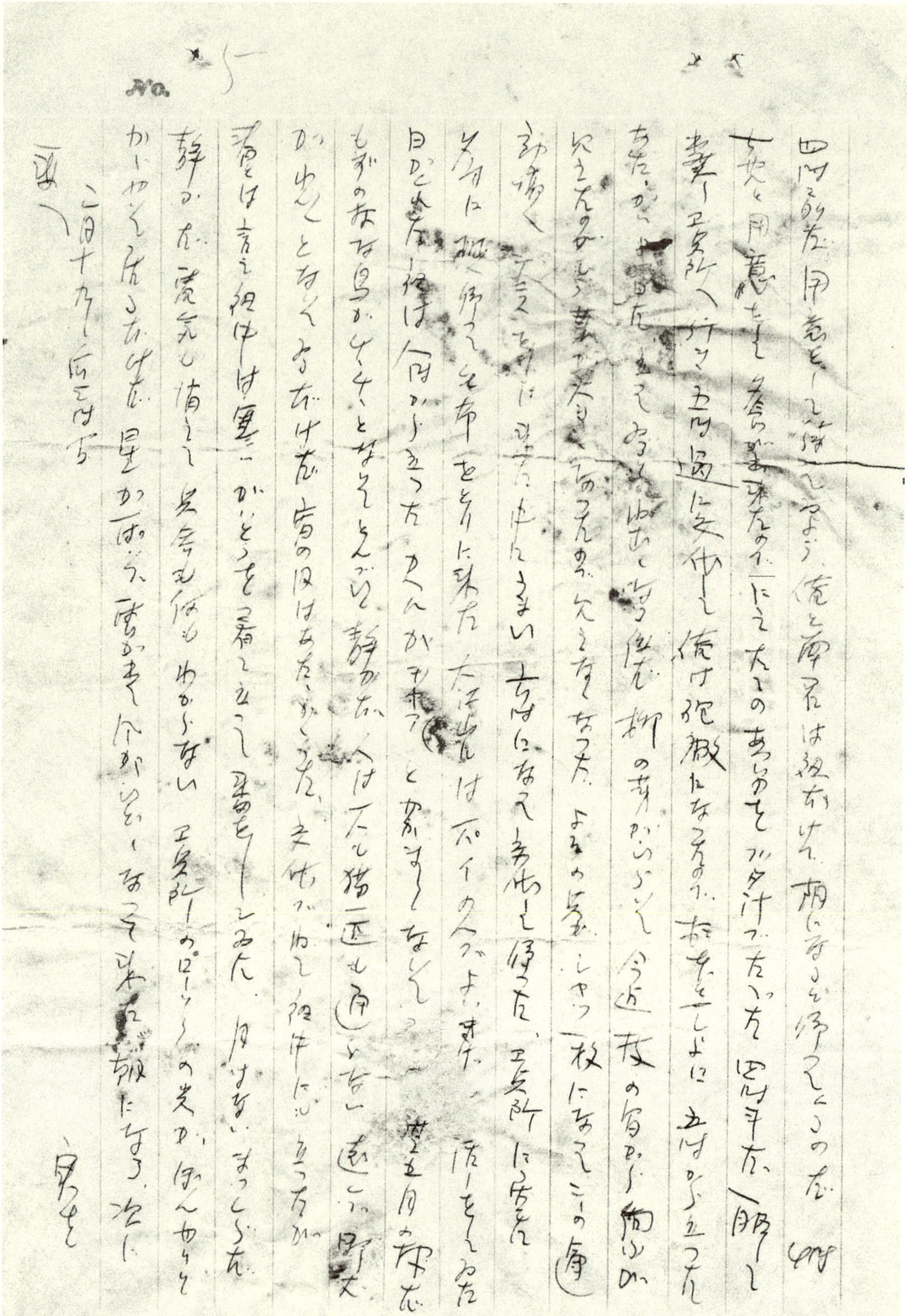

5

No.

四日前に用意をして待っていよう、俺と南君は親なければ、朝になると帰ってくるのだ　心配

支度と用意をして発令がなったのでふたりで大きのあついのをブタ汁だった、四日半だ、一晩して

翌朝工場へ行って五日過ぎに交代して俺は疲れたな気がしたがおきてしように立ったら立った

あたりがくらくなる頃家を出て家に着いた　柳の葉がひらひらし今近夜の雨がふり始めた

以来たんのみ葉が大きくなってきたのでなってきた、夜の空がしゃつ一枚になってこの頃

初夏らしく言えば日中はまだまだ暑い　初夏になって元気して帰った、工場に通って

夕方には帰って毛布をとりに来た　大将君は六イの人がよいので店をしていた

日が長く俺は今日から立った　大分かわいいと感じしなくした　楽しい五月の時だ

もずのなな鳥がチチチとないてとんでいる　静かだ　今は犬も猫一匹も居ないと遠くの野犬

かれんとなく静かだけど宿の夜はあたたかくなった、交代がいて仕事にやって行ったが

夜は言え日中は暑い　がいとうを着て立って番をしてみた、月はないまっくらだ

静かだ　病気も治って兵舎も何もわからない　工場のポーっと光がぼんやりと

かがやき居るなければ星がきらきら雲があって今はいいなって来た　撤たなあ、次に

二月十九日　夜二時

良夫

要へ

762

82

No.

三月廿九日 晴 今日はあたゝかい日だ 七時に目がさめた為 全部起きて毛布をまとめて
棚へ行った 今日は何しに勝沼の梅屋日だ 行って 参拝をとって 席と共で室のかえへ
洗顔をふいた きれいに 終ったので顔を洗って 朝食をすまし 一服してから トランクの上へ
なげ込んだのを 規則通りならべた 皆並んで 居ます 春の気して 一列に整頓する
それからは 非番かに別れて 実地の掃除や 食器やハンゴをならべる方へまわったりして
俺は日用品の道具を ならべる方へ いって 皆の身につけるものや又 食器 ハンゴ トランク等
を整頓した 土間を掃いて 机の下の土を ころげて 多分洗 ぞうきんで ふいた きれいに
なった これだけきれいになったので明るくなって 室が見違える様になった やはり掃除をすると
気持がよいナ 食事がおそいので 困って居て 一日二食をすまして 一服して 食器をあらって
ならべて来て すっかり終り 棚で一服して 出発を待って居た 一時四十分頃に 聯隊長殿始め
最高幹部の方々が 多勢来られて ずっと見て廻られた 一寸の間で すんだので 整頓した
ものを又棚へならべて しまっておいて 外へ出たので 習行して 帯して 整頓して すっかり
終った それで 干物は 仕方なので 一寸ゆこうんで これを 着ていて 二時だ あたゝかい 天気に

763

No. 2

君が昨日桃の枝を誰が持って来たかいったばかりで花ばかりだ。どこに有ったのだろう
太郎へ。家に桃の木があるとは知らなかった。桜の花によく似ていいたはいだった
航空郵便を待って居るが中々来ないよ。どうも遅れて居るか分からない。皆元気かい
母も大丈夫かい。よ子さんの一年生も無事済み、よろこんでいるだろう。俺も二十七だ。此の
首送ったのもついて居ると思うが、写真を見るのに皆に合ってみるぞ、思ってみる。
写真も待ってみるが、どうしたのか。だんだん大きく、かしこくなって来たぞ、思ってみるからまだまだ
太郎の写真一枚として早く送ってくれる様にしてくれ。首を長くして今日か明日かと待って居る
妻も子供も一週ごとにどんどんのびていっているだろう。和夫も和子も大きくなって来ただろう。楽しみだな
子へは直ぐ何[?]どうしたのか。安心してみるが、よくなったのか。しっかり養生をさせてやってくれよ
大作は五月を前にひかえて居るからな。俺の体も今度どうしても分からないから今度の方[?]
もみ殻をまくすくなにた[?]。弟が帰ったらよいが、弟も五月頃に手術をするか、安心と言え
ってお前が一緒に手紙して二人で今迄の分に[?]やってもので、がー多く書いておくよ分からな
もーこの分[?]を待って[?]。元気で俺は親を思う迄はあてにせずにその用意をしていくように

764

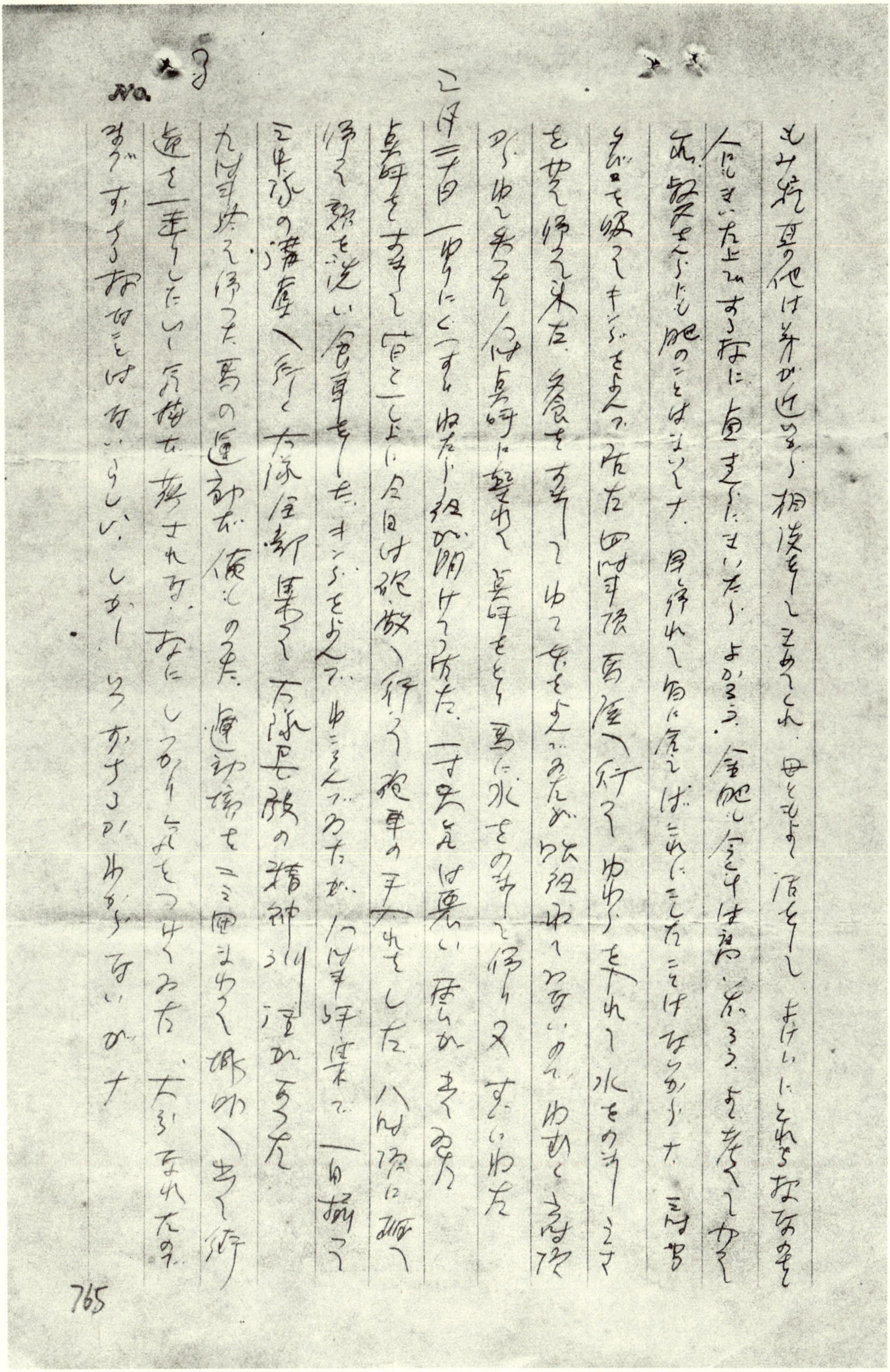

No. 3

もみ殻其の他は弟が近所へ相談をしてあつめてくれ。母ともよく話をし、よけいにとれるなあるを
今にまいた上にするなに直ぐまいた。よかろう。金肥も今年は高いだろう。よく考へてから
外、堆肥なども肥のことはないしな。早く帰れて台に乗れば気にかけることはなかった。二十日昔
昼を吸ってキンプをよんで居た。四時頃馬屋へ行ってぬかを入れて水をのませ
を持て帰って来た。夕食を済ましてゆで玉子をよんであたが眠れてならないのでゆむく十時頃
八時頃ねた。何時頃に起きて馬屋をとり馬に水をのませて帰り又すいねた
二十日 ゆっくりすいねたら夜が明けて居た。一寸天気は悪い。風がある
馬屋を済まして一寸上に今日は砲廠へ行って砲車の手入れをした。八時頃に砲廠へ
帰って顔を洗い食事をした。キンプをよんでゆっくりしてあたが、何時半頃集まって一日掘って
三中隊の講堂へ行く。大隊全部集って大隊長殿の精神訓話があった
九時半終えて帰った。馬の運動だ。俺らの方運動場を二三回まわって城外へ出て行
道を一回りした。いい天気だ。なにしろ少し気をつけてみた。大分なれたので
まずする事はないらしい。しかしよくするのがわからないがな

765

No. 4

郷の葬式に出かけて来なかつた着た。今度の旅ではいかずに市内のせまい路を歩い
ていたら郵便の子供らが手を上げて失敗のまねをして笑う。なんと二十才位の民がふざけて
にぎやかな所が尚更ていて、最も優雅の西洋料理店、船乗りの蔵す [illegible] にぎやかな通り
あた。人通りが多い。町に出て市中を歩いていると気持がよい。浴場劇場商店も明り
時代へ行つて来た。かつて今村では小僧らが大勢遊んで居た太郎の小便に行つた才を
飲んでみたいのだ。足を手入して暫く行つて座った。足につけたのに膝がへつてゐるがうまい
一眼してから大阪の店にはいり込んできつぷを買つてきたのだが、中西君が決めて仏室へ行った
今日なども何もなかつた帰つて体が悪いと云はれ来た。といつてきて糖尿病で、薬で汁
十八日だ。入りに行く。一骨折れた。うれしい。前がかつけ、料理は一番高かった
と言って答案。二人で古い方がよくなるから家へ帰してもよ
まよつか三通来ておいてくれてあった。二月二日、二月四日、二月六日あのがくれた。
けふみんなのはいって居ない。つかいのであつて宿屋へくれていつた。つついてすまり
よくなつて帰つて来て一しよに飯をたべた。なつたとやつと僕は人なみにうれしいかれた。

766

No. 5

らない。安心をした。ゆめで見た。忘れてるへからう あしく 面白くあったので
勝男も気を付けあった。私にもうちのことをあて驚いたよ。お前も日本志すとき
めんのかけた。子供へはよろしく。しかし僕は淋しくなるよ。アハハハハ。手紙をたしてから又四五日
居るとてゆめを忘れて僅かにこれを一度洗ってこれをつけて居る。今会にはまた今
夜三日の手紙に来た土からの返事が欲しいで来たとの事。若い男だからナ。
羽織は綸子の絹かしらなった。たとへ少しほか出来たナ。それがてたたろう。人ぎたの人で
やるのは中々えらいだろう。ゆうはかなかかしなって使はない。始めしないと年の暮れとか忘れか
今年の秋に送ったのも少しかんから気を付けてやらなければ一番下までなでのたへ払いをしたと
言ったと言ってあった。七三三まが書留へ送ったとの事。時節柄だナ。節期もすぎたとの事
僕の分だけならかなかったたろう。母の様子の分はわかったが、手もと直ぐはまたったとのこと
何とか都合して半分をしてくれるこそ。思ってゐる手紙にあててことの事。三日と三十日に来たとかよむの
にたのしみたろう。まさの元年。大阪の治三之の具合も元年次を廿日とか、それまでからの次を勝男へ
そうつたとのことよろしく今であるよ。次の便にあとの送りは直ぐことにしてまでは止めよう。廿一五日夜

定七

まつへ

二月廿一日夜十一時

767

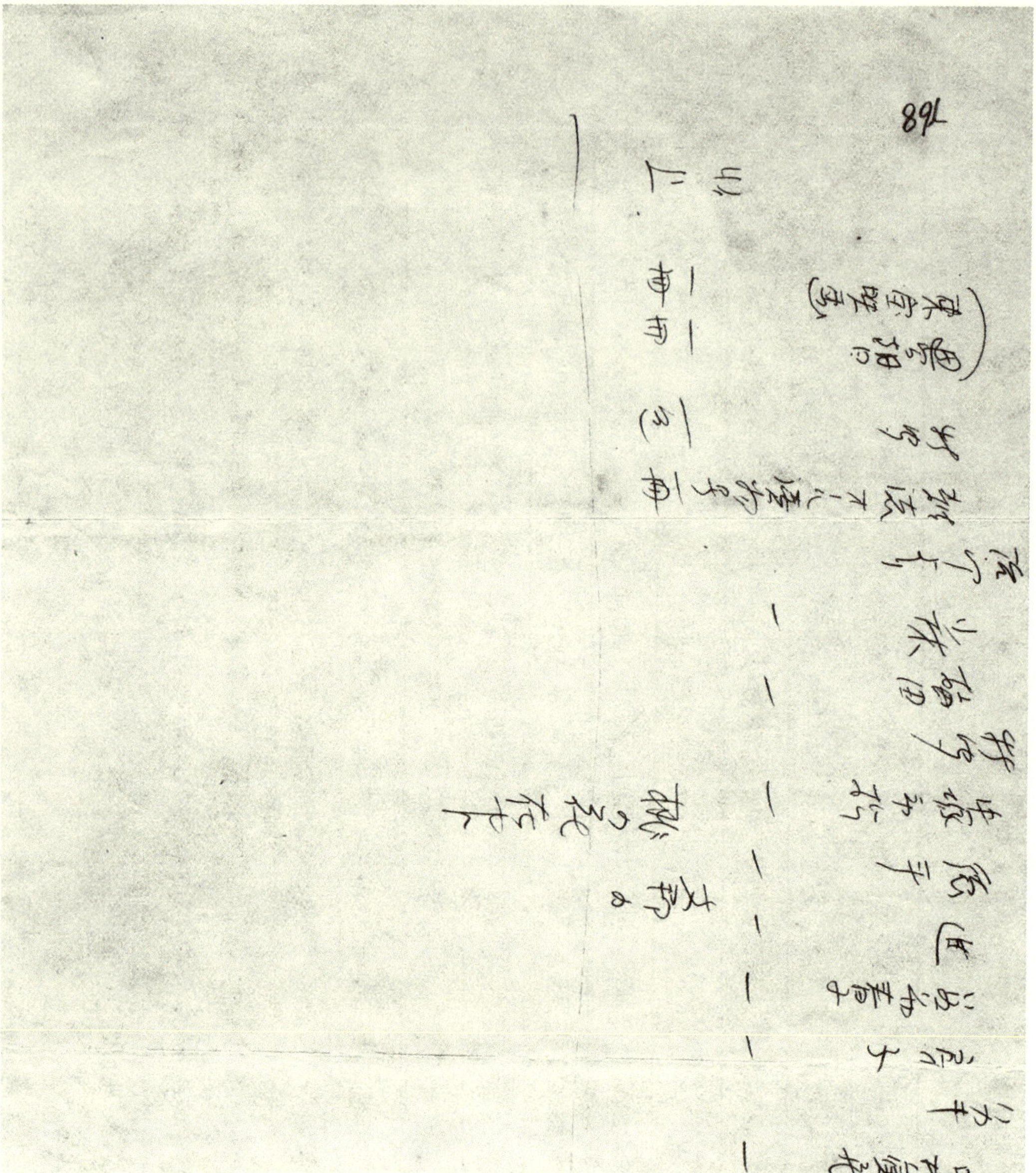

No. 1　　　　83

三月二十日夕食前 今日は太郎のゴボー掘だ 長いのは三尺あまりある よいのが出来て居たが
すじがあるしかたくて食べられない位だ 地が悪いのだろう。卵のすまし汁など うまかった
食器を洗ってこれを書ける。二月四日のには ミさんの手紙がはいって来て居た 中に入れ
なけ出すを思はせ便なし 如何になったろう 手紙も綴じに在ると考へて居なさい。
写真とつけんとかい元気な俺の小さな似て見る細い子の写真を見て安心したろう
けが無くてうちの母だ心配をせずに働く様になったらよ 年も一つとったから子供らしく見して大
きいおじさんとかが目に見る家族よ 子供も兵隊になって喜んで居るだろう 立派な者が兵隊を
して見せるようになる 土方はめずらしいよ 俺たちはあんな人のまねは出来ないのだからな
十一月と三月書いた所へ子供たちは行ってやるのだ 大分不便だから手紙は出来る限りだ
田舎も大分あたたかくなって来た 畑など雨が多いとか 二十日は毎日見て居る 通り近所 大分あるそう
寒く見て世話一枚で出て見たいな 元気になるよ 弟は東京へ来てそこが下宿して居たので 手紙
もはや来るとよくわかった 寸には帰れるらしいな 一つの十日に届くことがよかろう 日本
何かで手が空けぬ位忙しいからこの事は母が来て世話するので何も大助かりだからな

769

No. 2

二月四日の分だ、母上子供らも元気の事よろこんで居るよ 勝男も一日毎に大きく成って来たと
見たいナア。了之のよく成ったのが何よりだ 奴等の大師講で 房郎等が定まったと郎君から
言って来た 母もたまには旅行もよかろう。九月姫を貰ったとの事今度は大分騒ぎなかったナ 次男
だナ。弟と両方なら、又両方かいかいはな時に良き女人に成る人で、今々で世話へしてんを去年
だおにしておくとよい。五月になってアトテあとでもよいからナ。ここは一日二十日以上するんだナ
東一支が言って居た所に今居るのだ。安心をするがに佐奈女が家族をつれて満洲へ来たとか
調子がよいとわかったのだろう。五河の参助君が戦傷したとのこと御気の毒だナ
負傷や戦死は覚悟はこうなるからには仕方がないと思ふ、外には負傷者がある様だナ
俺たちはまだよい方だよ。三人とも元気で居られるんだから、全く神仏のおかげだと喜んで
やる。又、書いて置こう、今年の正月を八日書いた所だ 是から外の正月を書こう 喜ばしいな
八日は慰問造 返事を書けた 家へ一通、了之へ、九年兵で一日にがっせん させられた房村
曹長へと書いて、慰問をもらった日記を書いて又手紙を三回よみ返してみるのだ
出てよこう。明日は二只だ今度は二つしかやられなかった。サアねよう又明日に

770

No. 3

二月廿五日。ボツく雨が降って居る 又幾日もつゞくのかもしれない
昨夜は又近手紙を又よみなほしてみた。そしてゆめで見たか忘れたが
凱旋した。どんなにうれしかったろう 家へいって皆の顔を見て と共に笑って
みたらゆめであった 大きな手紙をすぐ近手紙を書いてみたが しらずにゆめて
大居 からをふとんの中に朝になって明るくなった 点呼をとって 所へいって 兵舎の
手入れをして帰って来た 顔を洗って朝食をして一服して居たら外出者は出よと
呼んで居る 俺はすぐ番になれたのだが ゆっくりとしてゆこうんでみんなへ返事を
かいたり 本江君へ返事を書いたりして居た 胸の書も外出して手引の作がかり
そんなに静かな入浴かなる 本江君の返事を出して 故郷に居る人へはいった
さっぱりとして帰って来た 胸に纏になって行くのだ 風かなかろう
で本店の一通 中村君への返事を書きかけた 手紙を出しても 家では返って
居るので皆帰って来たような気の毒だった よ自分に気を悪くしてたらしい
先日から書く書くかかったのが 今日のたし いろく書いた 沢山書くあった

771

4

No.

風呂から上ってさっぱりとして返事を書いてみた。十二時前に寝に来たさを知って来て
昼めしだ。ブタ太郎がいて、レッスン等を忘れて中々うまかった。だが君が別に元気で
卵をたいたので、それを昼食にしてよばれて一服して、中村君への返事をつづけてとう
く終った。で、君への手紙をつづけて居るのだ。一週も一寸近くで居る。あたたかい
上衣をぬいで寝台の上にねころんで書いて居るのだ。午后の外出をして来て
かんぐっていった。僕も出ることを思ったのだが止めて返事を書く事にした
最近の手紙には田舎の父母ははたして手紙を寄せないらしいと書いてあったが
その為に私は一通封筒を出したのだがそれが戻って来たのか。おかしい。どうか
したのか何なのかを心配して居ると書いてあったので、僕も心配になって来た
のだ。一週でも君の事をしらせて下さい。どうかしたのだろうと思ふ
高知の田舎の事は何とも書いてないし、近頃は変な事を言ってくる—
何か変ったことがあるのだろうと思って居る。何があったのだろうナ
父か母か誰かの身まって悪いことが起ったに違いないのだ。かくはずに君の

772

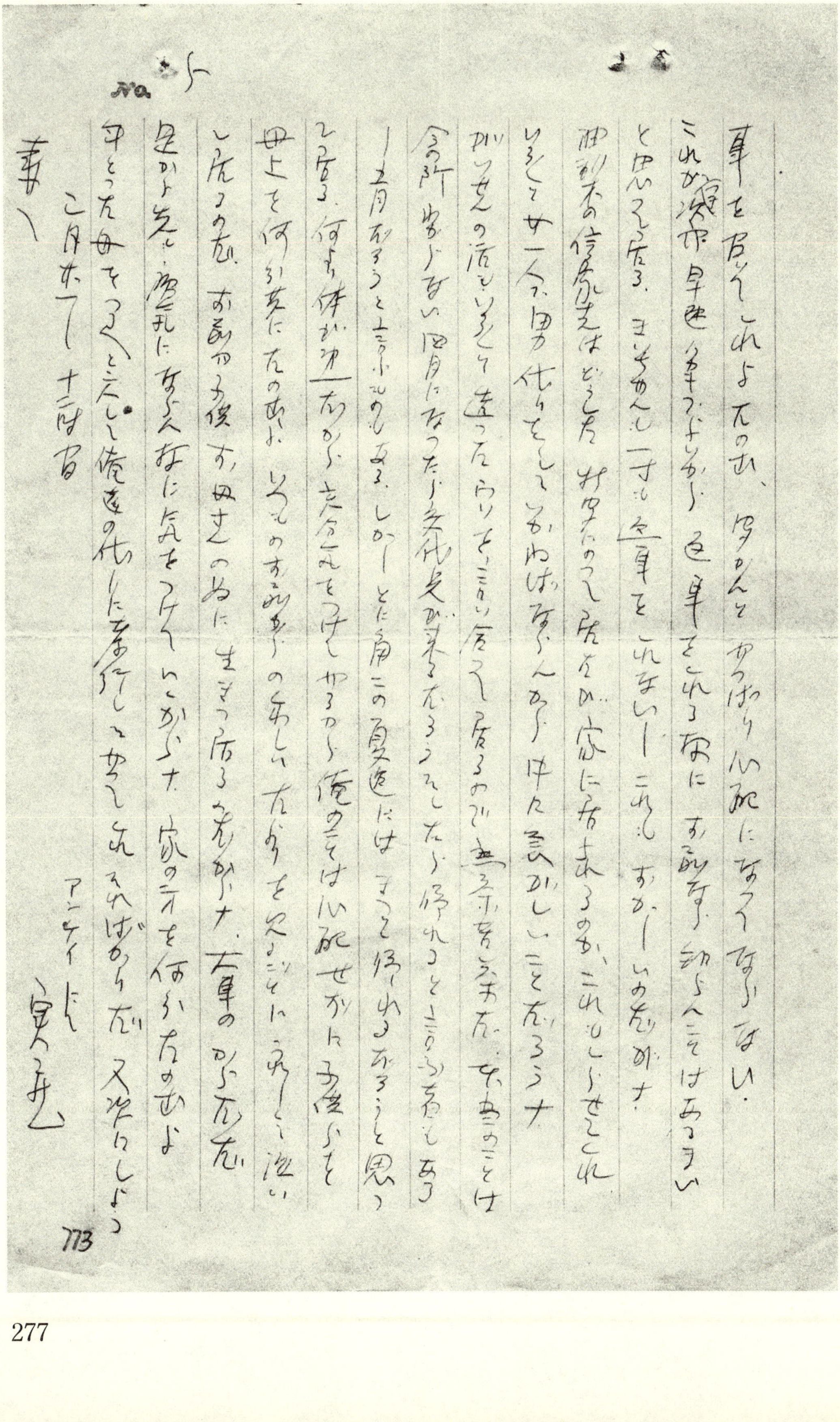
No. 5

車を買ってくれよ君の為、母さんと やっぱり心配になってならない.
これが返事 早速金を出すから 返事をくれる様に お前の御父さんこそはあるまい
と思って居る. ヨシちゃんも一寸も返事をくれないし これもおかしいのだがナ.
相変らず信気はどうした 好きなので居たが家に居られるのか、これもしらせてくれ
いろいろと女一人で男代りをして居ればなんだか可愛いかしいことだろうナ
加ッせの店をいろいろ違った方を言い合って居るので無茶苦茶だ. 女の事は
今の所分らない 四月になったら交代兵が来るだろうそしたら帰れると言ふ話もある
十月ならうと言ふのもある. しかし とにかく此の夏迄には帰れるだろうと思って
居る. 何より体が第一だから元気をつけてやるから俺のことは心配せずに子供らを
母上を何分頼むよ. いつものお前の手紙の楽しいたよりを見るごとに楽しく泣い
て居るのだ. お前の子供も母上の為に生きて居るのだからナ. 大事の身だ
足からも気をつけ 身体に充分気をつけていかなくちゃ. 家の事を何分たのむよ
年とった母をつれて二人して俺達の代りに孝行して呉れ それはかりだ 又次にしよう

二月廿八日 十二時

アンケイにて 実

妻へ

773

き 84

六月廿日午后より雨止んでだんだんよくなって来た。外出もせずにねころんでゐまし
手紙を書いて居た。四時頃止めて自分の荷物を出していらぬ者を入れたりしておいて。
昨日医者で貰った粉薬を飲んで居た。下宿屋も来た。チョコレートとジアブチ一カン
酒は樋へハンコに一杯貰った。ねて粉薬をのんでみたがなかなか咳も帰って来た
夜だにカステラやレナコンクーを買って来たのでよばれてごちそうになった。
ゆうべを買って来たので月と樋して下宿屋の酒をかんして皆と一杯やった。
四時過ぎに工兵のところへ電話しておいた。交代して又帰り夕食を食べて工兵所へいらし
七時からの当直に立って樋へ行ってお茶をのんで一服して又工兵所へ帰った。また明るい
今日は俸給を貰った。十円たのまれた。今日は皆金がない。ぼくも見合せて
みんな者も多く頭のいい金を貰ったし皆よろこんだろうと思った。が金があれば
すぐなくなって失ふからおそい方がやはりよいのかもしれない。三時半だ。又明日さう。
八時過ぎ交代に立って一時をすごして八時半頃ねた。よく気のことを
考へてみたが、ことをして十時起きされ十一時過ぎて又七時過ねる

774

No. 2

三月十六日　晴　七時起きて工兵所を掃除して顔を洗い八時前位で整へて朝食を

すまして八時から大隊長立つた、相当不平者が残りの者にけさ誓いに来る

あたかもよい日になった　銃を持って出てみるとゆるしなる様だ

十時から十一時まで毎中交代して出て原室を出つた　馬の通動四千米に

行きおた　今日家の今迄の船長が来た　平井君が今後命令で。。。の〈行くことに

なって船の大江上等兵〈しばらくつれて〉来た　外の人も大分いくので

杭州から今迄苦楽を共にして来たのに今日は別れなければならぬ　命令には

四ヶ月となってゐるので交代にて出るのである　午后二時の船で出発するので

二時に兵所を出て来た　気をつけて来れと皆言ふし　僕が別れていく時は元気が

して満ちた　。。。の所が城があったが　二の城は

別れて兵所に戻って皆と午后は二時十分から四時五十分迄立って終った

四時半交代して酒へ倍屋紙木をとって上へあがった　早くと気が落ち

なる。トつき

775

了

No.

のが二十位の大きな室内で一寸きれいだ。卵は安くてあたたかい。室のは丸つで
角ぶとんを敷いてうすれたく山端がなつかしーを一日、思ひ出したので二人でボツ
の会だ。太公巫はよかったので、よくきいた。やはりへんなことはないがして話だ
橋本、山上は又別の三日昼に旅行に行ったまま帰らず。松本、原二人も今日の三宮でいく
し残りは三人だ。隈藤、山口と俺と、栗、楠木三人は高座高番だっし多会
はーとよたんだんが高度へ入った。三人多会にすゝのなつしの上野をいわてみたり
わあといえの宿をしてわらえんでみれ。除かだ。十人の脳。今後は三人だ。
八日前迄日記を書いて点呼をとって高に小包を出し帰ってもらおう。
今夜は本当に静かだ。三人おとなしく。ながあいきを言うなし仲よしなるだ。さー
をかいの文のだけのくとよいがれもしたが、一服すって妹の写ってとどう人だ。一しきり
宿とくしまたが三人共雑誌を見つ、面白い雑誌も出ないと思ふ僕の一つかった
だ。さのサンデー毎日を借りて小説はまり二冊ともだ。失った。劇にはまっていなかった
目をつぶってみたが、家の事をよく思い出してあたーいがないスリッパのほうでわかってた。

776

No. 4

三月廿三日 快晴. 大分日も長くなった 七時の点呼も明るいし起きて七時半になっても
まだ明るい. 気にはしない何のない春になった. 日中は日なたに出るとあつい位になった
ここは陽気は大分内地よりは早い 今暑くなし寒くなし 2. 一番よい時だ
是から四月にはいって五月にもなると又相当にあつくなってしまうと思ふ
梅や桃が満開だ この蔭の中に一寸あるく 花はないが 一ぱいさいてみるといいものだ
内地では今から四月にかけて花が一ぱい咲くがここには花のさく木はすくないと見えるし
どこを歩いても一寸見たところがない位だ. しかし陽気はよい.
点呼をとって医務室へ行く 馬の手入れをして帰り洗面して食事をすますとすぐに
シャツを着かえし一枚だけ洗った 日がまるくなったが早くかわくなになった. くつ下も
洗っておいた. 今日は営庭の周辺が用事に山分けしてみる. 俺はこの班の
其の司令 数十名の名札つけ九時頃に発した. 週番 林か財務の所へ報
告にいって来た もう冷えはない 火だけなればよい. あつくてただあたりに
来るのはない. 今迄は一寸火外ですっとして居たから 一ぱいにあたりにきしおた

777

No. 5

のだ。正直なので、キッ一枚づゝ焼くれると　云ふ法はない。卵を　そこに来たり半じくを

して来たりする位のものだ。日中は暑い位と言ふて一寸大きすぎるか、何とも言へん

位だ。塩分少しにおそわれをする位だ。直線しかないで今日四半点　みしみた

城内の宮にいたり様子の大が盛すぎに停ってきた。代りに改修で又三日くらい

いれはヒエー億く言ったー毎日さむくて　足はむくれるおもになった。中々容易し人が

少ないでお出来ない。新しい面の通訳などにかかり　初めてみるとよい位だ

今日は市内の材料を一と揃った足でしまいらしいが、いたって何ともなかった

文化で作ってきた。シャツを入れて社会にして継続をしてみた。今日は七人で言ふ大分かになった

今日は卵一つだ。ボーイのたいそうので卵めしを作りたべた。一眠りして日記とこれを書くなんだ

あまりよい景気なので、ズボンをぬいで人の手を借りて洗った。時としずかにねてられない

週間朝はさよならで、何時の気持をとく為に水をのみて停って来た。然し気分も悪くて

頭を入れて一休みしてやる。あまりかい、一寸もしあつい位だ、天気が信じられば良いが

明日は又早起きで余裕を作りでいくのだ。さよなら　ま…　家の者はすぐしみてるだろう

二月廿二日　午後十時書　　付十時

妻へ

宗ちゃん

778

No. 1

85

三月廿四日、昨夜は少しあつかったので天気でも悪くなるのかと思ってみたが
起きて見たら雨ではなかったが うすぐもりで だん〱 もがかかくように
一日はっきりしなかった。きつい風がふいて寒い。ひどいほこりだ。
点呼をとって南と以上を三人引続いて 暑熱の手入れをした。通路警備の者
りがひどい風にふかれて すなだらけになった。終って帰る
顔を洗って朝食だ。今日は休みだ。外に出なかったものが出る事で
朝の内宿の通路に居た 俺たちだけ宿舎のくらい所をレンガをこわして
大きなまどをあけて レンガのしっかりしないマドのわくを作って仕事が終った
早く帰った。一服して雑誌をよんでみたが 風呂がわいたので とび込んだ
よごれたなって帰って来た 皆帰って来た 外出する者は服装の検査を
受けて出ていった。俺たちも出られたのだが あてもないので止めた
昼めしが来たので食事をする。二人来ていて 五人揃った。一服してねころんで
部から送って来た オール讀物 をよんでいた。この頃からよみつづけている

779

No. 2

のだ。三時近かつてとうとうよみきつて了つた。この小説は面白くない。やはり
キングや富士の方が面白い。ニホンが送つてくれたのは皆よんだ。小さい
今日は夜勤工員なのだ。日記を書き、これを書いてゐる。お前君はスケッチを
よくかいてゐる。誉められて喜んだ。俺は工員の用意をしておこう。銃と剣
とを手入れすることがないと思ふがない。じくじく重いフトンをかぶつてこれを
書いてゐるのだ。あれから後の用意が少ないが、一枚来たばかりだ。明日は
手紙が来る日だと言つてみたが、又来るのかなと思つて
たのしみにまつてゐる。井上姉の手紙も来た。大分元気になつたか。永し
御無沙汰してゐるのだけどしょうがないだろう。卒業についた結果はどうだつたか。
何年もすんだ。二度の二ヶ年は長くなつたが大人になつたと書くもあるんだ
が、お母さんをしたことを思つてみる。今日あたり卒業式ではないのか。こんなに
二年がすんだな。成績はどうだつたか。すぐにしらせてくれることを思つておつて
ゐるよ。二年生だな。よう二人で入つてゐることだろう。高等学校はとつたのか。早くつく

780

了

No.

姉にも面白く待って居るのだ。今月の末か来月になったらくるだろうと思ふ。
一昨年の今月から七ヶ月以上なってゐるから皆大きくなってゐることだろう
泰之助ものびていくだろう 十分気回だった 後来もすんだしこれからはだん
くあたゝかくなっていくことゝ思ふ 耕作をしてゐるのだろうナ。
三時半だ これを止めて旅の手入れをして来よう 又次に書くことにする 三時半頃
下給品パン三人に一つ ブドー酒一本づゝもらった 女の人を用意して徳をかへて一杯
よばれて工兵隊へ行く 交代して本隊へ帰り 入会を皆やってゐた 部隊長が今度は
弟らの旧年兵 戦友の富田伍長になったので そのしるしにとビンをまづ一本 部隊へ来たので
それを皆の人がよいといって飲んで居た 俺も一杯ビンをよばれた もう寝たぜんも
よくなった 次合をすまして工兵隊へ帰る 今晩から俺は山の一番になった 人だで
元気をかへてゐたが どいう風になり みだれがふえて屋根でかくしてたいして苦労もし
ゆれなかった 寒いことく冬の様だ ビユーくと風がうなってゐる 十時四十分近いので
のだがらもゆられなかった 起きて交代した ストーブにあたってゐた

781

No. 4

二月廿五日。昨夜夜中は寒くて寝て居る手が冷たく上衣はかぶって寝た
夜があけて来た。風も止んだ。みぞれも止んだ。しずかに夜が明けて来た
七時に皆起してせっ飯へ帰り顔を洗って工兵所へ帰る。今日の交代をして朝めしに帰る
合図をし一服して帰って来た。出発したら交代をしてみた。馬の運動に出かけ
すぐ運動場をぐるぐるまわってみた。昨夜こうしたのはめずらしいのであっては人がやりもし
てゐる。庭に帰った合図をして又工兵所へ帰る。手には何もない。寒くなって昔の日に
もどった。昨夜はまるで冬の夜だった。北の山は一面に雪でまっ白になってゐる。二人で空気を見て
いい陽気もあるのだ。山脈は銀を張った。空がなんとなく晴れて来た。とけて交代する頃には
すっかりとけて来た。頂上にはまだ少し残っているがはっきりになった。やはりあたたかいのだ
雪のとけるのも早い。五時半交代する。交代した後で君が代りにやって来た
飯へ帰ってやれやれと思って荷物をとって上へあがる。下士官候補の宿舎へ
一しょにいたのだけれども今はいない。いつかも大阪、十を取った。かみけのなな
もののようでかった。一服して寝台の上にねそべって居た。りんごの皮の方に風呂がある

782

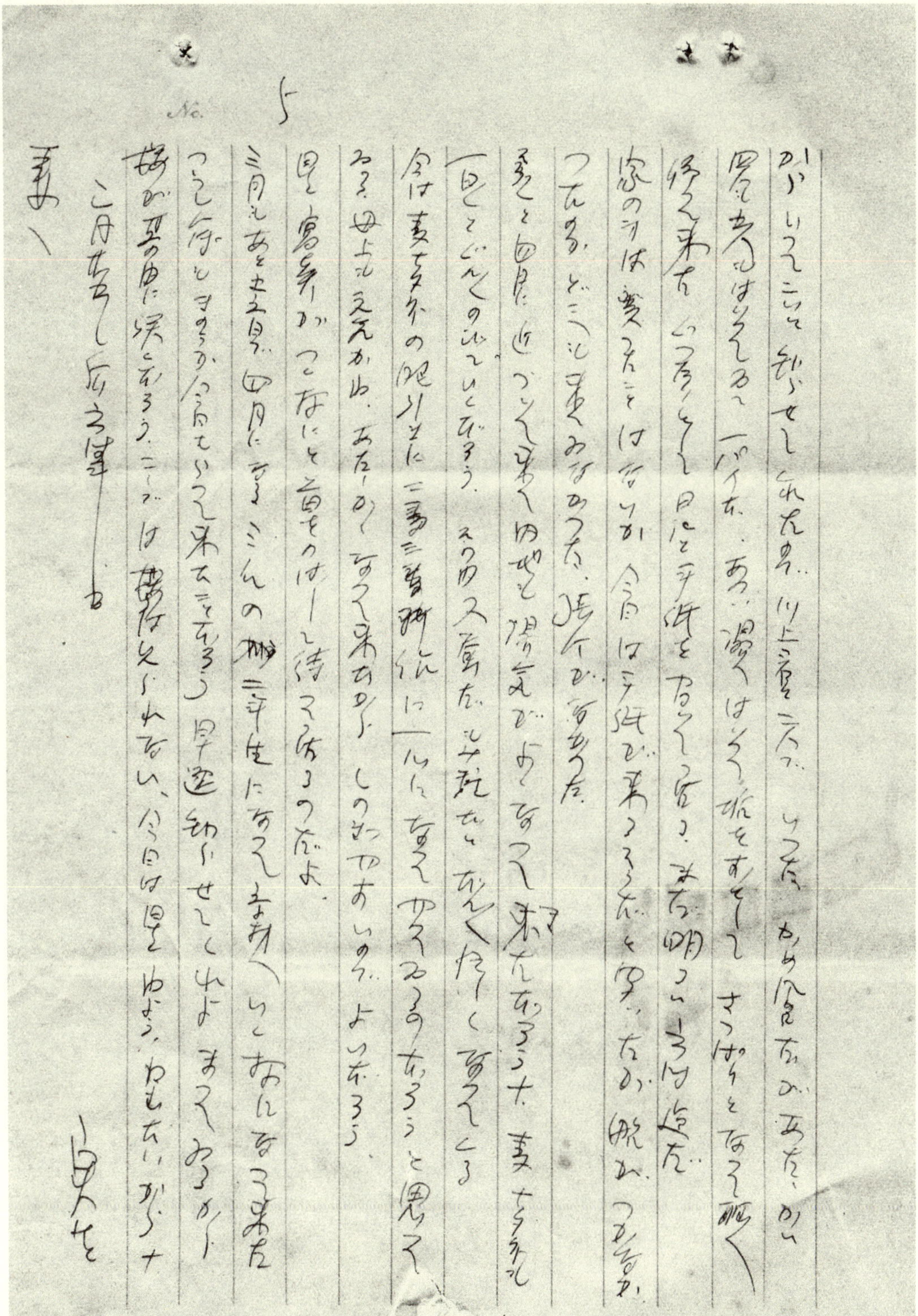
No. 5

がいって云って知らせしくれたね。川上君云っていった。かめ含なかがあなたがい
思ったのはもっとしろて一パイだ。あっ、湯へは久々垢をすてしてさっぱりとなって眠く
浮んで来た。ふっくらとし日記と手紙を書くて言う。あなた明日は着く位だ
家の方は変ることはないか。今日は手紙で来るだろうと思ったが来なかった
つたね。どこへ行ってみなかった。張介で歩いた。
冬と四月に近づいて来て内地も陽気でよくなって来たなろう。妻もよくなって
一日ごとにぐんぐんのびていくだろう。そのうち久富だ、夫れなんだ。だんだん怖くなってくる
今は夫婦の腕力に二人三昧に一心になって暮しているのだろうと思って
母上には元気かね。あなたが丈夫になって来たから、しのぶも元気なのだよいだろう。
早く写真がつくなにと首をのばして待てあるのだよ。
三月もあと十五日だ。四月になるとこんの樹三年生になってまあまあになって来た
つくし…と来るだろう。早速知らせてくれよ。まってみるから
梅が庭の中に咲くだろう。こっちでは桜は見られない。今日は星をみよう。わも…から

良夫より

二月廿七日后書

妻へ

783

86

No. 1

三月廿二日 今日は天気は一寸悪くなった うすくもりだ
七時に起きて上等兵と共にすぐに砲廠へいっての道具をつけて帰って洗面し食事
をした 今日は午後検閲があるので早くから用意をしたのだ
八時頃に砲車を運動場へ出して置いた 三回運動をして城外へ出た
城壁のぐるりを通って飛行場へと道をまっすぐにかすみに見えて先はボートして
居る道を砲車にのって走った がうしていど、音を立てて 道の附近の柳の木は芽
が一寸位にのびて青々としてゐる 大けいの麦は一尺ぐらゐにのびて 十メートルは緑色
に化をさかせてゐる 道の両側の草 すくすくと大きくのびて来た 春だ。
この砲の運動場は広く陣地を取って射撃の演習をした あたたかい——
広い田や畑で見はらしがよくてのんびりとして良い気持だ
雪ももう消えもなくなって 青白く山の色になって居る 演習をしてゐたら
馬の検査があるので早く帰れとの使が来たので 全部で道を走って帰って
来た この頃は暖かくなってみた 田や畑を竹の二ツの五くらいまでの

784

No. 2

おなかのすいて きれいに来へゐる 何かまして つもりたろうて ていねいにかえてゐる
七八つ位の小さい子供もけだなにまねをして畑をおえてゐる 太郎の子供らは
自分の子供のことを思ふとよく百に合ふなに思ふ 小さい 田かし アナを掘りに又は
卵うりに歩くし中々 なかなか上手い 感心してゐるよ それに五日 タハミに
柄をつけたなかのを二つ持つて立て中へ 人家の家をひろい歩いてゐる
子供らが 知らず知らずのなかのを持って 道にたれてあるのを すくつてかんのなかの
ものの中へ入れて歩いてゐる 先通りのトンネルを通りをあつて歩いてゐるか
では家へ帰つてすぐに又馬屋へいつて 馬の口をあらいにそうじをして馬の
手入れをして夜に帰つた 今朝も一眠りしてからよんで めしを食つてゐた
十三時半頃から又馬屋へいつて 手入れをして居たが 二時頃になつて 馬屋近
秋は取止めになつたと言つて来た で 俺は帰つて 兵器倉庫へ行つて飯事の
カがみや茶碗を取へ持つて来て 手入れをした 四時半頃皆帰つたので
夕食を トンを買つて来て 汁と肉とたいて 夕食を食つた 二日は今日ばかり

785

No. 3

始終へいるやうの方だ 横になって一晩で日でを云ってみたら手紙が来た
二月廿日わのお前からの手紙が来た 私午には ええ何なしまく にお前が
右ったとの事 よかったね 肉地はあたたかくなって雨らしいとの事 ごし田畑の
しまりもお来たらしつつへも 本当く いって油田して来たそうだ 盗風はよ
いそうだし 今年も 去年につづいて行ってみるがよい なるべく いってくるとよい と言って
おった 弟が伝たかったから中に林に風情 斯云温暖気かく いける身
らすなかなからた 今よい時だ 今月中 行くらしいた ジャガイモもいえたとのこと
家のもりをし 肥をやれば大きいのができる やつを かえさへすればよい
馬か先生を呼 気の毒だ たれは 主人がキトクとか 悪いけれは 悪いそか あるのだ
家もよく 火の用心をして ますかいのないなにしてみてくれよ たのむよ
手紙は今田中山口君から きんのつとりかた と外一人のとか あった それは別に
送るから心配に きんのつとりかた た 先生が 僕のところへ わざと 来れし
送てくれたらしい フートーは加藤才之助男やら と 信用紙入がらつ信用

786

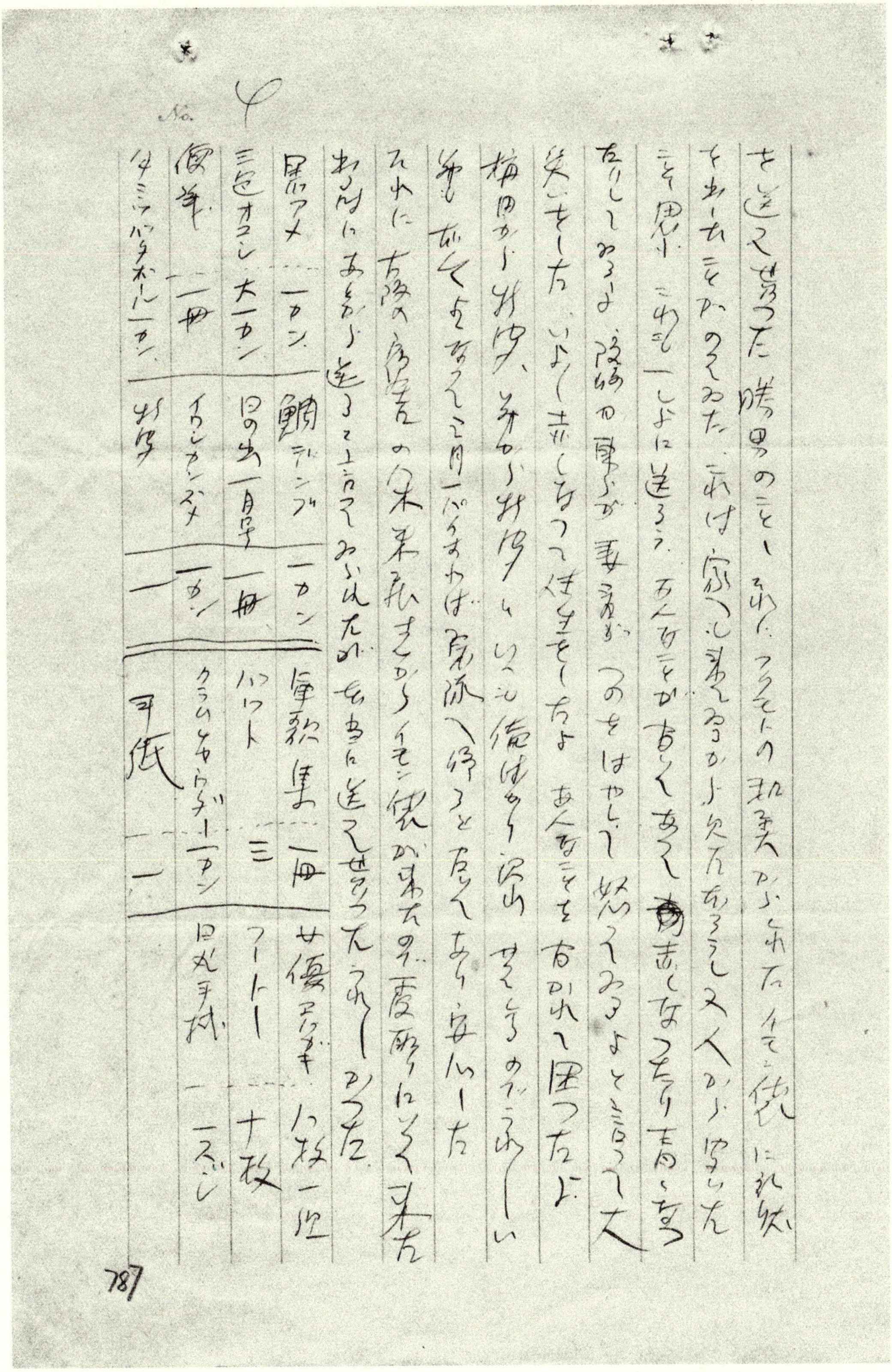
No. 4

を送って貰った　勝男のこと　私にくれたの報告が来た　それに依れば
を出した事がのっていた　それは家へ来て居るから安心だろうし又人から聞いた
事思い　これで一しよに送ろう　本人が言ってあるし　喜しなっている
なりしている　後続の事が重要だ　つのをはやして　然っていると言って大
笑いをした　いよく赤くなって仕事をしたよ　あんなことを言われて困ったよ
梅田から新聞、前から新聞といって　俺は沢山　送ってもらったらしい
来たなくなって二月一ぱいすれば家族へ帰ると言ってあり安心した
それに古い[illegible]の[illegible]来たのを度取りに来て
お前にあげる送るって言って　みんなたべた　[illegible]送って貰ったらしい

黒アメ　一カン	鯛デンブ　一カン	短歌集　一冊	女優ブロマイド　八枚一組
三色オコシ　大一カン	日の出一月号　一冊	パイロット　三	ノート　十枚
便箋　一冊	インキカンズメ　一カン	クラムキャラメル　一カン	日丸手拭　一ズシ
ナミツハタネホール　一カン	新聞　一	手紙　一一	

787

No. 5

皆大へんのせわりで よかつた 皆の話が 出けて 一しよに よろこんだ グラムおうかー
は 新しいのを 入れた スイモノ のようなもので あつい 湯を 入れて まわして 皆を
のんだが 丁度日の田舎を 一しよに思ふ。 タイデンブ ヤンカーは 明日の朝めし
の時に たべようと思つてみる 早く 気づけて 送つて 貰つて 来つた
又 明日から わびしくれ法を 古く出さねば ならんと思ふ
福田も 封筒を 忘れずに 送つて来て 新しい ゆたかな 気がして なんなつた
今日は 今尾 。。。へ 珠算を 大に がんばり 作りに 米を 節約して 来た 。。。で 別
れる時 来るも あはなかつた 国から 五人来る 本土 来て 本当に 来た 内の部隊
に 流れ 苗を 移して 土を 良にして 芽して 来る して 実の 話から の話をして 遊ん
で 皆 掘り出し 肥えせぬ しかし 元気で 居るので よかつた
今朝は とうとう 天皇を 見たり イモを 掘つたり 窓を あけて 皆を たべたりしているので これだけ
しか 書けなかつた しう 実は 日曜を すまして 又 手紙の よみ返しをする
うつつして ゆうに 揚では 今日 雨の 音で アメリカを 持つて いつた 又 次にしよう

二月 東京 にいかた

父

皆へ

788

No. 1

二月廿七日 雨だーぶく降って居る. 上等をとって馬屋へ入れた. 食事当番が居なかったので飯を作った. 掃除をして水を打つ 鍬を洗い 昼の食当作って来るので めしを甘く作り朝食をすます. 一服して昨日の手紙の返事を書きた. 八木加藤才士両君. 梅田君へ. ついては信用を家へ送ったり 当番をの手紙三人のつづり方を送ったりして 午後新近居た

午後から中隊長殿の精神訓話があった. 昨夕の后で 新兵軍人から金を送れと家へ手紙を出したが 一人の女が支那へ嫁したとるかと思って来た手紙を見てはっきりして居たのを隊長に見られて 水を浴びたら ことに今晩の宿で 又一人来て 一人の子が出征したの女と 少年と 軍事扶助も受ける事が出来て守蔵小屋人なその店で去る

午後から当番の手紙に 俺は外の人と云う 砲車の速度を掃除をした

今迄一両にあたって大切にしてゐるのか 体は骨が折れた 函迄手入れをして 極く修る

夕食をたべて 一服し 信用状へ返事. 八木殿の 小木を許く入状を出した

夜から又馬の手入れで 俺は胡散くさ. 函迄のつづきをしてみた. 馬の巡視又

789

中止になったとの事、砲車を又なをしにくので手入れして居た道具を砲車へ
付けにいった。帰って銃や剣の手入をしてくつ下を洗い、乙女にいって用意をした
大体に終ったが一眠して昆虫を書き出した。雨ふったり止んだり、いやな日和だ。今日は
山口先生の所へ礼状を出しミルンと一しよた日以来の友の安田君へも出しておいた
昼近くになったので洋食をとって休んで居た。夕食はまだで皆た合せなかったので
喰べずに出た。運動場へ集合して整列して定位につく。俺と山村君と二人砲敵
の一番で之れ迄立って交代し、班へ帰って夕食をすます。冷たくなって居た
一眠して皆と作業をし、立哨所へ帰る。今の所雨はふってゐない。冷たい風よ
雲がはれて行った。星も見える様になって明るくなって来た
夜がふけて見ると青空になって三日位の月が頭上に出てゐる。明るい。併し
風があって少々寒い。いい月夜になった。静かだ。虫の声も何となくたに
遠くで野犬の声が少々するのみだ。山村君と二人交代で砲敵のぐるりを
まわって見はってみた。夜中は寒い。足がつめたくてやりきれなかった

790

文　了

56.

三月廿八日　快晴だ　午前の内は寒い　七時に工兵所よりあげて帰った
指圧屋(手入れによって損る)は居ない。腕を揉療しておく　顔を洗ふ
今日は休みだ　いつも元気だが　散歩したいのも　又よいだろうと思ふ
飯が出来る迄に　衣が洗ってくれた　俺の服(上衣)を出して　破れて居るのを
直して居た　其の内皆行ったので　めしを持って来て　食事をした
一眠して居たら　風呂が出来たと言って来たので　早速　裸になって　とびこんだ
あついい湯がきれいに流して来た　シャツ着をすまして　洗濯だ。
ジャケツ　パッチ　ランニング　サル又と洗って干しておき　其中に借りての衣と上衣を
洗ふ　きれいに洗ってあとは干した　上天気だから　よく乾くだろう。
一眠して　日記と手紙を書き出した　当番の者は外出していった
手紙を書く　一寸したことだ　昨夜工兵は　一晩に三時台四十分しか眠れん
なかのだ　それと二回にわけて　二時台と　一時台四十分とで　交代する時台がいるし
向うさの悪いものは　体がやられず　良く寝る時に　起こされるので　眠むれないと

791

お店に行かない。それでも仕方なく朝で店に行って来て今日は休みなのか
らくになってくれるかよりか、一応紙店そのものは次々なくなってくる。千店にな
るとうとうして来て困るのだ。わしはしかし暇とミシン不足で多くになる。
俺は本紙だけなったが行って来て朝風呂にはいってさっぱりと一休息もし
て手紙九通かけたのでよい。昼からは弟の所へ手紙を召。のだ。九時五十分だ。
ミシンへリボンを合いだりして寒い座になったので今年もして又手紙のつぎや
を合いた。畑りから伯母さん助へ九通合いた。あす、よっ日なので休みをする事にした。
した。役場と橋本と一しょにもっていった者だ。あた、かし、はあかったの人ばかりそし
てゴミくを立通りへ来ていたら、こういう人あった。何だか今日は平和になって一週年
記念で町の各家には土色の旗と日の丸の旗を立てて一あり、見すすめる様だ
各役所か始め窓けん旗で十字なたりおかりされ、大和人会もでこくと沢山出て
居て今度のまつけは大和人でとくに出来て歩けない位にこみあっている
子供らは手たく何旗を持ってうれしそうにはしゃいで居る

792

No. 5

いかりの文部人の中をぬふ様に若い女が会堂は刹に林し、海軍イアン所
カノン海保士のぞいて見た。やさしい老人の娘が白粉をつけにぬって客を待って
いる。おしろいにはそむかず三人づつ又父との遊び来たらしい人々
兵士たちが部屋を出入りして皇軍万才と叫んでいると七八人の朝鮮
と支那、目と三色の女が待ってみる。少しうつむいて連れて来た支那まで行く。
はっきり支那人のまでもあいのをふくんだようにかゆかったことだ
と言って来たが欠けた。今日の…だ。カリー行列だ。少年の顔が如何をしてだ
おそい大家だそれを見て肩のとなりで若い二人あんまりをこえ又だけだ
腹一杯になったが帰りに八百石の壕をよく少年だいってタイガイ(刈)を着
おのを穴ぐら二ツのを寄って行ってつけものにするのだ。仲間で帰って横になってみた
がトル用だがもう一口を入れていて、ビールを六本寄りに行って来て隣室に
を一しよに飲む。こんなにあたたかくなるとせんは何とも言えぬなにうまい
妹のおのをとめて眠って帰っておそくつく。自分の女を思いだして、

793

No. 6

たべるのが思ふなけ出来るよ 時分の仕事はいらんし安心してシャツ一枚になつ

てやれるのだ のんびりとしてみてよい ここらでぐつてたべてたけりたけがしたくて

いるのだ あついーうちはいい カレー汁でいいにほひがするし よかつた

稀へみやげにすを畑まで作して帯して帰つて来た 描まで少し太い位のを作つて

くれた 玉ねぎ出来 帰つて来てやーがたべたが うまかつた

夕方あたりかかつたのがづらく 歩いてみたので くたびれて来つた 会つても描た

なくて自分のノートを書いてみる どんどん書いてまわつて行くと云えぬ

よい仏様だ 町の角には紙が赤青に色づけた七層の塔を高さ二十丈位の大きな

のを作つてあつた 中に生れ出た 紛つた土師人は自分も今日出し あるきに人

がふえたのは思はなかつた 夕方に宅へ来てみたのが世界にいつたアタマ町の村田

氏と云ふ学生で 朝日出身のイモ蔵(アクセントの読み方)の中にあつた イモン

ツガを書いて くれた学生で その孔版を書いて おまえのお父さんが送つてくれ

たのだ 誰か忘れて来て 字だのを今日 そのイモ蔵を送つてくれたのだ

ゆく

7月4

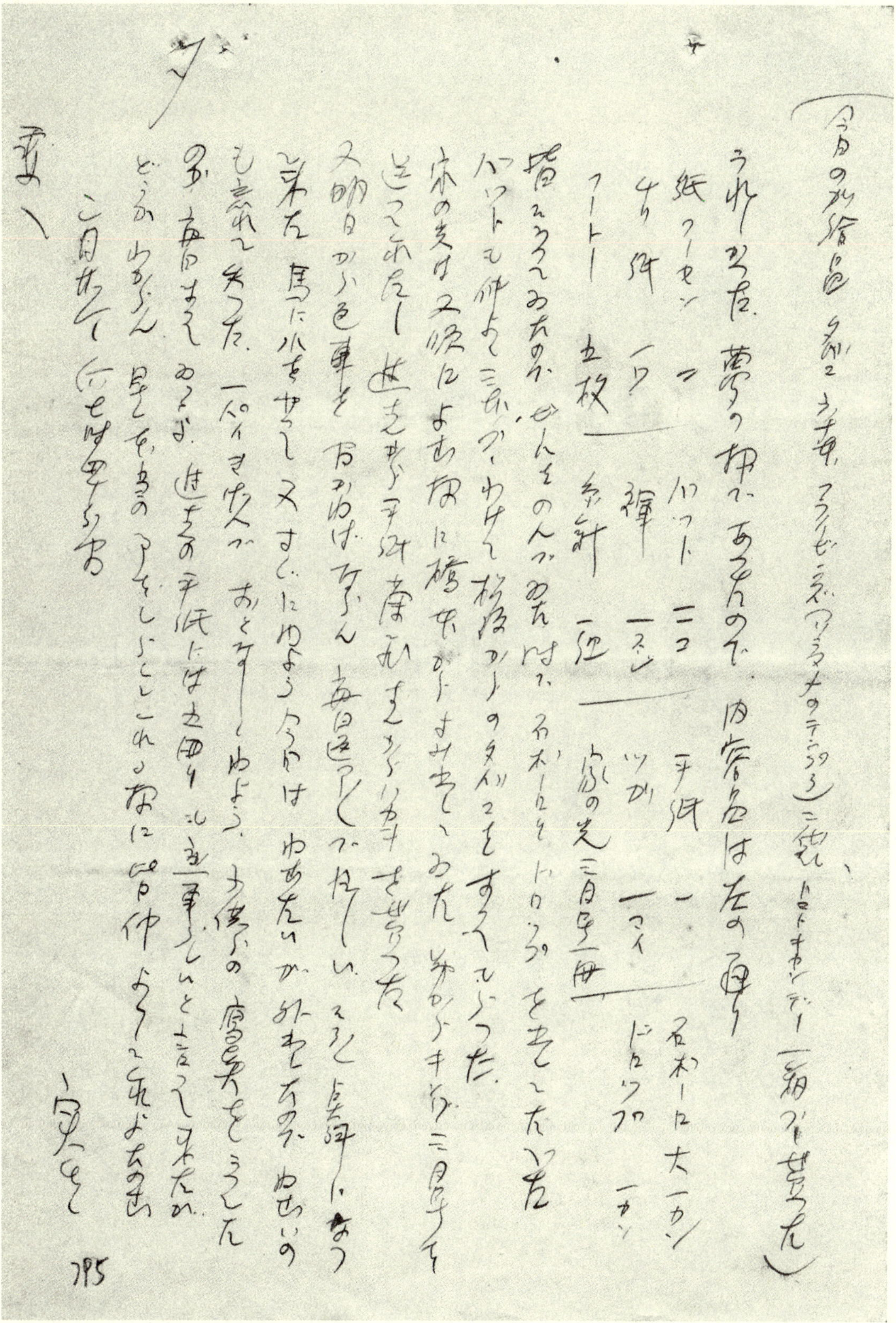

（今月の加給品 多加ニ 大東 フクゼミズ（ワニスナのテンプラ）ニ籤 トロトキャンデー 一箱ヅツ当った）

うれしかった 夢の中であったので 内容品は左の通り

紙フーセン 二 バット 二コ 手紙 一 石ボール大一カン

牛乳 一ワ 襷 一ヌン ツボ 一コイ ドロップ 一カン

ノートー 五枚 糸針 一組 家の光 三月号一冊

皆よろこんでみたのが 世んそのんびあた時に 石ボールをトロップをたべた

バットも仲よく三本づつわけて 松濤カノの外ノコをすべてひろった.

家の光は又晩によむ様に橋本がよみ乍らみた 弟から牛乳三月号を

送ってくれたし 此の前手紙奉れました少年倶楽部を買った

又明日から色車を 古かめば ずっと 毎日送ってほしい それと 兵隊になって

来た 馬に水をやらし 又すぐにゆよう 今日は ゆあたいが外でたのだ ゆせいの

も忘れて失った 一パイきた人が おとなしてゆよう 大根の 写真をとうした

のが 毎日まって みるが 此の手紙は五冊 此の車らしいと言って来たが

どうか山ちゃん 早くも をしふとこれの なに皆仲よくして元気よくたのむ

二月廿七日 午後七時四十分書 実人より

妻へ

285

88

NO. 1

2月廿九日 とんよりとくもってゐた、点呼をとって馬屋へいって水をのまし

てえさを与えすぐに帰って顔を洗い朝食をすまして一服して全員馬屋

へいった、今日迄のびのびになってゐた馬屋の巡視が今日あるとのこと

きれいに掃除をして馬の手入をして十時頃用意をして待ってゐた

僕は町の角へいってえらい人の来るのを見て来られたら中隊へ知らす役を

して立って居たがとうとう今日もなくて皆気がぬけた

今日来られたのなら外へ出られし内の中隊はとめられたのだ

十時頃暫く待って一服して昼食をたべてねころんで橋本の居た所へ

手紙を書いた 昨日橋本の三年生の子供の友達が各々作文を送って

来てその中に「橋本君の妹は死なれました 五日ばかり前に、橋本君

はつらいことでせう」とあったのだ 手紙は昨日外出しておいてしらずにゐてから

誰か言ったので見てゐたのだが僕とゆて失ったので知らなかった

所が今朝馬屋の帰りに先生がえらい事を言って来たのでびっくりしたよ

786

NO. 2

と言ふのだ 何かと思へて言はず 只なら分かると言ふのだから 言へと言つて

言はず 黙つて手紙を見たら こんなことが書いてあつたのだ

俺はびつくりしたよ 此の前の手紙に入つて居る女の子がジツとして 今の明白かゆ

らぬ病気で私も十二月から仕事を止めて かんごをしてみたが なつたので

橋本には知らさずに なつてみたのだが 子供は正直で何もしらんから手紙

で父や母がかくしてゐることを知らして来たのだ びつくりした

で今日その通りを書いたのだが 貴方もがつかりして居られるだらう 俺はこの子の死

んだことを書いて力づけたのだが あとから保養代にでもして呉れと一円位送

らうと思つてゐる 今日送れたのだが 橋本も一しよに陸揚の皆と城内の工兵い

いつたのだ わかつては まづいと思つて たのみに行つたのだ

今まで子だつて死なれて 男さんかをがつかりしてゐるだらうと思ふ

いてと力を付ける様に言つたのだが がつかりしてゐることだらう

午后一時から馬の運動で 乗つた馬にのつて運動場を走つたら 去つたり

797

NO. 3

して二時頃に行って来て 釣の道具を渡して なげてゐたら 川京が呼びにきたので
兵器庫へ行った 砲車の附近をしらべてゐた 二時頃すんで又写真へ
来た、今日は写真の為全て 手足にいったので 写にのったのは 本松(この日のつかれから
来た人だ)と二人だけだ 馬の脚を洗って 体を手入れして帰って 四時に
又行く ゆかた(甚平)を着て 水泳をかねて帰って来た
昨日の牛肉があり もしけの残りがあるので 本松君と夜二人でやくなった
自分がうまいのをと思ふと腹を折りぬはならん 牛肉を切ったり 汁を作ったり
火をおこしたりしてたいてゐた 下給所で酒一本もらって かんをして 二人から
帰って来り四人、川上は砲所から帰ったがそれで ゆっくり失て駄目だし
四杯ぐらいで肉をたべ 一杯のんだ、外の者はあまりやらない 偉人だ、いい気持に
酔って会をかしたので 食器を洗へ行って来た、今日は雨と思ってみたが
午後よりまた日はでったんが あたりがかかった じゃっ一枚になって ゆっくりで
この日記を書いてゐる、まだ明るい 七時だ、茶飲みへ 遊びを書こう

798

NO.

ゐて手紙を書きかけたが酔ってゐるので思ふ様に書けず止めて、中隊の当番室へ遊びに行った。先生と話しこのあと、六でサイダー二本の人であそんで居た。將棋をやって居たので帰って来た。西村は京都を出る時からの友達なのでなつかしい。將棋をする事に話をのばして帰った。残ったカキを半分にして水で洗い塩でもんであとづけに缶の中へつけた。昨日買ってやったカキを今日の酒をさかなにしてそれを借りてカキをつけたのだがかし残ったのであとづけにしはしみをしてつけたのだ。で布団の中へもぐり込んでこれを書いてゐる。いい味はまだでないだろう。

実兄君と二人へ手紙を一通づつ書いて十時頃にねた

三月三十日 小雨がしぶしぶ降って居た。最近はどうも天気が悪くなったうっとうしいこと仕方ない。將棋をすると事務室へ行く。南が今日から旅を共にすることになったのだ。馬屋へ行き、さきを切って手入れをして帰る。今日は皆三日工兵に行ってゐるので馬の手入れにいく者がない。初年兵も大変に困ってる。馬を木村君と三人だけだ。なかなか忙しい。南君は胃も悪くして居るし上官は工兵から帰ってアップアップであろう

799

今年でもしない弱くなった、顔を洗って朝飯をたべた　一服して方々へ今年で挨拶状、
みまいを書き上がった　一通りおぼえかけたりだ　之はかに銃のけいこだ　敵の敵の方へミラクリ
の所がいろいろな　ろうすうのけいこを教へて習った　下へかえをしてゆうすのけいこなど
まだ終り馬に水、えさをやって帰り座会をすます　一休して又今年を習りて
一時から東、木村君と三人で馬の運動をやめて馬屋の床が小便でじゃぶじゃぶになったので
長い四百枚を習って来て板を外し一枚にふさえの上へ板をはった　夜になったからよく女
えたあってて汗が流れた　三時頃に大体になったので俺は帰り又次の用意をする
銃の手入、剣の手入をしてして下を洗って　一服して書道のけ古を習用して又今年を
一通り全部かいた　丁度（ちょうど）二十枚習りた　日記、手紙を書く　和準備をして四時
交代をしようとしたが、交代した今の所一個は少しろくない以上ないマラリアでふるえて隣ので陸時を
して貴様たちのためかの看護兵が来て薬をされたかし楽になった様だ、夕食頃になったので飯
へ行って来た、ゆで玉子二つ三つと大根、レンコン、牛ガイモ、竹等を煮たみそ汁だった、夕食を済し
工兵所へ行って交代で立った、天気が悪いのでむしむしとする、又明日書くことにして
これ三十日行れす、

宗二兄　生

妻へ

800

NO. 1　85

三月三十一日 此処もとて まある朝だ 昨日は大分一日雷がなっていたが今日はぴったり
とまってしまい日だ 長時報告に見えて来た 雨は止んでゐる
昨晩は十二時迄 俺が立って来てから互は隣りの三人がくどをして立て来たのだ
工兵隊へ行って顔を洗い付近に閉めしをたべて卵めしをした 入れてうまかったよ
で付近かん付近に参った 此う人のが飛行機便令になったのだ 三人が交代で兵舎へ立っていた
役を思ってみたがどうやら昨日の雷雨が今日のまりでよくなったのか 朝から日があたって
来た 夏の化しも暑いと立てみても ぷつり汗が出てくる位だった
兵隊はどうしたのかったと云うのかりー(人夫)が朝早くから水をやってゐる はこび通した
子供らは例によってめしの残りを貰ったザルを持って集まってくる 引を貰りにいく者
中め心を貰う心の 大豆の芽をもったものもいって くるもの 移動 お中 これは
前の方へ 二百に炭を入れて上に大根をかけて 心は湯をわかし 後の方には数屋道具 腰かけ
が置ける 横に置いて ウオイ/\と此方の者からんこを立って占めし 数百十本 ひげそり十本
下っていゆいに用られうしいいと思ふ いまザル 小さいのはすぐ 火を入れて 十分たつ後の横へ

801

之

NO.

入れその上へ上へ靴を入れて盛り上げているのだ なるほどこう盛られてあるくので〔?〕へ
られない位うまい、それに乞食より善使ひくくにこの辺を通る。
ないけど嗜にれをしていくか 横着な奴は平気でいく、そうするとマラツと大声でどなった
それでも礼をしない奴はないのだ。外国人も一人面白そうに此処を通る人がある。せの高い人だ
支那人は祖先代々のイヂンで毒を持って居るのか 太い長いかぎや大人になっても
生まれたのなに頭一パイ タイドクのなにかサイダ一パイの奴があったり、片目の奴さんは、
芸者より者が多い、可愛い子供でも太い腕をまくるとヒゼンで一パイで近よれない
文明におくれているのだ それにホーソーで欲牛〔?〕穴くの奴も多い 満足なきれいな
体をして居る者は十人に二人もあるかなしだ 初めは何ともなかったが 食事なんぞは一
寸したが近頃は汚い途はさせない 気持が悪くて仕様がない。
この附近はよく人がふえるので 人力車 ワンポーツ又はマーチョとか云ふが ふえて来た
東亜劇場の横の広場には十五台位並べて それで一寸乗るのもあり 杭州の方は
きれいだが少しもわからない 酒に酔って来てのって帰ってくる者もあるが 場内

802

NO.

は、せまいが立派な便所がない　それでもよろこんでゐる　その外ちよいちよい異者でおりて羨（?）

にしてゐる。大てい　わらじをはいてゐる。ごむのくつは　一足二四銭するから　一寸買へないのだらう

炊事に使ってゐるクリーは　一日三十銭だ　一月に四部（?）定で　世話してゐる。一日三回だいたいとして苦

って三十銭　安い。それで朝から夕食の終る迄　動き通しだ。今もさくのにとらせく水をはこんで

ゐるのは一日二十銭だと言ってゐるが　俺が田へ肥をやるやうな気分で　やってゐるよ

町のかざりまで　春ものが　ブラ下げてある　桃色や　空色の　黄色の下に　服地等

春らしい気持がする。皆安心して仕事をする様になった

戦争にまけるとこんな者だ。自分らの国をめちゃくちゃにされ、作ってある畑は荒されても何

一つ言ふことも出来ない　家をこはされても殺されても　一言も言へない。言へば　すぐ命がない

それで自分らは　ましてことが　出来ない　自分の軍隊に絶（?）守てゐる

可哀さうなものだ、自分が勝って来たのでも　度胸がないと　掛（?）けもせない

この次はおまへ達だからよいが　二十七日経した話には　晴ものもなくて着るものもなし

着のみ着のままで　山の中へにげこんで　ゐたのだ。此の頃になって　安心して　出て来たのだが

803

こんなみじめな有様を見ていると一度戦争をしたらいかんなと思い勝たねばならん
と思ふ。田舎の旅店に居る人は近頃はめちゃめちゃになぐられるから こんなことは実地見た
者でないとわからない。これだけ思っている皆自由主義で太平の夢を見ているから大
ことはケンペイや外の軍で厳重に守っているから日本人が支那人に悪いことをしたり
女をごうかんしたりするとすぐケンペイへ訴い出るのだ。そうすると呼びつけられて十三年以
上位の重い処罰をうけて皆がかいせんしている。それだけとめなければ帰されない。現在この部隊の中
にはあるのだ。おとなしい兵隊が一緒の者が出されたら届け出るのだ。うっかりして一緒に
居る者がこんなことをして居るとひどい目にあうのだ。これだけ保護して世話しているのだ
一銭もはらわずに人をぶったり首をなぐったり強姦(ごうかん)したって何もしないのだから、
くるとそうはいかん。ブタの肉が安い。野菜が安いと思っては土民の家へ徴発にいって軍は
絶対に出来ない。金を払って買いにいかねばならん。これは日本軍は決してやらん
ようなことはしない。正しいことをする者は危害は加えないと言う事を政府で居るので
支那からかいさらはすぐに おとなしく言う事をきいているのだ

NO. 4

804

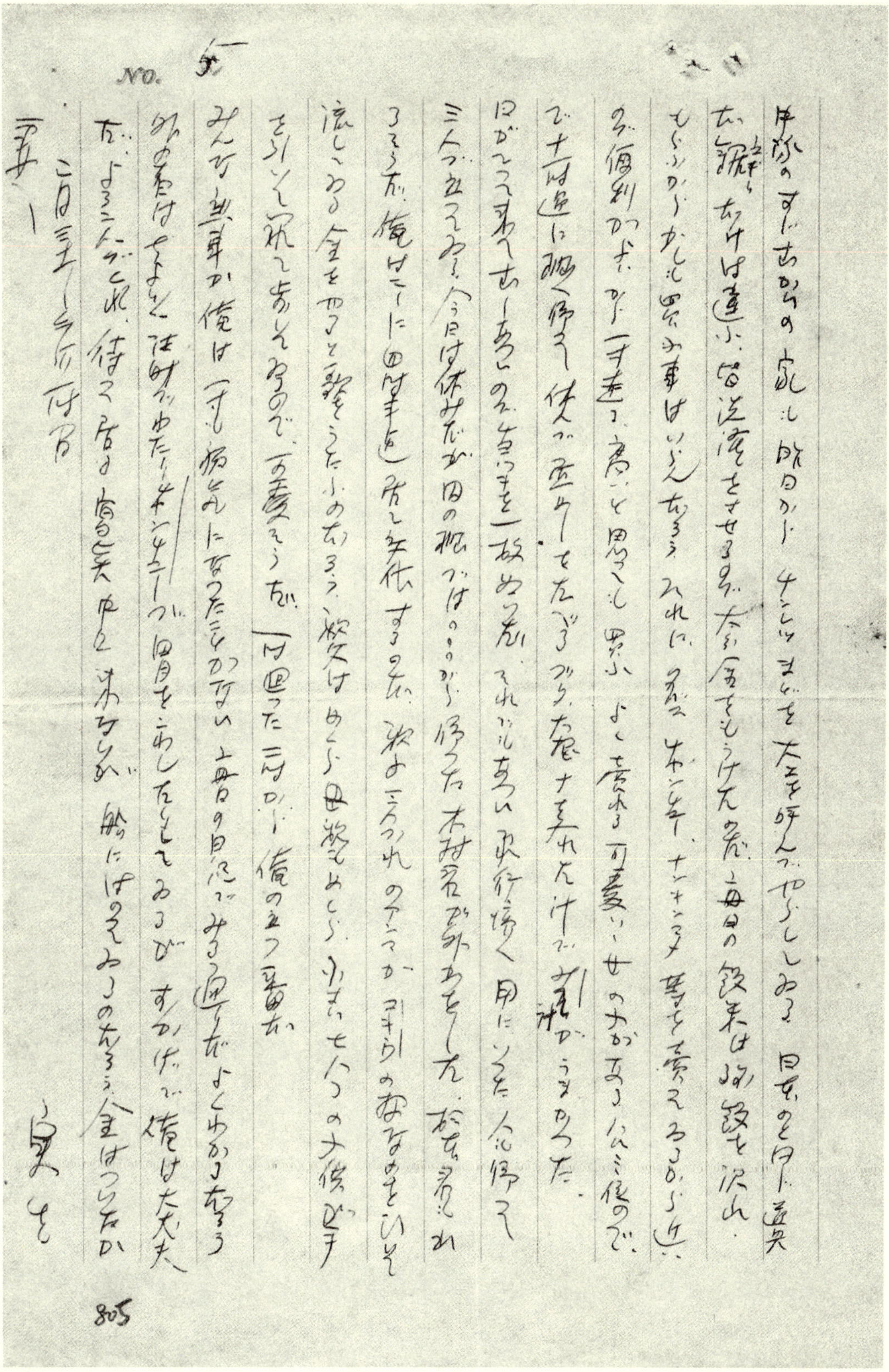

NO. 5

中秋のすぐお祭の前に昨日からチンドンまでを大工を呼んでやらしてゐる 日本のを[illegible]
なければ違ふ。皆流行させるのだ。金をもうけたのだ。毎日の飲食は[illegible]を決め、
もらふからかしこい事はいゝんだらう それに[illegible] 本年、十二十二月[illegible]を覚えるから近
のが価利かない 一寸迷ふと思ったら思ふ よく[illegible]可愛い女の方がある[illegible]ので、
で十日過に帰って 他人が立って[illegible]たけで[illegible]がなかった。
日がたって来てあしたの[illegible]一枚めの[illegible] それからあつい[illegible]用に[illegible]人が帰って
三人で立ってゐる。今日は休みだが田の[illegible]では…から帰った 木村君が来た。[illegible]
るそうだ。俺はそこに四月[illegible]居て[illegible]するのだ。[illegible]三つかれのアンマが[illegible]の[illegible]をひそ
流してゐる金をやると[illegible]たらふのだらう。[illegible]は[illegible]七人つの[illegible]
さういて[illegible]て[illegible]ゐるので 可愛さうだ。一日廻った三日から 俺の立つ番だ
みんな無事か 俺は一寸も病気にならないこともない 上毎日の日記でみる通りだよくわかるだらう
外のものは[illegible]時々[illegible]で四月を[illegible]してゐるが すかげで俺は大丈夫
だ。[illegible] 待って居る [illegible]来ないか 船にはのってゐるのだらう 金はつかないか

二月三十一日午后

[illegible]へ

良[illegible]

805

10

NO. 1

三月三十一日午后ヨリ。此の前言つてゐた二月十二出の航空郵便はまだ手にはいら
ない、どこへまよひこんで行つたのか待つてゐるんだが来ない。弟が送ったネガも写真も二冊
出来ない。途中で誰かが横取りをして見たのかもしれない。弟が残念だと言つてゐる。
今日は土曜日だから休みの時間に手紙を書いた。89号一通と アラスカの 村田千代
と云ふ女の先生 あの子に鉛筆をくれた小学生だ。そこの家が、秋の前に苦しくなりので見当が
つかないが母にでも一度 不動産か何かに会つてきいてもらつてくれ、秋なな家だ。
ひよつとすると山合併以島の 村田徳次郎と云ふ家かもしれないと思つてゐるのだ。誰か一
もここへまつすぐにかいはなの方へいくと右側に一軒 一番はじの女郎屋が村田徳次郎
と云ふ人なのだ その家の子供たちやなしかと考へてゐるのだが 何か野菜でも持つて一言
礼を言つて来てほしいのだ。それに稲本の祖父と云ふ老婆も同じだ。何もない山の中で
不自由な生活をしてゐる時徳天にまた行つて貰ひ、すぐ帰つ。ものはあまりないが人々にやろうし
かつたが身にしみて其の親切に泣いたのだ。その礼状を信用へ 苦しいものと見える
祖父の父は弟の家を たつた大工で 幸吉に使はれてみた 渡辺房兵エと

806

NO. 2

が言ふ人だ。あの細長い青白い顔をした おとなしい大工で 酒の好きな男だ。年とった方なので
思い出せるだろう。バクロ町に居るのだから 吉川で家をきくとわかるだろう 子供が多くて
今日しなんだとしておらしい。それの時にそう言ってみた 何か よろこぶものを 家へ持って
大へんによろこんでみたと言って 私を言ってほしい。私達はどちらも出しては居るが。近所の
おった母によろしく たのんでおいて呉れ。いのを持ってやれば 隣組(トナリ)もよろこぶだろう。俺達の
無精してすまーした アメリカ町の 村田千代吉へは せんそうの話をしてくれと イモン文にかいて
あったのだ 十月八九日頃 慰安袋の中のをみつけてすぐ 五枚にかいて今日出してやったのだ
あれをよむとよろこぶだろう。中々字もうまいから 六年以上かも わからない 女学校くらいかね
ばかの母へ来るだろう。子供もさびしからう その歌たちも中々えらい。一寸出来ん事だよ
又俺が帰ったら お礼に行くが 家から 忘れたのむ。大隊の 孫兵衛さんとこへは こうでん
一円を今日かわせで 送ってもらった 俺は外 おかあさんのが 孫兵衛の事を書いて 送ってもらった
家からも すっかり安心しておよい 母と相談をしてやって呉れ。がいせんの事も いろいろデマを
とばして居るが 大正十三年生(俺達)は四月に帰れる事 まちがいない と言ってる事が あてに

807

2

NO.

せずに俸給が取れる迄一生懸命に働いてゐる。わかり次第知らすことにする。一ヶ月四十弗位。
事務退屈なんかで十月一日から三月三十一日迄の金の出入を別紙へかいた。あの通りだ
十月三十日迄の残り十八円四十弗と今日迄の残り十六円三十弗と合して三十四円七十弗あるわけだ
その外に杭州で中隊へあづけたのが三十円ある。これはかへるの時のみやげか何かを買ふのに
手をつけずそのまゝ残してある。今の所一小使は文句なし、使へば使へるが、いくらあっても足りない。外の者
は航空で金を取って居る者が多い。俺は内からは取らんよ。あるだけの金でやっていく。あんなもの
は要はない。実際は仕様がないが、いくら又十円位送ろうと思ってゐるのだが
内では一本の金を惜しんで働いてゐる皆のことを思ふとあだに使ふ気にはならない。
出来るだけしまつをして一本でも多く残しておきたいと思ふ。外の者は金など上言ってもよい位
手などだしてとられたり取ったりして、取ったのは相当はでた使ってうらやましい位だ
うしこんなことをしてこんな体当てれはいらず金の出入をつけて居るのは俺だけだ、
こんな所に居たら一寸低手にやったら三四円外出したらすぐなくなって失ふ。それにトランプの花合せ
なのをしたら一晩の内にスッカラカンになってしまふ者の上借りて居る者も多い。俸給を使ってた後

808

NO.

はにかむやうな十二才位の声でこう言ってゐる。太郎人も ニーヤンホ花生すでゐても夢中に食べ
やってゐる。こう云ふのは四つか五つの子供でも大道で落花生を売って一寸椅子にかけて食べてゐる子供相手に
商売をしてゐる。白昼公然と食べてゐる所は支那らしい所だ。警察は何とも言はないのだ。妙な所だ
それにどんな小さい子でもタバコを吸ふことだ。今日も三人の子供がブリキの皿をもって近所にみすぼらしく
を捧げて去る位のタバコの吸ひさしをひろいに歩いてゐる。女らは手足がおかしくすくんでゐる。
あたりが暗くなりかかる日だ。北京の冬では雨の少ないのだろう。入雨になるのか、よく降る所だ
私は大学どこへ遊びにいったのか居なくなった。川上君がけねてゐる。例の遊びに夢中になってゐるのだろう
俺はあんな勝負事はする気にならない。一寸しらべるのは俺位だ。大てい殺してしまってやってゐるか
うまい人がゐるかと申しうけるなことはない。大ていさいふをはたいて失ふ位だ。
今日は昼から旦那を送りたが、矢来たくるのかしら。待ってみたまでゐるのだ。もう一時間で手紙を預けた
班が呼ぶ…のおじいさんの大声に帰って見ると木村君が私わかり帰って江ら島のすしを
みやげに持って来た。思ひがけぬ事。以上を二人三人で…（[illegible]）
をおぼれた。中々うまかった。お寿司を久しぶりで一朗と又工場所へ帰って仕事を始し

809

NO.

大阪の赤保志町橋本の長男隆彦君橋本の兄の所 京都の息子の実家、ここに泊
る積りでみえたと云ふ 昔その四畳半書斎を占領して勉強して居る、今夜木村は高
座(いびき)。俺と[illegible]とカツオのかんづめをもってだしにおそすぎたいた 下宿屋の酒一本でしきりなく
るだけ 私は思外わずか帰る あかんだ あん人の菓子とアヒルの玉子を貰って来た 卵をそれで焼て
夫人で西片の父だいい気持になり少しお金をかり大分てにぎやかにあそんで居ると丁度いの勝では
又遊びが初まるだろう 俺もまだなかなか出かけたいので帰って来た。此れは調子がよい
東は[illegible]を四千九とだし 夜はとられ出した よろこぶれの泣これのいくで釣る気のは平気み
だ。ほれくらい気持でぼんやり見る小説を見ていた 気の毒だ。馬に水をやって帰ってた
今夜は東か高座当番だ(ドラマやと云ふ)帰って来た五人だーがなれのだ、明日は松本
は北斜面(三日いて)木村実は絶叙して居た 二人へるか明日は城内屋の橋本、夜勤
山口が飛行場かしは杉木が帰るし明日はにぎやかになるだろう。今夜は酒でにぎやかだ
いい気持になって ゆっくり 床を 温めている。 今夜は まう やたであろう 十一
俺も ゆたいが ゆよう。 早くこれは ただ 昨日 花の手紙 をもらったらして みるすかすみ
こ日二十一日 午后九時 [illegible]
妻へ

810

昭和十三年十二月一日ヨリ金銭収支表（昭和十三年十二月一日ヨリ昭和十四年三月三十一日迄）

NO.

日付	品目	金額
12月1日	ヨーカン二本	二〇
12/6	ヨーカン二 ユデアヅキ一	六〇
〃	ハウト七	三五
12/26	タバコ十	六〇
〃	ヨーカン一	二〇
28	ヨーカン二	四〇
31	酒一升	二、五〇
〃	タバコ二	一〇
十四年1/5	酒一升	二、五〇
8	タバコ十	八〇
14	ヨーカン カステラ	四〇
15	酒ワリマエ 十タ二一	五〇
2/5	ゼンザイ一	一五

九言

日付	品目	金額
2月6日	[illegible]	一〇
〃	〃 [illegible]	一〇
〃	ラッカセイ 一袋	一〇
〃	[illegible]	一〇
10	航空郵便	三〇
10	支那料理 ワリマエ二分ノ一	一、五〇
〃	ゼンザイ	一五
〃	ヨーカン二本	三〇
〃	宮兵代	一、五〇
2.[illegible]	ナンキンマメ一 タマゴ四	二〇
2/18	タバコ十	三五
2/21	サツマイモ七ツ	二〇
24	オデン [illegible]	六〇

（此ノ外ニ[illegible]ヘあづけたのが三千円 がいせん用に[illegible]てあるのだ）

日付	品目	金額
2/26	支那マンジュー一五	一〇
28	宮兵 ヤキマンジュー[illegible]	三〇
〃	トケイナオシ	一、三〇
2.28	六人分 宮兵代	三〇
〃	実郎 [illegible]代	四〇
〃	シナマンジュー一つ	二〇
3.3	牧野ヘ[illegible]	一〇
4	卵三	一〇
7	酒ワリマヘ	一、〇〇
3.7	ミルヘ送ル	五、〇〇
18	ナンキンマメ	一〇
23	トウフ一丁	一〇
24	タバコ一丸	四五

日付	品目	金額
3.25	トウフ一丁 ナンキンマメ	二〇
28	スシ細巻 五本	五〇
〃	シナマンジュー一五	一〇
計		二四、七五

収入ノ部

日付	品目	金額
1.3	俸給 十二月分	二九、四八
2.21	俸給 二月分	一〇、二四
3.21	俸給 三月分	一〇、二四
計		四〇、九六

（十二月ヨリ三月マデ）	残高	一六、二一
（十一月ヨリ十二月迄）	残高	一八、四九
合計		三四、七〇

811

コレアト

9/

NO. 1

四月一日 昨夜点呼をすましてねたがよくねつかれず皆酔ってゐるしやかましく話をしたり大笑い
をしたり浪花節をやるたりにぎやかに話した。田の方の話をしたりして十時半ねようと思ったが
ねつかれず ほとんどねられず 夜中の話をし寒さを消したり 十二時頃からひどい雨になり屋根をたたく音は
ますます加へ いなびかりが 休まずぴかぴかと眼をてらし すぐそのあとで ごろごろ と 雷がなる
やかましくていい晩だ。こんな時ではねられそうもない 目をつぶってもぴかぴかと青く光るので気味
悪い 雷もなりつづけてみたがそれでもねむってしまった。夜中に又一回十ぢかくり雷の音で目をさました
夜中になって なほひどい ぴかぴかごろごろと 近くへおちる様なひどい音。決してねむれない気
アーアーとため息をついてみる 夜明けをまったが それでも仲々休みがつくと思いつつ又ねむった
朝になってもぴかぴか ごろごろ 雷は止まず 雨は益々ひどいが 昨夜の様には雷もひどい事ない
皆おきることになった 点呼をとって いま手入をして 帰って来た 皿を掃除して顔を洗い
食事をした。一服してこれを書いてゐる 午前は 服の手入れでガスの面の検査があるので
その手入れや 明日も検査があるので 其の用意をしなければならん 雨は中々止みそうにない
昨夜は雷でねられなかったので ねむい 女がおちけになつかしみたらしいかしくに
昨年今月 山岳の初めての所でとった写真を今日せつ子の方へ送るよ.

812

NO. 27

ゆしまった。いーたみなになってこまくて　十時迄に目をさます。彼般の手入れをする
我の庭を本村君と二人で全部の手入れをし　十時に終った。宝剣
金筆を一冊して居たら手紙が来たらしい。封筒一包と　カンデー。週刊朝日を
三包みたしして送ってくれた。中に手紙がはいってゐた。娘さんからすれたなをするつもりだそ
うであった。あつちの人がその事をすると、五月に退院する事になるそうで、
まあ天気に恵まれたので何もかも思ってよろこんで居る。それでも長い入院生活だ。
君たちまだ二月も居なければならぬとは大分あきとして来たことと思ふ。
梅田から例の封筒一包　恰よく送ってくれることとして、俺や外の者をよろこばして
くれる。最近は四月だ。治けば家からのハガキ二枚　三月十六日出と廿一日出のと外
三日四日出のがつくなとの事　近頃は早く往復する様になって便利になった。
弟のお母は三月二十二日出た。父母が一日で来て居る。中々早いよ。
橋本からも手紙がいたとの事。内地は寒つ大天気で故郷に雪がすくしふつたとのことと
どうしても早く帰るのだ。田はやがてして畑の耕作をするとか。あたしかしから又

813

NO. 3

草がのびて来たこと、思ふ。昌子は畑のまはりに一苦労をせんならんこと
仕立ものを太のみに出来上りたとのことを父母言ふて元気よく仕事をしてゐたとか、安心
なるさうだ。安心したよ。憂つたことでもあったに違ひないと思ひ案じてゐたが
来る彼の所へ手紙を出したと書いてあった。婚約する所などあったさうだ。其の
留守中で日出世し喜んでゐるよ。三郎は執拗しの話をしようとしてゐられたとか
内地の話などもまたよく来し。一層早く帰れる日を待ってゐる。
高昇ついたとの事、元気で努力を尽へ安心したなるだらう。病気とかけがとか言ひし
いられん難しいことならしいが先づ安心と云ふ所なるまいナツカシー
去って段々トをかめってみるのをかんでみないのと云ふ様これが元気なるだらう
もう来月になると満二年になるよ。早いものだ。家では仕事に追はれ、便なすは
毎日仕事に追はれて日の立つのは早い。すんなり早く思ひまい立つものかと思ふ位だ
なまけないで皆の元気な顔を見せられるのを楽しみにしてゐることを忘れず働くよ
安心しても、文しの所がんばって呉れよ。送った金一千円について届いたとの事安心した

814

NO. 6

よ。二週間づつと言ふたびなるに二週間だ。あとからの手紙でわかるとはりこんのほうび
のつもりで好子期間を明ふのにと思つて送つたのだ。気もちを悪くすることは無い
今度は出るにゆくのだ。無理をしなつてもしためなのかなりかうして心配する
とはなびぞ。安心して待つてゐるに好きなものを思つてゆうしな。待つてはよろこぶだらう。
そのようにお前を見たときに送つたのだ。大の人だ。容易に会へまいとうけないとの事、がつかりし
たよ。もう二人で母にのつて横すに人来てみる事を思つてたのしんでゐたのに。寒い日があつたり
して思ふ様にいかないの事。無理はしないよ。三月二十八か四日十日とかで早いものだ。大分大きくなつ
たなろう、会ふたるうな。いくつになるだらう。見たい。一度たづねてみたいよ。
通信不十分に思ふとの事、知らしてくれたと言ひ思ふ。一日も早くつくのを大の人は精出し
御こう。もう一週間もすれば分かるだらう。どんな所、続なるうかな。早く見たい。
田の方は身せんを大の人が一番耕作にかかつてゐるとの事、分かり近所はあり大に近所ならば
仕事はしかないの事なろうな。病気なぞのいかなかろうな。早ければびつくりする程早く大きく
なるでいく。田地が落ち着くなら社會に入るだろう。四月だ。好子期だ。送つた金も

815

NO. 3

大体に旨に合ってよかった。何より嬉しい。みんなのよろこびが顔に見えるやうだ。
安西の少年団の山口晃（アキラ）君が少年兵になって作文を下にかく 皇軍の進軍
の絵が中々上手で感心した どこの子供か山口先生とこのか 太田か 山口ごんぺのか分からんナ。
それと今朝の村田千代松君から返事が来た 今まで今それに返事を出した 是から
下へ行って馬の手入れにいくのだ。午后は俺は宣撫班の大きな通訳が今 まだ来る
ところになってゐるので 自動車を修繕に持っていった 立派な通訳だ トラックが自動車等沢山に
すべてあり修繕をしてゐた 帰って来たら城門内に又た 砲兵隊 皆元の三人が帰って居た
物貰家などを言って聞いた 検査もすんだらしい。皆を休ませ少年を見つけて通ってゐる。今日は
雨も上って天気はよいがまた寒くなって 今日ごとだもしまってあって 汗をかいて帰って来たのだ
是から手入れに行って来よう。今夜は地方から飛行場へ行った 梅本も二方手信帰った。作り
に来たが飛行場へ始末を済ませすぐに行った中々忙しい 木村君は今夜は能登を見て用意
をしてゐる。四時になった 下へ手入れに行った 又雨ひどくふって来た。
雨の音を聞いて ちょっと写真を撮せば全部行って カメラをかついではったらん。

816

No. 86

山をかけめぐり合宿をしたりしてよく言って帰って来た弟へ早く手紙を出した
スピロと思った時にかりと雷がなり出した一晩ひどいえらい雨を見
ると田地の青稲まで出でを思います よくふる雨だ カミナリ八ツ近くなるのが不思
議な位だよ、今夕はカマス（カド）を焼いて一尺位の大きなのを二匹で食った
近頃はカキゴーリーやジュースで味わい一杯なんし師のすいかのやつうまい
着けた ナゾ女の胸から出して三池ただてみる やわらかい味をうまし塩かげんもよか
店で よくわからんのを売りに来て困る。今日から大にぎやかになったか 沢山いる——
今度に話すが出て話しをした大喜びだ、お前の事を僕のと一しょに話したら来てく
るだよ 夜に見せに来た、ユーデン今日出して床太夏服を送った、
雨でうるさいよ その中へ入って手紙を書いている これから極目へ一通出そう
と思っている、皆しばらくストンをかけて早く出た手紙を書いている
お前は毎日加是お守を持っているか 一雨で困っていると思い小
島をとって早く小を取り帰って離陸するにつけてもよう一睡はひどい又明日に

四日 午后六時 書

妻へ

是也

87

52

No. 7

四月二日 雨が朝の内は相当に強い雨でやかましいほど降りかけてゐた
よく雨にもあつ事だと思ふ程の事をして すぐ馬屋へいつて水をくませて
やって僕は石炭焚いて中箱を取って来て顔を洗ひ 食事の時にまで
ぶらぶらしたり又自分の持って居るものを寝台の上へならべて まはりの人を喜ばし
てやった 馬の係りは馬屋へ掃除や手入れに行ったし 私は僕と陳修のあけた
ままの火鉢をしてから 外の壁を又今手入れをして 終り 床の間を水で洗って
ごすろ. まわりにしてバーナンでふきとってしまふことになった. 雨は中々止まない
昼になってしまってからは用に行って 見をあとでわかった. 午后には経理部の
陳の巡視だが 二時半頃だとのことをすっかり出来たので上へ上って小説をよんで待つ
ての居たものを寒い ふるえてゐる位だ 馬屋はまだ暖いと言ふ言葉だ
三時半頃に巡視に来られたが 私へは上がれずに馬屋へ行かれた 暫くすんで
来た会番や 雨をしのいで 寝台の上の陳列をとりはらって片付けた
四日ぶりに出来たので 少々早かしも買ひにいって 山口 陳修と三人 かんしゃ

818

あ2

No.

の人だ、寒いのでよい（女の人だ）隣の嫁が又釣りん宿に泊って居る　しかし当日が不要
って来たし　三人で　三人で四人の人で　酔った。それに　一工場に行った　夜が十分寒さもたまらない
帰って来る　一　此処へ　寄するって　本村君が帰るので　又一と晩寄して来への人で
ドッと笑いながらみたが　仕事がわかいたので　徐々になって　飛びこんで居る　古りばーとあつい
帰ってはやく戻って来た　手紙が来た　姉さん　つゆ子と　りか子二人　来たのみだ
外のは一週に来ず　姉はうるさくて　つゆ子は四年生になるのだそうだ
隣の嫁は妻君が帰って来た　当日は髪の姉婿が　よめを貰へと　すゝめて来たすぐ
返事をしれと言ってあった　京都のは係で一しよに居た女人だ　世の中が大分疎く
先き聞いて　妻君とは早く別れたので　女をみな世話したのに　おかげで　世話くれて　いとこの
よしへが気に入り　会ってみるがよいと思ひ　早速返事を出し　話を進めるから　来たのだ
相談をしたのだ　二十四とかで　一度よめなりもして　子供はなりで　帰ったそうだ
それでは　どうしたものかと　考へてみるのだと　言ってみたが　いとこが　ゆめて　みて
よめするようなたら　というのだと　言ったが　色々で　待ってみるが　せくて　来れて　言ったのだ

819

No.

それまでにすみやかにすましで居たら夫時になった。馬に水をのませて寝る
いよいよ近く飛行場の兵舎へ移ることになった。明日から先発が出かけて準備をする
のだ。あと今月六日に出発、七日に馬、砲が行くことになるらしい。私の寝台の馬屋の
移転持っていたものすべてそろえねばならぬだろう。明日からそのしたくにかかるのだ。
兵舎新しいからよいが水がどうなるか不便ならば困るだろう。広い飛行場で見
はらしはよいから昼からには持って来ないで。どれがよかろうと思ふ。五日　秋季
動作の演習を見てみて退職はなかろうと思ふが、退職はなって後には又
が、其の演習あって来るだろう。今月だと言ふ。一来月だと言ふかもしれまくた。
めて日記を書き手紙を書こうとして居る所だ。ねむい。明日は早いのだ。
今朝は雨で暗い。月が出ている。明日は休みかもしれない
一パイキゲンで書いたので字がよみにくいかも知れないが何とぞ読んでくれよ
隊ではもらうので失った便りお郷里の事でも書いてくれることにしようか
うんといよく三十まで。おれは行く日が近よって来たナ　おやすみ　百瀬たけ男

820

No. 4

四月三日 神武天皇祭だ。家も休みます。下ゆうの儀式をして居ることだろう
天気だと公園へ行く人が多くなることと思ってゐる あたゝかくなったろうナ。
今日は雨も上って太陽がかゞやいて来た。昨夜はよい月だった。しみじみ故郷の月は寒。
かうだ上ら午前を終って兵器庫へ砲車の返上を手入れ、大砲の手入れもして来た。四十日
雨の中へ去りしおどろんのでまたび帰ってゐた。朝から馬の運動をして居る運動場を
かけ足で廻ってみる。顔へ浮く汗を洗い朝会をすます。いよく飛行場へ行くことに
なったので、取着け下の板集めに行った。砲手は兵舎へいって馬糧の整頓にいった
四十五人が残って中隊の下士官へは三人で土地にすんだ。ですぐに被服庫へいって
被服の荷造りをして箱を釘うちにして室に帰って来た。うすぐもりだ。
食事をして一晩日記を書いてゐる 今日は兵へにもかゆはすゝめぬ。今夜はゆられん。
格納庫のこともどこかに捨てて、家を示して故を集めて居るのばかりだ
昼すぎ又被服庫へいって釘をうけて荷造りをする。それと休みだ。
体のぬけた後十二時半に集合した。中隊被服庫へ行って午前のつづきをやる

821

さ

No.

組へ全部まかせて全部完了した 四千円 苗村さんへよって手伝をして
極く僅かくれて来たが雨はふらないと思ふが手のよごれたつめに鍬と鋤をもって
掃除して手を洗ふつもりにして下を一度洗って帰って来ました
極く僅って憲兵に行く用意をしてゐた 梅田淡路君みたいなのが来たら騒がしい
比日からの連日姉へ四十人程をおいて梅田へも書いた、返事を書い
かとうを書いた 手紙ボートを出したらしてせんせいしておいて二通をつけてゐる。
今後の班長は弟らの友だちの富田伍長だ 今十二、三人を必要とするので
四五人がねがってゐた旅、こんなによく実家へ行っていると思ふ 五日からか一日からか
なようなんがいってゐるそうだ。父さんは来年から一年生になるのかな 子供らも大きくなし
なつかしいなあそう 来月の中旬になるまで一年になるからな 早いものだな
母さんかつるへも二人で畑や麦田の耕作をやっておる、思ふ 仲よくしてくれよ
又夏の夜だけ二人の夜とちらが帰れるようになるって 思ふが、来ても無理をし
ないで少しやれよ いらあせつた所で何もならんよ 体をこわしてはな 又明日に

安也

四月二十一日四時 書

まやく

822

13

No. 1

晴 昨日の午后五時に工兵交代をしてこゝについた。
今度は大隊本部の右側で あまり前に出てないので 気らくでよかった
六時迄立哨の番をすまし 一服してから 便所へいく
夜の方は今日まで三組で交代してきたが 今夜は満月なので 一寸一寸すい
眠いがかってみたが 明るい夜で静かだった 一時にねたが
夜中になっても静かで 一寸冷えて来たが 目をさまし すると夜が明けた。
今朝は天気もよい 自動車もよし ゆっくりみた 朝の内は冷たかったが 昼頃
だんだんあたゝかくなって来た 便所に行ってみるのもよし 外へ出て日なたぼっこ
をして居ったが ぬくたくてよい 七時から往道と夜から土け道をこえて屋に
行った 今日は外出をするので 用のないのは出ていた あたゝかいので よかろう
退行使へ こゝへに陣地へ四人 浴場に行った 木材と行った すかり落ち
を持っていた トラックは運び通した 板数を・
午后は又あたゝかくて 外ばかりに出てみた 自動車の回りの木も

823

No. 2

青くなって見えるようになって来た　寒一と言って来たのは火曜日だ
次の日は来たいかい、気は何か言って　終り　五日の午後で　まいも
終って帰って来た　疲れた　ゆっくり　いびきをかいて　鈴木とって
夕飯から橋本らと一しょに行くことにした　今迄の所は俺は寝たおけに居って
来たので一しょに五人　夕方に出かけに行くことになった
名をとって酒とし　日比谷を出し　おしつけたところ　こちらが大きいブスを出し
ありさまかった。この前の十人組　会見をした者出来ようし来たので　写したが
下手な写真だが　俺のは先原の男と一緒に　俺だけまっ黒になって写った
次に私のカメラに　泉板フィルムをさせて　見せてやった　今度のは　暗く曇った　外の者は
側にうまく写って居る　家に居る者も皆　引伸し送るから見てくれ
写真を見て　似てると言って居たが　日比谷を出しての話をした　向かい合ったの
杉山君にゆおと言って　本当の一人もいいんで　写った　俺はゆっくり仕方がない
来たも取ってもらうんだ　明日だ　ゆっくりとゆくんで　失って何しも分らない

824

No.

郷里にも二に居た方が何かにつけ便利がよいと思ふ様になるか。旅行場へ行て来ては
外にも出来ぬ様になる。外出は出来ても一尺も二尺もあるかうろうろしてると往復だけに時間を
とられる。みてみたい所も待ち遠くなつて来るから出るのは少なくなつて来るのは事実だ
しかし旅へ出かけは二ヶ月旅行位の気分のよい日の天気など一週間は居ない平野などが見晴しも
よい。二ヶ月は太郎の所へ下宿をしてみよう。そうしたら一寸面白い家。道幸
若い太郎のにほひをかがすのもよからう。何よりよい。それに食事なども土民風の味がよい
記事近のことで子供も見ているよう。気持はよいそれはよい。守谷をはしい時
には困るが書けるならば大分して貰ふから。よけいに使ふのは不便だが仕方がない
明日は旅草を選ぶのだ。それを一しよに持つて行くと都合がよい。昼は青と土
なつぱの中で寝ころんで、その気分がすきだそしてくらすのも又よいと思ふ。気分は新しいし
大分便利その点のもあり気持はよい。皆様から昨日から行つて家の方何かをやつてみて
ので、それだ家の床板をはつたり明日皆で行て直に大分出来る様に一生けん命にやつて
みる。さて、それから何思しく昨日からはこび迎えた。帰るのは又夜をはやくしてみたい丈だ。

妻へ

四月廿一日午后二時半

良人

827

94

No. 1

四月四日（月ヨウ日）天気はだん／＼よくなつて 雨もやんでなつた
三時から材木の監視に行つたが 交代する者が来たので（用がすんだので）代り
砲車の材料道具をかついで砲廠へいつて 全部中へ入れ 別々をすまし
帰つて来た。眠つて等（手紙を書いて）居た。四時頃 馬屋（手入れ）に行く
から夕食の用意にかゝる。昼 二頭したぶたの肉で スキヤキを作るので 肉を
切つたり 菜やせりを切り 石油缶を手ぬぐいに切つた けれどもかまで
たき出した。とうふ一丁買つて来て 豆腐がすくないらしいのでかし待つて居たら
班長が兵舎の西側によつて 線で遊んで来た 班を隊して来た さつぱり
一度一眠して見た。五時になつても 兵が帰らないので なんとなく心が
つかれて 石油缶をのせてたく 火がすぐだつたので 夕飯をたべてたく
さとうなすりを なくしてとつてくる いつになれた アヒルの肉でもよい
今日は非常に楽しくとつてた 下れにこうかけつけ 東條中、梅木、近藤（○○○か）
来て 今日（広）俺 班長と 二人で とても楽しいと言つてゐたのが ぼつくと あつけのも

828

No. 2

にえるなければ居るといくらでもくえるものだうまい。大根の千切りや菜が中に
うまい、おすのを別にとっておいて大分たべて来った。一日一膳一大きな膳をます
つった。うまければ位になった。そこへおまえ君が仕事を終して帰って来た
うまいと言ってたべてみたが、せんかのみたいと言ふので御保へ一杯いった
三せん。おて四つぐらいあった。此も少しブーリーなによばれた。腹一杯だし
又せんはうまい。思ったがブクくと出てくる。冷たくて味がよい。でブラ散歩が
ておまえが出しがって来た。いろいろ用もなくみょうの上へ二郎をしていてひしを
かかって これを当ててみるのだ皆医所へ遊びにきたってみる。
俺の出て居るこの絵の元が今のドアのなった所で今は釘がうってあるがこれ
の写が医所なから流はつーむけにきこえてくる なおこ家はあまりのすきない
方がよいがまっ赤に日末赤くなって医所でにすわかに話をしてよる
みんな合いく行っているこせ男小。二年もたなくなって淋しくえ気で、
二年生も中々むつかしい。あなたがよく教えて勉強させる様にしてくれ

829

No.

久美晴美も大きくなったことだろうナ。勝男も百十日もすんで地て来る
ことだろうナ。よくいたづらをするやうになったろう、笑ふだろうし、都ゆまん
見たことのない子供だ久美の時とは違い、分かりゆかない中々分らんナ
半年以上をつけて待ちこがれるよ もうそう長いこともあるまいと思ふから、
いそがなければ全員でぬいて勝手に三月だとか四月だとか言うしわらく
まわせ 夏の時きまれの事をたのしんでみるがしかしいよいよ近づいて来たことは
安否指た思ふ大 近く上海兵の練兵にいくのだ 篠原か橋本がいく
ここの田の挨拶では、弟の言ふは三月末にした当番か アイバへ勤務
にいったと言ってあったがここで交代をみて幹部教練をして三月一日
佐藤て京都へ帰り一ヶ月休暇を貰って家へ帰る 四月何んで京都へ
帰る。そして船にのってこちらへあげてくる。そうすると まず四月十日から二十日
頃かもっとおくれるかしてこちらへ来る。そして交代して近の者が帰れる様
になるが 交代兵の数によるが 都合よく行けば四月下旬には内地の土をふめ

830

No.

こんな事かもしれない　これは皆俺の祈ってゐることであるが　ただ只管
ことを思ってゐるのだ　今金が出たとか出ないとか言ってゐる人であるが
はっきりした事がわかる迄は　安心してゐないでしっかり働くよ　いよいよ来月
の末頃に帰れるとなればもう僕が来ないから思い切りふんばっておかねばならない
ただ帰るのが延びても心配がない　自分の精一パイは御奉公していて下されば安心
をして下され。皆にも心配をしたとか何とかで心配をかけてゐるのだが　大丈夫だ…
大切なことを言ふ暇にはいえはしておけ　俺は元気盛んだ　一日も休まずにやって
ゐるんだ　少しも心配をすることはない　今日からなに気をつけてやるのだ　ただ
のう何でも無茶苦茶なことはしない　又また体をこわしては駄目になって来る
がもうあれから三十　失っての出ない事にして　誰が人が助けてくれるかないので
日記で次々と過ぎ去りしは偶然んなりして　ゐるか　あれからこそは心得て深海は
のままない事にしたから安心をしてくれ　海中生活で　からだをこわして来て
は親兵の皆　なお祈ってゐるよ　呉々も両神仏に武運長久を祈願し

831

No. 5

これで母上やお前たちに顔が合せない、俺一人のからだだけでない
のだからなア　ここへ来て皆は　おそれ多くも　天皇陛下にさゝげたからだ
にのしずつか良くて　病気になっては申し訳ない。家の俺は又　大勢の子供が待つ
ているる。母上が一日も早くと心配をして居って下さるし。女の体で　一軒の大きな所を
すべて内も外も切りまわして　世話をしてくれて居る　お前が　無事で元気でと神仏に
念じて待っておる。之れを考へても　むやみなことは出来ない。
今日迄　病気と云ふ病気もせずに　元気な其の出来たのは皆のおかげだ
早からも高気をつけて　口を心得て　大丈夫に元気よく帰って　ハリキッテ決せて
帰らねばならぬ。皆も俺も同じ心になって　皆決して無理をせずに　和して仲よく
丈夫で俺の帰りを待って居て　呉れ　長い留守の間　無駄と云ふ目にあったかも
決して長くもあるまいと思ふ。ここは近まって　人に笑はれないよう　しっかりと留守
を守り　子供や母上を御頼みする　又つるじ　姉妹となって仲よくやって
くれ　ここは近くなって　おかげさまで　息のしんぼうだ。皆なかまを揃って来る

四月廿一日　七時半　あとは寫真をつくかうたする

妻へ

寅

832

J

No.

四月五日 うすぐもり。あたたかい 昨夜はとうとう点呼しとらず おまえと二人ゐた
死んだ者の為に立って居るのだ 七時頃から七時半迄 十二時頃迄通しにねて
目が覚めた時明るい 時計を見ると六時だ 其の内起床と呼んでゐる。起きた。
外へ出て点呼をとった。朝から自分等の荷物の中身を取へ行って不要の荷物
をすっかり一つにまとめて テンマークアーミーカサ包をかけた。整理をしかへしてみる
其の外細かい所へ持っていくのに 荷造りをした ようやくこれで待っている。つぎに
持ちつつ行ったのだ 荷物もたのんで 俺は九時から工兵の主任について兵隊の点呼
がいる 床板も集めるが 他へ行くのだ こんどは又行く 持たせては板探しに
遠くへ行って集めて来た。なほ十時迄 又向へ行く これを一つづつ運んだので 引
に敷かせて料理をした。組の分なので 外や大根の葉を水につけておいた
昨日は加須田多川ニラ大根と ホーラマメ(済み迄)二袋づつ世話した
向こう者の一立所 午后は十時から一時迄 立会をすまして 服してから交代した
午后は沢山集めた板や柱の材料を おおきめの草らから トラックへ 引き使って

825

4

No.

つみさんが居たのを監視して居た。然耳の二千を四人使う。夕郵のオホバコの鉢植ゞ

僕の力も務(つとめ)も時を費す。二千ふの十倍は 大人ふか遠い所へ行くのく

めーが费くんがよつまらないと言って二ぼーとおる。ええ遠い。此の頃はばかしい。済む

ますなりかしめーを来へ位かないない。一パイづーないとおるら四月頃か暮し運動不足です

それに上下十月を過して済ったくなるめーはかしいが大いないかよ 次々費えたのが

費ふないが家内にいるなどもあろう。何しろまふ遠いない! 林のか出て行けばさー

あるめーの事を考へなければならない。又一度へ どこかの節識かはいればよいが

多分はそこなろうと思ふが、それも真に好ふ、それに近くへ金を出し、本ことーや

たすつきする又は名る。洗濯ものを一所かつてなる。家は寸寄り上って矢ふ 仕向かなりました

を大きいもの今か二日かつて出来たのに林ないか行く矢をは やっぱり居蓄も止め住む

然耳の二千にした所で くわしく費して一日三千大費するのが一九。又仕方がないとする

又どこかへ使って費するなるが大きい合一して来た 少しみと気も心も分ったのに 又知らない人に

使はれるのが、やーいかなるう 皆屋と望しいと言ふか、足ふかは自由にならない

826

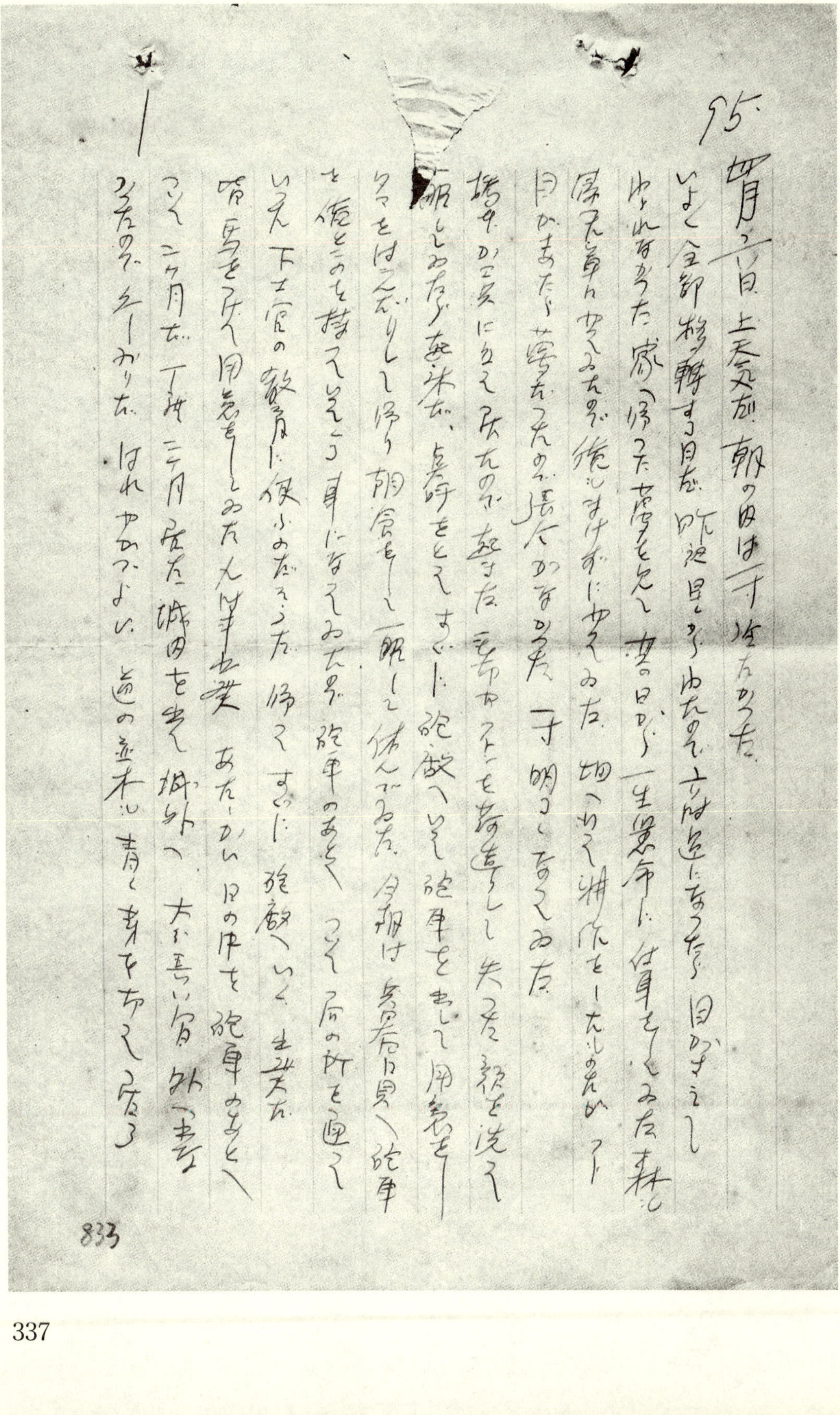

95

四月二日 上天気だ 朝の内は一寸冷たかった

いよく全部移転する日だ 昨夜星がでゝゐたので予報通になったら 目がさえし

やれなかった 家へ帰った夢を見て 其の日から一生懸命に 仕事をしてゐた 森に

居た頃ん出てゐたので 俺はまけずに出てゐた 畑へいって耕作をしたしのだが ト

目がさめたら夢だったので 残念がったが 一寸 明るくなってゐた

起きかけ兵に立て居たので 起きた 毛布をたゝみを整頓し 失った顔を洗って

朝食をしてゐたが点呼だ、点呼をとってすぐに砲廠へいって 砲車を出して 用意をし

タマをはこんだりして帰り 朝食をして 一服して 休んでゐた 今朝は [illegible] 砲車

を俺たちのを持っていくことになってゐたが 砲車のあとへつゞく 房[?]の所を通って

いつて下士官の教育に使ふのだそうだ 帰ってすぐに 砲廠へいく 出発だ

皆馬を引いて用意をしてゐた 九時出発 あたゝかい日の中を 砲車のあとへ

つゞく 二ヶ月だ 丁度 三ヶ月居た 城内を出て 城外へ 大きな道 外へ出る

出たので 久しぶりだ はれやかでよい 道の並木に青く芽をふいて居る

833

2

楊柳は二寸から三寸五分位に葉がのび 麦の一人ばえ二尺位になって木の多くみる
のしあつ位 小麦畑はまつ青になって ごろつとして居る 一万位だ まだ木はあまない
側のまつすぐな道をひたへに汗をたらさせてテクテクと歩いた○○隊を通り○○後の
陣地を宿舎(兵舎)を通り左の畑の中に骨ばかりになった支那兵のむくろ
死体を見し 死体臭く来た 汗が流れて来た あつい位だ 歩いてゐるので.
る砲陣地の土山はモクレンや白梅が付すか 三色ばかり花がさいてゐる 春らしい
飛行場をぐるつと廻つて兵舎へ来た の新米兵時には出来てみる事だ 馬糞
が沢山出来てゐる おし、馬達に交へ来た 国旗 宣撫令に木板をはつてゐる
朝早く附近作業に 俺達の来る道に片付けなくてみたらしい
始つぱへ砲車をせつとくし 馬に水えさをやつて 俺達は朝食した 廊の上に坐つて
パンを出してひるめしをたべた 星まめのおかずで 大へんうまかつた
青の自黄に燃つた大きなヒーキが おりて止まつてみたし 又京絵色のがえんく
おりて下をすべりクネのあつ所で うまくとまつた 仲々上手 よくやれるものだ

834

3

疲れた夜の必ずすらし、甲がすべたのか又 スルメ すべて地をはなれてぶんぐうと入って
いく。目の光ドギラと光る 見事なもんだ それを見し めしをたべてみた
一服して高座へ行った隊伴、原木村の三人が宇之枝になってカンく 枝をたいて居る
山口は工兵で居た。俺も代って板はりをして すっかり終ったので一服して寝ん
大きな高座だ 中央に四カがあり両側に馬を入れる様になって居るらしいので
気持がよいが兵舎である 俺達三分隊は一分隊と一しょに居ることに
なってみたそうだ。二分隊は隣村と手分って なので せまくてやりきれないので一分隊へ入れ
もらったそのことだ。おかげでひろびろとしてよい ロウソクや自分の荷物をはこんでおいて
ならべた。一ぱんはしく旗を中に俺たちのとなりは山本、坂本、原木村、隊長
津森、柏木、伊藤。 で、原木は向側の将校幹部の方へはいった
三人をすませた。林分隊長と宮田班長とがここに居る訳だ。
荒されたが荷物をはこんで もう一度整頓しておいて一服して 十時頃まで
二時を過ぎた 三時頃に営外へ出て高座へ行く 馬の石の柱と橋の横へ

835

4

と云ふ題を附へ今印はとりけた。私は絵を描き迄でやるのが早い。ということをまつくするのにかくと

ない。とにかく一応原稿をひっくりしてある。佐央ロカを四区を直して水をさ

さ安定。水は大分違い。大体かなた前後の村から深井が水は別に流れ込んで

わわらを受れとするが片付いたので稿一停居。後任が会月廻番になって女を上代へ

ない配してある。今日から大隊勤務で君の所へ向けて書いてるのだ。タイ一ヶ月と酒があって

かんする日も出来るかと云ふので送って店での人など本を読んで会でも今日の如けは

一すしんがあった会長を送ったものも遠い。実行の所だ。兵室は兵舎の後にあり

近いのだが、停って一晩し露営の上へこうして日に手紙を書いてる。

橋本と梅木は外の人と共に上海へ馬を直取りに行ったのだ。二人へ送りは出したが、店又城内

へ停居。明日の昼で一ト先らしい。十五日位からその事だ。十五日目に上海の所から分る

れるだろうから君は十五日迄城内に残ることになった。今の所三人つれ来

れの原則は、それはそれはしぼりとた許はないだってどこをおいても兄弟

ばかりだからな。内緒で上京しなければならぬその仕事をかくしてあるらしい。三人が来たのをおしえ

836

上

のぞいているが　此処で手本をしなければならないと思ふと　夢で卵子に見える程だ

昨晩ひるのだ　横になってもよく見たり　出来たりして居る。一寸も出ないが　酔って来て

いい気持だ。すこし明るい日光を見てなったけれど、人の顔が見える様になったから十七日頃から

[illegible]からの　お手紙を見て　皆にすっかり宜しくした。お天気は気持がよい

今日になって　上半身に水をつけ　全部一しょに一度すんだ。すこし明るい。天気だけは良い天気だ

[illegible]明るい。上半身をとって下へ　水をのせてにいい。水だけがどうにもならない。かわ

遠い所へ行ったとしたので一寸困る不便だ。水をのせて上半身が　日の丸[illegible]を熱くて

天気で[illegible]。今日迄の天気よりは寒い。ストーンをとって出た。お身体をよく見たり　日の出

をよくおとしてみた。頭がだ　皆離れているのだ。早く[illegible]皆様をすんだり　洗をし

たりしてみる。中には[illegible]がある　両側に小さい所がある。今迄のことも思ふと　便利がよい

去年の[illegible]には会卓の板ばかりのテーブルだ。大きいとか　作ってあるので

便利がよい。棚には私物や茶碗をすえてある。あとは地上から一尺五寸位に

高くなっているのだ。じっともせず　すっかりしてよい　かつストーブもあり明るいし[illegible]

四月六日　夜九時半

実

家へ

837

16

四月七日快晴 よい天気だ、七時の起床だ。ここでは野原から日が出る
のだ。日の出は早い。朝は黒い森から まっ赤な太陽が木の上から上ってくる
して景色よいだ。平野での日の出は海の日の出と同じ位きれいだ
点呼をすませて皆馬屋へ行った。新しい厩舎で大気とゆるのも
ええだ、が厩舎は寒かった。御中からは砂のアトンを一度た位だった
新しい馬屋へ初行くのも始めてだ。木のに住一のするのも気持がよい
鳴きれ 板の上をコトコト馬がたってゐるのがよく響きる位だ
ゆかを出して掃除をし飲へ降ってすぐ水をかりうさをかく手入れを
するのは用具合に合たけを同じことだ。飼順に皆そろって厩へ行った
読を洗へにいくのは遠い。便所の前の井戸で食器一つ洗ふのに遠へ遠を歩く
のは厄介だ。まだ厩の準備は出来てゐない。ここ日すると良くなるのだが
皆の車を祈って厩へ行き食事だ。夜で一しよにかくしれるので素晴
しくあつくするかり かくしれるのだ。林かイ寝以下三十三名 だが るの日 特 ...

838

2

は上海へ帰りたいそうである。十六七人しかない。会車をとし破ーして大時計に

後達は日本（我々の）へ専用の旗をもたしたいので、林の方へ渡った十四名が

とうとうについて広い道に出てこの道をかけて走った。下流およそ帰ってくると道の

すぐ近くに大きなのが二列に沢山ならんでブカブカをかけて走らせてみる。

羽の下には黒いバンドを片方にカウソーつけてある。ともかく空爆にゆくのらしい

しばらく立まって見てみたが、しとうとう来て近くに走りおした。砂煙をあげて

目の中へはいってくる。つむじ風の様なものは遠いところへくると廻って二方をむいて

走ってくる。途中後の羽が上るその間二つの輪が地上をはなれてちらく高く一筋の

空へ飛んでいく。只すなものだ。泣くにあるなければんでいって上へいったらうまく

三つ四つ一しょにならんで二しとよんでいった。うまいものだなと皆感心してみた

思い出した道中には桜の木が二三本あって今花盛りだ。きれいだった

一枝折ってかったが、トランクの中だとつぶれるから思いついた。たった一日たらず

平気で持ってた故に思い、だから女の様な様子をしてみたらなるかし。

839

三姐に別れて馬座の板を馬蓋だけになつてはづしてくつた さ此に上つて
座をだく当つてしまばれ 一昨日あなたはつこをして休んでゐた めでたい
昨晩にトラックが来ました 皆つみ込んだ 一パイつんだ 俺が少し お昼食(?)済ませて馬座へ
すこして又すぐ送ってきた 又つみ込んで お昼(?)へと三回往復した 忙しい
馬座では亡かくして板をみつてみる 出来たのへはつてあるのを 必(?)行くは来る病(?)
に行てをすりて帰て来て 又あかくりかごをつみこんでは 運んでいく 今日は何回見たか
わからない こんなに充せたらよろこんだろうナ こういうことは 債(?)達だけしかんからない
前に二回目をすこし 大一眼して 片付けし 夕食を済ませたのでたりし、掃除して来た
今夜は 魚のたけでうまかつた 其(?)の大部分でゆを沸たり 松のナッツをす
この前の日曜日買っておいてはすておいたのを 段修かあ昼食(?)が つけてくれてみた
明日から又ラジオ ナンダかくるって 今度のは 水十(ミズナ)のななめで 一尺二三寸 五いサあっ
ゆこうんでみたら 手紙だ 梅田君にきたのと二通 みる日から一週 家の方は
仕事だ一遍 出す 春樹さん母文なと 弟から 弟のには 一事件かはりてゐた

840

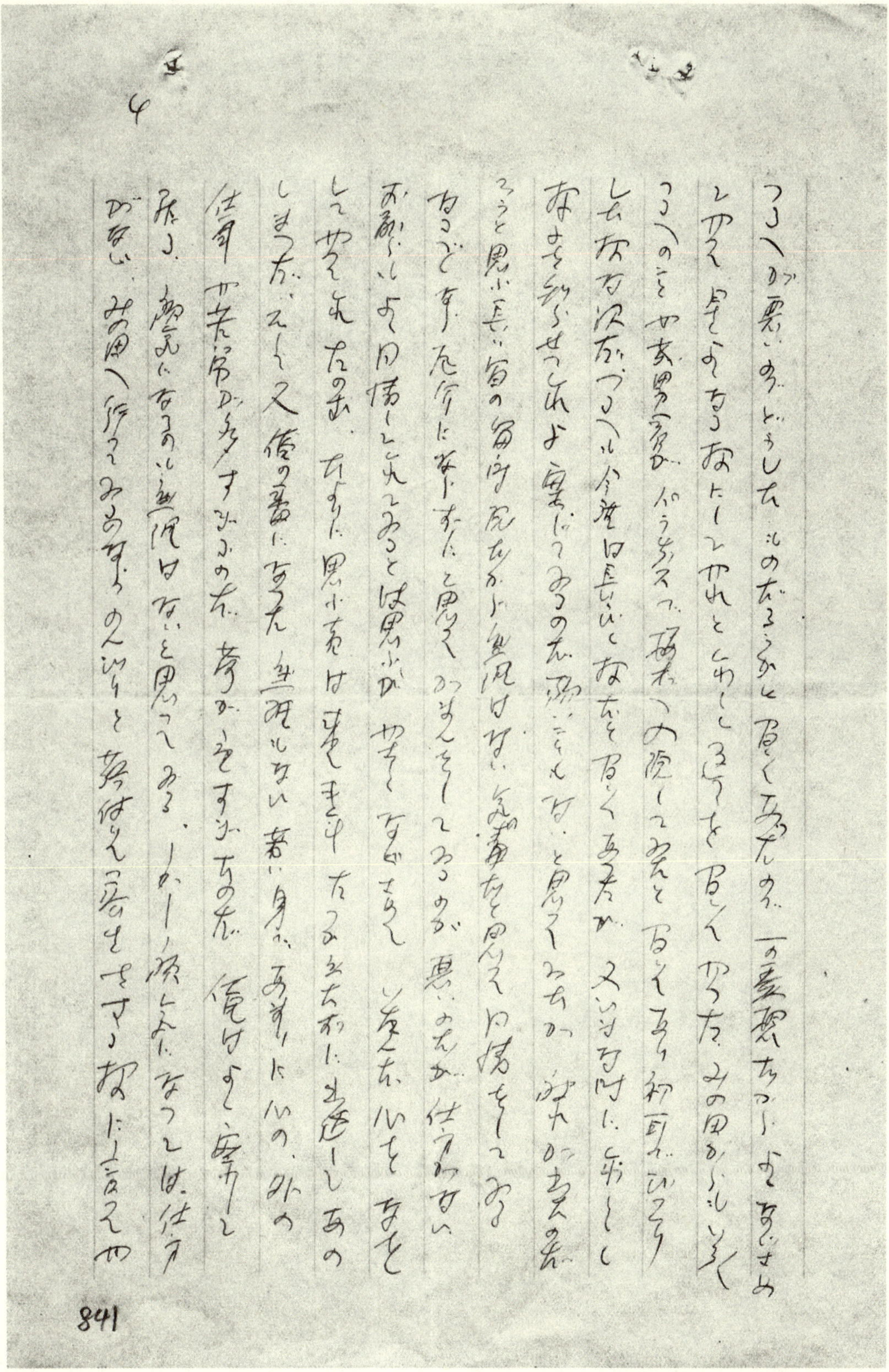

4

つるへが悪いのだどうしたらいいのだろうかと書くつもりだったのだ一の夢想だったよとおじさめ
と思え早よう書くなたしてそれと命じしるべを書くやうだ みの田からいい人
つるへのことや女男家がバラバラで枯木への後して見えと書くあり初耳でびっくり
したたた次だつるへは今後は長びいてなたを書くあるたが又いつか何時に来し
なみを知らせつれよ案じてゐるのだ[illegible]と思ってみたが何か大人の話
ろうと思ふ長い間の留守魔なかに無沢はない気の毒なと思って日壊をして居る
何とで事危でになりすいたと思へかまんとしてゐるのが悪いのだが仕方がない
お前らいよ日壊して見てみるとは思ふが出来て何とかなり若人心を何も
して出来た大の事、たまに思ふ事は来てまずたる方々たちに出逢ってあの
しまったが、えらい又俺の為になった無理のない若い身だあずけた心の外の
仕事出来る事が多すぎるのだ、苦労させすぎたのだ俺はよく案じて
居る。病気になるのは無沢はないと思ってゐる。しかし病人になっては仕方
がない。みの田へ行ってみのせうの人達と話をさせるなど言って也

841

八

てくれたのが 僕の不自由だ すっかり俺に しんみんと あやまって 一人で
ようだろうか 外の人を女の人が ゆっくり苦生をさせ 苦しくされ お祭する
又よく来るから あるた遠いないか その外でひろって笑ふ日まで皆 みんな
つらい事があっても 相しっかり 遊んでいこう 俺はこう 愛信もしてみるのだ
四ドルよく言っておくれ お前の心一つでどうにでもなるのだから 自分が勝手に
なったことを 思うては すまないと思って がまんをしてくれ 言葉をすませて呉れ
感じられたのだ もう一年過ぎた 皆元気で やって居る 四人共 丈夫で 暮して 居るから
のでやすやすかにやって居る 毎日毎日なので 俺の方は くらして 居られないので
タバコを汲して 酒をやってみるのだ 一寸ゆるくなってゐるから もう暑さが とれて ゐよう
一つかたない じごくの どん底の ところで 泣いてゐて かへんのもやく 言ふ事が 分かりました 何
でるだけ 苦の根を 付ける為が ここへと ひどくくるだけだ 毎日元気で 思って
呉れ 俺は この通り 丈夫で 安心して 皆のことを よろしくしたのだ 四人の子供 一人一人が たよう
健康で 俺の方に 負って 着行を 女の子供よ 元気 三十年生たち 立って 行ってゐるのだから

四月十一夜 十時 書

妻へ

由太郎

842

97

四月八日 快晴 一寸今日はあつい位の日だった
日の出をすぎるまで点呼をとり馬屋へ行って掃除をして馬の手入れをして帰る
顔を洗って一服おわり雑談をよんで居たら当番下番して又昨日のつづき
の使役にいつかに別れていった 僕は馬屋の板はりで中央に一本はった
営に帰り食事をして昼迄一服し又午后もつづいて板はりをする
シャツ一枚であつい位だ 又天気が変るのかもしれない とーてもあついのだ
夕の手入れをして土性に帰って来た 忙しくて一日がすんでいった 夕食は別
を一匹ずつあった。ゆっくりんで雑誌を見て居たら 竹下君が雑誌を借りに来い
と言って来たので 平野君と散歩かたがたおこした 聯隊本部で何かを買い
又それを大隊本部へ持って行く 各中隊にわけて買って中隊へ帰って来た。
三十の梱く 二十三の世界と今日の五へ 二つにならべくドの札を二枚作り 一枚を
位に繪のよへ 一枚を小さく折って各人引いた 番号が近いのをならぶので 皆大
きわまった 富澤部 杉形村のと 京都市西目のと 杉浦の田中のと三色だ
夫のだ 僕は二番のを携帯のは十三なんをならべて 来たら二つ並べ

1

848

2

関西製氷ので一つをあけて見た イモン文 三通に 何と言ふことのあることか
又 村田先生からのだ 不思議だ 製氷のが五十八あった中をわけて見るのに
よく こんなあるのだらう 外の文は 東ふさ子、金木たけのさんの手紙であった
日ド兵字の人あると思ふが今はまで一しよの人だらうと思ってゐる しかし—
あのイモン文やイモン袋を送って来た 村田先生は 女生だと思ふのだがどうしますか—
いのだ この イモン袋は十月十三日に作って呉れたらしいのだ!! あのッガを 呉れた女生だと
思ってゐるのだが 製氷へ送ってゐるのは不思議だ じよっとしたら人が違ふのかナ!
いや考へられるかもしれないのだ 又礼状を出すからわかるだらうと思ってゐるが…
今から一通 村田先生へ礼状を書いてゐよう。今晩九時半だ…
植鼻の 村田さんへ礼状を かいて 一服して 有遍 ゆもった 天気悪い
イモン袋には左の様なものがはいってゐた

ユデアヅキ 一カン	ケリ佃 一ワ	エンピツ 一本	ヨーカン 一本
コンブ 一袋	梅ぼし 一カン	アートー 十枚	生がトウ 一箱
コンペトウ 一カン	氷ざとう 一カン	便箋 一冊	封筒 一包

手紙 三

以上

849

四月九日 くもり どんよりとしてゐる。点呼をすまして馬屋へいく 例によく手入れをして
八時に班へ帰った。顔を洗って食事をすます。洗面所、食器洗ひ所を作ってゐるようだったので
使役になった 一服して九時から又それぞれの様に使役に別れていった
中隊の馬屋の横へ井戸を掘るのだ。十人位でほりました。水は深くてすぐにでない
と来る。昼になって班へ帰り食事をして 一時頃ねころんで休み 小説をよんでゐた
午后は流し先のごみをうめて大きな穴をほるのを一人伊藤君にかしてそれぞれ信と小林と
穴で古い木をほり出して鋸をかける所を作る。中々骨が折れた。三時頃に出来上って
暫くおいた ハイカラなに作ったのだ、一服して休日の仕事をあけて ヨーカンや
コンプトーをわけて食べたである。湯をくみにいって事務室へよったら手紙が来てゐた
小包も来たのでそれをもって来た、三日から送ってくれたのだ。一寸も知らずに居たので
うれしかった。ノートは三月二十九日出のお前からのとうれしいこと二つと、今朝の村田
先生と三方から帳面が礼状を一通、八年は安藤君からと 竹中は
梅田次郎君からと来てみた 小包より何より お前の手紙をあけて見た 毛布に
わかり易くしかもあったのでうれしかった。それにしたらうれしいようでゐるよ

ミノ田のイモ宛（パットミコ一コ　ドロップ一カン　キャラメル一コ　アートーニ枚　合ジバン一枚　写真一冊　チリ紙　一〇）はりつてみた。

4

みの田のイモ宛は右へかいておいたが見てくれるように。あいしやつがうれしかつた。
ミんへの送るのは此の間着いたと言つて来た金だ。三年生の入用にと思つて送つたのだ
何やかやホービに買つてやつてくれ。ハんミや久美にやれ。当分は送れんから仕方がない。
写真は何日につとのこと。カワセを送つた時に後でかいた手紙がまだとどかないので、わけがわか
らないのだろう。もう今頃はついて居るからわかつていることと思ふ。三月七日に十円送つたよ
写真ハんミドにしていたとのこと 抄録を泥んだでしよ 此て来たとのこと 梅田が四月に来るとのこと
この前の様に写真をとつてもらつてカイクイデ（早く急いで）送つてくれる様にたのんでくれ。
ハんミと久美とはいつも仲よくつまやかして遊んで居ると。よく世ちやをすることだろうな。
ミハの成績を待つて居たが今度はどうだつたけで行儀は早になつたとのこと、まづその位の
成績ならよいとしなければならない。うまくなおつてよく勉強をする様にしてやる様に
四月五日から二年生か よろこんでランドセルをせおつて通つていることだろう。見てみるなど
耕作は雨がふつて思ふ様に出来ないとのこと 天気の悪いのは仕方がない。貞さんをたのんで
やつてもらつているとのこと 又礼を出しておこう。俺からもよろしくと言つておいてくれよ
子への法ては分かり言つて来て知つておる。ミノ田へは たのみ状を出しておいた所だよ

851

つまらん思ふ様にいかず困つたり泣きたりして又三田へ行つてみるらしいが仕方がない思ふ
様にさせてすけばよい。上手を言つてうそを言ふよりはいいかげん今はわかるのだ。正しいことを
まつすぐに歩んで居れば間違ひはない。最後には勝利を得る訳だ。つまへのこといろいろ
有りがたい。男の[illegible]はおそそつかしてしまつて来られたのと　仕事が困るナ　一方で[illegible]
をたのんでやつて見ては如何か　いかん――子供が有るからナ。来年の二番耕作　[illegible]も地肥の手当てし
終つたとのこと御苦労さん　[illegible]のかまひなく無理をせずにやり通してくれ　又家内中[illegible]
時に近く有ることだろう。それをたのしみに今の所[illegible]の人に笑はれんように仲よくやつてくれ
何ともがまんをしてナ　わかつたね。金のいるのを惜しんで無理をすると体をこはすからな。今の所仕方
がないから楽な時に人をたのんでやつてもらふ事で[illegible]取来せばいいからナ　あまり無理するのだ
大掃除もすんだのか早かつたね。つまへのこと[illegible]有つて　くり返しでよんだ。仕方がないことだそれを
つくりして[illegible]母にもすまぬの気持がつまへの心もわかつてるのでそのことはお前にとつて何よりのことだ。正し
い道をまつすぐに歩んで居ればよい。今後もその心算で母上に[illegible]の[illegible]をつくしてくれ　お願ひする
つまへのことはあまりふれん　金がいらんので仕方がない　何事もがまんをして僕達が帰る迄は胸
にしまつておいてくれ　人に笑はれてもつまらないからナ。又会つて話をするまでは[illegible]とはありません　又
ち、

四月九日[illegible]　六時半

定[illegible]

妻へ

四月十日 快晴だ。あたたかいよい日だ。
今日は聯隊長殿の舎内廿馬座砲敞の巡視があるので起きて点呼をとつ
てからいくつかに別れて砲車の水洗い廿馬座の掃除、ハラッパなどや兵舎外の
掃除等をした。僕達は兵舎の中を掃除して外も洗面所や便所の附近を掃
除して靴を洗い自転車をする。一服して九時から又肥とりに来た。クリーを使って
穴をほってごみをうめたりした。夕がたこきくむとか、キンピヨー(食用の金)をいれと
ころがったりめーをされ朝から何もとってないとよろぶー中の使いにくいのだ。
大人三人と子供四人と来ていたので二んとうが氷とうを持って来てたまって
便所、子供も面白がってよく動いた。勢いよくさしてはたりした。
座近動き回ってクリー等をにぎやかにした。座には炊事へ入ってお役をしら
て来てサーてつかど)を立ち話して来てふしだらようえであった。
炊事も此の頃けめも兵たいよくたくさんになった。おいしい。うまいナラッチや
ナッツチッしれろし中白湖十がよい。炊事の家にでりが大きくなったので一服って
まってきてーしまいにしたりして喰べて居る。

853

2

自分は巻脚絆をまいて剣をつけて巡察の来るのを待って居た
皆めいめいの寝台の側へ立って居た所が遂に聯隊長殿が来られて師団の
参謀で大佐の人が来られた 沢山つれて兵舎を回って見ていかれた
それから馭者は馬屋へ、砲手は砲廠へいって巡察を受けて無事に終り
残りの人は休んで居た 巡察がすむまで整頓でキチンと出来た
馬屋の手入れも早く出来て帰り 夕食を この頃は 大てい魚で 大根か煮たもの
かどもゆらしい 焼いたり 煮たりして 呉れる
夜となるとまた雨が少し来たがそれをよく来てトタンを打つ音が中々やかましい
昼は天気で あたたかくなるが雨だ 夜は毎晩降って居る
毎日の仕事も大分少なくなったので早く一切り取りたいと思ふ 皆様と
日を過して居たが明日の金曜日は休みらしい様だ
所が二日近くは遠く城内へ行かれるので一寸 急な用のある者の外は出ず
にねて居る者が多いだらうと思ふ 出た所で 別に見たいものもないので
ゆっくり休んだ方が体がつかれずによい 今迄休みの時間がなかったが これからは休みによい

854

皆ゆだりをつたりして手紙を書いてゐる 中々ひどい雨だ 六月半だ
トタンをたたく雨の音はやかましい イセ教の礼状を書いたり さんへ一通書
いたりしてゐた 皆も机の上へはゞりを置て 皆手紙を書いてゐる
七時半点呼になった 今日は雨なので早くしたらしい 雨の中を中隊へ行く
中隊長殿の前も通って 一回高度へ 水を半て帰った ゆとこをとてゐて失った
ろてローりをつけて又 点呼とこと関西総系へ 前をかし 十時頃に
すんだので これをつゞけてゐる まだ大分あって 手紙を書いてゐる
雨はひどくなったり小ぶりになったりしてゐる 下士室では 宮ボ 小隊上下皆
伍長に任官した銀 大勢来て 中々にぎやかだ
ミノルから手紙を頼んだ 一生自分の思ふやうに書かして見て呉れ
どんな事をかいてくるか せんちに頼る おとうさん へと言ってナ
ちょく手紙を書かすと 綴り方のけいこになってよい 段々うまくなりし又自分
の思ふ様に書かしてよい 下手でも 慣れると又上手になってくるからナ
下士室は あまり 消灯後 やってゐる さあ今夜はこれでやめよう おやすみ

十日夜十時書

855

四月十二日 休み 朝から小雨がしょぼしょぼふって居る. 昨夜は ぬける様にふった.
点呼を済まして 食事当番に続って掃除をして 朝食を終る. 外出で 六人あまり居た
伍長 中島 重本 木村君は外出して 兵器掛へ 銃の手入れに行ってくれた.
俺一人で遊んで居た. 雨が止んで 少し天気がよい様になって来たが あまりよいことはない
新聞をよんで だれ 山口と話して居た. 昼は じゃがイモの汁で だんだんあきらうまかった
がえまどの様にして居るのを 板をあてて 体をしたりし 下給品 を配った タバコ二十本,
と パイカン 三人に一つづつ 酒は一人あてあり. それに つけもの と言ふ物もあったが
十人に一つの割であった もちの様な物を水や湯を入れると ねばねばになって来て
どろどろになり かたくなって来る. まるで小さい餅に入れてあって それをつけて食べるので
中々便利なものである. 私はまだ始めてである. 中々うまい.
雨が又ひどくなって来た トタンをたたく. 昨夜は雨がふって木村君は外へ
りては位だ, バラックの方がもるのだろう. ひどい雨だ又面白く雨だが
このかわからない. 外へ出たものは困って居るだろう. 雨で 下士以上 だって 世界で行き
帰りをするのだ. 内地では別れて思いながら行くのだが 遠いから えらい. 俺は止めた.

856

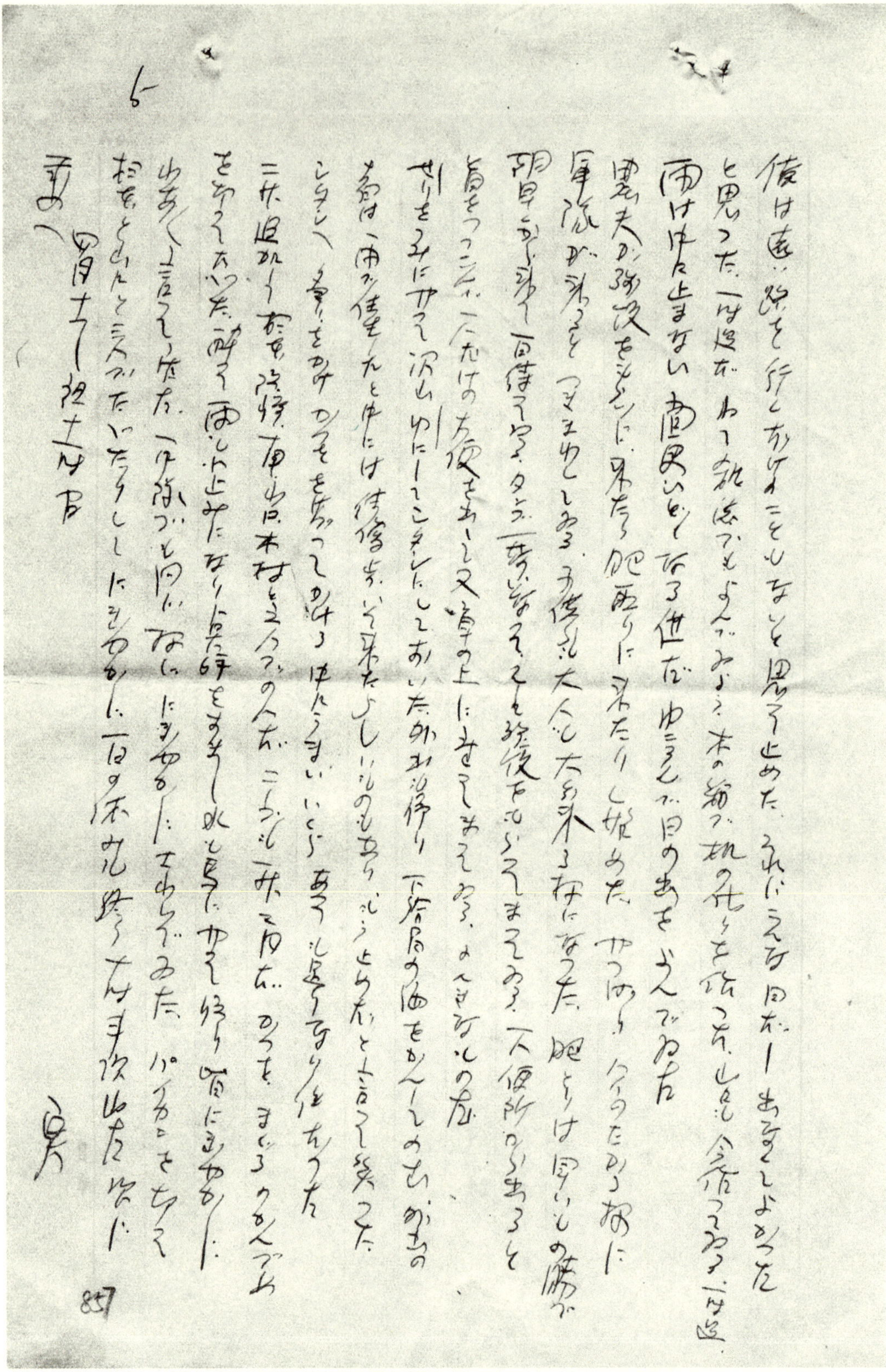

僕は遠い路を行くかけることもないと思って止めた それだけで何だか一寸あきてしまった

と思った 一日退屈だ わて新聞でもよんでみる 本の箱で机の代りを作った 少し今作ってみて一日位

雨はなかなか止まない 南風ひどくなる位だ ゆきらしい 日のあたりをよんでおる

農夫が強波をおこしに来たり 肥取りに来たりし始めた せっかく今のたのしみに

軍隊が来ると つまみだしてみる 子供は大分大分来るようになった 肥とりは思いの外で

昭和が来て 百姓でやってきた 一寸等しくなって之を強度下ろしてまでみる 一人

肩をつつくが一人だけの大便をおとして又壁の上にさしてみえてみる ふんきな人の広

せりを摘みに行って沢山ゆにしてこれにしておいたが お父さん下宿屋の海をかんしての たかいの

為は 雨が降れたと中には 往復歩いて来たらしいものもあり ようよう止めたと言って笑った

ここへ [illegible]をかけ [illegible]を持って掛る [illegible]あって [illegible]

二十日だから [illegible] 東山日本[illegible]の人だ [illegible] [illegible]

をやってたいた [illegible] 雨も止みたなり [illegible]をすこし水も [illegible] 帰り道に [illegible]

少し言って来た 一日[illegible]も同じなしに [illegible] [illegible]てみた パイカとさかって

机をとれんと云ってたいたりしした [illegible] 一日の休みも終ったが手紙出した [illegible]

四月十一日 午後十一時

良

妻へ

857

1

No.

四月十一日 雨が上った、いやくらしい ぼんやりした天気だ
でも雨ふりよりはどれだけよいかわからない。七時に起きて点呼をとる。
馬屋へ行って五日朝の手入れをして早く帰る。馬屋は中央早かれす
かり板をはったのでよくなった。掃除がし易くなった
顔を洗って朝食をすます。みそ汁になかけだ。福神づけもある。おいしい
此の頃はたべの加減もわかったか炊役も上手になったけるおになった
皆自作ったセイのしきりを今朝窓をあけて嗅いだ。あまあまとしてよい
んはち近一眼して諸般雑誌をよむ。中三人が居た
又皆迄のつきまで お道路を作ったり 井戸掘りの完成を急いだり
あちらこちらといくつにか別れていた 天気がよくなったので洗濯物を干した
皆は雨中をクリー（引の事）に洗濯したので、晩迄には乾くだろう
よその分隊に来て遊ぶ。なづけの乳を二つはこんで来たりした。しょう水が上って
と寒く給でられるか。塩かげなかったのか酷かったかはしたので給べつくのがすこし

858

2

No.

たのだ。今夕出して見ようと思って居る。雨がふってゐる。寒さがだんだん
うすらいだ。あたたかい。シャツ一枚で丁度よい。当分ふんどしをやらねばならぬ
今は炊事がトナのしたーを作ったって。金をかけしたいたうまい。
午後あちらこちらの建物をいそいで作った。雨がふるので、トタン屋根へ上って見てな
をって見たがよくなった。どうか雨がふって見ないとわからない。
今日は一月十八日に出した房子のはがき来。一月十六日に出した太伯さんのお便りとの
通知をかした。どこの部隊へ行って居たのか、大方あまりうろついて居た。
あたたかいよい日だ。シャツ一枚になってせりをうでたり、ナツメをほしたりして夕食の用意をし
た。今日は少しすけなかったうまい。皆で夕食を共にして露店の上へ坐って雑談
をよむ。日用品の配給を貰ったので菓子を送る。人のいれもって三ルへ五通、フカ子へ
二通、房子へ二通と出した。ようこそ届くだろう。風呂があったので七時半頃中隊へはいりに
いったが湯だまりばかりあかを流してすい上がりをとり寒さにふるえをのきたたいて行
りにおかおかに居ものしてゐる。天気もよくなったなあ。明日は何事だろう。

859

3

四月十三日、うすぐもりだ あたゝかいが 一寸むしあついから 雨に近い方だろう。
点呼をすまして相変らずの食事当番だ 女の掃除をして顔を洗ふ どこを見ても
広々とした野原で 青々として居る 見晴しがよい申し分のない所 だ
洗面所に立って前は砲廠になる 方角は東南だ 東の方(左手)は馬小屋がならん
で居る 砲廠の向ふは歩部の兵舎が見え 右手は大隊本部の兵舎や事務所が
ある 広い所だ 今迄の工兵兵舎からみると どれだけさっぱりしてるかわからない
真の中に飯が来る 朝はいつもみそ汁だ、ナッパを出して用意して皆待ったので
揃って食事をする 二十人あまりになったので賑やかでよい
今日も皆方々用事に別れていった 炊事の増築をまたやるので 大勢でやって
居る 俺は班に居て先日作った銃架(無線をかける台)が 悪い ハナってしまりがナイ
あったが具合よくかゝらないので こわして又新しい十丁かけるのを作った
あつい日になって来た、汗がどんどん流れて来る カンナや鋸を使って居ると家に居た時の
事を思い出す よくこうして やったものだ 父を困らし やった

860

4

No.

土間迄のって やっと出来上った。クリートは用水桶へ水を一杯くんでおいて あとで
木をもらって作り上げた。今度のはよい 初めから考へてやったので割によい
赤ペンキで 用水と書いたり 銃を掛ける名を傍々に書き入れして居たら 皆停
って来た。子供らの めし茶わの 刈(し ヂョロボーの皿を書いたりして 子供らも大笑いをし
てテンホく(それはよいく)と言ってよろこんで居た。子供等は無邪気だ
昼めしをたべた。よく働くので めしがうまい。めしのんで一服して 兵をよんでやった
一時頃又午后の仕事にかかった。俺はけ除の後、洗濯物をかけかける所を作った。たっ板
を四本、引たおして動かぬ様にとめて馬屋へ行って釘金を集めて来た。それを つなぐ
事はった。釘へかけて物にするのだ。あついとく 汗が流れてうるさい。
外の者は 馬屋へ行て道路を作って居る。モッコでつったり皆汗ぶっしょりだ。今日は午后より
曇もしあつくなった。おそく迄と何もかも出来上っていく。よくなって来た。
三時半頃迄かかって 洗濯場も完成した。暫く停って 茶をのみ一服した。今日は
疲れた。よく働いた。クリーク掛けに行くのは 石が出来なくなったら 自分一人が行って居る

861

No. 5

めずらしい、と言って人でも来ぬ時もあろう 仕方がない
傘が来た 和光から一枚だけ三月三十日出のが。すぐ返事を出しておく 工芸所へいって
先生の所へ いう事を 一枚持っていってから 帰りに会長を持って帰って来た。表仲に立って
居た、野菅と男女十と言った。帰って来て 今晩迄に 自分がやるので 机（箱）の所へ
行って 手紙を書いて居る。室先、若エト君に言った 今会を持った 今日は珍らしい
オカラにカタ 力を入れて 一寸外を見てたくさんこれはれした それに外の外の一人を
図画がえらい、腹もよくなる 今も言った 皆うまいと言ってみてみると 願いしてそれを下
げて居る、皆めでたしてもよろしい居もしなりして居る。男子でかくなり いをだいて居たか
今日で静かになった 明日は休みだ 外をせおにかえて居よう 風邪になるかもしれない 土産
きんと貞之へとアンク傘のよいのを世話したので 喜んだ 中隊へいって 昔話と二人
喜んで 生コンクリートを世話してやった、湯にはいって今日の汗を流し 土はやり
して帰り 横になって 遊んで居た 気持ちだ 大雨で 船の掃除をして 眠って之を
書いて居る わけない かぜ降って居るけれども 一天気になった 又明日書こう

四月十三日 夜八時十五分頃

妻へ

父より

862

No.

四月十四日 雨だ しぶ/\とふっている いやな日だ

点呼をすまして 輕く掃除をする 顔を洗って一服の所へ旧倣る

直の日に食事が来たので みそ汁で朝めしをすませて 二ろく寝台の上に

横り眠する 今日は休みだ 曜日に出すかったのが当る 平日だったが

雨の中を 行くだけの勇士もなく 又金もないのが為に誰もあるかなかった

東中君 大出て来たので 大部ゆうをめす おふたの人だ お米と当

と三分をえて 机の上へ座って手紙を書いた 今日は信江と二へかいて

るた 兵馬に氷 そのすにかえて帰り 昼めし迄に又 敏夫へかき出した

昼めしはサミつ足で あった 眠て 一眠がしぬ 起いにきたりしゃこんて

あとんぐ 信右が又 桜田君へ手紙を 届けに 中村君と一者へ書いた

大土故がしかに名の方 一眠てから 今年の始 無かった 気分をあすし

久米さん 軍で来たるが 生暁 来た カトる と人敵書いておいた

で日記を反えて手紙を中止することはできぬ 一眠しても よんでゐた

843

No.

しぶしくした雨は止まない道がどろゝになって居る うす寒い
ねて本をよんで居たが横になりぶらし いびきをかいてねて居る 雨もよふけ
のは蛙だけだ 少しさわいで居る それに馬のこえしけた音 僅かの水のおと
僕はねむられないがゆへ 仕方がないと思って 目のさめるまでこしのを 無理に
こにあけてもの字をかぞえて居た 静かに本をよんだり手紙を書いたり
して居る。本をよんで見ても面白くない—土民の用で ぼんやりして居るので
二人と二人でかごを持ってせりふきをせりつみに畑の方へいった。大きくなって
居る一寸以上になって結構でよいと思って大変やわらかい所で沢山とって帰って来た
出した東北君が沢山注文のせりを取って帰って来てくれた
皆夫れにいった僕と二人と二人でせりをそろえて半分だけたべることにして
水で洗い石田君が細かにする 此宅に帰ったので湯に煮して丸のを出して
切り、下宿の酒一本あてあて丸のまゝかんして のみ出した せりのしたしを作って
二三しよのを切って絞り皿へのせてかつをとけずりふりかけし皿に入れり

844

40

No.

しと居ておかしい、二千人 あまりこれでは足らず 将軍の方はビールを四五い
にひどい 僕たちは酒を四合にいつた 八人でのんだ 僕.山口.萩原.栗.木村.浅野
奥村.伊藤と、いゝ気持になつて 別のにつけ 二匹でで 女給を たのんで 金ビを あつめ
ふた来たので又ビールを四本たのんだがこれはなかつたので帰つた いゝ気持になつて
奥村君の上手な歌「上海のまちかど」を唄つた 野崎君もうたつた
中々上手だ. 士のしたしかうまく いくらあてても止りなり位に売れた.
うまいとも大よろこびだ 又家へ帰つたら作つて唄べてもしてやるのや上手になつたよ
皆んなが元気だにぎやかになつてわいわいと大さわぎだ 土産にたのんだ平野さん、中
を三人でたべる中々うまい お茶をのんだりした 伊藤や奥村は酒の献立をとらずか
たのでサイダーを三本 四ツて飲んで来た それと 酔つたあとには又うまい
伊藤は宮崎に行つて帰り馬に水をのまし 帰つて横になる 明日は早起だ、征留
だけだ. 少し、洗濯をけつこしてゐたが日記を忘れてゐたので又書いて来て
日記書く 浅野もけいこしてみておもしろい 僕もゐてけいこしようおもつた

845

No.

四月十五日 雨はやんだがけふもしごくとひえ込む。東風がきつい 雲がどんどん西へ上るので
まだ中々天気にはなるまい。兵隊をとって 校へ帰り 掃除をして 花壇をし 食事をつける
一同帰り 揃て飯をたべて 一服たのしく 各々用に別れていった 後大方は皆で 記敵へいって大勢と
一しょに 名を出して 掃除をする さいたるはこりが つくえふいたのにたまって居た
十時に兵と 一日高座へ 火、えさを 持って 行る 空気、例によって カレー汁 出来た 山にふは
城田へトラックでいった 今日から一週間 城田の 兵站(ヘイタン) 工兵にいくことになり 班で四人
いくことになった 木村 高須 山東 小林とただ 城田へいけるからよかろう
昨夜は 高須家に 老の件を たのんだ あまりものが好きで 老の件も何やかや迷うもへ
るた、丹生寺(ニューデラ)の男で 家私達とこの人がよめをして居るげてた よく知ってみる
老の件の話をしたとかーブーかけた 太郎へ聞くたずるとは思いはなかった.
うまかった 家に居るあんま 東み太が 嫁でよかろうと思いはなかったが 遠くへ来てみる
と 珍らしくてよいものだ 午后は用もすみ うえぼうそうをして 世間に 医の室へいった
たの院へ 立して 世話た 今日は工兵隊の銃や剣を手入れをした 外のものも

846

No. 8

皆かへつてゐる。兵営の検査があつて　工兵でないのは皆手紙に書かれた
僕は一寸ついたので日記を書いてゐる。ふつたりとんだり　いやな日だ　一年だ
天気は相変らずよくない。ふつたり止んだりしてゐる　いやな日になつた
道はどうしたつて失ふ一度もそうだと思ふ　兵站行の工兵の四人が用意
ちやんとある。二時に出発するのだ　これも七日だから中々大変なわかろう
子供らはどうだ元気に遊んでゐるか　梅田も来て、写真をとつてもらつたが　早く
送られたらと思つて　一日千秋首を長くしてろくろ首のようになつてきたよ
元気な母の姿や子供ら　それにお前の元気のよい顔が見たい。
帰れるのもいよいよとデマばかり言つてゐるのだ　本当にならない　命令が来なければ　帰つ
ても仕方がないのだ。今演習をしてゐるのはうそばかりで駄目だ。
一日も早く帰つてすみれと仲よく話をして働きたい。然しあまり遠い。それであ
るまいと思ふ。元気を出してこうしばらくがんばつてやるか。又たのしく思ひ出して
何事も楽しみに思へるが　それを楽しみにして　母や子供をたのむよ　三時半

四月十五日夜

良之

妻へ

847

No.

四月十六日、雨が止んだ どんよりとして居るが寒風のないのがよい

昨日は四時頃迄雑誌をよんで居た、寒い日だった、雨は横なぐった ふりしきって居る、四時頃から中隊の個人の兵器の検査があったので 手入をして寝台の上にならべておいて 工兵の用意にいったので 四時半頃に用意をして中隊へいって皆と一しょになった、曹長がマラリヤ でねこんで来て ひどい汗で頭から湯気が立って居る、可哀想だ 大事にせよと言っておいて 三人で工兵隊へ行って交代をすることに なったが小雨がしとしとふって首すじへはいり実に気持悪い 五時頃迄に交代して俺は衛門の立番になったので工兵隊へ行って鉄 カブトや水とうをかりて二人で衛門に立った、二人づつ立つのだ 背はとした野原飛行場へきりの様な雨がしけふって居る、妙な 日だ、六時迄立って交代して工兵隊へ帰った 休んで夕食をたべた 給与と菓のかんづめとたべてあり珍らしく中はおいしい

863

No. 2

腹がへつてゐたので腹一杯たべた、汁だけなので出張へ帰つて食器を方堂に帰つた處が悪いどころか、手紙が来て居るとお前に届いた此の方は坂田からと弟からと来てゐた、弟のには手紙がはいつてゐた、それで見ると、川せ村長と医者さんとが書いてくれて都合くキシロウ産は三回の中を来られて面会に来られしうれしかつたとかいてあつたそれに鎌倉さんが面会について来れんとかいてあつてうれしかつただらうと思つてゐる、つゞいて大分よくなつたとの事三月一杯位で帰るおれに言つておいたとかいてあつた遠い所を[illegible]面会に行つて来たのだらうが子へは直にどうだか家へ帰つて来たらと思つてゐるか、まづく仲よしやつて来る様にたのむよ、今迄仲よしやつて来てから今日になつて人に笑はれる様なことがあつては折角の骨折りも水のあわになるからたのむから仲よくやつてくれ、りく腹のたつことにはおさまらんこともあるだらうよくお前の心中はわかつてゐるが、俺の帰るまでは何事も胸の奥へしまいこんで

864

No. 3

ああだ、すんそれよ、俺が出所したら又いろく　その話もきこう

お前の立場は苦しいのだ　よく同情もしてるが　がまんをしてくれよ

仲よく相談して助け合ふ様になる迄は、じつと辛棒してやつてくれよ

で印を持つて事務室へ行つて手紙をもらつた、進之から

長い療養生活でアキもして居るとか、外泊をせがんで帰つたが家へ帰

つたとか恩給診断を受ける様にして居るとか又十月頃に京は除役にな

るだらうとこまごまとかいてあつた　一年近い服役生活でしし　して居ることと

と喜んで居る　手紙を持つて監房へ帰り　よんでみた　弟の手紙には

活動の写真や　ちよつとの花がはいつてゐた、面白い、自分のちよつとの花は炎

もと早いだ　よろしい、皆に見せてやつた　一ゆはふえたり少んだりして居る

監所に坐つて居ると寒い、新しい工場が出来たので今日引越しをしたばかり

らしい　俺たちは初めての組なので　内地の工場と同じ構構で　目だちにな

る居ることになると　内地の寒い者で居るのと同じになるな気がする

865

中

No.

淋しいぐしとふるへてゐる。今晴つた。今朝上京する行がなつたら、どこかしら兵舎

で上野をとつてゐる。静かなからよく工兵所へ響いてくる。かこつのない声がゆ

かましく聞こえるはあかん!! 工兵所はまだ～～がつくゐる電気みは今日の日に

合はなかつたので つかないのだ。遠い兵舎、近い兵舎には電気の光がまばに

かじかんだ指を力をこめはしたら 高田君とろうその灯をしてゐた。奈良の人だ。

村長立つて多作した 兩と一寸近くである。工兵所へ帰るとまてしらなので よくしのに

困る。どうしでもあぶない。志同は近いからよいが、恩田の岸本軍の宿舎は

遠いからといふことになつてゐる。工兵所に無いので 火をたいく タバコをすいしたら

ろうその灯をしてゐた。十二時から二時迄ゐて 二時から三時半迄立つた。幸い雨に

どいうこともなかつた。静かだ。十二時からは電気の全て消えし 大小の炊爨の灯で

何も見えない。五時から七時迄ゐた。一度ゆめばかりの眠りなので くつすりとよし

ゆく朝になつた。毛布を持つて中隊へかへ上げて来た。雨はやんでゐる。

銃の手入をし 銃を洗つた 掃除をして皆たら 昨日行つてきた 今年をもし

866

昨日の検査が今日になったので又揚陸をして宿舎の上へあがって一服して馬屋へいった
隣の兵器庫の馬の道具の手入れで水ぶきして油をふいた。昼迄やって馬に水、えさを
やって舎へ帰り昼食した。昨夜ねてないのでゆっくりしてから居る。食事をしてゆっくり休んで
みたがわるい。二時から又馬屋へいって部隊の分の金具を出でこすってみがいた
三時に聯隊から旅団副官が検査に来られた。すんだので人足へ帰って三十分と[illegible]
せりをつみにいき、それをゆでにして、とうふをまぜたり牛肉、玉ねぎと一しょにたいて見た
四時頃帰った。田畑でとったのを、今日はナと肉をたべてあったが、佐々木さんもとり肉のスキ焼
はうまいので大よろこびだ。始めのは手をつけるなとすぐ皆寄ってきては大よろこびだった。めしは皆う
れて踊るようだ。めしはすき焼きだ。それにせりのしたしもあってとてもうまし、サイダーを入れると
うまいのがたまるのだ。今ばかりはたまらないのでごはんをたべた
一服しゆっくり見たが、ゆっくりしてはなれないので、ふとんをしてゆくみた。一隊から食事当番が
来に来て一しょにいってみたがすっかりしまった。起されて見たらぬれないので何だと思い
たぶ気持だ。米だはすんだらしい。気持をすまして又ゆっくりねむるゆめをみる九時半
四日夜九時半
妻へ
[illegible]より

867

No.

四月十七日晴 あたたかいよい日になった。七時起されて何ことかと思って目を
あいたら六時だ。起床なのかとびっくりして起きた。よくきいてみたらラッパがトテチテ
タとなる。六時をとって俺は今朝炊事へ配車をとりにいったのでトラックが何時に
出るか打合せにいったのだ。今日は何回も往復すると云って帰り馬屋へいった
外の者は馬の運動をして居る。青草の上を走ってみるといゝ気持だろう。
手入れをすまして帰り顔を洗って朝食をすまし一服して居た。八時新に中隊の
兵舎へ集合する。月曜日は精神訓話の日なのだ。中隊長どのが来られて
御勅諭の少しを覚えてよんでけいこをした。十時終り一服して軍歌教練
にいく。防毒面を持って青い草原の中へ行って銃を持って歩いたり走ったりけいこ
をしたり毒ガスのけいこをしたりして猛訓練を受けたのがきつくていいかげん
だった。十一時半に終えて馬屋へ帰り水、えさをやって早く帰る。昼めしだ。
今日は珍しくごちそうだ。牛肉のカツレツだ。久しぶりであってとてもうまい
夕やけ。夕食は大好物なので又もやおかずのまゝで一つ二つであった

868

No. 2

食をたべて一眠して丁度十二時半になつたので一人だけで京都の丈へ行きトラック
かオート三輪をまつた。オート三輪が割に早く来るのでのせてもらふことにして待つてゐた
一時頃に出たのでのせてもらつていく、十日あまり郷村への道を通らないのでこの旬か
ら毎日の雨で道がでこぼこになつてゐるがツチンとひどくゆれる。両側の木も青々と
葉をふいてゐる。すつかり菜花が出て失つたところを出るとまつ青だ。田も草が多くはえ
つぱになつた。ニワが水牛でのろくと着田をすいてゐる。中には苗場のこしらへをし
てゐるのもある。どろどろになつてまじめで塘をならしてゐる。水牛ばかりだ
田地のみも今月の末になると初するだろう。これを見てゐると田のことが思ひ出さ
れてならない。カラスキもマグワもただは違ふがすけていくのは同じことだ。安心して
田を耕作してゐる。畑もきれいになつて菜をいれかえてあつた。もう自在に体菜
の秋苗をいえてある。青い田、野原の先にはわら少しのニイの小さな三三軒づつあち
こちらにならんでゐるのどかな景色だ。青い平野のまん中に木があつて
その横にバラしてとびはなれてたすのひしいニイの穴が点々と見える

869

サ3

No.

其の先はずっとかすみに見えて遠く山が青く見えて居る、何とも云へん
景色だ花の木一本もないのか何の柳並樹な、柳な気がした
航空郵便をのせた郵便飛行中が銀色の大きなからだを太陽にきらめかしてかがや
かせ乍らおりて来た それを後の方で見て 車はデコボコの道を走る
楊柳の木が大前に葉がのびてこぶし柳になってある、来る時にあった中途の
家の桜の花もつぼんだ雨と風にたたかれて失ってあとも云いなになって失った
どこを見ても花の木一本も無い たま木が三月ばの花だけがゆえくさいておけれ
工兵が通路をなおしてある、雨が降るとドロくはなって一尺位ゴロになって来ふのだ
トラックが通る 兵も通る 土民も通る、整々停滞も黒依然さうだ
城外のぐるりの道路へ出た一寸通がよいこの道は丘が在ってあるので割によかった
城内へは入って野戦郵便局の所で下りて世界い云くと一人兵営の方へ歩が
そえた、大陸病院は歩兵の人が沢山なだへ来て休んでおる、今日は工兵の外あ
ねなのか沢山歩かくみる、あたたかいよい日ながらえく歩かしてみるのには仲しふが

8/0

No.

白い若衆の注文 ヒーソク（六尺一（約二十五寸）とつづく十大二銭（一八二十五寸）を買つて切つてこまやかな通りを歩いた 春柳の服を着て歩いてゐるクーニャン（大郎の娘）これは夏じしんのだ髪を切つて大郎服を着てゐる 歩かんでゐる姿は何とも言えぬものだ 日本の女子よりも この大郎服は言ふに言えぬ所がある

古あまり来ないなければ 三ヶ月も来なかつた内に思ふなつかしい兵器廠へ行った 安徽省政府のあつた所だ 大きな建物だ 中へ行つて用を言つたら今日は午後にいらつしやいと言つて 手入れをして居る所だと言つてゐたので 一番に手際よく片付け 三時に自転車を掃除させて 一服して馬を待つてゐた あたりが一日たたないに死んで居るとぬかしなつてしまふ ここで（しように出発した 太口の家に寄つて[illegible]と云ふ家に恒三君の弟（次郎ふと友だちの）がトラックの運転手をしていて 帰つて来て 十二月かりに面会して お互の無事を祝した 元気でやつてゐる 済南には去年の夏会つたと言つてみた この兵器廠に泊つてゐると言つてゐたが この日何用で来たのに一寸も知らなかつたと言つて また会はうと言つて別れた それし[illegible]たナ

871

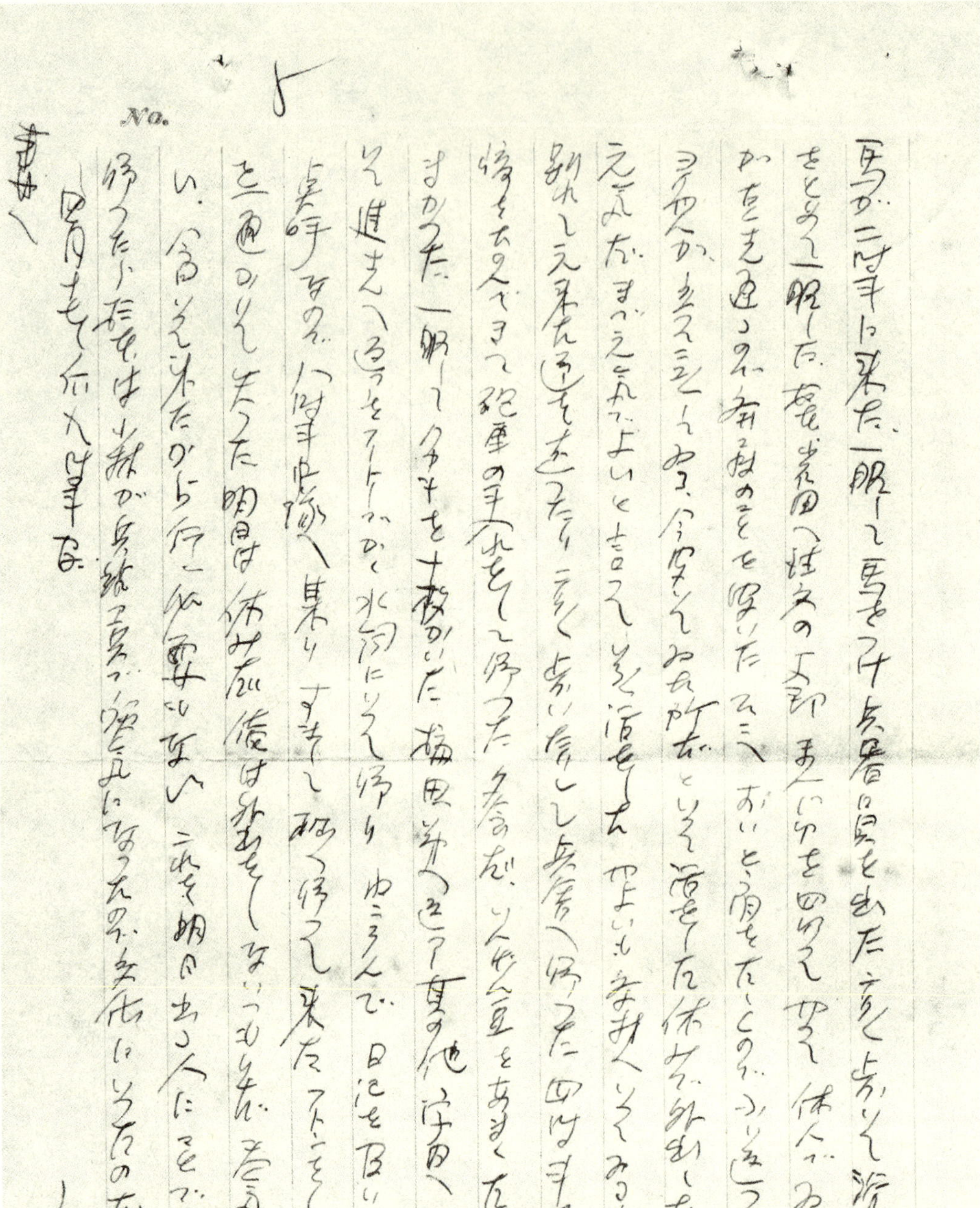

No.

馬が二時半に来た。一服して馬を引き兵営を出た。竜と歩いて治療の所に馬を
とめて一服した。龍光田へ往く文の太郎さんに印を押して休んでみた。工兵の人
が来て逢ったので斜面のことを聞いた。そこへおいと角を持ってのんびり逢ったら尋ねてみる
事か、大分三人でおる。今日来ておる所だといって酒を飲み休みで外出したのだ。よく肥えて
元気だ。まだ元気でよいと言って、又酒をのんだ。やよいも来ていたといってみると言っていた
別れて元来た道を戻った。ぶらぶら歩いて兵営へ帰った。四時半帰って来て洗
濯をした人でまって洗濯の手入れをして帰った。冬だ、いんげん豆をあまく煮いた。のだろう
まかった。一服して手紙を十枚かいた。梅田家へ返事その他学校へ八枚かいてお
いて建さんへ返事をアトで水筒に入れて帰り、ゆっくりんで日記を書いていた。
点呼なので八時半点呼へ集りすまして帰って来た。アトでをして出てこれ
を通りして了った。明日は休みだ。後は外出をしないつもりだ。元気もよくないし
い。今まで来たから行く必要はない。これを明日出す人にことづけるのだ。
帰ったらそれは小林が兵隊で伍長になったので支店にいったのだとゆうい。
明日も八時半だ。

生

妻へ

372

No. 1

四月十七日ノ夜 活動写真があるので 一同 本部の広場へ集った、ぼくはもう一年ぶりに見た活動写真を、うれしかったが トーキーのキカイがこわれて 物を言はないのが残念だった、ぼく今来た 方面からの手紙と写真のことを思い出して皆に会いたいと思ってばかり居た

朝日新聞のニュース 大東亜戦争の初期頃のニュースで 野砲の進軍や泥濘の活動や兵隊、空軍のバクゲキ等を見て、兵隊をして居る僕たちにはよくわかった、ニュースを見て居ると その頃の山の陣地生活が思いおこされる、なつかしい

それから マンガが二つ 大笑いをしたこんなに見てたら 大よろこびだろうと思った

朝日新聞の外国のニュースもあり 花の都の作業中ギヤガイて来りや カナイもとして居る娘さんを見て 僕たちも一年ぶりにはよく ナワナイをした心の衣を思った

子供のダンスや 日本の町を見て 又よけいになつかしくなった、それから 居酒屋の夜 と言ふので 酒のみが大きな夢を見て居るところなんだが ものを言はないのでとうとう中止になって 又キカイをなをして キット来ますと言はれて別れた

884

No. 12

夜の次にはPCL（ピーシーエル）の「坊ちゃん」だった。これは出征前に見たのだが、よいと思って
ゐたが三日したら又来て見せてくれるだろう。たのしみにして待ってゐるのだ。
帰って点呼をとってゐたら十時半になった。月光を浴びて居たら十一時半頃になって
寒った。ねむくて目がふさいで来たので止めてねむることにした。
四月十九日はよい天気だ。昨夜青空で星が一杯だった。星の無い空は
二三日は見られなかった。何だか暗絶だった。
点呼をとって砲廠へいって役幹を二人。今日は中隊の射撃教練があるのでその
こゝに昨日持って来たものを持っていって仕組んだのだ。手入れをして帰り
泥だらけの手を洗って顔を洗い朝食をすまして一服。八時半に出て砲廠へいった。
馬をつけて演習が始まった。あたゝかい日で申し分がない。俺は二両目の頂
陪の番なので十時頃近表門の所で四人待って居た。砲車にのって馬で近を
走るのは見事だ。素晴しい。今日は天気がよいので旅行者が出て来た。
色々にあった　グクデナキだ　ヤクカンをもって　八キ一キロを歩けにいのだろう

885

さ

No.

大きな音を立てて席をはなれていくのを見て居た 御便所へ行キも出へ来た
居るのでいくのが 浄眼の人が ヒューキの側へいった まんけのトアをあけて出て
はりえいて、すぐがしとるなって上っていった 内地へいくのか 男へいくのか あれに
一緒のせてほしいと思ってみた ニテイたろうと思ふた
益田の演習が終ったので 益田にうつった 僕たちと交代して 鉄カブトをかぶり防毒
面をつけて 自動車にのり青い草原をかけ足で馬が走る 陣地をひいて 戦争のけいこ
汗が流れた 十二時済んで 飯へ帰る 腹がへってたにつけて ひるめしをたべて一服し
みたら手紙が来た 倉田〈益卜文上〉から 直筆で来たのでどんなにうれしかったか
わからない ノートにあれこれかいてあった 先で無事らしいので安心した
ヒマがないのだ困ると 又中風の気があるので 手がふるへて手紙が書きにくいとかいて
あった 気の毒だ 年とって作りは沢山しているとかいてあったが 忙しいだろうと
帰省して居る まあ手紙が来たので安心だ 本当にうれしかった、
りか子は進んだかなと 草かふの四月頃ものと、かまんかなと 小林の叔父のかなと

886

No.

で皆元気なので嬉しい 土田さんの父の手紙をよんで今度の演習にいった
安心したので然し難しかった思ふ 二時から分隊射撃で砲廠の前で二門の砲で
林少尉殿の指揮でけいこをした、汗が流れて来る、二回休んで一生懸命にした
三時迄終って砲車の手入れをして早く帰る。演習はよい ユカイだ、面白い
手紙が来て居ると西村君にきいて印を持ってとりにいったら おかあさんからので四通
日出のが来てゐた、それと京都の姉さんの里ちゃんの在所の土田のおばさんとそこに
居る姉さんの子供 みほちゃん 小学生になったと云って一しょにはいってゐた、子供で
も中々えらい など で おとうさんをよろこばしたのみます と かいてあったので感心し
た、叔父さんたちあいたいとかいてあった 中々字のうまい子供だ！
それから中村実雄君からと、京都からと 姉さんからと四枚来た
にかいてあった いろいろと かいてあった。皆うれしかった
四時迄から手入れにいって砲車をそうじをして早く帰った 油だらけになった
手を洗って顔も洗い帰ったら夕食の飯した 馬屋の方が早かったので

887

No. 5

下級生の酒をかんして皆と一しよによばれた、今日ははげしい演習があったので
疲れて 上等の酒は腹の中へしみこんでいく、うまい、この味は忘れられんよ
南が炊事からイカをさしみにしたのとタコ（イダコ）をもらって来てくれた
ので それをさかなにの会だ たんの酒が皆仲よくのむと おいしーい
今日はイダコのたいらのでうまく一服して洗濯ものを入れて来た毛布の包みに
もういい気分だ 寝台の中へ入れてしまっておくつもりだ、あたたかかったよ
はる〳〵酔ってくるし 山口君といろいろのはなしをしてしみたら山口の友達
が遊びに来ていろ〳〵話をしてゆこうんでいた 友人、吉田かめみなは遊林へと出
故郷をかいた途中馬に水をのましにいって帰り入隊手に点呼をとって
帰りこれを召集した 天気が悪くなるのか なまぬるい風がまっていふいている
山口君は故郷の手紙を見てうれしそうにしていた 外の者は皆手紙をかいている
明日の晩は不寝番だ 明日は小銃の実弾射撃にいくのだろうまく あたる
大変だが、よくねらってうてみよう 十点をとる様にね 今晩はこれで止めとう
四月十九日 夜九時書
一男
秉へ

828

No. 1

四月十八日 快晴 よい天気だ 春らしくなく 初夏と云ふ感じだ
上衣をとつて山口と二人 鉄廠へいつた 自転車を水で洗つてきれいにして 大事な器
械をほどいて持つて来た 鑢で手入れもして居たら 皆帰つて来たので手入れを止め
て顔、手を洗い 朝食をすます 外出する者は出ていつた、お京へ ことづけをして
やつた、いゝ天気になつた、こんなよい日なら 外出すればよかつたと思つた
食后一服して ハガキを十枚方々へかいた、遠宮へ返事を出したり又
父 梅田へ 出張の着物を 送つてやる それからは あたゝかいので 大掃除
一切りにして 止めて 一服して外へ出た、洗面所のとなりへ 洗濯所を作るつもりで
ニイを相手に馬屋へ行く 丸太や板をはこばせて 枠を作り 板を打つて 柱
つて板をはつた あつい／＼ 汗がポタ／＼流れておちる、ニイと二人だけだ 他の者は
外出して居ない 自分のしたことは 休みでも汗を流してやるのだ 妙なくせだ
女の代り先日作つた ほしもの場でも皆よろこんで 使用して居るから いゝことには
違いない 思い立つたことは 休みにでもどし／＼したい 早くからしようと思つて居るのだ

873

No. 2

三人にべんとうを作ってくいを四本おって上へ板をならべておった　皆がごちそうを
山に来ると言ふので船へはいり食事をする　うまいおかずもない
めーしくいたくない　伍長になった小使が命をやめと言ってニワカに二人の者して
来た　休憩から休めと言って居たが　終り迄は止めないよと言って終った
豆から一服したばかりだ　又二人の小使を相手にして上へトタンをはった　洗ふのに
水はけのよい板　手にけがをしない様にと思って二人に二人のトタンをはった
ちゃんと出来上ったのが二時で一服して　シャツ、ズボン、サル又、くつ下、クツ下をかえて
おして作った洗濯場で洗った　具合がよい　うまく出来た　小使もよろこんで
くつ下を洗って居た　本部中（宅宗）もずいぶん洗って出しておいた
やれやれと思って横になってねころんで居た　山の後峰は本はいのをかってみる
晩のおかずを作ってやろうと思って　ふかして居た芋をそろえしうどん、
石油かんを切って油をぬかし　砂でこすって皿をあけて水をわかして油を気を
とって来い　芋をゆにして　切り、まぜたまま　で味付けしたいた

874

No.

人でこせくと　たべものを集めて　たいへんだった　シャツ一枚になって。
お米もつた　うまい肉を食べたかったが　好って入　いく度に　笑ったが　なかったのだ
皿へ食べしまって　おそく　肌肉の不足か（水とみ肉）の〜　針を打って　かける　おに
したり　あすこち　片はげし　大きく　動く　居た　旧家みてる。
四時頃　酒屋へ　千成に行って　俺は　会津若松で　習っておった　小僧に　ビールを
飲ませたりして　外出した　酒も　帰って来る　山下君が　山形に　ミーカン一箱を呉れた
ゆりようかんだ　山口が　玄関に　出ていくし　気分が　悪くし　つげて　たべる。
せり　おたったのが　とても　うまいと　言って　四人　喜んで　あとから　出た　ものは　なかった
位だ　一寸口骨を　折ると　うまいのが　食えるのだから　俺は　自分で　作ったのだから
沢山　ごちそうを　たべた　おかずは　かんのにつけ　と　大根づけ　なかなかで
酒の　ためにも　出して　すいたのだ　ゆこうんで　いたが　風呂へ　いって　出て　こう
とったら　一口位　の　お酒を　のんで　居た　山下先生が　止めたので　無理に　のめと　沢山　飲
まして　一寸に　行って　風呂へ　はいった　汗みどろに　なったので　体が　ゆだくして　みるのだ

875

No.

さっぱりとして帰って来た 毎日水をのまないでいったが今日は広っぱで活動が出るので皆いた 俺は手紙が来ているので自分室へもらいにいったら お前からのだ それから又四月十三日出の航空が十日についた 今日動物ビスケットをもろたが お前の手紙をのせて来たのだった うれしい 寫眞はよくみて活動写真よりよいと思って部屋へ帰って寫眞を見て手紙をよんだ いつもよりよくかいてくれるので遠くへ来てる俺にとってどんなにうれしいかわからない お礼を言ふよ

仕事を大切にしているのに 俺へ返事をおくれるのは大していではなかろう うれしい、どんなによろこんでいるかわからないよ お前の心は忘れんよ

あの手紙や寫眞を見たら急に家へ帰りたくなった 皆 家の前でとってる 大人の偉大部屋のことし 古い家だが 自分の家だ どんなに懐しくてもよい 自分の家へいきたい そして みんなと仲よく働きたい

寫眞うまくうつしてみるが みんなどう旅へても 今迄の話とは違ってる 来て居る関係もある 梅田がうつしたのか 寫眞屋がとったのか

876

No.

下手だまん中だけうまくうって、両方のはしのミシンヒカミをおかしくて[illegible]

無茶苦茶だよ ミシンがこんな姿になったり男がおきこんでる様に思ふ、[illegible]に

そうだったら困るから、よく[illegible]をさせて元気になる様にさせてくれよ

それにミシンの眼が小さいおかなしか僕の[illegible]時に思ったのをませしてくようだ

リリカリカにまってくれるうシャツは毛糸をきて、あなたがたう[illegible]この[illegible]つた金

で大きなのを思ってませておして、如何に[illegible]時代で友達にこんりょ

をするおかなことではかわいそうだから小さいのは余まにさせてやればよいから

ミシンのホダりはアクしてるのが目か一寸すきこんでる様に思ふ、ただミはイカツイ

おたふくな顔をしてゆうに元気にはなしと言うなな顔をしてかわいい

久美はアゴが細くとかえ広るがこんな顔なのだ、こんなのたつまど大人だ

元気のないおな顔をしてるがどうだ、カッテ眼の前に見せたらミシンのオトサへに

よにて広ると言ってるたが僕ではなにしてるのがわからないまたすかんたく

でも大きくなって子皆のおかげだなにお母なはうまくうつってる。元気な

877

No. 5

姿を見てどんなに安心をしたかわからない お前は気なしかしふんがよく肥えて
居るのでうれしい 早くそこに帰りたい、こうして皆の元気な姿を見て君を
よけいに帰りたくなって仕様がないよ 早く自分の家でゆっくりして皆とにぎや
かに暮し、子供らと日の丸行進曲でも歌って手を叩いて遊びたい
が勝手なことばかり言ってみてもはじまらん、お前たちも、子たちの体大切に。
こうして元気に御奉公出来るのもどんなに有り難いことかわからない
仕事にまぎれてた写真も出来たので安心して居りなさい 御礼を言ふ
「写真の写真は梅田にしては上手すぎるが写真屋さんの人だったかもしれないネ
しまっても世話は皆んなが子供らの服は僕が買ってやるから この写真と送って
よろしく金で作って貰ってくれ、こんなようにね お願いする 下に男が来なければ仕方
もないが五人が居ったんだから丁度よかろう、あまり書いてなったので
手紙の返事は明日出すことにする、活動写真を見て来て十時過ぎ寝を
とって帰っていると思へ 入っておかしい土曜過ぎた 私たちの映画でお前の夢でも
見てねよう 寝

四月十八日 後十時十分

愛する妻へ

378

No. 1

手紙有難う 四月一日出の分から始めやう
以て少しわかって来るので嬉しい どんなによろこんで居るかわからない
ありがたう お前達だけだと思ふ 僕の大切のお前達だけあるとつくづく感じるよ
手紙は皆が来るので心配をしてゐるらしいが あとから来るので安心して居るとの
こと、かしこい僕たちのしてゐることを少しわかって 内地に居て目の前で偸んでゐるの
を見る様にわかって 嬉しいと思って 出来るだけくはしくわかってゐるのだ
でも手紙は皆に徐々に判って行くらしいので安心をしてゐる 出す場合があるよ
みんなリュックがついたとか、母さんみんなが持って行ったとか、去年弟の手紙をくれた
と云ふであぜに腰かけてよんだことを思ひ出すよ、お母様も元気よくしまりをして
下さるとのこと うれしい 老いて無理をしない様にと言ってくれよ たのむよ
みんなによく言ってよく勉強をする様にね 大切な点は自由にまかしておいて悪
いことをした時はまづ怒りよい時にはほめてあげて 長くよく育てたいと
様にしてやりなさいよ あまりかんかん怒ってばかり居ては淋しく思ふからよネ

379

No. 2

仕事の方は皇せんを左のみ子へは まだ帰らない 大弟も困って言って居た
石皇せん撃に出て 事も出骨か折れる事なる手お宮してするよ
ミール へ送った金のことは わかったそうだな ホールに出来たことと思ふよ 二人でやる
だろう 丁度この手紙は新の始まる所なえので 兄弟三人よくにまかってるた様
だけ やかましく言わぬ位の方がよい丈夫だね 何よりも体が丈夫でなければいかんよ
内地も春の様になってあたゝかくなったとのことは サクラも盛りだろうと思ふ
子供らがびっくり眠りで 遊びおばあさんに世話してもらうとのこと たいへんだ
太郎にはこしはなし様だ 去年はどこので見たなおに思えたが どこにもない
勝男も丈夫になってさんによこして来たとか 見たい写真では見たが 昨日か
大分さ この大候が子ず中にもうけた よそにお文太人のあるのは と言って
やかましく言わぬで 大たいあい 梅田は四月に帰ったのか へんこか此の頃は
おばあさんをやるのか大 大きくお婦様になったのだから大 田の方はしまりがあ
来てワリ肥したとのこと 物價の高い割に米が安いなかなか 仕方がないよ

880

No. 3

つるへも みの田へ行った切りで 一寸もたよりがないとのこと、それはよくないね
彼の方へも大したこれないさよ。出してみたのだが 一寸も返事がないので 甚だ心配
ないよ 母にも お前の心がわかって 世話をして 僕も どんなにうれしいか わからんよ 俺の
ことの都合にうれしいの感気と 同時に子への悪い所がわかって来た 相当大さ年を言ふ
ものはいつ迄いつ迄との大切ない いつかはわかってしアキのくるものだ。
帰ることがわかったら 早速知らすが 今の所 一寸見当がつかないのだ。
僕の字急で 桃の花を送って来てありがたう 皆に見せた、内の桃の木の花だと思
ふとよけいにうれしい、神社まで休みもちを作ったそれ、ヨそでもいちばんくいたいよ
小包送ったとのこと 二十日過にはつくと思って待って居る。もう帝都の二人用からうるさ
しとた その切手の売行があって 売切れだ。ハッハッハ、仲よくしてるから面白いものだ
今度も 君様、米本二人へ小包が来て 酒を少しよばれた 一人の出来な事のはない
皆仲よくなってるのだよ お前らが見たら うらやましい位だ。たのしみにまってゐるよ
久米からウクスキーをくれたとのこと 着たら私は出しておこう、大よろこびだよ

881

No. 4

四月八日出のハガキの方、二月十二日出の手紙では どこへいっておるのか手にはいらない
お守りがはいっておったのを惜しいナ。又その中に入るかもしれない、西方寺の十郎のこと、
俊のけがのことはわかってくれてうれしい、知らん人には言はしておけばよいのだ、かまうナ
俊やんとか先生とかを言ってやったがわからないよ その内には入るかもしれないが、
航空の父、手紙はあとまますかつく様だナ ハルミ、七サミへの手紙はついたとのことで、よろ
こんで居る様子が見える様だ、山口先生には信用されて居るとのことで安心した、皆も祭して
居るおかげだ 俊はどんなに皆に感謝をして居るかわからない、この恩返しには
身を粉にしてでもお国のために働かねばならないと思って一生けんめいに働いて
おる。安心してくれ。皆の神仏へ祈願して貰ったおかげで元気よく働かせて貰って
居る。稲葉の和美君やアメリカの村田千代さんは本当に感心な娘のお
る様でうれしい 米国の女性なども一しく思ふよ。私にはいつもそれなことを思って
其の道でのぼるのを待って居る。村田千代さんはアメリカの人で、この間の関西線
線のオモン殺も村田千代さん、女工さんが見送ってこの人は目上人なのだ

882

No. 5

別な人ならしらべて知らせてくれよ 同じ人でも違ふ人でも全く不思議なことだ
と思つてゐる。沢山の金を家から引いて俺にあたるとは よく〳〵だ。
全然大きな事を見たとのこと、あれをまねして あまり無茶苦茶なことをしてはいけ
ないよ。この一月頃たべて大丈夫な体を作ることが第一なのだから まちがわぬやうに。
動物のはなし、服部さんの話すし、家へ帰つたものを 早くから読みたかつたのだよ
マラリアでやられたさうだ。可哀さうな事だ 思ひやれんな人のことを思へば こうして元気で暮らし
てゐるのだ ありがたい。どんなによろこんでゐるかわからないよ。つまらんの病気も困つ
たもんだが まあ あきらめて がまんをしてくれ 又其日によいこともあるだらう 春巻宮も
もう今日あたり あつたのかもしれんナ あすこの 継母 とゆきさんが えならんれたと、云つてもした
初めて大陸のふもと坊かなし娘めてたゞ又 あくからとかみ姓を出しておこう。大陸の結婚の方
母の葬式を済ました上で、すまん、は別だ 俺が出したのもかまはん。結婚は上海へ来てを
とりに 七日に行つたのでまだ帰らない 二三日の内には必ず帰るだらうと思つてゐる
星野の手紙の返事を書くことにする 申あい 大変だ ねよう 又明日書こう
四月十九日 夜十時 父
幸一へ

883

No. 1

四月廿日、雨がしずかにふって居る、うるさい、点呼もすまして馬屋へいく
水えさをやって帰り早く食事をした今日は小銃の射撃にいくのだ
ひるめしをハンゴーに入れて腰にさげた、おかずはシャケ一切になづけを入れておいた
雨がやんでくもって来たので中止になるのかと思ってゐたが一中隊も用意を
して居るので内も行ってふくそうをして居た じきにとトメーを打って雨の音。
行くことになって外套をきて銃を持ってとおくの道を馬屋や出の方へ広畑を
歩いて牛道のななせまい道をすべってよけながらころがるものもありどろんこだ。
巾三十間はかりのクリークがあった ニイかつ舟も立えて橋て渡しこれ
太中尉は近衛兵隊の大きなタライのおすものへ小隊かのって兵隊を
三三人ブーは三分乗る。佐藤准尉のおみつ若いはタライにのって渡し始ちて
こえたま人車隊は水が深そうだ 落ちたらこわいと思っていたらよけいに舟が
ぐらぐらゆれる アブナイ! 君およげるのかと友だちが云ったので えらいすいせんが全ぶ
さがすよと言ったら大笑い 中には僕のそれにあって 三人しがみついてゐた

889

No. 2

思ふ存へつゝてどろでよくすべる道をこえて歩いて行つた 途中左も右も広々と
まつ青になつた麦畑ばかりが一面につゞいてゐる 地が悪いのか肥が足らんのか やせて
ゐる所が多い 早いのは二三尺になつてすつかり穂が出て居るのもあり 麦と麦の方
角には豌豆がうえてある 花が去つて居る 左に麦畑だ その中を通りぬけて
前にドテのある所迄来て止まつた 二一迄曲とくしてゐるから 十八丁位あるさうだ
まつすぐな一分のやうな所だ 見えて居るのだから ドテの上に赤いハタが立つて居る
ドテの下に水のないクリークがある その近いりの畔の上へ 人の打に作つた板を立てゝ
三百ヤードは離れて麦畑の中へはいり 土をもつて みつゝなに作る 田の目がうるさい
その上へ みしるをしたを ゆでみつのだ 一人ダ々土嚢背つて 僕は中央囲丸人と一しよにした
麦の穂の先をさくにゆらゆらは ずいぶんのだ マトには黒い丸が書いてある その中へ
あたるを命中だ よくねらつて引金を引いた グーン 全ては当た 遠いから当つたか
みたらないかわからない つゞいてよくすてつして土嚢みすぐ多へ伸して一服した
アイツ（田地の）で土嚢みつく 土嚢あたつたのだらう あんまり思つてみたのだ

890

さ3

No.

あれから宍山病院はうたたが来れたが、山田の永田仕長が見たりして呉れた
三笑て帰って来た 一番会申して写をえれしかった あとは三笑 黒丸の外へあたり
一笑どこかへいってしまうなかった 五発あたことを思ったのに がっかりしたよ
でも甲だ 五発あっても 一笑もあたらんものもあり そんなのは二等にもなをしたり
それでも あたらず ゼロの ものが あるあたから よいすた。
馬に水えさをやらねばならず 外の残ってる者も交代せねばならんので 大あま
りしように帰った 帰りには 遠ふ道を来たら ソウメイ せんどうから 沢山作って あり
白イ花のエントーが 一豆も 花盛りだ エントーの花をとって又 エンドがさいてるんの下
(あせた) それもとって帰った すずみは 大きなづらになって ぜいぶんとなった
日曜からは 大分早いな おまけみぞうになって又 隊を出たいたって 帰って
来た 馬屋へよったら 水えさは やってしまってあるので 早く帰った 股がへって
いるので 持って来ていた ごちそうの めしを たべた え一がなに 今たになった
めしをたべた 吉田君が こやうしさを 持って こうしを 作って来たので

891

8

No.

それを大いて一眠してゆこうんで居た 今度へ用にいって居る者と交代して出かけていった
俺は獣医(ジュウイ)室へ米田と言ふ人の代りにいった 此室は軍曹と言ふのが、部屋の人で
気の毒なかんで将校のことをしてやるのだ 炊く係をして居た 用も無いのだ 火をおこし
て湯をわかしたり コンロを持たなくてはならないし 将校のことを係して
居た 風呂がわいた 獣医が附の屋台を一しょに 財務が帰って来た 二人共
風呂へは入れ 俺は五番目はいった 主計係た 近頃二人共に風呂へはいる
のは初めてだ ドラム缶の下でかわきさしてやるのだ あたたかい ちらりとして出た
一眠りして居たら米田が財務から帰ったので交代して馬房へいって手入れをして
帰って来た 今度は雨も止んだ 出た見えて来たので 天気になるのかと思ってよろ
こんで居ると又雨だ 全く嫌になる、帰って来たら 臨時召集が帰って来
て 矢張上海へ馬をうけとりに行ったのだ 丁度昔にあって 二週間あまりかかって居
一寸やせて来た 大分えらかったらしい 上海の町は遊びに出られなかったと
しょげて居た ナンキンで一日休みを貰って遊びに出たそうだ よくなってゐるのに

892

No. 5

びつくりした顔さんがとてもきれいださうだ、小使からうし今はないし一寸も面白くなか
つたと言つて大笑つたでつた でも元気なるたちよその馬をとりにいつてみたので、うちの
大隊へは一匹しも届かなかつたのだ、隣せんらの大隊は馬が沢山死んだので、多く行かね
ばならなかつたのでとうとう来たので云へ一寸ゆつなんに来なかつた
一同で話りの父へ（ミんへ）エンドウしンの花を送つたり写真を写したり
して居るかなつた（その間で馬に水をのましに来た）今夜不寝番なので皆が寝て
ゐるときに、炎の灯で私と三郎を三番に、俺が三番に十二時半から一時四十五分迄立た
今日故郷に居る母さんから手紙が来たので、全くの気持が来たりして故郷の
云とかなしくなり涙を流して寝て居た 母さんは無理な抑えをして居る
帰つて来るのを止めて日記を書いて居る・嫁を心 一生懸命に手紙を書い
て居る四月から故郷へ書く手紙を書くので、今日から一しよりになつた
一同で今此んな様な十二時半迄の間一眠しよう ゆあたい 手紙の返事こんなに
沢山来るとは思はなかつた これで弟が夢になつた 日記を書くのをやめよう 好だ

四月廿?日夜十時

母へ

良三

893

No. 1

四月十五日　雨が降って居たが天気になってゐた　夜不寝番をしたら居るけ
よい星空で星たちが明日雲が出てくもりになるらしく　又雨が降ってゐたのだ
上等兵と取って山口と大砲廠へ行って大砲の手入れをして帰って来た
顔を洗って朝食を終つて一服して八時半に集合した　今日は中隊験教練で
二つ目から四つ目まで渡河演習のけいこだ　二十七八日に検閲があるのでそのけいこだ
工兵隊の船からかけ足で走って長い所へ運びをして射撃をするけいこで二回
やった　空になった　帰って会食をして一時過休んでゐた　あつい位になった
午后は厩舎で砲車の手入れをはぶいて大砲だけやった　今は十時過ぎた
かへって終り　厩へ行って一服して居たら手紙が来て居たので嬉しくなった
梅田からて　きよちゃんからのと封筒二通来て居た
梅田から雑誌を送ったとかいてあった　ここへきてから二冊とおかしとを貰つ
た　弟から週刊朝日を一冊送って来た　今の所梅田と弟とが送って
これ位なのだ　一寸見ておいて　夕の手入れに又砲廠へいって　手入れを出口

394

くよくよと同じ事を何回もくり返して居た、月に廿日手紙をかゝねば京人の友なこう
酔って居ては思ふ通りにもかけぬ、止めて山本といふ人の話をして居た、
南が酔って失って かかって来わめわめして居るので、止めて なだめて出た アルして 仕方が
なかった、皆寝て了し 寝ようと思っても寝れない 仕末をした。
十四夜迄 山も蒸してつらく 寝苦しく来たりするので すこし迄ねられなかった。
四月十二日快晴。もう春ではない初夏だ。あたゝかいと言ふよりは あつい位になって
来た 上衣をとって 机に移して 飯皿のキャベツを手入れをして居た 皆帰ったので
上衣洗面をし 朝食をすます 又は近ゆこう人で 話をして居たが 大はかう
宿舎にいた今日は鍬を持って営房の裏の広い野原へ行って 東省の十二
数が築雑して来たと言ふなめ事をはけして広い草原を 坊主の田か畑か土をを
かぶって立って汗をながしたかった あつい もう夏の初めだ 半着はいるのだ、
行って来った 又元気があつくなるだろう 思いますとかっとする、
宿舎を終って帰り茶屋へよって水・こちをのみて 帰り 机で一眠 食事をして

No.

895

No. 4

横になつて居た．検査が試験をしてそれを言ふので　頭を刈つてやつて　房十稲田
森谷なども　ノミを四枚かいておいた　此度今日白になかなかないのだからおいて
一緒に砲廠へ行つて砲車を水で洗い油でふいてきれいにした．あつい．シャツ一枚では
あつくて切りきれない　ランニング一枚でもよいと思つてゐたのにはシャツをぬいで
裸になつてやつてゐるのもあり　夏の様だ　丁度内地のセミをなく頃の気候だ
もうこうなると麦わら帽子をかぶりたいと思ふ位だ　あつい位だ．
砲身をあらつたりしてゐた　明日は射撃兵隊の兵器検査があるのでそのために
なかなか何かと忙しい．仕事があつても平気
その手続きかたに隊附きへ　砲の手入れをしておいて　本部に行つて来た．
兵站へ　工兵へ行つて居た　岩崎　斎藤　出生　本村の四人が　七日がかりに行つて来た
一週間目の工兵は全くよいと言つてゐた　柳者宮くと皆言ふ．
すごくやるのだ．上海行きとかいふ　橋本が行つて来てると皆言つてた
ことになるとなかなかなか　柳は友人で一杯になつた．

896

No.

この部屋は風が一寸もはいらないので あつい 木のかげへいつて休んで居ると涼
がはいつて何とも言へない よい心持だ もう足などは大分よくなつた
暇だから本をよんだり又絵を描写したり 手紙を見たり又書たりして居る
今夜はまだ日は高い 風呂を探して歩いて はいつて来ようと思つて みると留守
タオルを持つて 風呂へいつた ぬるかつたがガーンと燃して来た さて又 ランプを洗つて
何んでう汗粒をぬぐはないと寝られ それでもあつい位だ 昨夜はほてるので
縁に出た あつい位だ ちよつとすると 夏陽気なので 又一時に寝るのが
僕はきよう近所へ 返事をかいて居た 七時半頃に水をのましたりした 通知
だ 気持ちは早く 何故だとて 目をさますことはなかつた 明日は朝早く起きて
その用意をするのだ 但し 検査がすめば 又あとは安心なわけになるのが

5

今日は一日中 郵便飛行の空軍のが一日中とび廻つて居た
昨晩おそかつたので ゆだんして仕方がない もうねよう 子供等も元気でやつて
居るか 母上も元気でおられるか 妹からも何か 気にかかるのだよ 又明日かこう

四月廿二日 夜九時半

[illegible]

妻へ

897

No. 1

四月二十三日だ。年月の流れていくのは早い。ぞくと一年になって来た
来月の二十五日になると召集令を受けてからまる一ケ年になる。思へばあの去年の
五月十五日のことを今日のまゝをすれて居たんだ何某と言う班長が、青くな
って呼びに来たのは、俺も嬉しくびっくりしたとよく来たなあと。
早いものだ。又日が経って来た。今年は中支の○○に居る、変れば変る
ものだ。誰しも思ってみなかった事だった、
それでも其の身体に何の損傷もなく元気一ぱいで今日迄奉公一つ続けて
来たことは嬉しい。これは一重に故郷の人々の為である。
心からありがたいと思って感謝をして居る。すっかり達も母と共に丈夫に働いて
留守を守って居て呉れるおかげだ。只々感謝の外はない。
今湯から上ってきたばかりで夕食をたべて一服して これを書いて居るのだ
今日は騎兵隊の馬体検査があるので朝は六時に起きて その用意だ
六時もうあかるくなって居る。馬糧をとって すぐ皆馬屋へ行って馬に

898

No. 2

水、えさを与へて来た少し便遠け砲廠へ行って少しの用事に行き遠足を
毛布をしいて寝そべりまたなつのは手入れもして内道与へて居た
帰って顔を洗ひ食事をし眠ってすぐ又砲廠へ行って見居り番をして居た
九時頃防衛兵代理のうす大隊長殿が近くの人と共に検査に来られた
外の人々がこまかく大砲や弾丸銃や剣などを調べられた
大砲や砲に戻ったので又ゆっくり片付けてしまふものはしまい大切なものは持って帰り
盛んだ。めしを食って一眠りしゆっくんで居るとわざ〃なって来たのでうとうとねむって来たら
一時に起されて目をさました。午后は砲廠へ行って各をおして夕つかれの顔を水で
洗って又〃の掃除をしてしまった。何回も吉十分を又人あまりで少ないので少しくたび
れた、四時近くに終ったので帰って来た、馬医者は早来て居た
夕食を早くしカレー汁がいいたはらをして居る。湯が出たのでお宅と二人共隊の
今日行った入浴場へ行ったが大変な事になって暑かったので大勢はいれず
帰りになるかまたが今日は一つしか出来ないので大勢ははいれなかったが流し場も

899

No. 3

たいしよい 外は住宅の気が変るので うまいこと切つてくれる 工兵隊の中も大
きなのを気がつけて 石垣をつんで 一面側へ 庭木を植えて立派な入口になる
いろ／＼の職業を持つた者が居るから 何でも思ふ様に出来る。
大工が居るから 便所もしたてたのだ 紅梅のよいのが出来たよ 美しい花では
真はつり流して ニヤニヤを加えて帰つて来た どれを一個の兵と指定して言つて涼係
つらいのだ なか／＼面白かつたので帰つて来てから汁で夕食をすませた
服して日没を見て 手紙を書いて居る 今日は午前中ずつと風があつたが今になると
静かになつた。ゆかたい 今日は手紙が来るを思つて居たが来て居なかつた 明
日又た手が少しはいりさうで 様子が中々わからないので 又あきらめて 本役所へ手紙
を書いた 此の頃は連中の数多がはげしいので 体がつかれて ゆかいし 一方々へ手紙
をかくのもいやになつた 朝日を見てみたり 顔に水をのせたりして 良寿をまち
て来たが 明日の軍主催の慰霊祭に 後と隣をかけ行く事に作るん
ので ハイ／＼をおーて かいとうをヨリた 本投第の事も 枝道になれた、

900

No.

四月廿四日。うすぐもりだ。上衣をとって砲廠へ行って砲の手入をして帰って来た
洗面して会食近にシャツ、ズボンを洗っておいて朝食をたべて一服しをみおりして演
習に出る。鏡を持って来月五日頃に教練の査閲があるので又そのけいこをしているのだ
午後に倍達イレー業に行くのの大浴室を止めて帰り、シャツをそって頭を洗い後時の外とう
をまそやいニーぶつをする。一服して古田井屋会をすまして ハイイーをせおって十三時頃
に工兵所前に集合（三十四人（将材以下）でトラックにのって悪い道を走っていった
テーたちが女山た田を春田おこしをしている。水牛で田をすくのもヘラウニーが日をつけ
たへいしが大部のは石へいく文対だ。鉄でも押して押し一ヵ所でも多く押してけづる
道両側のアカシヤとポプラの葉が大きくなって去日とちがいますいな道で遠く
感じられるのでよい景色だ。北候州から（ホクホク）はいって前に見た東の運動場へ来て
トラックをおりた。この広い運動場であるのだ。運動場のくろつノが二根立っている
二十日あまりになるおけたが来て来た。白いまれをまくの代りにぶろくはりめぐら
して中央に三段になって「一番上の段に「戦病没将兵霊位」と書かれた大きな

901

No. 5

イハイが安置されて居る前に大きな鏡餅と野菜が供へられ左右一パイに皆の好き

だったビール、タバコ、お菓子等所せましとおかれ、種々供へてあった 左右に生花が沢山に

白布に南無妙法蓮華経と言ったのぼりが風にひらひらとひるがえり 三時祭が始ま

り坊さん六人と兵隊の坊さん十三人 皆黒服に衣を着てケサをかけて鉦をはやして

居り、中には軍刀を下げて居る坊さんもあり、実に異った風景だった お経が始まり清水部

隊長閣下の祭文をよまれてから焼香が始まる。清水部隊長閣下、参謀長殿、軍司令官

殿、各部隊長殿と順に始まり ○○の部長（支那人）居留民団長 国防婦人会長

（会長の異えた）其の他沢山の人の焼香あり 支那の坊さんも三人来て参加したが人がいた

特に参列者は各部隊兵に代表が来たが広い運動場一パイだ 千人位居たろう

国防婦人会（会には慰安所のピーカンや会長の異き達で二十人）白いエプロンに国防の

タスキをかけて来て居た。看護婦のお言葉をきいて なかなかいゝ位に見えた

式の間は静まり返って せき一つきこえず 清水部隊長閣下の焼香が済んだ時には

銃に剣をつけて林の如く完全に完了した並列何列の后式終了 皆解散されてから兵隊

902

又仲が候番を済まして陸橋え(?)、教那の霊を弔ひに位八の鈴(?)へ行つて焼香をし
て来た。「教那よ安らかに眠れよ」と言つて、一旦解散になり又トランクへの帰つて
来た、参謀車には傍若がのつた、ランビンズ(?)（??の畑でアデたもの）一つ一世話して帰り
昼寝つたのだがしかし、わけてたでた 雨がひどくふつて来て早く来たのがよかつたと思ひ
天永の国はひどくふつて 戦死者の霊を惜しむかのやうに見えた。酔して日記をかく
夕食は トラン宿舎は雨がふると雨が洩れ(?)し、大降りのやうに見える。夕食は
おかずはアヒル(卵)とウドンを入れただけでとてもうまかつた 雨はひどくなつて来た よくふる
今晩皆が集つたので めいめいにわけた大ホタルだ(?) で鎌田の今迄に一番も出しない宿へ行きをBと
二本かいた、途中馬に水をのまして 占領地に落ちた今古靴をとつて来て 水をしく
ぬれ、これだけかいて雑誌をよんでねよう、夜所中これで おそすぎ 風はおせた安だ
今年か沢山あるのでいくらでもかけるのだ 雨はよくふる 外へおると そうでもないが
トランは大分りに治まる、明日はカスク(?)神社大祭で式がある。又ふつて来た おつかいのこと
を思ひ出してねよう、ホッと[illegible]して寒くて来た[illegible] 大事にしてくれよ 又
四月廿四日夜九時半
乗(?)へ
実(?)より

No. 1

四月廿五日 どんよりとして居たがだんだんよくなっていた
点呼をとって 厩へ帰り 砲車の道具を入れ 二ヶ所 手入れをして居た 一中隊の城島
曹が弟の事をよく知って居た 弟の二年兵だと云ふ 頗る大男だったと思いまし
て 話をした 写真も見せたり 手紙も見せたりして 今迄は家の事をもしてゐた
病気で内地へ帰ってゐると言ったらびっくりしてゐた.
手入れを止めて 顔を洗い 食事をし 一服してゐた. 今日は ヤスクニ神社の臨時大祭なの
東京で行はれるので はるか遠い中支より 遙かやすくに祭られた英霊に対して大いに
本部の広場へ全部集合して ヨーハイ式を行った. 東京部隊長殿が今度交代
されて 井上部隊長どのが来られることになった 手紙はその為に書いてくれ.
それ今 どちらも来られないので 其の大隊長どのが指揮して行はれた. 式終って
大隊だけ残って 大隊長どのの話があり すんで 一同砲廠へ来て これで一段になって
砲車を水で洗ひ 師団の検査があるので 又用意だ
こまかい所を手入れして 土は遠くに 庭に行って食事をして 一同休む

274

No. 2

今日は銃と剣の検査が中隊であるので 銃ぐ手入れをしてすました
一時から俺は外のものと二人で兵器庫の使役に行った 小銃の台を修理庫へ
は二人で砲隊のつみかえをして兵舎へ帰って来た 用もすんだし 日點區室へ行っ
たら風呂へ入れと言うので すぐ裸になって ドラムカンの風呂へ入れて貰った いい風呂だ
さっぱりしていい気持になって 兵舎へ帰ったが 用もすんで 何もならないので 班へ帰ったら
銃や剣の検査が遅れたと言っていた 一同が帰って来たので 手入れにそのものも行かれ
ず 班に居た お前の所へ 伊藤君が来たので すそわけをくれた ハット一つと
スルメ一枚 コブ一枚と ドロップ四ヶ カキもちの白いたのを のれしあって よばれた
珍らしい ことをしたろー 私がはりきってみるのるが 一寸スっかりかったが 何にもならん ごハン
事をたべぶれるとは思はなかった 山田君とこは パイカンや タバコで 二本もらった
福田君とこへは ふろうきが来て居た 其の日 検査があり 大ていよかった
下沢君の何か今日は 一株里位もらった 二十三人の所へだ 内人をしてのせた 名写も
はえが来たし お前のスルメを やいて 皆と一しょにのせた クラブナールあすしよかった

905

No.

ふくと醒めて眼を開けたら誰か顔を覗いて居るナと思ったらびっくり
した　東一さんが来て居るのだ　軍曹になって居る　又会えたよと肥えて居る
思いがけなかったのだ　うれしい、話をきいてみたら陣地の後方に居て分って
そこに居るのだが　多くを世話に十人で来たのだが　それをひろげて食ぶし
食事をすったら　十月二十七日にあの山で攻撃にかかって　かけてゆかれた時負傷に
なって別れてから今日迄の話をした、あれからすっかり元気になったと言って
居るのだ、本当によく肥えて　がんじょうになって居る、そして居る人もやせないなと言って
たが、肥えてみるのだと言って笑って居た、俺もあれから今日迄の話をして安
心させてやって　平和に過ごして遊んで居た、御本人のことも言って居た　東一さんに留守
って居て　しかし軍曹になったのは一月二十一日付になったのだ　家への方は何でも
十月二十日になったと言ってみたが、そんなと言って笑ってみた　軍曹になったのについ
ては深也を見ながら　まりよせ悪そしよい沢だ　そんなふうに近く言って自まんが
したいのかと言って　二人で大笑いをした処、あとから来る筈かもしれない　来た時だと

906

No.

言ふので　ように外へ出た　この頃は日が長くなって来た　と言ふ気が
よくなってゐたのだ　散歩し出した　今　こゝより七八里先(上流)の東流(トウリュウ)に居るのだって
路からそれて三四丁いって　兵舎があって　慰安所(女郎屋)も一軒出来てゐて
五六人女が居るし又野戦会堂も出張して居るが　何でもあると言ってゐた。
兵たちは段列と言って陣地からずっと後方に居るから　毎日馬の運動もし
古い車の室に　つめて居るけれど　暑いが　近頃は巡察の検査が多いとこぼし
てゐた　近回りをする話をしたが　又帰って今迄ゐる所の兵舎の空兵舎へは兵
大人の人が来て眠入ってゐた　皆めしを食べて居るのを見て話をつける。兵士が居
ばかりだ　今頃家に居た　うまいこと言ってのけるのだから十と言って見せて家内の
写真を見せたりして　大きくなった子供　やせた妻　部屋の姿を見た
俺のは無停兵に見せしすぎた　昇の奴　家のこと　いくら話をしてみても切りが
ない　今後は　活動があるのだ　今は隠退しだ　話をしてみたが　一寸うすぐらくなって
来たので　帰って来た　今日休暇　話をしたことはない　彼だ　うれしかった

907

No. 5

今日は日曜をはさんで沢山の客が、集って見てやった一番映く云ふ事が全て居たけれど風気に故障が来て止まって居たのがなほれた、明日三日や寂しくない、歌の流やボッチャンと言ふ東宝の映画を、あとの方がおそくなったので出来なかったりそして上を登ってこうし見られたあらナアと言ったり歌をうたってすぐりがある一パイあるが、観客をあきれての人がみたりするのを見るとのどがごくしとなってつばけがりのでないので、先生が大笑った、夕方この上で少しのみたらのどがなると言ったら又大笑った、映画はおもしろかったからよい、なるたけ見し日本の女やおどりを見し楽しとなって来た土地道に丈夫で先生を別れて本部へ帰った、点呼もすんですぐにゆうとにした。ゆかい明日は正寅だ、先生とははあす夕を世分にして外出をするのだと言って居たので、十五日迄で世話になった人にくったら返事をくれ何か入用に使えます、御にた今度は忘れないかもしれないから、そのつもりで云ふ母さん宛で呉れるか子供ぐも、こんな毎日なれてるかい、二十四日たよりがないので淋しい、お前もなんでもくなって来たろう、体を大切にしてくれ 又

四月廿六日 居る

妻へ

[illegible]より

908

No. 1

四月廿六日 今朝はわるかった。キーかりに来一走にあって少々酒をしたが気持しかった 来一走も丁度よい時に来てトキー映画を見てよかったと言ってゐた よくねた 起されて目がさめた 女の夜にうなされた。食事をとって手紙を書く今日の天気 終日だ 俺は山田と二人 御膳ついて手入をした後俺は映写の活動の引を片付けたりみんなをこまらしたりして帰りによって三人で手入れをする 今日は興国の舞台装置の事だよってだ 胡の因はきらいなりつ 一寸気をおさへてゐたが かんしゃくが出ていつた 手入九を終って来一走の所へ行った 丁度会見の時で 会員多き事にしてゐたと言ってゐた 金を五日分けて送って来たなにたの人だ 今夜しろ一晩とまって帰ると言ってゐた 明日の朝早く出発するらしい 俺は天気 むかし駄目な文部省へ帰ったら あいにいくと言ってゐたのだ 別れて帰り 顔を洗って会了をする みそ汁した 少し向上したのは幸である。で久しぶりの日に昨日の日記を知って置いたのだがいた 来一走と話をしてゐるとうっかりけなかったのだ

909

No. 2

日記をかいておいた丈は皆出してしまった、練兵場に別れて又三日の部に砲車の前へそうしてならべて検査を受ける部にしておいて又手入れをした砲車をふいたりして十時に兵舎へ帰り一服して寝台へ戻って水をさげて来た後 昨日の手紙をつゞけて一通にかいて来た 今日の夕をかえた焼失定めした レンコンや牛肉のたいたけで うまい、すこし社の方になってうまくなって今迄くれなかったのも此の次はいよいよあしても足らない位れる様になった、あまり俺の自由になった 食事をして一服し日記を書く

今日検査があるのだ 天気がよいから気分がよい 十年兵の田舎の事情で帰れるものが二人づゝ出来たと言ってゐたが それも止めになったとか 内地を出た交代兵が俺達の方へ来ることになったので 一しょに帰ると言ふ話があり 四月には家へ帰れて待ってゐると思ってみたが いろいろの話がうまくうそを伝へて言ふので 兵隊にはならない いよいよ兵隊の話がまた一人知らすことになる 実際は内地の兵の方がよってゆかう訳なのだ 交代兵が来なければ俺達は帰れないのだからな

910

No.

丈夫の男には何ぼ活が出来るだろう 五月たけば一年立たんことには いかり
したことがわからないだろう たんくあって来たので 又覚悟をきめるだろう
四月にあと三日でしまいで 五月になるといよく一年になって来た
又苗代を作らねばならなくなって来たぬ それに苦しまくるし 今年はどう
するつもりか知らぬ 又飼ふても知らぬ 僕はあてにせず自分で かくしげけるなに養くて
飼ふ事う止めるなりしてくれ 皆の体が丈一なからず 母も子も規律をして お陰で
し今は左の手をゆばずなんから 無理をせんすることもなからう よく養くてくれ
苗代の方も又 強のを立のなが かってもらはゆはずならない どうか五月には皆に合い
たけにななからぬ もみ種の方は 弟が近からたし 母でもよく規律をして上から種
をまいてくれよ 又新しい苗が近よって来た 今年は一しよに十九ると思ふてし
辛抱をつけて やってくれたであろうに かまんをしてやってくれよ つるへがよくなるんと
胡直に立ふから 人の方も早い目から 他の人で きめておいた方がよいと思ふ
之れではたいが 上先にでゞ 大の人が一同かりた やってもらうとよい 十四日 父

No.

十二時過に又皆砲敵ついで あつい位のよい日だ 下士ザンギリをして居る所のようすだ
砲車の手入れをして一服して一時から 僕と山口と二人 ナンシ兵に残り あとは皆帰った
ずっと立って居た 一時半頃から二中隊が銃や剣 砲、馬のくら等をこまかく検査
された 兵器の大佐の人が来られた 三時過から 工兵なので帰って 洗濯をたのんで
いって それから帰る。くつ下を洗い 銃や剣を手入れをして 顔を洗い 一服して日記手紙
を書いておく。よい天気だ 明日は 今度は又 畑の桑に追はれて けがったらしく
居ることと思ふ 俺もいったがね 文郎の家の桑の木も大分早生は大きな葉にな
って来た 大分農民も安心して来たから 蚕をかふかもしれない。之も人にのいた
大きなよい桑畑である。今迄に蚕をかってゐたのだろう。毎日熱心に水牛で
田をすいてゐる。五月の用意だ。今日は飛行機が何回もとんで来た 天気がよい
から三千にのってゐるのもよかろう 見ることにめったりと思ふ 大きな銀色のものだ
航空便を持って来たのだろう。広い所に馬ふんや 堆肥がつんで ほってあるのを
二人が毎日 仕事に集めに来て 田畑へ入れてゐる。こんな所で百姓をしたらよい

912

No.

夕飯は沢山食べれん位あまりまし 馬鹿にされつゝ にはとりをかつた 強敵で

ブタをかつたりよつて思いの外の心がかへて見たいと言われもあり位だ。ドラマブル

買つて大陸の酒豆様を四本入れたが許を抱かしていたら面白いだろうと思い

五名のコンビをする時皆が来た今日は止めて又明日からよい日だ四時過

ねころんで雑誌を見て居たが四時半ごろ支度をして出ていつた おかくとあた

かい。五時過 早めて交代し俺は表門の一番で五時かふえば過で広場を見

居たら六一支が戻つて来た おもくて遊びにきまし十五日送つた冒険をく

れた。高文化し会合をたべつすまさつて六一支にあらしにいつ八時前に近くと居

年た明日帰るのだと別れて皆が十時過まであた二人で。月が出て明るい夜にも

なし星一つもの青空と草原をながめて家を思ひおこしみた家でもこの月を見て

太郎に言う俺のことを思いおこしてるだろう早く帰りたいなと思つてみた二時目ねて

二時から三時四十分過まで立つてみた月も沈してうすあかるい顔だ寒いのでがいとうを着て寝ん

時に五十六のタマの声がしたかすかしずかだ立つて見た当時は七時過起きた寒い

93

No. 1

四月廿七日 晴. 七時に工兵を引上げて帰った ゆかい. 天気はよい
道具をおくと すぐに京一君の所へ あそびに行った 今日出発するので 送別の品をトラック
につんで居た しばらく話をしてお茶が 欲しそうなので 気を付けてやろうと言って別れた
トラックで 八トン位 はこんで 曹小の方だと言って居た. 帰って見たら 皆帰って居た
鉄を洗って 朝食をすまし 一眠して居たら 八時半に集合だ
今日は栗本部隊長殿の 内地へ帰られる 別れのあいさつだったが わりあい
野菜を買いにいく 事になったので 共に行かねば トラックの所へ行った
五六人の兵をつれて オート三輪にのって 飛行場も見た あちこちよい日だ
麦も大きくなって 穂が出揃って居る 苗場の もみ蒔も めを出して 青々として
来た. 天気がよいので めばりもしてみた 黄色く 一寸位にはえてある 早い
附近の田は毎日 代って 水牛や黄牛で すいて居る まだ田でかえてあるのも
あり のどかな 風景だ. 水を入れて居る アンペラ入れて こっちに水つくてある
のも大変な来方 子供らが二人で 乗って 水車で くるくる廻して 田へ水を入れ

914

No.

て居る。この水車は中々うまいこと出来て居る　草が一パイにのびて　水牛である一

て居る。畑もあるし　他のをまぜたり　土をいれかえたりして居る。

野戦倉庫(ソーコ)一つある　一つは　大学校の様な倉庫だ、切り木が山につんである

トラックへつんで　二回にしなければはこべない、土民が　青物を持って来て

持って来てある。金をかえて貰うのだ。村では判然な人が　二万位になってある

大きい一番が二十貫以上にしてはこんでゐる。としよりのニワトリなどを

又牛や豚を売りに来るものが多い　牛は目をとじて　受けとったするのだそうな

個は二人で炊事へ寄って又行った　外の者は　主に野菜をさがして居る

一寸あっち色の場所をトランクにのせて走ってみると今も主さんよい気持だ

二度目を又で　野菜をのせて帰り　すこして飯へ帰ったら　豆腐をとってみた

今晩をして　一眠って寝になると　弟から手紙　梅田から手紙　京都の七ッ盛

の手紙を持って来てみた　弟の手紙の中には俺が役所へ出した手紙が

のってみた　伊勢手紙と　名古屋手紙とに　皆兄としもっと言ってみた

915

No. 3

たりないく送るのでしまっておく 先日ままよ無くし勝田の来たのを送
って来てみた この前送ったのは日本のだった。
一昨から入トラックにのっていた ひるすぎは 山をはさんで 二回は二人だ
四時頃に汗はくかげで一服して 事務へ帰り 晩の支度を手伝してみたら
皆帰って来た 夕食は肉とそうめんだったので うまかった 下給品に海苔傳い
あまかしがい わけての人だ バケツ一杯二ついつぶって 豆にたべた
ねむたい 之すに あつい位だ 熱燥めて安いので はへ 出そうとして 寝入ってしまう
ない 夕食は少し早く一時しよう。 で出て安かけない 高橋君
入浴つりた 手紙を書いてみたが 九十二って 十分位そうし 実にはれる たいので気持よい。
帰ってねてみたら 軍が呼びに来たので 目をさまして ついて 病院の 坊の 青い草の上で
山本 細谷 高橋 一杯ずつ立っての人がおる 一しょにのめと言うのだ 草の上へ坐ってのんだ
帰って兵舎にいく 帰ってねてみたら 又小菅班長が呼びに来たが 下士官以下のめと
いっしょにのんで すっかり酔って失い 班へ帰ってねる。 ろくといい心持になってねました

916

No. 4

四月廿八日 毎日よい天気だ 今日は今度新たに来られた師団長殿が
始めて師団へ来られるので お迎いにいくのだ 点呼をとってから役務と云う厩
へ行って手入れをして帰った 顔を洗って朝めしをたべて暇 毎日をよんで居た
九時までに皆そろって 街内の入口の所へ 大隊全部の者が ならんで待って居た。
十時頃に飛行機が飛んで来た 銀色の体を日に かがやかしてぐるぐる廻って居たが
下って来て 飛行場へおりた 自動車が迎えにいく 乗客機がすっかりふれ
て連隊へ来られる 敬礼だ 正門へはいられた 立派な人だった 出迎えをすまして
一同又 古い所へならんで 新しい井上部隊長どの 訓示があった 中々えらい人だ
で別れて 一日中隊へ帰って一服して 馬に水をのまして エサを与へ 帰って昼食をと
あつい位だ よい日になった 風があるので涼しい からだ休んで居ると何も云えない
午后一時迄 えとひるねをして 四時から馬の草刈りに行ったのだが 役務と云う 行先
がわからずに あちこち探したが とうとう見つからないので帰って来た あつい
で止めて 兵舎の外の水をおとすみぞをほって 二人でやってみた あつい

917

No. 5

汗がだらだら流れる まっくろになって来た 出来たので 今度は便所へ行く所の道を造って
作ったみぞをほって土を上げて 作ったのだ あつかった 田畑 中々やっと終えたので 手を洗って
一服し 手入れの時間なので 一人[illegible]へ行って 手入れをして帰って来たまけだ
気が来ている。寸をあましたいしたので ラジオ つけたのは オラブケで 中々よい味だ、
一服して日記をかいて 手紙をかき風呂へ行ってここで思っている。あつい〳〵
風呂へはいって汗を流し ひげをそって来た。いい気持だ 早く梅田へと
手紙を書いていた 七時に馬にこれをのせようとしたら 風が自分をとって
みなしばらく見て笑った 中尾でものぞく 兵やつも眼に土をかけたなって せっかく
今日は兄弟が面会の事で いろいろ大さわぎ ここへもきっとくるのだ
手紙を書いて これをかいて 一服し 寝る 女の事良好だ。あすは天長節
で梅田では演芸会がある。さぞおもしろいことと思っている。三千代も 清三郎
私の大学が休みなので 自ら続いて休み そして五月に 又学習が始まるだろう
家業なんか よく おっしゃってるだろう。元気をつけてね。又明日に

四月廿八日 夜

良夫

妻へ

918

四月廿九日 うすぐもりになつた どうもなまぬるい日で すが〳〵しくなつた
七時起きて点呼をとり 防塞と施設へいつて 手入をして帰つて来た
顔を洗つて食事をして 一服つけ手に告別式にいく 広場へ全員集合して
井上部隊長殿の号令で宮城遥拝をした 式終つて帰りすぐ外出だ
となりの各部隊は萬歳々々と大声で 三唱したり又 君が代を合唱する隊
もあり遠くまで響いて来た 城内へ遊びにゆくのだ 中隊で三十人あまり
トラックにのつて 山ぞいだ かなく ゆられて 城内へ 両側の 菜麦もすくしのびて
菜色が青くなつて来た あついから伸びるのが早い
城内まで来れて ブラ〳〵歩く 毎日は兵隊ばかりなので 誰も居ない
橋本と二人 くもつてすゞしいうちに あてもないので いゝ気持になつて ブラ〳〵
と人にもまれて 支那人の市を見てみた 今日は帰国者がここへ来てくるので
大へんな人になるだらう 兵隊の兵隊さんが 一寸目につけた様をし おとよいからだん
の人や支那人に あたりふれてゐるにたゞし 歩いて居る

2

No.

一番に出勤する事務所へ来たら不意に眩しい人にあった 服役から出たように
名古屋へ行って居て仲よく又事務に一しょになって居た 藪医師と言ふの江にて
居る十と見たその者は呑気だと思って笑んでみたりしよった。何ふも見つけて抱き手に
来た 医者だった日本の時には あゝなかなか 十何年目だ
日本の時は 手を取っていたが 部隊が出来ず 方々探して居たが見つからなかった
の者が 先日日本の部隊長（日本支）に来て ここに居る中での隊に居ることを
俺のことを言って居たと 一ぺん面会にいって それより言って来たのが今度探し
見ようと思っていたのだがどうせ分からないだろうと思っていたらうまく会えて
たのだ 今日は道の真中で ばったりと出会した あつらえたか あらためた。
も何ぺんも繰り返していた 昔の頃のはなしをした 藤はずうと遠いところで
師団司令部（司令部）に居って 持ち前相手に 作ってみると 何時も書記にす
軍医のをつけて居た 知った人だが分からないのが淋しいと言って来た 一しょに [illegible]
りにいこうと言って居たが 俺は此の頃 [illegible]が なくなり 止めて居る 何時の方だと言ふ

920

又ト

七
了

No.

言つて笑つた 殺は外の友人に待たして居るから 一たん別れ又一パイのもうと言つて
別れたがしばらく歩いて居たら 妓女が待つてゐたので 会堂街へはひつてゐた
まだ早いので 寄かない 慰安所に見て来た 皆んな清く 兵隊と芸妓も好きだ
兄よ 遊びなさいよと 高麗ちゃんの兄さんよと大笑ひ この寸と前から覚えられるのだ
い一女は売切れして寄つて 今日 あまり居るなも着け 一人しない 皆売切れだ
一通りにぎやかな所を歩いて又兵営へ帰つて来た 又元の道を 凡台広の方へ行く
・・り今晩は酒保の方へ行つて見た 一寸腹がすいて来たので 何かうまいものをと言つて居つたら うどん
がもたべようと言ふので 湯川の前へは行つた、すいたいうどんやが、うどんが来るのだ(?)
うどん一パイ十銭 二杯位か食つたこと それこの前に一杯位だ 三杯位の所だ
が それでもうどんの味はしたことはないがしたが 腹一杯を歩いてみたら 又二人会つた連中は
他の友達にあい しばらく話をしてみた 云一つ次には 高川の山口義男（ムシャの息子）
にあつた 珍らしく 青くなつて目の色まで すゝみてゐた 木山君 と呼べば 振つたら あー
あい友達をこれも又 道の真中が だまつてはゐます ちかごろ さいてゐた

121

外の友等は大分入院したり病気で内地へ帰って居ると言ってゐた　戦死せぬ者も少い
のしらをおされへいれて言ってゐたが　当人張って居るなんのだと笑っておれ
此の後は師団の宣撫隊へつとめて居ると言ってゐた　ト之を送って居るとのことだ
近く元の部隊へ帰るから遊びに来てくれと言ってゐた　時々行くのが仕方ないけれどもは皆さ
すいのが体出した　又あんなに言って話をして数を三人で皇軍慰安所をふれと廻っ
てゐた　本部　朝鮮日もて[illegible]かが欠しまわってゐたくになって角力協く来た
昨日急をしけいこをして居る　今日は部隊対抗で優勝戦があるのだ　一昨年から在勝負へ
になって初まり　角力協ル歩むものを作り　行司暗さまものは大角力のと同じもので
ガンバイル目じものが　いつの間に作ったのか　自述で欠しみるのも少し驚ろいた　行司も
うまい　一人多厚い上手なものはかなり多くの部隊から　より出して来て居るのだから
隊くとの井上部隊は勝った　一回戦だけ見て来て演藝場を見に行ったが　兵隊の
顔がおしもおかしない　せのびしてもわからない　神経興出し来下りを要とおめ
馬がゾタイにつながれ　エビ当つた手をしも　昔の武士の几で　よくこんな　イしゅうちう七

作者の方を感心した。それに天勝も居るのが中々うまい。但しとり券は高くして
居る。近いのが出来ないので第二会場へいった。今迄のは第二会場なので
第一会場には演芸場などだ。丁度まくがしめてあった。大評女房の出した
様なを一服して居たらまくがあいた。浪花節。角力の（力士のはまれ）で中々上手
で感心してみたら、上方の人があれば東京天狗（てんぐ）とよって天勝でレコードへしじう
ふきこんで居るとのこと。うまいはずだ。泣いたね。涙がこぼれて来て外の者に悪かった
雨が和らいであたって来た。お別れの変装師が出てくるつして居る。兵隊の姿である
人もまかせもって居る二は一寸人が少ないので、まじはく座って見て居た。
次が出居る「納得笑せし（?）」で、第二会場の同じなが、これ又上手で、うまかった
になった人がやつやつで、あることだ。二人天勝があるといって居た。納得笑せしおいドる
られて居る所は右手をたたいてほめた。道具も作り物の口もかいて何もかも出来
て居ると早とちりしてしまい、見得をして居る所など中々うまい。雨がひどく
なって来たが、帰れなくて見ていた。次にタンカどりで男女に分した兵隊のは

923

皆キモノをきてゐる女になつてゐるのは料理やかどこかから借りて来たのであらう　エカタが
きれいなキモノをきて居た　兵隊も顔を化粧をして居たが　女に見えた
タニシのおどりを六人で踊ったがおどりが上手で皆大笑ひして手をたゝいて感心した
その次に兵合衛しでしやがを踊つたら針を本職の耳へさして吊げさげるトゲだらし
て、次は二乃巻で面白く次は浪花節で　今に全様の上手になるのが見たくなつた
エカタをきたのか十人ばかりあつてタカで編物を頭をかぶつてゐた　今で忘られないのだ
遠いから見えなかつた　でまだあつたが皆がおぼえてゐないのだ　四時半トラツクの方
へ集まつてゐた一パイのつてまつてゐたら通帳が来て兵舎へは之で帰れた
落付く下宿屋の酒で一パイのみ夕食をたべて一眠して又考へたら兵舎通しうかいた
やかましくすゝこされた兵舎をとつて又すぐにゆたかな今晩はゆつくりしてゐよう
眠りまでしよくやつてゐる夢を見た　これから又いろいろとあまんだりして夢を見た
今日は日曜で又六枚紅白の菓子十二箱　ちまき一つづつとあたるものとあたらないものとある
た　今のうちはなかなか大きなのだ　元気で居れ　すんでからまた　又明日かく

四月廿九日夜　かく

父より

亘へ

9244

四月三日は やすくに神社祭で 休みだった．
七日まで休まれるのだが今後一般人なみだ土曜日から六時までになるのだ
七時では日が高く上ってゐるから，六時でも明るい
点呼をとって 路傍と大池敷へいって手入れをして宿舎に帰り 顔を洗い
食事をする。暑くなって来た 人は皆休んで居て 夏にのうものと共の畑に
いるものを別れていった 俺たちは五六人で中隊の前の空地の草を引いてスコップ
やつばしで掘ってすこしたのへ ナス キウリ タマナ ニンジン等をまくのだ
花 大三統のタネが来て居る 何でもまける色だ 俺達 汗を流してやった
俺達はやはり 元な仕事をしてやるとよい．はえて来たら たのしみだらうと思ふ
今日は おそくまでして休んだ 明日 夏の堆肥を入れてやらうと思ふ
私は久保と一所だ．手紙をかいた．家族達を東京下宿へと 家へ 弟の所へ
みさを達だから それに大吾郷のかけらへ入れてあるから 家の者に
見せてやる様にして呉れ．あつくなって来た．風呂がわくのか．又汗が出るので

930

はいるのを止めて手紙をかいてゐた　飯をたべて又手紙をかきつゞけてゐたが今日之の
東京部隊長殿が旅行中で帰られるので暗くなつてはすんので　昨日書かなかつたもの
も見送りをすませてからでなくては出られないので　ごろしてゐた。
四郎は正門前に一列にずらりとならんで待つてゐた　一時頃に　井上部隊長殿が大隊
長殿と一しよに来られた　別れが惜しく寂に思ふ。にことして「御きげんよう」
と一言はれた時には　別れは惜しい。行かれるのを送るのは　淋しいものだ
何と言つても　大正五年一しよだ　苦楽を共にした　部隊長殿だつた。旅行場へ向つて
行かれた　一同帰つて昨日書き残したものは外出をする。後達は又　休みだ　ぬつてハガキをかいてゐた
十五分して四階　シャツ　パンツ　ムネ　襦袢を洗つて風呂へ行く。汗を流して帰り　遊んでゐた
が明日井上部隊長殿が迎秋されるので　兵舎の外の草を引いて　みぞをさらへ
たりした。五時半頃迄かゝつて終り　晩く帰つた。今だ　隅田君が　先に十七本あ
と持つて来てくれたので　こうかいた　一パイのんだ　空腹にぶらぶらとしみこんで　よい心持になつ
たが　めしをくはず　中隊の方へいつて　菓子を給来してあつたのでいつたのだ

931

夕食前に一パイのむから来いと言ったので、待って居た。そこで又チンチーセの世話
になった。外の者も寄って来る一六人で、オトー一パイの人達のだが、酔って失って帰って
来た。どうして帰ったのか、はっきり覚えがない。苦しく苦しくなった吐く様な者で
あとしまつをしてくれたりして大めいわくをかけた。チンチーはしょうがないと思って
ついに人がすすめてくれるが、仕方がないそのまま つぶれて寝て失った

五月一日、天気はよい。暑い位だ。頭がボンヤリとして居る。点呼をとって 炊事の日
なので俺達は砲廠へ行って車を水で洗った。チンチンを並べておいて帰る
炊事当番をして一服し今晩は舎内の整頓や掃除。馬係は馬屋へいっしょ
ちゃんと出来てから四人で居た。十時頃に大勢の人を連れて舎内へ来られ
た。ズーンと通られただけで大したことはなかった。俺はすぐに砲廠へいった
兵舎、馬屋を回られてから砲廠へ来られて一寸見えたが、帰られたので俺達も
用がなし班へ帰った。一服して馬に水をやり帰って点呼を終る
頭がぼんやりとしてる。そこへ小包が来ておったので皆にわけた。家から送って

ろ

932

くれた 大きな切手を ウイスキの空びん二つ たしかに はりつけてあった。もう少し 荷造りをしっ
かりしないと 危いよ。これがいちばん 大事だ。二重にしなければいかん。小包を 荷造りをした
ら又その上へ もう一回風呂敷に 紙でつつんで ぐるぐるのだ。でないと 小包が つぶれる すぐ
昔の切手は皆よろこんでくれた 皆で五十三人の家内だ 一人に一つか二つ位しかあたらないが
それでもよろこんで うまいと言ってよろこんでくれるので うれしい。俺も一切れたべた。うまかった
長崎も林も来ていたので トランプか コマを出してくれた 一人 ないしょにしまっておいて
たべるのはない 皆仲良しものだ。お家では 若くも 二人位 仲よくたべるものだ
それに一つ 僕の所へ来た 七年ぶりで 帯位した 伊作になった 立川さんと言ふ
立派な家の主人が 立派な 写真色が 一しょに来ていたので うれしかった。
大きなカステラが 一本はいっていると これを 二十三に切って 一切れづつ たべた。長崎のカステラ
でとってもうまかった 皆もよろこんでくれた 又これから紙を かこうと思っている
五円の價がかいてあった 手紙もはいっていた 平素の御無沙汰を かいてあった
下よにとまった 林の主をえらんで 手紙もあせるので よろこしとかいてあった

P33

昨日一日ずっと馬の運動で 俺はのらす 山本と言う補充兵と二人で 勝ぬけの馬
をそれぞれ かわいけると しまったがん 居り 南 馬なのだ それを引いて青い草
原へ 走らせて運動をさせ 草を喰せたりしてみた 汗びっしょりになった
四時に帰って厩舎の手入れをして 五時前に飯へ帰った 今日は馬屋に一日あつい日だ
あつくてたまらない為合だ。 鮎はスキーの丸を二つ切って二つ分へつたが かんづめはなかな
た。支那にはいかにして味おかり食って失って あますっぱいおになって失ったが
今日は一日ずつでもところを廻して ので出かけた そしたら山君が来まてのおミカンのかん
づめを切ったり 大豆のかんづめを寄せて一りと囲んでみたら 池田君が 又ホ持って
くるのをさ 待を待ちとの人で まっ赤になって居た 七時半馬に水をやって来て 又初め
野営で言う十名居る人 又来持って来たので ミカンのかんづめを二つ買って来てのみ喰わして
千又皆集って来て歌う すぐると大きな声して 三時片付けた 晩飯は
くずれて失ってしまうのではない と思っていたのに やはり上がら九んならん 方がいいようで
今日は気持よく ゆっくり あいて 居たが 消灯らべがなった 山を活きてゆる

安人より

五月十日朝

二郎へ

P34

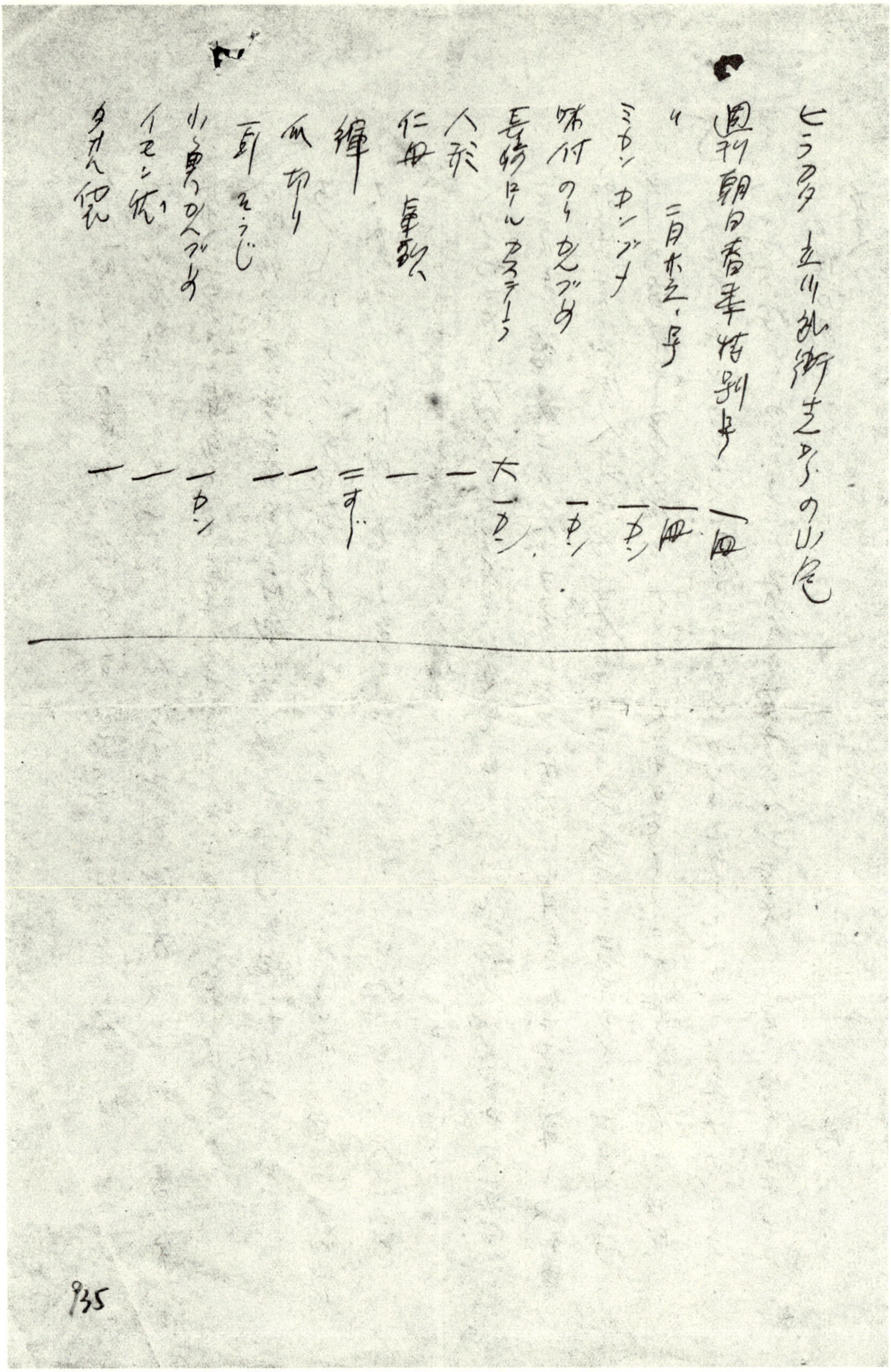

ヒラカタ 立川弘衛之助の山尾

週刊朝日香港特別号 一冊

〃 二月廿五日号 一冊

ミカンカンヅメ 一カン

味付のりカンヅめ 一カン

長崎ロールカステーラ 大一カン

人形 一

仁丹 卓鉄 一

縄 二すじ

爪切り 一

耳そうじ 一

小男のかんヅめ 一カン

イモン袋 一

タカヘ袋 一

935

No.

五月二日．一寸風があって、涼しい、よい天気だ　今日は休みだ
五月になった、家の方は麦が出ただろうし　苗場も作ってもらって
今日か昨日種をまいて居るかもしれないと思っている
ここら附近の桑の葉はずいぶん大きくなって来た、桑は芽が出ても
蚕が居ないから飼わないだろう．御蚕屋も空いてみた様だが
点呼をとって陸稲と二人砲廠へ行った　砲車の手入れもして兵舎所へ
行って隊の毛布を持って来てやり　何時頃帰って洗面して食事
をする　昨日一昨日と二日日記をかいてないので書き初めた、思い出しながら
ない．外出があったが止めて手紙をかく事にした
外の者は大分あまり揃って出て行った．横京の母様から昨日手紙を
貰ったので返事をかいた．送ったユーゼルがついた礼状で母もすっとしてあり
初めてであった．それに昨日のイモ袋とカタの立川さんところへも礼状を
かいてみたら　孫さんの外の集まれと、ほっとくといたら紙くずればを

936

2

No.

作るのだそ 大きな穴をほった僕がすんで先に出来上ったので帰って来て又つゞきをかいた 昼過に 弁を十三枚かいて馬に水をのましにつれて帰り昼めしをたべて弁をかく、露営へ行ったりしてかいた 役所へ二通かいておいた 三時頃に風呂へ行って汗を流して くつ下を洗い 四時から馬屋へ手入れに行った やわらを入れて水をやって帰り夕食だ 外出をしたものゝ帰って来た、今日もあまり酔って来るのはかなしい 懐中が心細いのだろう

夕食はブリの切身をすり汁を沢山にして にんけのおかしにしてあったので中につまった生魚だ 氷でつめて持って来るのだ 箱をあけると臭いがつゝになって入る日にあっても 一寸には氷がとけないのだ 味はよい 昼は小ダイ二匹づゝだ

夕食をすまして日記を書いて居る よい天気だ いよく明日から演習が始まる 四日位つゞけてやるそうだ そして十日とかに査閲があるとの事だ 三中隊が遊びに来たりして話をしてみた 山口は酔って踊っていた と言ってゆでてみた水筒に入れて帰るやつもよんで早く帰ってゆくやつもいる

937

子

No.

五月三日。よい天気だ 風があって涼しい。いよいよ今日から演習も初めた 俺達は明日からで 昼近いところの砲車の陰で合図を待って道具をつけた 十時頃にすんだので 砲へ帰って休みでねころんでいた 昼びるを食べて 十二時過ぎに砲廠へ行った 馬をつけて 馬の運動をしながら 工門の前へ集まり 演習にうつる。長らくの天気が急に悪くなって雨が降り出すが 砲車へついて走る 砂埃りで あまり車が見えない位 陣地をとって 射撃を始め 同じことを三回くりかえしてけいこをした 出発迄汗びっしょりになって 終り 砲廠へ帰り こやっと取になって手入れをする。夕食準備に砲へ帰った 夕食に下給品の酒が一人前七勺づつあり のまんものもあるので 割合にのめる。留の人から 又六人位の金一円集め 五元のでそれへ三十銭出して 酒を一升買って来て のんで酔って失って 夕食後世形に あす十三連の友達の所へ遊びにいって 文雄階段 別って 俺を知って居ると 高田と言ふのがあるので さよの 小林が言ふので

P38

No.

行く兄さんが丁度組の演習に行つて居るので逢へずに帰つて来た
上海に居て無事に暮すだに又あいにくかつた 居た 大清（天津の）
の列車で家のかみさんと二人 旅行など楽しかつた それは旅である
どこかで今迄会えた二度あると思ひ深くなかつたのであつた
いと淋しくてゐたがするとなつては思つて行つて来た いゝ月だ
満月らしい空の下に明るい光をうけて眠く帰つて来たのである
俺は今晩の宿番なのだ 山を見て酒をしてゐたが 十時頃にねた
不寝番は十二時から三時迄で 夜気の中を通つてゐた丁度月しようで
月がかげになつてかしくてまつくらになつてみたので一生懸命に見て
みた 二時になつたら又その光ますます明るい空の下な月明になつたと思ひ
静かなものだ 淋しい 俺は三時半に次の者を起してねた
寒い 今から三時間ねると起きねばならぬ いくら一人静かに行くとする
家のことを思ひ出す。早く貴方顔が見たいと思つてゐる。

939

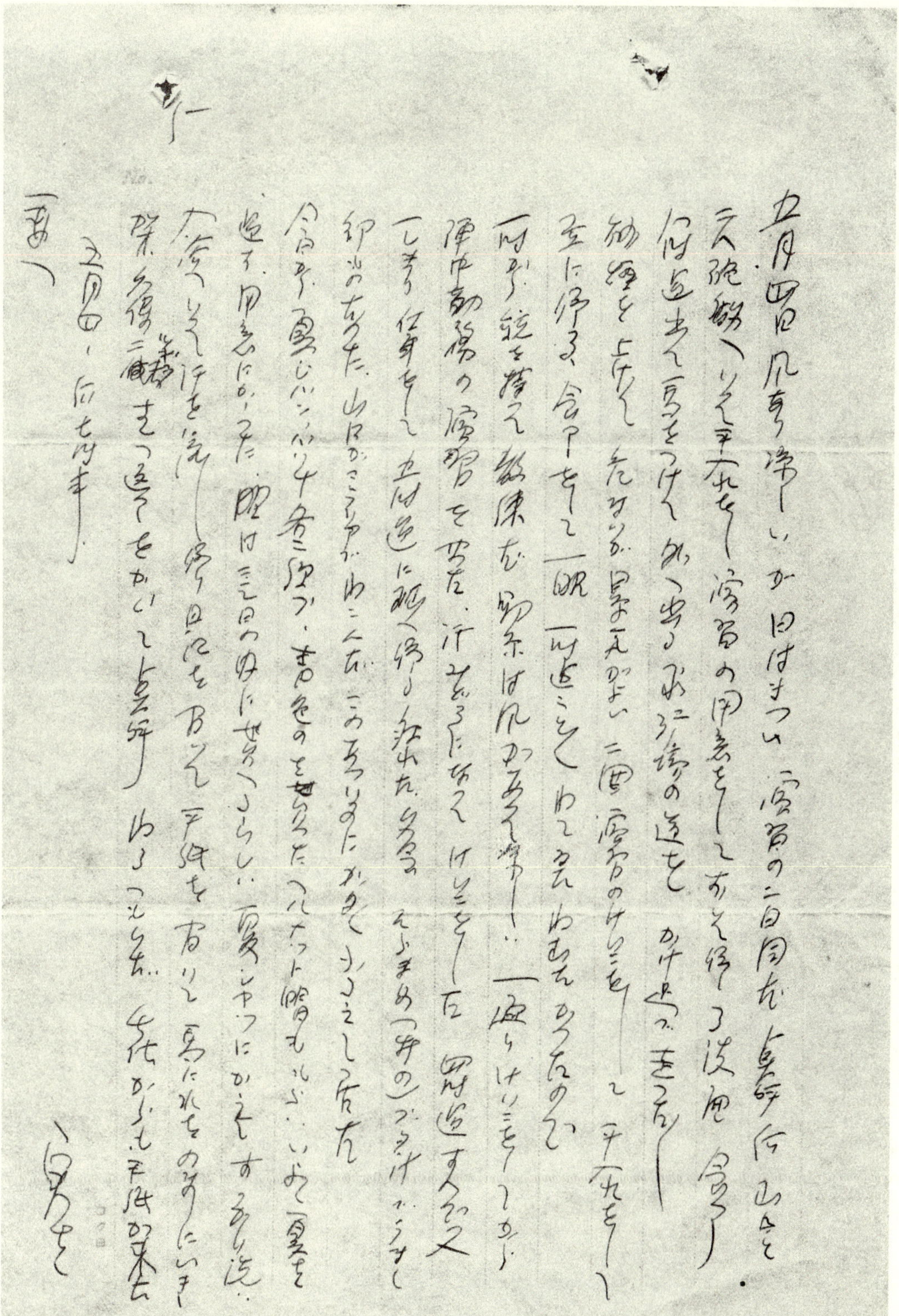

五月四日 凡夫淋しいが 日は[illegible] [illegible]の二日間だ [illegible]

[illegible] [illegible]の用意をして [illegible]

[illegible]をつけて外へ出る [illegible]の道を [illegible]

[illegible]を[illegible] [illegible]が[illegible]よい 二回[illegible]のけいこをして [illegible]

[illegible]に[illegible] 会アをして一眠 一[illegible]ことして [illegible]

[illegible]を[illegible] [illegible]は[illegible]淋しい… 一[illegible]けいこをしてから

[illegible]の[illegible]をした、[illegible]をしてけいこをした [illegible]

[illegible] [illegible]に[illegible] [illegible]のつけ[illegible]

[illegible] [illegible]がこの[illegible]したが[illegible]

今日[illegible]、青色のを[illegible]た[illegible] いよいよ[illegible]

[illegible]用意にかかった [illegible]は三日のうちに[illegible]らしい[illegible]にかえします[illegible]

[illegible]して汗を流し[illegible]を[illegible]手紙を[illegible] [illegible]のうちに[illegible]

[illegible]をかいて[illegible] [illegible] [illegible]から手紙が来た

五月四日・[illegible]

[illegible]

一[illegible]へ

940

五月五日　毎日雨の日ばかり降る
点呼をすまして隊伍で砲廠へ行って砲車の手入れをして帰る
※顔を洗い朝食をすまして一服し休んで居た
今日はいよいよ査閲の第一日で九時に皆揃って練兵場へ出かけて
いよいよ査閲が始まって井上部隊長殿以下沢山の人が見てくれた
十時頃に俺たちの中隊の番で部隊長殿に敬礼をして服装検査を受け
教練にうつった　俺は鉄砲組で銃を持って教練した　一生懸命
にやった　十時半頃に終って敬礼をして帰る　班で一服していた　十一時に馬へ
水とえさをやりに行って帰り上へあがって休む　大分汗をかいた
午后は明日の射撃教練の用意で、ハイイへかいとうを、天ましをつけて
営庭砲廠へ行って砲車の照準をつけてから、ハイーしつけた。
器械の手入れをして帰り休む　雨の日だ
夕飯が来た。上私は外出だが、今晩は古つ、つらがあくしある

No. 2

合羊にくドを引いてぬけた 大きさは丁度よい お前の 折こりのだで ぬこさ
の所に風のはいる様にあけて有る ポケットは四つある し いゝ格こうだ
雨中になったので 隊長と二人で 船艙へ行って 解手をして寝て 夕飯を早くして
すます 六時半頃の警戒警報の表送なので あついお茶をたてを たべて
汗みどろになった 中々 目が疲れる迄 けあつい 汗が室にたて流れる トタン
ある日らよけいにひどいわけだ 風呂も あるのだが 入浴時間を終えてから
いることになって 六時に 銃を持って集合 僕が上等兵係りで 本部 各々別
に寝たが 船艙へ出て 僕たちの船室を留守 居室の廊下は
んでいた 敵の襲撃を防ぐためだ このごろ又よく 銃声がするので 皆元気も
少年めく 来たら 安心して失はうと云ふ 元気だ
本隊の つもりで 皆隊を 方々へ つれていって 行って来たり 急に中止になって
実地の 警戒キンムについて それを 学ぶことになるとのことで 皆隊を
呼びにいく 汗みどろになって行って来た 部屋へ帰って 一眠した

P54

No.

が、監視する技術のゴーを大勢で一段高い畑の所へ一緒に沢山行った
直ぐ汗が流れる。段々になる組になって昇った。一列に沢山のゴーが出来た
まってるたなって行って考え、絶え間なく音がする所へ又一列に二つが二人づつ行った
私は霧島を消してまくぶた全部終ったので、汗がずくずくになって行った
ロッソをつけて風呂へとびこんだ。汗を流してさっぱりして、シャツをかえて
与太行をとり行った。芸遊だ、ゆっくりねむれた。
「郎の者は組中府から せっこうにあるなになって居る 実験室のまーす
演習だ。おそくなったので皆疲れて了った。ゆっくりあった。
これで今日は勤して然と二つ意図を覚けたことになる。今日はもう一つ
得る気の絶て勉強修養をすればよいのだ。それは皆お手の物のだから
一年兵だ。有勝がへったと云えるか。俺は夕食に腹が一杯で出た
るが一寸もへてみない丁度よい。わずか人だ。様子は今も中にしかやめす
友と一しょに行ったのだ。なかなかめしをたべたりして用意をして居る

255

No. 4

五月六日 相変らず よい日だ 今日は 又 あつそうな 具合だ
半時間早く六時に起きて 飯館へ行った 馬屋の裏へいって 点呼をうけて
今日の用意をして 帰って来た 顔を洗って 食事をし 八時に 一同そろって
出る 馬をうけて 工場の外へ出て 馬の運動を 一時間あまりして来てから
一同 並んで 部隊長に敬礼をし 演習を 始めることになった 俺たちのは
三番目だ 俺たちに すんだしぞ 砲車へのって かけあしで 陣地をあげて 走った
陣地をとって 射撃をし かへのけが又 敵のタンクが 来たけいこを 一集合に
やった 此処で 一ぺん 人が穴で おぼれた 別人に うつし あずけた
終って 絶対 帰り 帰隊するつもりだったが 正式に 用て ふた 帰営
帰った これで 正しく 今日 けいこをして 帰った 夜 寝るに すんだことに なる
腹がへってべこべこ 昼めしをたべて 顔を洗い 横になる いよいよ 明日から
夏期をすごすことになったので 服のえりを全部つけなおした 背汗を流し
て 室の床がかえって 汚る 日中 室の床が 人手が 気を 言っていた

P.6

No.

外なら九十度以上百度になる。内地の土用位だと言ってゐた
三時半迄休みだ。然し服を整頓をし、ヒゲ・顔を洗ったりした
お茶をのんだのだらうと一休みして四時に陣営を出て整列、然し練習につけしたことから演習の道具を外して兵器庫へ返しに行った。やっと青い草色にそめたろすぐ夏服を着た。軽い気持がよい。ゆうべは白だ。冬服をきてみるとむす暑
くてあつい。手拭をもって行って来た。夕食だ。下給品の酒があり皆と一しょに飲
ます勝だ。うまい。梅木君が又一升買って来たのだ。皆よばれての飲み
て会をすませ一時に又全員集合し銃を兵器の庫へ持っていくのだ
をはった。汗みどろになって、重たいようなのを兵器の所へ持っていくことに
なりうちはことごとく組になってしまってゐたが、ゴーとほって、いつ酔が来るやうなに
しておそく帰る。兵運風呂へとびこんで汗を流し、さっぱりとして兵舎にもどり
寝台へ帰って来た。今夜は服をはいで巻脚絆をまくしゆるめと言ってゐた
あつい夜だ。いつでも起きられる都合に用意をしていよと言はれた

十七日 三時半頃にて

母へ

白石

951

No. 1

五月七日今日もよい天気 朝の内は涼しいがあつくなっていくのだろう
となりの中隊へ出動命令が来た 砲廠へはトラックが沢山来て 砲をつんである
ウチへも来たのだが 皆よろこんだこと 言ったらないよ、砂が出るがいらないので出発
出しのはいけないのだが 橋が架、板木らの二ヶ所すこと 出ておれと言ったが
行けないのだ、朝の内に兵器庫へ行き又 砲架送りしたばかりの工具を出して
砲車に付けた そして 前の人につけってもらって 工兵隊から砲廠へ持って来た
トラックが七台来て待って居る その中たって帰って砲を積み命令をして 兵器
をまとめた そして 背負って トラックへ 砲をつみこんだが 又乗ようが来てすまし
た 兵器はこれがのに使ってからないとだ、で帰って一眠し 持って来てのびれこ四
日目はなげいそいで仕事に出して 荷は女中と 机の上へつんでおいて一眠してみた
夜分にトラックが来たので 又皆でつみこんで 帰り途を 夕食の仕度をかこむへ
朝く すっかり道具を積って トラックへのりこんだ 強い為に運ぶれて自動車
五円を出帯た 一日男気[illegible]、飛行場を横切って城内向けてトラックは出たのだ

No. 2

走る、砂煙りを上げて前進又前進　附近の土民達は出動を見し驚いて居る中を走る
アカシヤの並木ももう白花が一パイに咲いてきれいだ　其のアカシアのトンネルをこえて城外の
道路を右へ折れてバク進して行く　両側の田はもう青い。田植をして居る。水を入れて
水牛が遊んで居たり水返しをしたり田植をしたりやって居る。水車をじっくり手で廻して
水を入れて居た、林丘の部落を手に囲んで見て仕事もして居る　の人々なものだ
こちらは田植に手も見せずにアゼの方からぶらぶら何人かがいいえてすん仕事をしまいにいえて居る
けにはあぜぬりをしたりして居る一方では茶を沸かして仕事をして居る所へはこんでいっ
たりして畑で少しも暑くない。そんな所を見て居るとなつかしくなって家の事を思い出し
て来るが今は土部落を思ふとそんな事なくて油断をし　やられてはならんと気を引き
しめて見て居た。運転止まって桜を写し宿営めしを右へ左がえん天の下でじっとしない
れきい　其のかんづめがのどへ通らない。大いにしておいて又出発して右方の山際に到着
★上へ　砲車を止めて暑いて汗だくして居るとくらくらするすの一骨折なる
それ草か一パイはえて居て　道路にはよい所だ　ぶらり山で　山と山の谷に道が

9頁

No. 3

出来て居る　ハンカウ（漢口）へ通じて居る国道なんのこと　道は広くてよい
砂ぼこりがあがつて車が見えて居る、陣地を一工事を急いだ　兵をのせたトラックの官待つ
て居た　友軍の砲が打つてゐる　偵察を見て出動したの小隊なんだろう　トーチカで砂の山の
向ふで守つて居る敵の打つ機銃の音がタ……となつて来る　敵は遠い　左の山の上には
敵の歩哨が立つて居る　ながめて見てるが大分遠い　山ははかりの山で小さな木がはえて居る
線が空のなかにつがはえてつゝまれた山もあるが　山ははかり針のなかにそびえて居る
五時頃　砲兵へかけつけて来た　日没をおくつてたかつては　朝方に前進することを
になり　火砲を山の下にのぼしてトラックにつみこんで又前進　山と山の谷　気味の悪いなな所
を走る　大分して上の兵の歩哨のある〇〇と言ふ部落へ来た　ここには〇〇部隊の本部
がある　友軍が〇〇して居る所なのだ　実に広い支那軍の兵舎　兵隊が城壁を
ぐるりと廻ぐつてまづ下に陣取つてあるのだ　中へはいつて砲車をおろして敵の方向に陣地を
あけし打つ用意をした　兵舎は飛行機のバクダンでやられたのがあちこちもあつた　しかの山
になつて居る、もう一門の砲は途中でおろして道路の上にすえて下、左の丘だ

P42

No.

工事をして遅し、門のかたへはいつて夕食をたべた　あゝ大柔しれて来て気る一、それとし
土民二一には大ら住人が居り少佐がめしを下れと言つてどこへいつても同じことだ　ハイの様
に右かくしてる　夜人と別れすしてみる夕食はうまかくたのであたべた
明日宿舎を見にいつて下たが近くにある駅を迎えにいつて兵を云はれたので
トラックへのつて行てのせて行つて来た　日が暮れた、二十七整備して古い兵の人たちは
シャツ一枚になつて夕食をとつた　仕事も済んだので宿舎へ一日行て見たが民家の土間へ
たたみを引いてゆうだけなので　じめじめしてゐるのでトラックの中でねることにして
帰つて来た。たたみを引いてシートをかけてゆうねたし後の駅の三兵整列にねることにな
つた。くじを引いたら俺と山本、中北と三人が一番目にすり又二人でじゃんけんをしたら俺は二番目に
なり九時五十分から交代当番になつたのだ。山本と二人トラックの中へはいつてゆころんで
いだ。宿の内はあつくとあつい山本と二人話をしてみた。たまに隣の俊と俺のようく
いねむる　隊長がチャンネルを持つて来て失たかれた今日は、ようく飛車を何回か上げ
たくさんなつたしたがゆかりなし　今後はない一まのみ子のましてゆうの女たちは

944

No. 5

帰らない。一寸そうして居たら中九が迎いに来たので失礼して砲車の傍へいって敵の方

をにらんでみた。銃へ剣をつけて宵の内月はなかったがそれでもうっすら見える、いくら出ると言小銃の

音は静かだ。敵兵の歩哨が位置を変えしょうに歩くのが心配になって来た。その三百米の

混乱の時の音をして来た。何十と来たのか、友軍は少しの兵でこれを亡くしめて迎えて

来た。勇敢なものが居ないので居た口を追ってとうとう重きかこなしをふざって又た部隊長は甚く

ほめられたそうだ。それに四五人が友軍の歩哨の所へ来たのを歩哨がおすすめ殺したら[illegible]

を何と思って居たそうだ。それも少なくてやったと言って居た。中々えらいのよ。敵は頑るに

かぶれて出には死ぬかよ何をごそしておるようだ。然し一体はどうすると取りまかれて手が出せないと

大分おさまって中尾の大ぜいの話しにおいて来て居たとの話。その時石手の山のあるによくよく懐中

電燈がついた。右の方と敵兵の歩哨と話をしてみたが静かなのでパンと[illegible]

って来ない。なんでも二人来たなぞうぞこの日は一発も打てなかった。たかが一寸とした。しかし明日は

四時がすっと敵を出てけてやることだ。それで十五分に出発と云い

してトランプの中へはどうしているのかよくわかった[illegible]一寸寒かった 又

十一月八日 二〇午 陣地にて [illegible]に

[illegible]

P45

妻へ

1

五月八日、よくねて昨夜組中はどうなったか少しも知らなかった。うまいものだ
こんなことでは為に殺されても知らないかもしれない、大アッハハ…
目をあいたら明るいわけて夫つて飛行機の爆音がして居ると思つて居つて良く見るが
どうも様子が変だ。爆音にしてはおかしいと思つてよくみたら、やつとわかつた。蛇白二人出動し
て来たのだと。女一てうみとねぼけて居るにおかしくて二人笑つてみた。ここはトラックの中だ
幌山をかけてみて。夜明けは寒いのでシートをひつぱつてねて居るためか、それでも寒い。こんなであるよ
外をみればよかったと思った。シートをたたんで片付けトラックより下りた。顔を洗いに池へ
いった。顔を洗ったら目がさめた。山の中で景色のよい所だ。こんなよい所で戦があるらしくて
みればかりに血なまぐさくせねばならぬ人のおり道はしうめん深い。ヤンニアだ。すなお住にも
な。皈るが一ヶ所へかたまってせまる。全くうるさい奴らだ。
顔を洗ってさっぱりとして自分の荷物をまとめて自動車の来るのを待っていたが急に前進する
ことになったので細い道に自動車をトラックの上へつみあげておりた
土民の部落へいって合宿だ。みそ汁を作ってあったがなかなかうまくなかった。一服して自動車で

No.

925

東部の馬兆を見て来た、外の畑には花瓶をま、左のか 女の小さい体を一つく木に
さして有る、大きな皿の上のを左のしみに雨雨水を中えるのか今雨も水をかへる方
土民らもすとなし、使はれしみる、この家の夜話には敵はそれ山よりありと土民の部落を焼き
して会得のなさ、とりえこそをまかめ土民の気は火をつけへとのべ やかれた土民達は 支那軍
の無差を出して殺してみたさうだ、兵を酒を呑んで何時家々の隊長は沢山の兵と一しよに前進一寸
なって来た国道を大きなトラック付砲ばかりを上げて前進又前進、皆元気百倍、
畑に、両側山になって居所の田畑をして居る所を通って約二十日位で車をとめて炮車をおろす
なってなって来た、しかし路があるのでまだ乗かよい方だ、急いで皆がくずおろして
一門づつなづ引いて上げる、今日の陣地は一寸遠い、山が一寸険しい、汗みどろになってヨイシよくで
引上げた、ここは歩兵の一番前線で二丸から先には支那軍の歩哨はあるとみないとのこと、ここには
歩兵が大分居て二つづ丸いとめて居るとのこと、この前の夜をまくとぶつりととりまかれて一時は
帰りあたなら言ってみた歩兵の歩哨ごうの前へ陣地を作る、工兵で交回して
一寸高いので、ぐるりがよく見える、高い山がズラリと一面にならんでゐる、全く山の中だ

926

3

松、岩と赤岩はからい大きな木はかしもない。涼しい風がふいて何とも言えんよい心持だ
工事終て持傍くこく天気ががかる。ダアーンおつた。久しぶりだ。演習はしてみたが実弾
撃つのは一月から初めてだ。○○に古年兵おつてからだ。気がぜいーと引きしまった。よい心持だ
次々とドンドン撃つた。一つかりねらつて命中させて次々と目をやつつけてやろうと僕も一生懸命だ
赤旗が遠いので、タマの落下するのは見えない。山の向ふへおちておるのだから。
一しきりおったくおさまって来た頃があってあつしさけんない様になった。そして次には右方の
敵のトーチカを撃つのだ。メガネで見るとよくわかるのだ。前の如く山が一線に並んでゐる中央だ
穴が黒くあいて居た。それを二わとって失へと命令。よし命中させてこわしてやろうと頑張つてみ
ました。よくねらつておった。ドーンと谷におつ。トーチカの近くへ右へ左へ遠く落ちて砂ほこり
を上げてゐる。この陣地よりこゝからそれに二千五百位だ。よく見える。一生懸命にメガネを
ねらつておった。うまくとトーチカの中や外に落ちた。ちゃんこが一ぺんにどこかへなくなって来る
だ。タマにやられた奴もあろうし、穴の中へつきとばされた奴もあろう。又にげて来った奴が多
かろう。何十発おつたとトーチカは二わたくく来てかかれないから撲っても見ても直つて来った

921

4

NO.

とうとう二ヶ所とも占領したのだ 兵隊の人も皆大喜びをしてゐる そうしてゐるうちに

れ、飯がないとちょっと困ってゐるが仕方がないのだすと言ってゐる 又次に其の所を行った

よい兵隊さん楽しい兵隊さん共に進撃して行くと見えて 十時四十分と敵の○○山の○○山と

○○山も三つ占領して仕舞った 其の附近には敵のかげ一つ見えないとの事 萬歳〱だ

一時間あまりでとうとう大きな山三つ占領した 兵隊は又前進をつづけてゐるだらう 私達の絶

対をどんなによろこんでゐるかわからない 私達も行って みな勝つのは又それ以上うれしい

その中又先刻言ったところの附近を行って命令が来て又どんどんと行った 一しきり行って

休めの命令がくへはいって タバコをすって今の時節の酒、占領の酒等で大によかったが

士は道晩が入って来たのだ 食事をした 湯を沸いてたのだ 酒はうまかった 腹一パイたべ

た かし十九めしたが 外には何にもないから何でもいいところ お茶は兵隊の人が気をきかして持ってきてくれる

或日大雨からの日記をとって 昨日も今日とにかく上げた 日はまついが風があるのでかけば

楽しい 兵隊の下へはいって日記を書いて居る 外の者は皆寝て居る 先刻々の命令が終わったら

来られて 此の写真をとってもらった よく出来たら送ろうと言はれた 一眠りしやう

八日午后 一時十分

P28

5

ゆうまで居た　又助けをすることになって用意をした　あついく目の下の広い道を
討伐に行って丁度元気のよい友軍があの部にかえまって帰って来た
メガネが見て居ると手をふって男人が帰る　勝いくさだ　今日の戦闘の掃蕩は終っ
たあとみんなを元気よくよく帰って来る　男しい姿　なつかしい姿だ
皆帰ってから又我の部落をこわせとの命令だ　元気で走ってていつと部にする
と　この部落へは来れ　休み所として居るのだろう　命令で　とうとうこわして来た
ブタ日の攻撃を終って砲をトラックへつみ掃除をして　又助けほこりをふけて。。。
帰って来た　助けほこりが目の中ががかんした　眼と頭の砲は又　夕方ついた所へ運んで
いった　俺たちのはおろして休息場へたけて陣地をしておいた　兵気の一部が
城内へ帰るので　その部屋を借りることになり掃除をしてはいった　土民の家だ
をとがはない　夕食を二人の兵でので　遅れてやっと落付いた　眠る所は一寸せま
いので　板をメクって持って来て　寝台を作ってみる　そして　班長と二人ねることにな
った　面白いしょいが敗かいたないのだが　住生をした様になってみたが　又
表へ　信目九し七
ご良人生
939

NO. 1

五月八日　汗でぐっしょりになったので風呂を焚いて入りにいったがぬるいので止めて帰って来た。敵が〇〇迄迫って来そうだもうすぐ来たらしいの消息なので皆で騒ぎこの村の人へはうんざりさせられるなにしろ早く帰り風呂が沸いてゐたのではいった。シャツもたらして擦れてボロボロになってひどいくらい所がワーワーと一せいたので大切に使った今では破れたので寝た。海が一パイ有るよしの木がこんな所にはならない。しかし風呂へはいったのがよかった。うとうとしてゐた。敵の音を恐ろしく歩くこの毎日。敵が近かって来たのかと思ひ静かな寺へ入った。木陰に隠ず集まれと命令。一日は山越まで渡せへいく。持場について待った。兵も皆各分へ分かれて警備についた。前の山にピカピカと懐中電気の光が見える。距離は三四キロ位はある。皆目を皿のなかに何をすることも無く首一つのあなに穴へ入った處でおくるの何かすごくなく声が静かになる。それにつれて犬がワンと吠える…後は敵が近寄ると犬が泣いてうるさい。一時間二時間と待つ間にタターー！

946

NO.

と互をいうなるさいこの音が聞こえて来た かくされたナと思って
いうぶおそるなたして待ってみたがまだおてない 女の内 小ゲキ砲の音が
ドカーンとなった 砲を持って来たナと思った しかし遠い 音だいくと大砲の
音がまだする 来たら一発のもとにと手ぐすねひいてまって居たが近よってこない
日はまっていく 太陽が沈んだ後に月が出て来て下界をてらし始めた 明るい
敵がのろく はいまわって居るらしくわかる 兵も俺たちも耳をすまし目を
皿のようにして せき一つせずに 守ってたまー 敵を見て居た 一晩二晩とうる
静かだ 敵は山のすそを通っての方面へ移動中と判ふして来た
油断をすると 一へは出て来るかもしれないと思って 張ったがぬけくだかり
した 宿がい待ってみたのに やって来ない 兵はこの腕のかり場がなし
すっ失か 出っちへ来いと皆腕をさすって 退治ろうと頑張って居る
銃声も砲声もしなくなったので 三日がぬけた ゆるくなって来た 兵隊は
いよいよのかとうをとりにいった めとうをとって居たが 兵隊がまって行った

947

NO.

彼女との命にかかりの少女の使へ去旨へごろく ねて去つた、敵の前もなにし
平気だ 来たらすぐ打つてる、平気なもの、皆勇ましいだ
起された五時だ 俺の立哨時間だ 出来て交代して銃を持つて砲車の側
に立つ 静かだ とうとう ここに砲のあることがわかつたのかに行つて去つたらしい
あたりが白くなつて来た 夜明けだ 友軍の歩哨と二人 話をしたら
夜がすつかり明けて去つた 交替時になつた 池田さんが交代に来てくれた
五月九日よい天気だ 交代して帰つて来れた みな死んだ様の姿だ 大いびきで
ねて居る、俺もそのまゝぐつすりとねこんで去つた 起されて目をさましたら
朝めしだ、めしをしまずにねていたかつたが ねむい目をこすつて食事をした
みそ汁がゆるうまかつた 顔も洗はずに又そのまゝねて去つた
又昼におこされて食事をした よく休めた もう あまりねては体に悪いと
陣地から少しのぼつた処へ来たが 日がてつて目があけられない
位だ、暑い日だが風があるのでまたよい 陣地の土囲をつくりだ

948

NO.

運動をせねばと思ってシャツ、ハンケチ、靴下を池へ持っていって洗った

水は百米あるい洗濯をしてゐたら隊がジャンクにトラックで来た。

昼飯を済へて隣の椰子林に行って洗濯物を修繕へはっておいて帰って

来た。手紙が来てゐる。多少何れも往便の有る位に来てゐる。

八年十六女 フートー九在 出張五と計三十二通だが今日迄一番思

ゞ持って来た人が出張所のを持っていないなものだと言って大笑いをした

中ドお前のが一週はいって来た。家へ上って一つ一つよんで見た。中々よみごた

へがある。又この遠一さがこの身と思ふをでっておる位だ。少しは面倒

な事も来ておるが、又改稿の旨を見しかし言ってが出来るだらう。毎日ぼつ

ぼつ考へを思ってゐる。一日かかってみては切りがないから止めておく。

○中身よんだ出張所からは一日を返しておいて二册まだ時代のじつくりを見つつと

完全に出来ようと全部ひとし、近々二十日あまりくの二ーの村の方の道

の方と側だ。まづしく汗みどろになって郷土し物の大事にじつくりを

949

NO. 5

又が来った。お米を四升半、やはり近所の池へ鍋を洗いに出して洗濯物
も洗って帰る。あつい位なので早く乾くのがよい。たゝんでしまっておいた。今度の下給品
ダブダブのパンツ三人に一つづゝ、ミカン一杯づゝ、夫々ペリカンをもらってのどをしめす
うまかった。ミカンをこぼしたりして昨日からの日記をかきました。酒も士官の所へ
一升四合あるを貰った。ここに大人ゐてみるのだ。涼しいので気持がよい。方僕が外
に居って留守番は、家の方も皆元気らしいのでよろこんでおる。方僕らも相変
らず愉快に暮したりして居るそうだ。昨日は大変になったことだろう。見たよ
手紙も順々につくらしいので安心をして居る。写真を送ったのだが前のではない
のがいい。辰も昔日に出ることゝ一枚半と付けて、下手無理をして体をこわした
そうだ。私にはおまえのあよ方僕も一人ふえたのだ。少し十両もうぶらして又つつへ帰って
るないらしいが、丈夫が安心に寝下ぶれるよ。まあ何とかやりくりして
やって呉れる様にたのむ。お前一人でたのむずかしいのはないのか分って
母のことも淋しい附(に)居なって。お前の方は言をいうのだ。よろしく母のままだ

150

NO. 6

が又その日には一しよに食べくらせるようになるだろうそれ迄何分共に たのむ

つまらぬことを誰にも言わずに俺の胸の中にしまってあるつもりだがやはり年一回も二回

又胸にあったことがあったら知らしてくれ 少しも心配はしない 書きたいのだ 手紙の数

状自分らしいとのことを家族をかくまって 人からも手紙をもらった老人なら

樹木のようになっていくのが俺の行く道 は生きて居てほしい もう一回俺さえ会え

る孫を見せてやりたかった 俺も見たかったのだ。たった一人の祖母だが早く死なずに

など言ってやってくれ 春さんの件 日記にも(来年の)金銭出納簿にも 又

赤い表紙の大きなノート、土地、小作帳とか 本の中に金の貸借が書い

てあるから見てくれ、家の抄本、書附の引出しにあるだろう あれを引かえに

ごうごんにして家の物は返すが 又嫁入費にもふってすしか とに角 母に手紙

安夫に言ってもらってくれ なおてみるとユーギくさくなりと思うがなア

金さんとのことを安心だ みそもしたが 藤も 母と来たろうナ 春名宮

は母の番なのか 母もよろこんでみられたろうナ 又次に かこう 九・五 付す

春夫 出生時

妻へ

宗吉

PSI

五月九日着

フートー

九

京義　ノ万十初三　村野

治川　中村二三　瀬戸

実乱　近藤　横田

細谷　フカ子　治川

横田　竹引　海野の月来（中之島）

助引　加藤　村野

実乱　野見　三宅重三村野記

太三　川木

近　細谷

八大

実乱

川本

金下

川本

山田西

清水

印泥

952

NO. 1

五月九日。夕食に下給品の酒を皆の人が配って居るので

腹の中へぢっくとしみこんでいく うまい 皆もうまいと言ふてゐた

いい心持になって 一服のしをたべて 歩哨に行った

八時半頃から [illegible] 十時頃が僕の番で立って居た 今日は

静かだ 敵陣も前線も黙って クリークへはいり 汗を流してさっぱり

として上って来た 今日の工事の残りを一人こつこつやって居た

歩兵の歩哨が一しょに話をして見て居る 何んと目がくれていく

夜だ 一切の人であるので 話しを何も言へない よい気分だ

八時半になって [illegible]が来て 組は二人立つことになったとの事 二人で

立哨して居た 月の青い [illegible] 暗い組だ 前の山を [illegible]を見と

四方を見張って居たが 暮れても何も [illegible] 十時になった [illegible]は

あてにならないと言って 早くから帰って来た 月のあるのはすごい

遠くで銃声がドーンドーンと時々 [illegible] 一夜 [illegible]

P38

NO. 2

六月六日 今日は一寸雨、すこしふりにくもって居た
ゆふれないのがやない 腹がいたいので目をさました 池へ行って顔を
洗ってから帰り食事から又顔が立ってにないて立って居ると山本
が交代に来たので交代し城へ帰り市へ出て来た食ものを
三十二連なので兵隊の来る迄車をおりた 村の者がかえって居る第日からP1
がし ないから大衆会をして山本と交代し かんしをして居ん 本田が
がまだれて居るので 朝からおそく一人手入れをして居た 夜勤もやって
来るし三原が大時計迄かえって帰った 一眠して城へ帰った
ん紫又りまきを書いてみた 外の者は四五人で ニワトリを買いにいった
二には徴発が出来ないので安く買いの話し出そうしたら元気よく
帰って来た ニワトリ五羽 せり等を安く買って帰り早速座の料
はさみにして料理を始めた せりのにはいが何ともいえなくない位よい
石油かんを切って ふろをたいた 出来たので 座ふろをたいて

959

NO. 9

うまい者、とりなれたのでやぶかい。腹一パイたべて眠したゆむい、汗をふいて一ゆりしようと横になつた。釣ぶねの段にぐつすりねこんで失つた。三時頃隣の声にびつくりした。雨がふつて居るのだ。馬車へ天まくをかけにいつた。風はやんで居るのだが大つぶの雨だ。ひやりと気持がよい。小一時位で上つて呉れるとよいのだが、どうなるか。上つたあとは涼しくなろう。寝たら又手紙の夢を見た。お前の四月十七日出の手紙、叔母の死を悲しくいつてきた。仏様甚く淋しがられて、而てかみをみる頃には何かなつて居るだろうと思ふとかくあつたので夢を見たこんな夢だ。これ等ら気なことはない。大丈夫だと思つて安心をしていたら夢だつた。ひよつとすると死んだかもしれないと思つていたら今度のハガキ、いけなかつたのかと思ふと胸がこみあげて来た。朝まで しやみをおいて泣くが泣けて来て涙が腕の上にいつぱいすすきと止まらない。俺の帰る迄待つてなかつたのだ。もう永久に一人の叔母にも会えなくなつた

960

つまらない。もう一度叔母の顔が見たかったが泣くな。仕方が
ない。あきらめやう。ユーゴーの方は前の手紙にかいた通り、あの十日を返
をしてすぐ前には僕はなんとか一日送るやうにしたいが、その前後だけは思
ふ存分にしてゐるので困って居るが、何とかして送りたいと思ってゐる。
まよふ女人が宗教になって手紙の返事をしたら、下らぬことを書いたので
大笑ひだったらう。叔母の死又手紙にいへるのであらうか。
村田代之助が返事が来た。アメリカの天神さんの前の石ちゃんの娘らしく
今度年生で大いに立派に行っておるなあ。ケンチャの笑顔との
村田先生とは同姓同名で全く違った人なのだとかいてあったん
だが、それは同じ名の違った人が僕の手に（イモ給が）は思
ふことは、まっと同じ人にちがいないと思ってみたが違ってゐた
女ばかりの姉妹で来年は上級の学校へはいるのだと言って居た
不動さんだけはよくまゐるであらう。天神さんの前の小路をはいって

NO. 5

おこうさんの宿の方へいくのだろうと思って居るのだが又井上にいるの
時に行ってみるがよいたのんでおいて呉れ、宜しく書きない母にと言ってゐ
これのつく頃には方々の嫁の話になるだろう、盛んな子供だ。これらの字
をやってある。又森さんの方へも返事をかかねばならん。しかし位に、
雨はやかりになって来た。三羽のかしわを昨日がかりで殺し夕食のおかずに
たべねにしてある。日記を書いて又外の人へ返事をかこうと思ふ、
リカ十三枚、村田君へ、又才二の林長田川某子先生へ村田君のことをたのん
でおした。村田君の細かなのな仏をかくしてあるのには皆一杯かった。
かしわを三匹やりましたが皆うまいく夕食をすまして手紙をかいた、实
秋子さんへ一本出して皆返事が来たのだ。一回はひどくなって困るねはって
ゐる、今夜は止まないだらう。陣地の監視はうるさい事だ。俺は徹夜で
二 昨晩は少く、今晩来る。返事が一回少しもなければよりがと思ってゐる。名前からイモも然せを
送ったと言ってみたが、今月末にはおそくとも手にはいるだらう、又明日に

九月十日夜七時半 宿舎にて

一男より

吾妻へ

962

No. 1

五月十一日 昨夜はひどいあらしになって一晩中雨の音 風の音 物すごい位だった
ねられず寝台の中は手紙をたくさん頭においたが天井からごみがおちてきたり
して、又雨がもつたりひどいしけぶりだ 目をつむってみても昨日の昼によくねたので
よけいに目がさえてねられずすこしからころくして居たがこのあらしの夜中を利用
して敵が来たらしいとの報に一同がばとはねおきてあらしの中を今日の陣地へ走った
全くまっくらで何もわからない真の闇だ 陣地へついて見たが別に変ったことはない
一晩だ 雨をついで敵の山がぼんやり暗の中に見えて居るのみ 敵のもようもあやふやに
ない 前進道見張へみなが異状ないので一同引上げてかえって来たけ帰った
俺と池田上等兵は今朝から四時半頃で一寸自分より明るくなるし 風もやわらいだ
雨もやんだようだ 目を四つの様にして見ていたが変ったこともないので四時半
に次の者と交代して小屋へ帰ってみたが寒くてふるえて中々ねられない
がそれでも知らぬ内にねて終ったと見えて何もしらなかった
五月十二日になった 起されたが今朝は顔を洗いにいこうか めんどうで止めて

264

2

No.

食事をした後で手紙やハガキをも書いて居たが今日迄から陣地へいった
雨も風も止んで静かな日になってみた 昨夜のあらしは夢のように
どろんこになった道を歩いて砲車へ雨がはいる為のできれいに手入をして帰ってきた
寒いので火をたいてあたって居た ハガキを五枚ほどかいて夜になり昨日のカレイの
骨をおびにすすけをせりを入れて作った 中につまいのがあるので野菜でこなお
いいのが出来るとは不思議な位だった 一里のめしてもう一寸位がくらくなって
かたくなって来た 午后は部落へにわとりを買いにいって五人出ていった 俺は
陣地のカンに帰るのが遅く一ウした一時半に起されて陣地へ交代にいって
今日迄あつかったが昨日の雨で涼しくなり夏服では一寸寒い位になった
夜は寒いし毛布も何もなく外とう一枚では全く寒いので皆弱ってる
給水自動車が来た きれいな水をはこんで来てくれるので大助
雨がやんで山はきれいになってそよそよふく風に青い色がはっきり見えるようになって
水田を通して見る田植をしたらしい様子、田へ水がついたから土地もよろこんで

365

3

No.

あるだろう、今日迄毎晩の様に池から水を引くのにケンカの様にわめく百姓に怒ってゐたが この雨でずっと楽になろう どこの国へいっても同じことだ 水のとり合いはね
陣地へ来て前を見たら これを思ひ出す 蚕も大きくなっただろうね あれから十日だから 一枚手もかゝれば忙しくて目を廻すだろう つるへはどうしたのか 弟の子供によるともう家へ帰って仕事をしてゐるから安心をしてくれと かいてあったが お前の子供の方があとから行かうとなるだろう どうせ鎌田へ帰ってゐますとでもかいてあったものと見える
土日を前にするへがよく書かない と お前一人で本当に困ったら 何とか人をたのんでやってゆける様にしなければ体をこはすから決して無理をしない様にしてくれよ たのむ
でも母さんや僕らも元気で居るから安心して どんなによろこんで居るかわからない
だが何よりもからだが大丈夫でありさへすれば 病気にならぬ様に気をつけてくれ
俺の帰る迄に一人もかけない様にしてね それはかりしんぱいじゃないのさ
皆んなの写真を見ました ふだんから俺の体ではあったが 斯に写真を見れば僕の帰る迄 俺は大丈夫だろうと思ってゐたが 帰ってもそうあるまいので つまらないよ 十一日三時

966

三時に失礼して郵へ行った一服してハガキを二三枚買って来たり外へ
行った者が帰って来たでタイ一匹とはまち二匹とを買って来た 大丈夫で夕食を
こなして帰って早速皆して ゴチを料理し 石田カンで とうなぎまでつけさ
せしたおいしいにほいがする 皆食卓に足二本たべてたべたらうまかったよ みを
それからかしわを二枚て小切りもし 鍋の中にしたのと大木てたいた これ又
味が味で 為の大変よかった この時夕食が来たので 一しょにたべた
上陸以来こんなうまいのをたべたのは始めてだ 本当だよ まさ子は 鍋を
タベの大打ちで 溶かれあって これはうまかったが あまりすいだが多かったので 明日
の朝にすることにした こんな時酒があったら どんなによかろうと思ったが
こゝまではどうすることも出来ない それに 此の頃 一寸うまいのが居ても
この部落へは はいって来ないのだ 警戒が厳重なから 近よれないのだ
以前は七八十人が来てキンチャンコを売りに来たそうだが どうも都よがず
かしこ家の者の話だと土民の人の話でそれから入れないのだそうだ

967

うまい茶をたべて一晩し上げた、来た事をかくすまいくゆつくりくれ
又純一さんがそんなになるとわるいから早くかへつておいた方がよいからまた
明日十時半頃だろう、皆座敷の上にごろくねて休んで居る　又明日に十一時半
ねて見たが中々ねられず目をあいて見ても明るい一晩がつゞくなかくよくてくる
こんな具合では中々ねられないかそれでも九時頃から少しすりねて来つたらしい
利一がまだ居てすだ勝男位の子供になつて居た具合が悪いのだ借がない
て探ゐへ入れて居た先生はどこかへ遊びにいく所で無理にたのんで見て貰つたら腸が
腹を切割つて中の膿物を掻出して大きな位の穴をあけて居たひどい切開
手術だなと、腸が腐つて居ると心配して居たら起されたと云ふた但し使ひにいつて
いつて帰へてゐた、利一がまだ居て勝男が悪いのがかなりかと思つて安心してゐる
中々かになつても忘れられずといふ中に夢を見て居たら恐くて居た事い
ら又妻のことを考へて居たからそんな夢を見たのかも知れないと考へたりし
て二時半頃ねた今朝は静かに起きられた　又次に

寅彦

妻へ
　　十月廿一日午五時半

968

五月十二日晴 一寸寒い位の日だ よい天気で道も乾いてかたくなつた
昨日のしけで道も田も山もしめつたので涼しくなつたのだらう 六時半に起き
た 今日から射撃演習が始まるのだ 隊から八の中隊がトラックで出かける
俺達も陣地からそれに参加するので起きてすぐに大砲を皆で引を引く
引く道を昨日行った手前へ引いて行った 日の出だ よい天気だ 出る前に
池で顔を洗ってお茶のできたのはゆつくりとした 大きく日の出の道をこわしてゆく
引いた後道がよいので軽い 土民はもう田へ行く あぜをはつたり なえたり
田をかえたり 苗を運んだり 水牛が水遊しをしたりして忙しそうだ
遠く近く山へは寄してある水牛がのんびりと朝の空に頭を吸って青
草を食べている 文部らしい風景だ 出征軍人の田かそれとも共同植
をしているか 七八人男ばかり 片方の端から早く上手に植えている
毎日来ていて一日ましに青くなっていく 苗植りがあるらしい 鎮田方面の
お上一たん御苦労をした のんびりとした所で 新しく付けに来ているらしい

969

家へはえだちやネをつんである。家もあり たくさんかうをつんである所もある
遠く麦が赤く色づいて見える 早い所だ。その代りあついのもあついが。
太くどこの田へも水がはいった。白くをおっく ひかっていくのだ。のんきな所だ
遠く山がそびえ立ち 朝もやの中に 日がかがやいて居る 雨が青くなった
二台自動車を見たら リヤカーを引いてゆっくりと 段をのぼったり下りたりして 行
車道あるいた。支那人は道へ畑を作っている。所と見えて 両側の草の
はえてある所をすこしで 雲低も土をかえていうえたり せりを作ったり 又 十八才だ
のあるものをいうえたりしてある。やかましく言えばない所なのだろう。
田畑へついた小付段だ。この前にある所にも一つのが居るのだ。人かか
なく 三千近 機動がないので皆迎えにいった。この段になると目がまってくなる。
てあつくなってきた。車をおりて 二人の所へ来て休んでみたら 隊がトラックで来
た。の中隊も富って 大隊長殿も来られ 敬礼をして 隊長にうつり つなで
小山の上へ駆け上がった 汗が流れる。あつい。まわりは女子の草のはえて居ないよい所だ

970

3

No.

民はみんなよくすって一星は二人を生のはえた すかかつでいそみる、道々を倒れ倒れた
安全財務には持って来いの所だ、陣地をしいて 一人づつ的材の年令で何人か
代ってやった 侵透は他らない、財務済みと言っても敵陣や又敵の去又
する部落をこわすのだから缺乏と済みを兼ねてゆくみる事なるのだ
楽しい、ほかに吹かれてドアンーと云ってく コーレと風を切って砲撃 ダアーン
と前の部落へおちて砂煙を上げて居る あそこらと次山の麓で あちらこちら
とおちて、敵や土民たちは目をまわして居たことだろう。さうしやつてゐてみた
山名よくなっておかし来た これがすんだらすぐ帰るのだ と言ってゐた。
元気を持って来てこれた、外史(夏外とうお)は、やって便じやうど役が来て居た
なたと言ってみた、すべて 久米からのだろうと思って今度来る時にまって来まし
これとたのんだ、何を送ってくれたか あけて見る迄はうれしい
十二日迄に三四回行った、皆 こういふ人の住る毎に一服をして芝草の上
に座って休んだりした、久々に天気はよくて 何も申し分はない

971

4

No.

朝めしも昼めしも池田君が持てはこんでくれるので楽だ 待てみたら昼めし
を小供のクリーにかつがせて持て来た 膳がついて居た ブタをシャしたきにたりて
持てきて来た 此の草の葉が添してある 几に附けて めしを食てみるのはうまい
家に居た時田舎で めしを食った時の事を思い出す 此の草のすがすはリャンエンド
とかつをのかんづめとたくあんので ブタほどうまくない またいたにめしを食て一服して
休んで居た 一時から又初まり今度は内の標射撃の的が 今迄一年一しよに
やって居たので 易しかたし 中々上手たった 二十発 打った 一生懸命 ×かネを合し
て打たが命中たった 商状く たまにしか持がよかった これで演習が終て
鉄砲の手入れをした 皆がしりで ええし 斎藤は二人であるし 中隊の鉄砲は又トラックで
で隊へ帰えるとし 僕達は又えんの○○○の村の方へ ごろく 馬を引いて帰った
行けば楽であったが 帰りはあつい 汗が初めて すけてる ヨイヨイとかけごえして
帰えきたら朝いえて居た田んぼ早く いえて来て家の田をいえて居る
今迄の所へ鉄砲をすえて帰て来て一服だ たるい いい宿題だった

972

No. 5

一眠りしてから砲車陣地をきれいに掃除をして枝を下へ引いて さあと云ふ時に
星を動かせる様にしておりた 汗はすてきたのでくさくて褌をぬいで池で洗った
汲水で洗へる了頭を洗った それで気持がよい 飯後畑へ出て行ってきた
毛布をほど乾し 外套（夏外套）をかけたりして毛布をひいてゐた、日にをかい
た、今日は演習でとうとうぬれずにあったよい天気トなった 一眠りして夕食だ
外套をまるめてたおれものだ 又うまい風呂があるから一パイはいってゐようと思ひ十時、
先日の夕方行って黄色い露天のドラムカンだ 寒い位だ さっぱりと汗を流してし
帰って来た 毛布の上へねころんでゐたが七時半から附近の畑で陣地へいった
歩兵の歩哨と一しよに監視をしてゐたが九時過に帰ってねころんでゐた 今日は
演習で疲れてゐるのでよくねるだろうと思った それで毛布を一枚もらったので
あたたかい外とうをきてゐた かとり線香をつけてゐた 静かな夜だ
じっすりねて十時半起されて陣地へ池田君と共に十二時半迄歩哨に立ってゐた
何も変らねばなかったゆたかった、十二時半帰って ぐっすり朝迄ねた

五月十三日夕 書

[illegible]

真へ

973

No.

五月十三日よいてんきだ　雨のかげんか朝の田は寒い位に涼しい
六時半に起きて池へ顔を洗いにいった　帰って道具を持って砲車を引いて又
昨日の陣地近くに引いて来た　空襲時間も二日目だ
昨日と同じ陣地へ砲を引き上げて池田君の持って来た朝めしを山の上で
たべた　うまい　朝食をして山の上で青い空を草の上に寝ころがってするのは
うまい　午後の陣地に行ってたぞう　紙芝居の様に思った
一眠してみたら「敵兵」の声がドンドン聞えてきた　昨日と同じ陣地へかくし
た時、給与時間を過した　昨日とは違った部落や山をうった　敵も夜は
こなかった　どこかれては　たまらず遠くへにげていったのだろうと思った
土民がにげて頭の上を砲がとんでくるので危くて仕事が出来ないと　あちこちたのみ
に来たそうだ、そんなことをかまわずなかった　ドンドンと敵の立ってく
るのを見たり　水を飲んだり　二人でくたびれなかった　僕と一生懸命に
めがねを見て　命中する様にやった　思い通りにいったので　うれしかった

コクヨ

974

2

No.

小隊長が次々に休んでいって土田軍曹迄あった　次にあった俺の腕前が一番多く
くあった　腕前はあてかけてあたれぬ様になってゐる　土田軍曹になって
緒戦のころのを使ってみたが池田君が又ブタをたいてゐるのであそこのが中々山の
上の道から見えてこない　と畑のよへねころんで待ってゐた　土田班に持ってきてくれ
たのだ　又昨日と同じブタのころだきを食べた　うまい　のどがかえってなってすぐら
こんでいった　一眠して堂と早の上でころころねころんで休んでゐた　一時演習
一時頃から又午后の射撃が始まり又あった　主として俺たちのが多くあつ
て演習終りに集り一服してから腕の手入れをした　今日も涼しい風がふい
て気持がよかった　今日は井上班長殿に叱られた
道へ腕をおとしての中隊からへつみ込み帰ってそれから又ぶりして
ごろ寝てきた　田植も一日じゅう盛く植えていて、苗取りも苗がなくなって
いった、水牛が水返しをしてゐるのもかすかになって来た　田植の終るのもあとわずかであ
ろう　田をならして行った大きな三人まりまじめで　まるでねよくなって　外を見て水牛

コクヨ

975

3

No.

を使ってる丈部ぶしての人生に見えるほみどろになって帰り飽を近の角へおいて
飯へ帰った。二〜の肘休も終ったのだいよく今日は又私行協の兵営へ帰ることに
なった。あすからの射撃も一時延期になったらしい どうなるかわからないのか
行って一眠してから元気外とう等もすっかり着替えもして 炊事へも アダ名をつけて
大体になったのを一眠してトランプを借って宿に手紙をかいてみる。面白い 帰った まだあ
つい この休暇を送ってから引返してまし 候たちのもとつみこんで帰るのだから 日のくれ
頃になればつくことと思ふ 七日に出発してから 一週間だ 長く居た様に思ふ
夜中に起きたり 雨雨たりして どろぼうのような ことをして 勉強をまちがえてゐた
のだが又兵営へ帰ると ラッパで起床して キチンとした生活をする様になる
来週は又肘休に出るかもわからないが 何れにしても帰ってみれば わかる 出るも
今日は未だあった。確かなことをいえと言って居たが どうして居るか
あまふこちらと 部屋で 汁休をとして 居るさ 日の立つのが 早い 去年のマメを大きく
なる。今宵はこの兵営へ帰ってからが わからないのだ 又兵営へ帰ってからに。

976

4

No.

池へ行つて顔を洗つてゐたら、前の道路で蛇を見てゐるので急いで宿舎と一しよに
行つてみたら、で、兵舎ハンガーへ来て トラックへ乗つて 出発をまつ間に トラックが
兵舎を出でた 六時出発して 直ぐ トラックは やたらに走つた 砂埃りを上げて
来る時に来た水田などのが太い田植が出来てゐる 一週間の間に大きくなつて居る
た なつかしい城外野戦倉庫を通つて アカシヤの並木へ来た アカシヤの花が匂ひ
散つて来つて 青白く光が乏しい位 まだ 其の中を飛行場へ向つて走つた
なつかしい兵舎へはいつた 隊長さんが迎ひに来られた トラックから下りた
整頓をすませて 厩へ行つた 顔を洗つて 掃除をすませ 一服 吸つて 宿へ行つた故
な荷付だ。ねる前 身支度 小包をとりに来た 久米からとは知らない 思つてゐたが
ちがつてゐた。大隊の一組一しよに居たになつた 橋本の妻宮の弟の家に
赤保区港町様方 大阪市港区八幡屋舎町三丁目三五六、三宅勇様方で
赤保区港町様方、何田平附を忘れて送つて来ないと思つてゐたら
家族は 色々の品を送つてもらつたので びつくりした 思ひがけないので うれしかつた

977

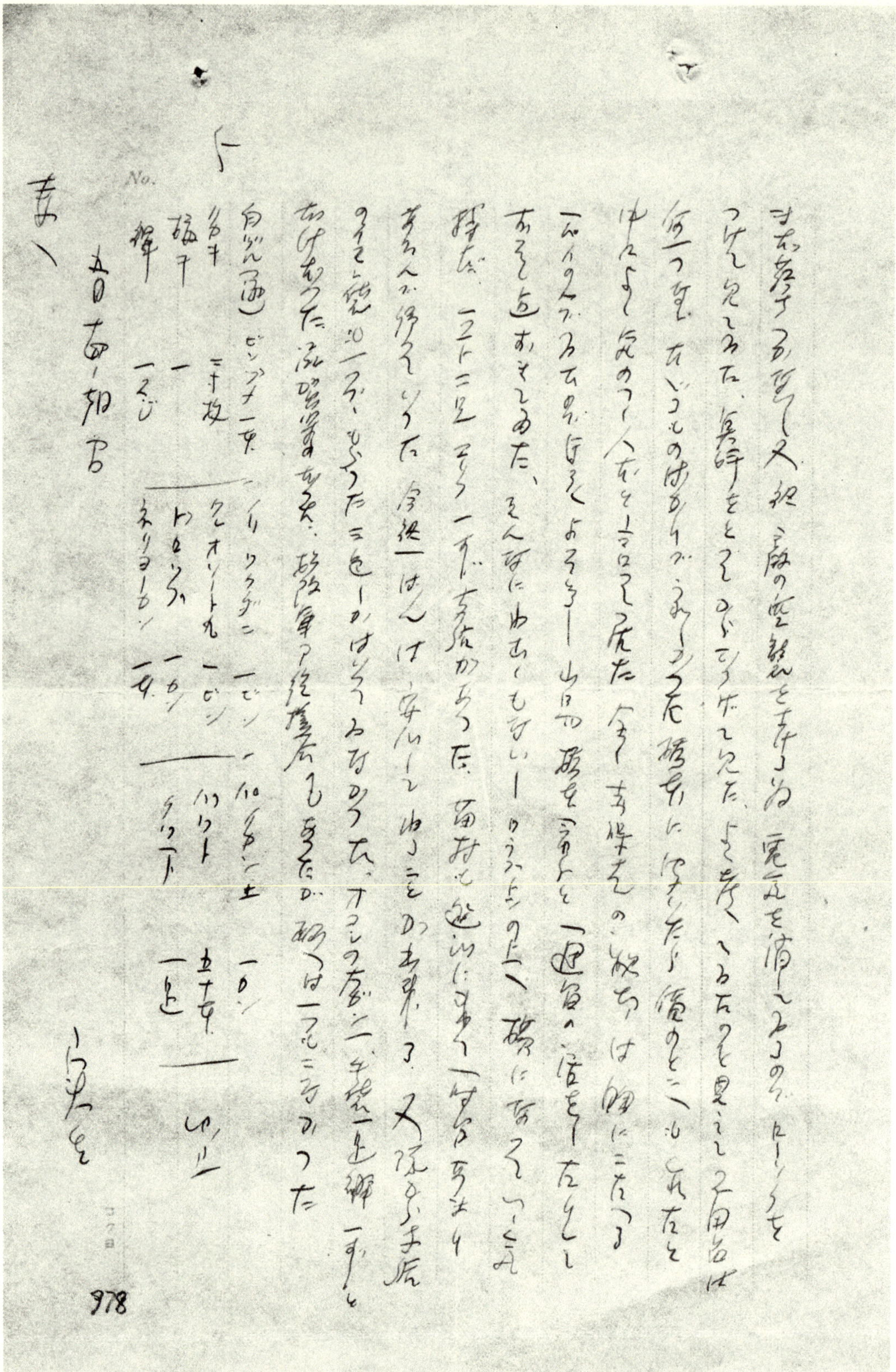
No.
978

1

五月十四日、うすぐもりだ 気を許して ぐっすり 久しぶりに ストンと
きたい ゆぶとんの上へ こうワリ ねたので 疲れが出て 起きて見たら
体のふしぶしがいたかった。ふたりとしてみて 陣地では ぴんとしていたから
どうしなかったが 気分が違うから 少しもない
役場と二人で 総数へいって 手紙を出して来て 今年も一ヶ月の道り
をかくしていた。午後から 又役場と二人で 総数へ いって ふりに小川から
手紙を出して 十時に帰って来た。 イモ二台の礼状をかいた
大隊の本部をとこと 総督の人と 手紙で
三文かして おく。二時半から 明日持って いくりょうをもして 酒つて見
た。皆とかえって 早くすまし 帰って来た 主親に 一ぱいの 茶をこして来た人
で土すまでしもしてのむ かんをして かんづめを切って。三枚たんたがった
お父さんと買って のむ 酔ってしまった 役場と二人又一本買って
2 日本の人 その人だ 役場が 今度は 丸田部落の高田にな

979

2

ているのだ あまりにしつこいのだ 酔ってうとになって失った
眠へはいって行きそのまゝぐっすりねこんで失った.
五月十五日 朝一時に起された まだ酔って居る 昨夜分隊へ
の者がボーッとしてみて 少しも分らない 只分がたいすに起きれので
不機嫌がへっては見えて 機嫌をなでておいた.
すぐ出発するさうだが 一寸すんのでに又一ゆりしてうとした
三時に起って用意をし 馬をつけて五時に揃って出ていくことに
なった まだうすぐらく 一寸先のみが明るくなってたなに見える
静かな夜明けは只行場を通ってアカシヤの並木を通り ○○の
ふ頭へ来た 只山の兵隊さんが船を待って居る 大役本部の指揮は
有様だ、馬と兵へみてみるのだ 俺達は待っていた.
待って居る間に朝めしをたべる みそ汁、つけものもあり 中々の土産
トラックが来るのだ はこりだらけになる. 中々平日とって失った

980 コクヨ

其の日に遺骨がハルピンから来た 白木の箱を抱えハトルへ来た
そして敬礼をして見つめた 静かな所に葬れた親友たちだ
今日の船で内地へ無言の帰還をされるのらしい 其の船に合流
を先頭に○○に於ける各人の遺骨を隣家近所の女子たちがまでのを
まで白布のエプロン 国防の女子をかけて三十人あまり来られた
遺骨の見送りに来られた方だ、内地人の人に説明をしておた
合のヒロを冒して内地の風が恋しくなった
其れからしばらく立って姉が清水部隊長 閣下も先導をつかまつし
ハルピンで来られ一日敬礼をした 其の日大きな船は十時の出港を合
図に下へ下へ 下っていく やがては内地へつくことである
それを見ていたのをただ えんとまらはなし 下っていく 其れに
のってたら帰ると皆を渡してみた、下層から出で国を知れる者の
が合ため 国家の合唱がありく とえんを晩餐をした日だ

早いものだともう丸二年になつた 記念すべき日だ
妻は二月だつたが今俺は十二日だつた あの時のことを思ひ出す
あた丶かくなつて来た 十時過に豆めしをとつてすぐ眠らされた
俺のつみこみだけ 俺は八人と船の合の小船にのつて本船へ
つみこまれた 後は相当にきつい かぶりどろくの水だ
割に早くすんで船室へはいつた 大きな船だ 大阪を出る時にのつ
たのよりも大きい 船は甲板一つのせてあつた 室はあつくいやに
はいつてゐるなだ 汗が下へ出た ひどく流れて落し 四十度位のあつさで
うなつてゐる様に見える 暑苦しく 又足がかりの船は苦しい あつい
送風をとうしヤツ一になつてみたがあつい 一足しのつたの静かだ
ら斎藤班長が寝て居た 柳田出来ただ 一人気丸だ この病になつたで泣いてゐる
た 入院して と言つてゐた 又郷の三宅班長も居て あつい 船室の中で長
いこと寝て居た ゆるいので別れしめた 汗が流れてゐる 手すんで ふいてはれて

P82

5

みた 船室はあつい 夕食になって かつをのかんづめで食事をして そのまゝぐつすりとねこんで寝った 朝の五時ごろとねて居る 昨晩ロクにねむれないので ねむいことはぼんやりして居るのだ、うとうとして居る すぐにゆつくり寝った

船は俺達が見て居る間にどんどん進んでいった、大きな船ながら 空へはかしとし時じない 動いて居るのか止まってみるのか一寸もわからん あついので又て甲板へ出て船の動くのを見てるたらしい 泡になって まつくらな中を進んで 八時半頃に目的の○○へついた ○○より二三十里ある船だ 出るかったから 泡なので何も見えない俺が何ぼとまってみるのが見えるだけで 何もわからない かると舟をおろす音だけが聞えて それをうつつにきいてるただけだ 止まったらしい 十二と思ってるた すぐ上陸かと思って居たが このまゝ 朝迄船に居ると聞いて 安心して又ねた あつい 暑い船の中はあつい ねてみてもうつつに 夕方まで汗をふくそれに一パイをつめてねてみて 工兵の兵器を大勢寄るので あせる事なし出帆に成るに起されて 急いで甲板へ出て 砲のカンを前程二人でする 又

良人

青木朋子 康也さま

まへ

P83

1

九月十六日 うすぐもりだ、船のカンテラをもって朝のあけるのを見て居た
左側には峯よりすぐ山になって岩のかどがそびえて居る 右は広々とした平
野だ 土民の小さな屋根が二三ヶ所一本に立って居る 椰子林の曲り角に 大きな
岩山が一つ高くそびえて居る。真っ黒な、上陸する部落の後の山一面には
とかげの様な模様がびっしりと山の上を一面にとりまいて居る。たくさんのものだ、それを見る
と、ここは熱帯の国だと言ふ言葉がぴったりあてはまる所だ。一寸した林には必
ず椰子林が作ってある。大きな竹程な丈夫なのが出来て居る。
顔を洗ってふなばたに立ったのだ。室へかへって来た様になって二人で居た。ここで
だから朝食で又カーオの人がめずらしい朝めしをすまし出る用意をしまって居た
上の兵員の全員は早く下船する用意を初めて居る。ペイントを持って
下って甲板へ上って行くという人だって、大体な討伐は上陸以後今日迄に
はなかった。そのものくしっこと、言ってならない。敵のゲリラ達のパンデイ族を使って
パンデイ仕掛と言ふのが来て居る。第一日は自分との直接な接触はあるのだ

784 コクヨ

2

勘定に合はない、だらうと思ふ。丸山陸になつて上船をすることになつて先づ飯を

すまして、僕達は二人の旅館へつれて、骨もやすめて、湯に入つて旅館より

。。へ上陸することになつた。全た。飯を食つてすまして、新築の中頃へ呼んでおいて

又かつをでめしをくつた。ちいし急いで、衣のかわり又家の中へはいつて一寸座をした

居だけは馬をすゝめるのだ。一寸平首かとゐるのだ。一めりしてよい気持になつてみる所を起さ

れて馬を上げにいつた。殿のブンドゞの高射砲が三門すゑてあつた。大した要塞

だ。外国から買入れたのを英語で書いてあつた。多分小さいがツツは長かつた

上げる時に重いのだ。はてはそれにたのだらう。先へにげることを考へてゐるのだん

岸へ上陸するとすぐ山だ。山と山の谷々合に。。の町が新築のかたまり。

海岸も要塞地でもあつたさうだ。友人が一杯のおつゆとみる豆のあんであつて

喫して来ていれてくれた。ひとのおつゆは中々うまかつた。

城壁が向の所の高い高い岩山の上まで続いていた。つないで町をかこんで、

ゐるしかをはこぶのに骨が折れたことだらうと皆と大笑ひをした。

985

コ

あつい午后はカンブツで汗なくたまれい山の下の日あたりのよい所で身のせちく
おにあつい。めしで一服しては馬を上げて食べ上休むのは方法下降なって、大体一日かし
つれゆけなが外の体操の大分が沢山あるが少休に無理そこにはおく多くの走
での皆に会合をすすめておって馬をつけ出発同意をして体めであたか
午后七時十五分に出発することになり五里余りの道を上ることになった。今日は四五日
ある。一寸涼しいがほこりが立つので広い旅の軍用道路を駝のあとについてゆくと
から立つ手綱はほこりまみれになって口の中がかさかさだ。汗はどんどん流れ落ちる。
一度になったで駝のあとについて行くとえらい岩山の所が火薬でこわして少しとめ
てある所が沢山あり道へりくねってあった。こんな所には砂があっても砂利は取れないので
大きな石をわって小さくして道へしくのだ。なかなか骨がとおっておって歩きにくい。
両側は山又山で谷を通る大きな山五つもある道がついて居る。ほこりは体に
こらい。ムつをはき更に地下足袋をはいて来たので足が軽い。馬も早い。
駝を馬がひっぱって対岸に来るのは上陸が先それが始めてであったの馬の傍の

786 コ一ヨ

④

4

ものも作って鎌等らしい鋤等を製に来たものはみんなで大喜んだ。
一日はりきつた元気で山を大回りし、右側は山左は欅林の岸の方で平地に
なつたり池があつたりして田もあるが草のはえてゐまで田圃なんか思ひもよら
ない所によつて百姓も困つてゐるだらうと思つた また、ある山から、青い、赤
かしはをみて下に池があり何ともいへんなおよい空の色の所があつた
お昼になつて弁当を食つてあとについていつた汗だくで行軍だ 日本ならぬ
ひつそりとした所だらうと思つた。体によく味をもつてゐる田にゐるのかも知れない
ますます道を上りきつた後の坂を上つて下り下つたりしてどこ道もつづいてゐるか
道がよいので有りがたい途中休んだ時に水をのみ一服つけて親にのつたりして
行軍していつた 月はないがまつくらになつて何もわからなくなつた道を歩かなけれ
ばならなかつたりしたりした。前方の山がくろく暗の中にぼんやり浮んでゐる
途中から雨が降つてきたので帽かぶりて二里ほど歩いた目的の山迄は一里半位
で元気をつけていけと励ましてくれた。右の山にた道を沢山の砲車がごろごろと大きな

987 コクヨ

5

奇怪で、いくのだからあるくことはない　無気味だ。油断をしてくつりと足はして
進んだが何の音りも変目的のへついたが土間座．ここでしこうをして一服した
そこの兵隊が道の両側に沢山まちみまものまでるさ、もしく答る。俺達は後退しの
行軍だ。又これから全半山々のの山のふもとへついた。二時頃だ。ここでいよく陣地をしくことに
なつてはらをすけて陣地へいつたがくらい。ここから見ば兵が今日作て来たので
やぶかん、手でひいたら探したらゆてみない。一件でことくになつたが中々山段が高く
陣地を遠い。肩が折れた一つが、兵で半道以上もある其の山こえた其の畑へ陣地を
[illegible]していた。そして次に俺たちのを兵だつた。砲のあそこについて走らねばならん——
上着を脱さねばならん。まつくらではいいの火をたよりにしてあるのだが気味悪に
は行かない。それに馬も疲れてるだろうし人も疲れている。たまらかってかえる陣地へ
ついた頃には夜はすっかりあけて来て明るくなっていた。陣地をひいておったなに
又行かなくてはならない。とうとう昨夜は一すいも不眠通しの行軍をした。が　その割
にはながなかつかれてない、敵前なので眠れたくない。ぐーしてはいられない。

青木部隊にて　おく

一美へ

兄より

988　コクヨ

1

五月十七日 くもりであったがとうとう雨になってポツポツあたってきた

今日はよく偵察機の日だ。敵を三方よりはさみうちにし、めちゃめちゃにして

来るのだ。頭を洗いに行ったが、[illegible]なくめしも食えない。不気味でない——不自由なことを

休む所さえ入るを待つ。おそく打ち始めたときは深山の砲、後にも砲がある——

ここは砲火陣地ではないのだがすごくすごくて一番かけに、の方向が打った。近くで

耳へびんびんとカーンとなる。夏の日、日の光る空がかかって来ておちた。平野の原へ

ドカンと砲煙が上がって居る。わたしのも何も忘れて見つけて正しくやって一生

弾が路を敵の方へ思って一生懸命だ。ドカンドカンと深山の砲が一声に打

ち始めた。ものすごい砲声が夏の日[illegible]を……とおう……

をドーンと打ち出した。敵軍も同じくボンボンの生きをきる……とやる——

ハラバチ砲もボンボンのボドカンとやって居る。様子はパチパチとドーン

とるとすぐ深山の砲撃で敵は逃げることも出来ないで居るだろう

また又空軍が深山高く爆弾を下ろして落す その音。

989 コクヨ

2

高く空をとんで爆弾を見つけて急に落下する様に下へおちて行く
爆トンと一つくらいのをおとすとすぐ上へぶーととうあって上っていってしばらくと
するとドッカーンとものすごい地ひびきがして小山のような黒い土煙が天高く上
ここの中にはトーチカも木っぱも一しよにみじんになっていることであろう
つづけざまにあとからあとからおとすこと、それに絶壁、高射砲を全
どうすることも出来なくなって失ったらしいが それでもまだ ターーン！と打ってくる
ポンポンと空へひびく ドンターン……ドン ドカーンとはげしい射げきがつづ
けられて居る激戦（めしをもってきまされ）なので又イクサのかんづめでただ昨日の夕食から何もたべ
ずにわずかに動き廻て居たので スイミン不足で空腹でへとへとになって来た
一寸たつのも気がつかなかったのでその内にめしをくった十時半だ。すいかいのお麦
めしおかずがイクラはうまい 空腹にすぐものすごく朝めしぬきと思って
めたのが何ともうまかった一個の砲弾の横にころりとねて失った
ぐっすりねたが当番がよびに来た ひるめしをこへとかんづめを持ってきて呉れた

990 コクヨ

3

ねむい。目をこすって昼めしをたべた。朝めしから一時間半たったばかりだ
ドンドンタ……とつづけられて居る。其の音をきゝくめしをたべて一眠してみた
後の砲はどんどん打って居る。ヒュードンつづけさまにバクダンをおとしてものすごい
音をさせて居る。後の砲が部落を出た。遠々く部落が次の手が上ってもえ
あした。気持がよい。敵もどんどんにげていくのか友軍の打つ音が多くなって
来た。右とてにげていくのかたんくタンクの音が遠く聞えてくる。すいかけて打つ
のか、タタタ小銃がかたるにドーンと打ってゐる。雨もひどくなるずいぶんとふっ
て居る。雲は切れて居るのだが、ひどくふる。ぬれればよいかと思ふ。昔から座ふは祝
める所をはって天幕をはって居る。俺は砲の手入れを一人ぢゃしてゐた。装木村
山本と二人は部落へいって雨おとをする道具を探しにいった。何もないのか所の
あんだものを二枚持って来た。今後は二、三日位だ。手入れ終った一服して
前方を見ると山の多か鏡打ったのか、遠々部落が次々に七、八日からどんどん
黒煙を出してもえて居る。敵の人が可愛くなって来るのだ。

P91

コクヨ

4

前へタマをはこび持ち兵が馬をつれて一列に細い道を進んで行ったり停った
して居る。工兵が前へいった。ドシドシ木を切ってタマの下をくぐって又我々の砲車前進の
道を作って居る。畑のあぜをこわして段にしたり橋を作ったりして居る。斉藤の
三宅部もすべてみるのだろう。後へ来て大ぜい見ていたが打つのは忙しいから
あとを見ることも出来なかったが俺達の打つのを見て居たことだろう。
一しきり打ったあとは静かになってタマの音も聞こえなくなったもとて居る
部落は盛んに火の手を上げて居る。小口から出せて居る。一同はいよいよ安心
になるそうだ。陣地で路に座ったまま、この日記をつけて居る。明日は前進
するのだろう。雨が上ってくれるとよいのだが。ぬかるみならば困る。
山をこえしてどんどん進んで来たが、ここは山の裏になって居て小高い畑になって一面
に平野が見える。山は何里も先だ。ずいぶん遠い。揚子江は左手にあたるのだろ
う遠いかもしれん。方向もわからん。どこをどうして来たのか見当もつかない
ただ無我夢中に前進して陣地をしいたわけだ。俺もねよう

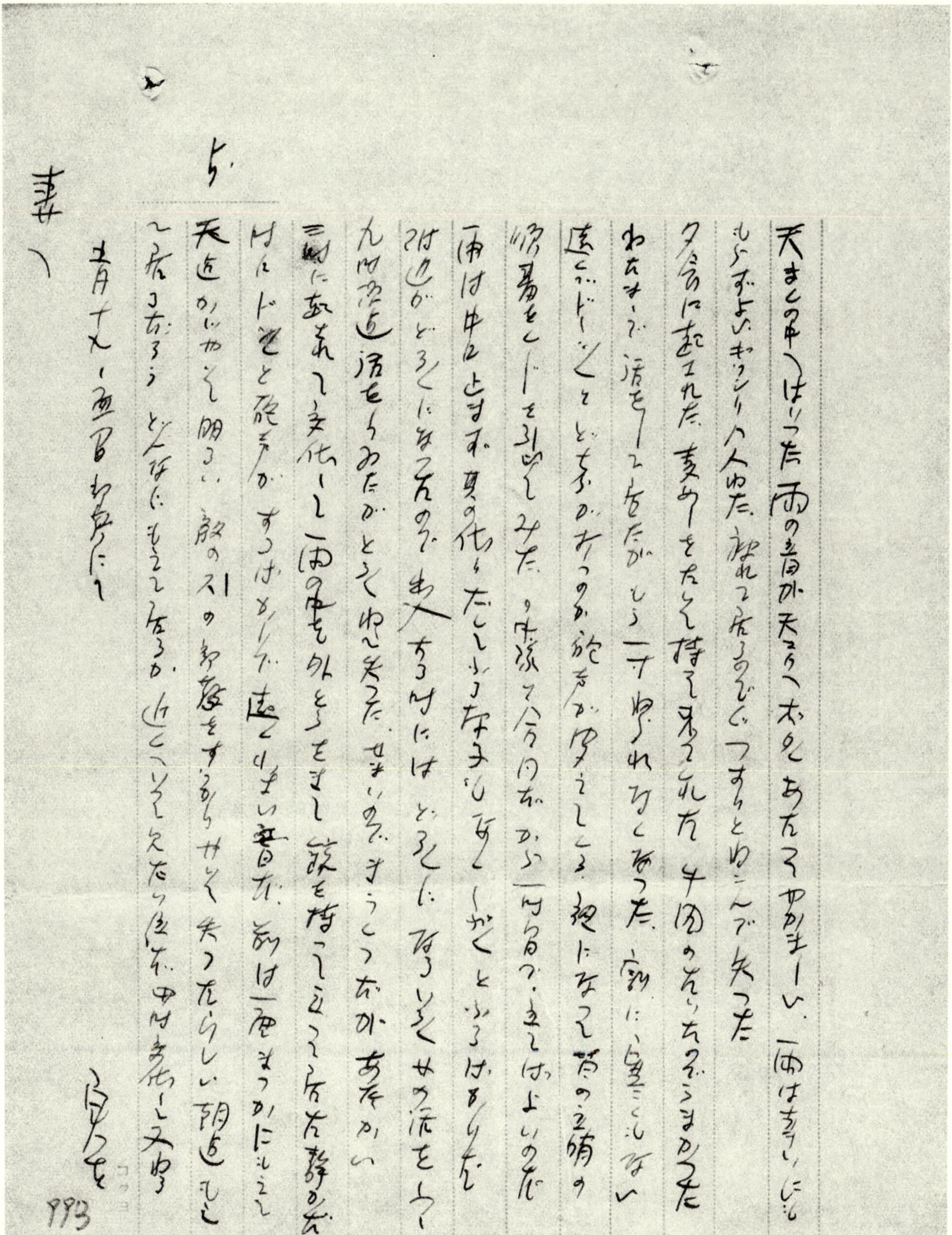

天まくの中へはいつた雨の音が天まくへおちてやかましい。雨はきらいだ。
もらずよいギリギリへ入れた。ぬれてゐるのでぐつすりとねこんで[illegible]つた
夕食に起された。麦めしをたくさん持つて来てくれた。牛肉のたいたのがうまかつた
わたしまで[illegible]をもつてきたがもう一寸やられなくなつた。[illegible]に[illegible]しくない
遠くでドーンドーンと大ほうがなつてゐるのか[illegible]がきこえてくる。夜になつて[illegible]の
[illegible]をとじこみた。[illegible]で今日ながい一日だつた。まてはよいのだ
雨はやまず[illegible]だしふる様子もなしがくとふるはかりだ
[illegible]がどろどろになつてゐるので[illegible]する時にはどろどろになりながら[illegible]を[illegible]
[illegible]をしみたがとうとうぬれて失つた。[illegible]まうしつたがあたたかい
[illegible]に[illegible]して[illegible]して雨の中を外をまし[illegible]を持つて立つてゐた[illegible]
はドドドと[illegible]がすつぽんでとりない音だ。[illegible]は一度まつかに[illegible]
天道かがやいて明るい[illegible]の[illegible]をすならせて失つたらしい[illegible]
て[illegible]だらう どんなにもえてゐるか 近くへいつて見たい[illegible]

十月十九日[illegible]にて

[illegible]

妻へ

993

1

十月六日 雨だ 朝霧がしづかに降って居る 陣地附近はどろどろになった
七日目をむかへた 七時だが明るい 皆ねむって居る だから外へ出て歩いてみた
下の池へ行って顔を洗って来た 二日目だ さっぱりしたが ヒゲが汗でべとべとに
なって居るので全く気持が悪い 雨がふって居るから 体を池で洗ふわけにも
いかず 又洗濯をする訳にもいかない 天気なら すぐ洗ってかわくのだが 困る
うとうととして居たら 腹がへってきた 朝飯をたべて居たら 兵隊の
たいへんのを持ってきてくれた 兵のために熱しておいて 兵 夕食をたべさせて貰い
ぼっと この陣地を引上げる様子なので 荷物を砲車へつけたりしてみた
雨は止んだりふったりして居るが 地下足袋がぬれて冷たいので うるさい.
敵の銃砲も 火が消えて 煙も見えなくなった 女の左り右の辺へ 又どんどんと
もえ出して来た 昨日の夜から今日へかけて 敵一個師団と言ふ 家はすっかり
やけて丸のらしい 煙がどんどん空へ上って行く そこへ 陣地をこわして
おまけに 金が来ないので 皆がくりだ 天つりを外したり 道具をつけたりして居た

194

ら馬が来た馬をつけて又畑中を通った畑の中の道か段を天井な所へ出て来た
が雨でどろどろになってゐるのですべって馬も困って一寸にはのぼらない段もあった
大勢がかゝってのけでり上げて上げたり急な段にはさくへつかまって馬車に
はゆられてこゝらはゆとおされて どうんばんになったり すべってころんでたし
どろんになった 畑中に来たれば長いと思った山の中の道も宜には短かい
十位たった頃に楽に廻って来て遊ぶ あた 遊びも泥になってゐる
皆様小のを待って昼めしをたべた 道々蓆で少雨にぬれながら食べる
皆がみつかまし皆がたまってたが 雨も上りそうに見えたが又ふって来た
附保にお発する 先から後迄は何十とあって大々附ものだ
来る時には 仕一寸みれになったのに 帰りには帰りはなしか女の仕りに
道はどろんだ土の道なので 少しに ひっついて 足が重い ぞろぞろと歩いて
いつも来ると上り 帰り道も あとになって 先になりして 沢山帰っていく
もっと長くかゝると思ってゐたのに たった半日の 旅行で すっかり 片付いてしまった

何んら返事がないなと思ふ。沢山たべたと言ふ程は介(でいて)便の済っはとんと
たげていて何も知らないと言って笑って居た。友軍の一斉攻撃に面くらって
逃げて行く方の敵だ 何百何千も大大大敵だ 勝って帰る我の元気は又一しほだ
敵兵がどんどん進む途中で 兵隊 工兵が休んで居る。俺達が休んで居ると
兵隊の工兵が通り過ぎて行く 其の後に休んで居る。三日半位に居った。小雨も
止んで雲が切れて来たんで死にぬれた服もかわいて来た 足は痛んで居るのだ
頭も いたが上って どうの中に頭があると言ふた方が早い。泥と暑さだ
無中に通って何にもわからなかったが 山を上って下ったり 広い道をどんどん
下っていく 高い山有り低い山も有り 又小山ばかりか大きな山もあり
死人も居るを見て通った所には敵がくさって土がかけてあった。奥の山へ
いくと敵兵は山の様に積重ねて死んで居ると言っていた。三日目の休みに
腹がへって仕様がないので 味方のめしがあまって残して有った。お茶もて
山田と二人でたべた うまかった 八日の喜みしてあったんが 腹がへって居るので

996

コクヨ

8

うまいことを、外の方も見てみて又いがをしまして大いつもの心がけ
広く細か男も戦争のすんだなので戦の生き方野で三男人にのびつかう
又部落のある所では土民が戦争の為なほどの時に平気で田植をしたり牛で
水運をしたりして居る。の人達だ。セラリーの国の支那の土民は頭の上をタマ
が通っていても何とも思はない。殺される時が平気だ。支那を立てて死人がいて
助けてくれとは言はない。七度生れ代って出世をすると言ふ。メーシンがある位だ
支那の土民を先にすりあきたらしくしどんと出、出。何を言っても土民
かどの道、言ってえば一服、一服来えば一服と吸ったでいたかしまいにはもう
足が上らなくなってた。頭を下げて止も上げなくなってた。雨がよって揚子江から
涼しい風が来ておりまって気持がよい。それでも戦友をおこして身体。日の丸
作戦田を渡ったり、家のことを思い出したりして居れない。十二日に上陸した
○○付近に来て山の上をとりまして居る。城壁が目の上に大きく見えて来て
出て来たと思って、日の丸があた、山を大回りをして、草原の中へ来て

397 コクヨ

とまつた 蛙が一匹にげてゐる。アヽんだな よくのびてゐる 今夜は二ヘやすらしい
腕を伸ばして池の水をくんで来し 少し考へ どうにかつた腕をきれいに洗つた
外の者は前の方へ行つたし。いくつかに別れて作業をした。自分も
らくなつた。汲得らの腕が警戒に立つてゐるので 穴を作るに手傳いにいつた
のどがかわいて仕方がない。今は大事と言ふ事をのまないので皆がつくしてゐて
田の水を見てゐる 池の水を欲しいものみたいくと言つてこうなつてゐる。のんではいかんし
のみたい人はにまつてる 水という中は水の気もない 今日位も水をのみたいと
思つたことはなかつた 池でも同じだ。水があつてものめないと思ふとよけいに
のみたく 胸がやけてなにをしても 人間て仕方のないものだ
二の苗中だつてこれだめ。水がなかつたのだ 田の中の 水をくんで米を
おしもり水を流したいだりしたのだて。たんかよくかごの中へとびこん
べ身ですこ。あくてはない。なの方と言て 下に行く前日言つて大笑
いだ。然るかに在いてみる。もう二人の部隊の最後だろう またない位の

998

6

ことは言えるかもしれない　死人を見ても　どんなことがあっても平気だ

雨が降出して寒さもなかったのだ　張石まふえばことになって失ったのだが

手入れをすまして部落の取られた所へ来た　去日で入営部位だ　ここへ十五人も

ゆるのだ　ゆるれた橋から屋根は別にゆう所を取ったまくらなので　ローソクを

つけ、ふとんを出して合を。丸時手順など　すまい合だ。煙、湯をわかした

池の水を汲んで来て火をたいてわかしたのだ　うまいくて蛇[illegible]一杯の人がうまか

った、今日一日分のかののみたおしたのを皆一とまりごくごくとのんだ

一服してからことにさして大ロクを土間へ引いて横になった　十五日に来たが

その日だ　風呂も洗濯もあまりないけれど大気持良い。横になって　よく居を

て居た。雨は止って日までマッパだった。見えて来た　明日は天気がよいかも分ら

ん、明日は到着した人の休養にこの所だ　ゆっくり休むことが出来る　酒地ずり

は忘れーに気持がよい　ここは六人ゆることになった　読手はかりだ

外はあつくらないで　ひえびえ　まきも氷の交まきくしゅと夫った

九月十九日　午十一時半頃

妻へ

守人生